QUARTA EDIÇÃO **2022**

MANUAL TEÓRICO E PRÁTICO DA SENTENÇA CÍVEL

MÁRIO **HELTON JORGE**

MARIO AUGUSTO **QUINTEIRO CELEGATTO**

Dados Internacionais de Catalogação na Publicação (CIP) de acordo com ISBD

C392m   Celegatto, Mario Augusto Quinteiro
Manual teórico e prático da sentença cível / Mario Augusto Quinteiro Celegatto, Mario Helton Jorge. - 4. ed. - Indaiatuba, SP : Editora Foco, 2022.

256 p. ; 17cm x 24cm.

Inclui bibliografia e índice.

ISBN: 978-65-5515-471-9

1. Direito. 2. Direito civil. 3. Código de Processo Civil. I. Jorge, Mario Helton. II. Título.

2022-481   CDD 347   CDU 347

Elaborado por Vagner Rodolfo da Silva - CRB-8/9410
Índices para Catálogo Sistemático:
1. Direito civil 347
2. Direito civil 347

MANUAL TEÓRICO E PRÁTICO DA SENTENÇA CÍVEL

MÁRIO
HELTON JORGE

MARIO AUGUSTO
QUINTEIRO CELEGATTO

2022 © Editora Foco
Autores: Mário Helton Jorge e Mario Augusto Quinteiro Celegatto
Diretor Acadêmico: Leonardo Pereira
Editor: Roberta Densa
Assistente Editorial: Paula Morishita
Revisora Sênior: Georgia Renata Dias
Capa Criação: Leonardo Hermano
Diagramação: Ladislau Lima e Aparecida Lima
Impressão miolo e capa: FORMA CERTA

DIREITOS AUTORAIS: É proibida a reprodução parcial ou total desta publicação, por qualquer forma ou meio, sem a prévia autorização da Editora FOCO, com exceção do teor das questões de concursos públicos que, por serem atos oficiais, não são protegidas como Direitos Autorais, na forma do Artigo 8º, IV, da Lei 9.610/1998. Referida vedação se estende às características gráficas da obra e sua editoração. A punição para a violação dos Direitos Autorais é crime previsto no Artigo 184 do Código Penal e as sanções civis às violações dos Direitos Autorais estão previstas nos Artigos 101 a 110 da Lei 9.610/1998. Os comentários das questões são de responsabilidade dos autores.

NOTAS DA EDITORA:

Atualizações e erratas: A presente obra é vendida como está, atualizada até a data do seu fechamento, informação que consta na página II do livro. Havendo a publicação de legislação de suma relevância, a editora, de forma discricionária, se empenhará em disponibilizar atualização futura.

Erratas: A Editora se compromete a disponibilizar no site www.editorafoco.com.br, na seção Atualizações, eventuais erratas por razões de erros técnicos ou de conteúdo. Solicitamos, outrossim, que o leitor faça a gentileza de colaborar com a perfeição da obra, comunicando eventual erro encontrado por meio de mensagem para contato@editorafoco.com.br. O acesso será disponibilizado durante a vigência da edição da obra.

Impresso no Brasil (03.2022) – Data de Fechamento (03.2022)

2022

Todos os direitos reservados à
Editora Foco Jurídico Ltda.
Avenida Itororó, 348 – Sala 05 – Cidade Nova
CEP 13334-050 – Indaiatuba – SP
E-mail: contato@editorafoco.com.br
www.editorafoco.com.br

> "*O conceito de justiça humana é de ser visto de modo relativo, dentro da ação que é possível esperar-se do homem, como ação reta ou adequada. Quando o injusto se perfaz como inadequação completa, não se pode falar de direito. Há, sim, o direito de reação contra a lei insuportavelmente injusta.*"
>
> (Torquato Castro)

"Carry on, my wayward son There'll be peace when you are done
Lay your weary head to rest Don't you cry no more"
("Carry On Wayward Son" – Kansas)

À minha querida Maria Cecília, esposa e amiga, abrigo das minhas tristezas e desilusões, tabernáculo de meus triunfos, com muito amor.
Mário Helton Jorge

Ao Miguel, uma nova dedicatória repleta de amor, mas, infelizmente, associada a um novo pedido de desculpas pela ausência. Se, por circunstâncias tantas imponderáveis, a vida nos afasta, por outras variáveis o tempo certamente nos aproximará. Com todo amor.
Mario Augusto Quinteiro Celegatto

Agradecimentos pela inestimável colaboração à Professora Doutora em Direito Maria Francisca Carneiro e ao colega Juiz de Direito Albino de Brito Freire. Também ao Thiago Dalfovo e à Gisele Calixto Guilherme.

Mário Helton Jorge

Agradecimentos aos meus pais (Donizeti e Paula), modelos de retidão e de disposição para que meus sonhos se realizassem, ainda que os deles ficassem à margem. A todos aqueles que apesar da equação da vida nos forçar o distanciamento (mazelas do exercício da magistratura), muito obrigado por terem trazido amor e carinho para minha vida e por terem tido a disposição em acompanhar, enquanto juntos estivemos, as incertezas e inconstâncias de um ansioso. Ainda, nesta obra, os mais sinceros agradecimentos a todos os que trabalham no Fórum da Comarca de Nova Londrina, pois, diante do caos de uma Comarca extremamente desafiadora, exercem seu mister com afinco e, por conta disto, me permitem um espaço pequeno de dedicação para outros projetos. Ainda nesta linha , agradecimentos mais que especiais aos novos amigos (que família já se tornaram), minha equipe de Gabinete. Muito obrigado meus amigos, pois sem vocês certamente este projeto (como outros tantos) não teria se desenvolvido. À Isabela, que, assim como Miguel, merece um pedido de desculpas, mas todos os troféus pela paciência, resiliência e por continuar acreditando em nós.

Mario Augusto Quinteiro Celegatto

Apresentação
da Quarta Edição

Tratar-se-á neste momento de uma apresentação mais breve (para detalhes da evolução deste projeto remeto o leitor a apresentação da terceira edição). Mas, de toda forma, o CPC está prestes a concluir a *primeira infância* e é chegado o momento (talvez tenhamos até ultrapassado ele) de nos livrarmos completamente do CPC/73 e será este o objetivo primordial desta obra. Evidentemente respeitaremos o valor histórico/doutrinário de nosso antigo código, bem como a luz dele trataremos questões ainda não enfrentadas sob a égide do CPC/15, mas o leitor tem em mãos um projeto totalmente pensado com vistas ao CPC/15.

Nesta nova edição reiteramos o objetivo de entregar um material que atenda a públicos variados. Em nossa compreensão, segundo a estruturação da obra, forneceremos algo útil tanto para o dia a dia dos magistrados, ampliando, especialmente, os modelos práticos de sentenças, quanto para os desafios que os postulantes à magistratura enfrentarão.

Nesta quarta edição o livro segue dividido em cinco partes.

A primeira será uma nova releitura da primeira parte das outras edições desta obra, mas, com absolutamente tudo refeito sob a égide e luz do Código de Processo Civil de 2015, ou seja, todo o embasamento teórico estará milimetricamente escrito com base no NCPC. Observem que o nível de aprofundamento neste primeiro momento é alto e de bastante complexidade permitindo que os profissionais que se utilizem deste manual tenham em mãos tudo aquilo que precisam para compreender o ato máximo decisório, bem como para elaborá-lo da maneira tecnicamente adequada. Para além disso, os leitores têm em mãos uma espécie de *manual da decisão judicial*, pois todos os temas afetos aos atos decisórios foram minuciosamente examinados.

Na segunda parte da obra, para esta edição, em parceria com Maria Eduarda Pereira Borges e Joni Bonfim Aguiar (para as partes II, IV e V), voltamos nossos olhos para os *concurseiros*, ou seja, aos postulantes à magistratura. Traremos aqui um conteúdo escrito de forma bem mais direcionada (quase apostilada). Posso dizer que seja basicamente um "caderno de sentença cível". A ideia é facilitar o caminho daquele que sonha com a aprovação nos certames da magistratura. Nesse momento não nos aprofundaremos com minúcias teóricas ou doutrinárias, pois assim tem sido bem aceito pelo público o livro (neste propósito). Aqui, como dito, o objetivo é que o leitor tenha em mente uma espécie de apostila de sentença cível. Trataremos questões pertinentes do certame, desde o recebimento da prova até a estruturação da sentença nas folhas definitivas de resposta.

Em nossa terceira parte (bastante vinculada com a primeira), traremos um tutorial para elaboração da sentença cível. A ponto aqui é, partindo-se de situações hipotéticas, demonstrar os passos básicos para a elaboração da sentença cível por magistrados, focando em assuntos específicos e técnicas que reputamos importantes.

Na quarta parte da obra, traremos um acervo de sentenças cíveis cobradas em concursos públicos da magistratura e acrescentaremos os respectivos espelhos.

Por fim, na quinta parte, apresentar-se-ão modelos reais de sentença cível com o intuito de facilitar a elaboração formal da sentença (agora, novamente, focado nos queridos colegas magistrados).

Mario Augusto Quinteiro Celegatto

Apresentação
da Terceira Edição

Com a vigência da Lei 13.105/2015 – NCPC, certamente qualquer livro que ouse tratar do Direito Processual Civil teria que ser repensado, já que não se trata somente de um novo código, mas sim de um novo modelo de Processo Civil. E, a partir disso, uma história complexa e curiosa precisa ser contada.

Nesta nova edição temos o objetivo de entregar um material que atenda a públicos variados. Em nossa compreensão, segundo a estruturação da obra, forneceremos algo útil tanto para o dia a dia dos magistrados quanto para os desafios que os postulantes à magistratura enfrentarão. Mas disso falaremos adiante.

Inicialmente me dirijo aos colegas magistrados (de agora e do futuro) para compartilhar um momento muito tenso em nossas vidas: as correições. Ora, mesmo que tenhamos a certeza de que nosso trabalho está absolutamente em dia e em padrões razoáveis de qualidade, as correições fazem nosso coração bater mais forte. E, neste cenário de medo, eu, Mario Celegatto, ainda bastante jovem na vida e na carreira, fui apresentado (em correição) ao Desembargador Mário Helton Jorge, então Corregedor da Justiça. Os boatos eram no sentido de que se tratava de magistrado rígido, exigente e impecável na atividade judicante. Para além disso, eu já sabia que meu *chefe* era professor de excelência, exatamente nas disciplinas que eu timidamente começava a me arriscar a lecionar.

Aquele que eu imaginei que seria um dia de puxões de orelha se tornou um dia de grande aprendizagem e, mais do que isso, um dia em que os grandes se mostram maiores ainda. Explico: ao final do ato correicional, o Des. Mário Helton me convidou para, junto a ele, reescrever uma de suas obras. Eis o momento em que concluí as razões do Prof. Mário Helton ser admirado e respeitado por todos. Teve a coragem de permitir que um Magistrado com pouco tempo de carreira o auxiliasse em um projeto tão relevante. Registro aqui meus agradecimentos ao Desembargador Mário Helton pelo carinho e pela oportunidade.

Fechado o parêntese, falemos do livro.

Nesta terceira edição o livro será dividido em cinco partes.

A primeira será uma releitura da primeira parte das outras edições desta obra, mas, com absolutamente tudo refeito sob a égide e luz do Código de Processo Civil de 2015, ou seja, todo o embasamento teórico estará milimetricamente escrito com base no NCPC. Observem que o nível de aprofundamento neste primeiro momento é alto e permitirá que os profissionais que se utilizem deste manual tenham em mãos tudo aquilo que precisam para compreender o ato máximo decisório, bem como para elaborá-lo da maneira tecnicamente adequada. Para além disso, os leitores têm em mãos uma espécie de *manual da decisão judicial*, pois todos os temas afetos aos atos decisórios foram minuciosamente examinados.

Na segunda parte da obra, agora, também, em parceria com Ricardo Chinelli Galera e Luiz Fernando Correia (para as partes II, IV e V), voltamos nossos olhos para os *concurseiros*, ou seja, aos postulantes à magistratura. Traremos aqui um conteúdo escrito de forma bem mais direcionada. A ideia é facilitar o caminho daquele que sonha com a aprovação nos certames da magistratura. Nesse momento não nos aprofundaremos com minúcias teóricas e com indicações bibliográficas, pois o objetivo é que o leitor tenha em mente uma espécie de apostila de sentença cível. Trataremos questões pertinentes do certame, desde o recebimento da prova até a estruturação da sentença nas folhas definitivas de resposta.

Em nossa terceira parte (bastante vinculada com a primeira), traremos um tutorial para elaboração da sentença cível. A ideia aqui é, partindo-se de situações hipotéticas, demonstrar os passos básicos para a elaboração da sentença cível por magistrados, focando em assuntos específicos e técnicas que reputamos importantes.

Na quarta parte da obra, também com a companhia de Ricardo Chinelli Galera e Luiz Fernando Correia, traremos um acervo de sentenças cíveis cobradas em concursos públicos da magistratura e acrescentaremos os respectivos espelhos.

Por fim, na quinta parte, apresentar-se-ão modelos com o intuito de facilitar a elaboração formal da sentença.

Mario Augusto Quinteiro Celegatto

Apresentação da Segunda Edição

Este manual foi significativamente revisto, atualizado e ampliado, fugindo de sua característica inicial que era eminentemente prática.

Assim, na primeira parte, foram introduzidas várias matérias teóricas, destacando-se o conceito de sentença, que é controvertido na doutrina, com reflexo na escolha do recurso adequado; os diversos momentos em que pode ser prolatada a sentença; a sua classificação doutrinária e os seus efeitos; as formalidades do ato, sendo aprofundado o tema da fundamentação, com abrangência geral à classificação e à resolução das questões, à ordem de resolução, aos limites a serem observados e às regras de exceção; no dispositivo, foi dedicado um tópico para a sucumbência; além dos requisitos estruturais, foi destacado o requisito relativo à inteligência do ato, quanto à sua clareza, à precisão e aos aspectos redacionais: linguagem, correção, estilo judiciário; nos defeitos da elaboração da sentença, foram abordados, além dos vícios objetivos, também os relativos aos sujeitos legítimos da relação processual. Ainda, dediquei um tópico acerca da interpretação da sentença, pouco discutido na doutrina, exceto pelos operadores do Direito, quando da sua liquidação ou da sua execução.

Na parte prática, além dos modelos de preâmbulos, de dispositivos e de sentenças, selecionei alguns textos de concursos para a magistratura exigidos para a elaboração da sentença cível, sugerindo técnica para a sua realização.

Com essa ampliação, pretende-se suprir um vazio observado nas demais obras do gênero e contribuir para o aprimoramento da elaboração formal das sentenças, ficando a cargo de cada julgador fazer justiça, mercê de seus atributos pessoais.

Mário Helton Jorge

Apresentação
da Primeira Edição

Este manual é resultado das aulas ministradas na Escola Superior da Magistratura, na Cidade de Ponta Grossa, Estado do Paraná, na Disciplina de Técnica Estrutural da Sentença Cível, de 1993 a 1995.

Somente aqueles que exercem ou exerceram a judicatura é que podem dar o testemunho das dificuldades de prestar a tutela jurisdicional, através de sentença formalmente perfeita e justa.

E, para a elaboração da decisão, são indispensáveis os conhecimentos do Direito Material, em discussão, do Direito Processual, e de lógica, dentre outros que compõem a formação do julgador.

Partindo, pois, das dificuldades diárias enfrentadas no exercício profissional e daquelas observadas em sala de aula pelos alunos, procuramos sintetizar os elementos processuais indispensáveis para a formalização da decisão final da demanda, evidenciando os elementos da ação, as condições da ação, os pressupostos processuais, os requisitos da petição inicial, a audiência de conciliação e "saneamento", dilação probatória e a audiência de instrução e julgamento, de forma resumida, com vistas a, apenas, aviventá-los na memória do operador do Direito, posto que, se a indagação for de maior complexidade, deve-se buscar auxílio em literatura especializada.

Indispensável, pois, o domínio do conhecimento das matérias antes mencionadas para que se possa elaborar tecnicamente uma decisão.

Já, na parte específica da obra, além dos elementos essenciais, componentes da estrutura da sentença, previstos no artigo 458 do CPC, foram enfatizados outros, ali não expressamente mencionados, dando-se realce, também, às noções elementares de lógica, demonstrando como se motiva a decisão, que, sem dúvida, é a parte mais difícil do trabalho intelectual, porquanto, pelas operações de Direito realizadas, as partes ficam sabendo o raciocínio jurídico do julgador.

Para melhor entendimento da matéria, foram colecionados de revistas especializadas vários tipos de preâmbulos e dispositivos adotados pelos magistrados, bem assim algumas sentenças de complexidades diversas.

Fugindo, pois, da característica de outros manuais e livros técnicos relativos à sentença cível, procuramos traduzir em concreto, de forma didática, o raciocínio jurídico, estabelecido a partir das noções de lógica, sem a pretensão de esgotar o assunto, mas pelo menos dar uma noção das operações intelectuais realizadas pelo julgador, na elaboração prática da sentença, partindo-se da petição inicial, contestação, impugnação etc.

Ainda, elaboramos uma proposta, um roteiro padrão, para o desenvolvimento formal da sentença cível.

Enfim, a pretensão objetivada através deste singelo manual é a de poder contribuir para que os operadores jurídicos compreendam melhor a decisão e os que pretendam alcançar êxito na carreira da magistratura tenham menores dificuldades de elaborar a desejada sentença, sempre com um ideal de justiça. Todo o esforço desenvolveu-se para impregná-lo de sentido prático, sem preocupação alguma de ostentar erudição fácil, exibição de conhecimentos de idiomas famanazes ou pretender valorizar o próprio trabalho, pejorando a obra alheia.

Mário Helton Jorge

Prefácio

Honraram-me os autores com o convite para prefaciar este excelente Manual Teórico e Prático da Sentença Cível, agora na sua terceira edição.

Inicialmente, não poderia deixar de registrar que os autores são Magistrados devotados e vocacionados, de temperamento crítico aguçado, o que os faz certamente idealistas na produção de textos e no consequente compartilhamento acadêmico de seus notórios saberes jurídicos, tudo isso, certamente, nas horas vagas, muita vez em prejuízo de seus familiares e amigos.

O lugar de fala da magistratura vem rareando precisamente por conta do exponencial aumento dos serviços jurisdicionais, onde a numerosidade da Justiça é crescente e desproporcional (mais de cem milhões de processos para apenas 18 mil juízes). Iniciativas como essa, portanto, merecem nosso aplauso e reverência.

Conheço o desembargador Mário Helton Jorge há mais de duas décadas, sendo ele, antes de tudo, um processualista de apuro técnico rigoroso e escritor de nomeada, já tendo recebido o prêmio Jabuti na categoria Direito. A obra, que já era um sucesso e foi rapidamente esgotada, vem agora revista e atualizada de acordo com o Código de Processo Civil de 2015, notadamente diante da chamada exigência constitucional da fundamentação analítica das decisões judiciais, bem assim com a revisão do âmbito de invalidade da sentença incongruente, dentre outros tantos assuntos que fazem do Poder Judiciário algo diverso desde os albores do Estado Liberal clássico, há pouco mais de dois séculos.

Esta terceira edição recebe a visão das novas gerações da magistratura brasileira, na pena do Juiz de Direito Mario Augusto Quinteiro Celegatto, natural das Minas Gerais, mas que já desfruta respeitabilidade em solo paranaense, convidado que foi pelo então Corregedor da Justiça, o aqui coautor Mário Helton Jorge, certamente ao constatar o alto nível técnico dos serviços jurisdicionais prestados pelo então juiz correicionado. Conheci o juiz Mario Augusto Quinteiro Celegato mais recentemente, estando ele na diretoria de ensino a distância da Escola da Magistratura do Paraná, por mim circunstancialmente dirigida.

Falo, portanto, de uma obra agora escrita a quatro mãos por dois brilhantes profissionais e que orgulham a magistratura paranaense.

O texto vem dividido em cinco capítulos, o primeiro deles versando sobre os atos processuais que antecedem à formação da sentença civil, donde se destacam os subcapítulos atinentes à classificação das ações e respectivas sentenças de procedência (ternária e quinária, com especial adesão a esta última) e às formalidades da sentença (desde a temática da fundamentação, passando pelo problema das lacunas e da ordem na resolução das matérias, até os limites objetivos do *thema decidendum*, sem olvidar de questões práticas relevantes e nem sempre de fácil dirimência como a distribuição dos ônus de sucumbência, de alta relevância no CPC/15). Mas não é só. Destacam-se, também, os subcapítulos relativos aos vícios da sentença, o trato dos princípios aplicáveis e assuntos importantíssimos da teoria da decisão judicial relativos à interpretação da sentença e sobre noções elementares de lógica aplicáveis ao ato de decidir.

O segundo capítulo da obra discorre sobre orientações e técnicas para a elaboração da sentença em concursos públicos voltados à carreira da magistratura, revelando criatividade e inovação do trato da matéria, raramente encontrável na bibliografia especializada.

O terceiro capítulo tem por objeto a prolação da sentença na prática da judicatura, a partir de caso concreto.

Os quarto e quinto capítulos apontam para tipos de sentença exigidas em concursos públicos ocorridos em alguns tribunais da federação, culminando com uma proposta de modelo padrão formal de sentença no âmbito do procedimento comum, além de outros modelos de sentença.

Como já fora afirmado inúmeras vezes por tantos prefaciadores, este não é o lugar para muito se dizer a não ser (tentar) despertar a curiosidade da leitura da obra. Barbosa Moreira, por exemplo, dissera certa feita que não era muito amigo de prefácios, pois nele via "algo como um biombo que se interpõe entre o leitor e o livro, retardando o momento em que o olhar daquele alcançará este".

Concluindo, pois, só tenho a agradecer pela honraria que me foi concedida pelos colegas de magistratura e de academia, Mário Helton Jorge e Mario Augusto Quinteiro Celegatto, desejando-lhes pleno êxito em mais essa empreitada jurídica, leitura obrigatória para todos quantos desejem exercer com denodo a difícil e nobre arte de julgar o seu semelhante, sucesso que certamente haverá de ser justamente compartilhado pelo Editor.

É chegada a hora de desfrutar da leitura!

Curitiba, junho de 2019.

Clayton Maranhão
Diretor-Geral da Escola da Magistratura do Paraná

SUMÁRIO

APRESENTAÇÃO DA QUARTA EDIÇÃO XIII

APRESENTAÇÃO DA TERCEIRA EDIÇÃO XV

APRESENTAÇÃO DA SEGUNDA EDIÇÃO XVII

APRESENTAÇÃO DA PRIMEIRA EDIÇÃO XIX

PREFÁCIO XXI

CAPÍTULO I – TEORIA DA SENTENÇA 1
1. Dos atos processuais precedentes à formação da sentença 2
    1.1 Visão do processo de conhecimento: procedimento comum 6
    1.2 Visão simplificada do processo de conhecimento: procedimento comum 7
2. Noções sobre o conceito de sentença 8
3. Conceito jurídico-positivo da sentença 10
4. Natureza jurídica da sentença 13
5. Função da sentença 15
6. Momentos para prolatar a sentença 16
7. Classificação da sentença 17
    7.1 Quanto ao conteúdo 18
    7.2 Quanto à eficácia substancial 19
        7.2.1 Declaratória 19
        7.2.2 Constitutiva 19
        7.2.3 Condenatória 20
        7.2.4 Mandamental 20
        7.2.5 Executiva *lato sensu* 21
8. Formalidades da sentença 21
    8.1 Elementos estruturais 21
        8.1.1 Relatório 22
            8.1.1.1 Ordem do relatório 23
        8.1.2 Fundamentação, motivação ou justificação 23

		8.1.2.1	Fundamentos normativos da decisão e critérios aplicáveis em caso de dúvidas na aplicação da norma ao caso concreto	25
		8.1.2.2	Lacuna na lei (quando não existe norma geral aplicável ao caso concreto)	27
		8.1.2.3	Das questões	28
			8.1.2.3.1 Classificação das questões	29
			8.1.2.3.2 Ordem na resolução das matérias	29
			8.1.2.3.3 Dos limites das questões a serem resolvidas	32
		8.1.2.4	Ordem do exame de demandas conexas ou em continência	70
		8.1.2.5	Das conclusões da fundamentação	71
	8.1.3	Dispositivo		71
		8.1.3.1	Classificação do dispositivo	71
		8.1.3.2	Ordem do dispositivo	72
			8.1.3.2.1 Da sucumbência	73
	8.1.4	Fechamento da sentença		74
8.2	Requisitos quanto à inteligência do ato			75
	8.2.1	Clareza		75
	8.2.2	Precisão		76
	8.2.3	Aspectos redacionais: linguagem, correção, estilo judiciário		76
9. Publicação e intimação da sentença				77
10. Efeitos da sentença				78
	10.1	Principais		78
	10.2	Anexos, secundários ou acessórios		79
	10.3	Reflexos		80
11. Sentenças concisas				81
12. Vícios (defeitos) da sentença				83
	12.1	Vício de estrutura		84
	12.2	Vício de fundamentação		84
	12.3	Vício objetivo e subjetivo		86
		12.3.1	Sentença incongruente por *extra petita*	86
		12.3.2	Sentença incongruente por *ultra petita* (provimento de ofício)	86
		12.3.3	Sentença incongruente por *infra petita*	87
	12.4	Vício quanto à inteligência do ato		87
13. Princípios				87

13.1	Da imparcialidade	87
13.2	Do livre convencimento motivado	88
13.3	Do ônus da prova	89
13.4	Da adstrição aos fatos da causa	90
13.5	Da congruência ou da correlação	91
13.6	Da sucumbência e da causalidade	91
13.7	Da invariabilidade ou da inalterabilidade	92
14.	Sinopse da estrutura da sentença	93
15.	Interpretação da sentença	94
16.	Noções elementares de lógica	98

CAPÍTULO II – ORIENTAÇÕES E TÉCNICAS PARA A ELABORAÇÃO DE SENTENÇA CÍVEL EM PROVAS DE CONCURSOS PÚBLICOS 105

1. Expressões utilizadas 106

   1.1 Tratamento das partes (alguns exemplos) 106

   1.2 Expressões que indicam argumentação das partes (alguns exemplos) 107

   1.3 Expressões indicativas de solicitações (alguns exemplos) 107

   1.4 Expressões que antecedem citações legais, doutrinárias e jurisprudenciais (alguns exemplos) 107

   1.5 Expressões conclusivas do magistrado (alguns exemplos) 108

   1.6 Expressões relacionadas à instrução do processo (alguns exemplos) 108

   1.7 Expressões com viés argumentativo (alguns exemplos) 108

   1.8 Expressões com viés expositivo (alguns exemplos) 108

   1.9 Outras expressões de uso variado (alguns exemplos) 109

2. Dicas iniciais básicas e elementares 109

   2.1 Estruturação em tópicos 110

   2.2 Variações com ou sem espaço/tempo 111

   2.3 Desvendando o enunciado 112

       2.3.1 Fases básicas de estudo do enunciado proposto e elaboração da sentença cível 112

   2.4 Estruturação da sentença cível 114

       2.4.1 Relatório 115

       2.4.2 Fundamentação 118

           2.4.2.1 Estrutura da fundamentação 119

       2.4.3 Dispositivo 124

2.4.3.1 Estruturação do dispositivo 128
3. ORIENTAÇÕES FINAIS.. 132

CAPÍTULO III – A PROLAÇÃO DA SENTENÇA NA PRÁTICA DA MAGISTRATURA.... 133
1. Caso concreto.. 133
    1.1 Exteriorização do raciocínio jurídico 136
    1.2 Prolação da sentença 138
2. Exteriorização do raciocínio e análise do caso concreto.......................... 141
    2.1 Casos concretos 141

CAPÍTULO IV – SENTENÇAS CÍVEIS EM CONCURSOS PÚBLICOS 157
1. Magistratura Estadual – TJ/PA – Ano: 2020 – Banca: CESPE 157
2. Magistratura Estadual – TJ/SP – Ano: 2019 – Banca: VUNESP............. 163
3. Magistratura Estadual – TJ/PR – Ano: 2019 – Banca: CESPE 165
4. Magistratura Estadual – TJ/MT – Ano: 2019 – Banca: VUNESP 170
5. Magistratura Estadual – TJ/BA – Ano: 2019 – Banca: CESPE................ 174
6. Magistratura Estadual – TJ/CE – Ano: 2018 – Banca: CESPE 180
7. Magistratura Estadual – TJ/SP – Ano: 2017 – Banca: VUNESP............. 185

CAPÍTULO V – MODELOS 189
1. Proposta de modelo (padrão) formal da sentença (procedimento comum)............... 189
2. Exemplos de sentenças... 194
    2.1 Ação indenizatória de danos morais 194
    2.2 Ação de cumprimento de sentença– Extinção – Ausência de pressupostos de constituição e de desenvolvimento válido e regular do processo................. 199
    2.3 Tutela de urgência – Embargos de terceiro – Impenhorabilidade de bem imóvel residencial urbano – Bem de família – Concordância da parte com o levantamento da penhora – Improcedência 200
    2.4 Ação anulatória de negócio jurídico – Ilegitimidade ativa – Nulidade compra e venda – Herança – Julgamento sem resolução do mérito 205
    2.5 Ação declaratória de inexistência de débito com nulidade contratual c/c repetição de indébito e indenização por danos morais............................. 211
    2.6 Ação de indenização por danos materiais e danos morais – Procedência....... 218
    2.7 Ação de usucapião rural – Improcedência.. 223

REFERÊNCIAS 227

Capítulo I
Teoria da Sentença

Sumário: 1. Dos atos processuais precedentes à formação da sentença – 1.1 Visão do processo de conhecimento: procedimento comum – 1.2 Visão simplificada do processo de conhecimento: procedimento comum – 2. Noções sobre o conceito de sentença – 3. Conceito jurídico-positivo da sentença – 4. Natureza jurídica da sentença – 5. Função da sentença – 6. Momentos para prolatar a sentença – 7. Classificação da sentença – 7.1 Quanto ao conteúdo – 7.2 Quanto à eficácia substancial – 7.2.1 Declaratória – 7.2.2 Constitutiva – 7.2.3 Condenatória – 7.2.4 Mandamental – 7.2.5 Executiva *lato sensu* – 8. Formalidades da sentença – 8.1 Elementos estruturais – 8.1.1 Relatório – 8.1.1.1 Ordem do relatório – 8.1.2. Fundamentação, motivação ou justificação – 8.1.2.1 Fundamentos normativos da decisão e critérios aplicáveis em caso de dúvidas na aplicação da norma ao caso concreto – 8.1.2.2 Lacuna na lei (quando não existe norma geral aplicável ao caso concreto) – 8.1.2.3 Das questões – 8.1.2.3.1 Classificação das questões – 8.1.2.3.2 Ordem na resolução das matérias – 8.1.2.3.3 Dos limites das questões a serem resolvidas – 8.1.2.3.3.1 Limitação pelo princípio da demanda – 8.1.2.3.3.1.1 Limitação pela causa de pedir – 8.1.2.3.3.1.2 Limitação pelo pedido – 8.1.2.3.3.1.3 Regra de exceção à limitação: fungibilidade das demandas e dos provimentos – 8.1.2.3.3.1.3.1 Da fungibilidade de demandas – 8.1.2.3.3.1.3.2 Da fungibilidade dos provimentos jurisdicionais – 8.1.2.3.3.2 Limitação pela defesa do demandado – 8.1.2.3.3.3. Regra de exceção à limitação: fatos supervenientes – 8.1.2.4 Ordem do exame de demandas conexas ou em continência – 8.1.2.5 Das conclusões da fundamentação – 8.1.3 Dispositivo – 8.1.3.1 Classificação do dispositivo – 8.1.3.2 Ordem do dispositivo – 8.1.3.2.1 Da sucumbência – 8.1.4 Fechamento da sentença – 8.2 Requisitos quanto à inteligência do ato – 8.2.1 Clareza – 8.2.2 Precisão – 8.2.3 Aspectos redacionais: linguagem, correção, estilo judiciário – 9. Publicação e intimação da sentença – 10. Efeitos da sentença – 10.1 Principais – 10.2 Anexos, secundários ou acessórios – 10.3 Reflexos – 11. Sentenças concisas – 12. Vícios (defeitos) da sentença – 12.1 Vício de estrutura – 12.2 Vício de fundamentação – 12.3 Vício objetivo e subjetivo – 12.3.1 Sentença incongruente por *extra petita* – 12.3.2 Sentença incongruente por *ultra petita* (provimento de ofício) – 12.3.3 Sentença incongruente por *infra petita* – 12.4 Vício quanto à inteligência do ato – 13. Princípios – 13.1 Da imparcialidade – 13.2 Do livre convencimento motivado – 13.3 Do ônus da prova – 13.4 Da adstrição aos fatos da causa – 13.5 Da congruência ou da correlação – 13.6 Da sucumbência e da causalidade – 13.7 Da invariabilidade ou da inalterabilidade – 14. Sinopse da estrutura da sentença – 15. Interpretação da sentença – 16. Noções elementares de lógica.

Nesta primeira parte do manual, além da visão sistematizada do processo de conhecimento e do cumprimento de sentença (com ênfase no procedimento comum), foram abordados temas como o conceito de sentença, a criatividade do julgador para a solução das questões não comuns, os momentos para a resolução da pretensão, que se apresentam no curso do procedimento, a classificação e a eficácia das sentenças, as formalidades exigidas para o ato sentencial, com o aprofundamento do estudo do requisito da fundamentação das questões a serem resolvidas, envolvendo os limites impostos ao julgador e as regras de exceção, destacando o regime das fungibilidades das demandas e dos provimentos, o dispositivo, o fechamento da sentença e a importância da linguagem na redação, os vícios objetivos e subjetivos da sentença, os princípios que regem a sentença, bem como elementos de lógica aplicados ao Direito. Mister esclarecer que todos os temas foram revistos, sendo alguns reescritos e outros novos inseridos tendo como base normativa a Lei 13.105/15 – Código de Processo Civil.

1. DOS ATOS PROCESSUAIS PRECEDENTES À FORMAÇÃO DA SENTENÇA

Por se tratar de um ato processual de alta complexidade jurídica, a abordagem do tema sentença, isoladamente, é um desafio dos mais difíceis, porque é indissociável dos demais atos processuais praticados ao longo do *devido processo legal*. A sentença, pronunciamento do juiz, que se coloca na extremidade do processo ou do procedimento (ao menos naquilo que diz respeito ao encerramento do procedimento em determinado momento), por certo, é o resultado de todos os esforços conjuntos do Magistrado e das Partes (processo cooperativo), no sentido de historiar e demonstrar os fatos, à luz do Direito. Inicialmente cumpre mencionar que quando se fala em esforço conjunto de todos os atores do processo (incluindo o magistrado), estamos a evidenciar, dentre tantos outros, o princípio da cooperação, expressamente previsto no art. 6º do CPC[1].

Quanto à participação do Juiz no processo cooperativo, nos ensina Daniel Amorim Assumpção Neves que:

> A colaboração do juiz com as partes exige do juiz uma participação mais efetiva, entrosando-se com as partes de forma que o resultado do processo seja o resultado dessa atuação conjunta de todos os sujeitos processuais. O juiz passa a ser um integrante do debate que se estabelece na demanda, prestigiando esse debate entre todos, com a ideia central de que, quanto mais cooperação houver entre os sujeitos processuais, a qualidade da prestação jurisdicional será melhor[2].

Portanto, evidenciar previamente o caminho percorrido, desde a formação do processo até o momento da prolação da sentença, concorre para amenizar esse impacto, que seria o seu enfrentamento desde logo, considerando que o juiz jamais partirá do nada de compreensão para a formação de seu convencimento. Eis este o objetivo deste momento inicial desta obra (sucedâneo teórico para as próximas etapas)

Assim, já na sistemática do Código Processo Civil de 2015, com o protocolo da petição inicial[3], inicia-se o procedimento, dando forma parcial ao processo de conhecimento, por iniciativa da parte, que busca a obtenção de prestação jurisdicional, através

---

1. CPC, Art. 6º Todos os sujeitos do processo devem cooperar entre si para que se obtenha, em tempo razoável, decisão de mérito justa e efetiva.
2. NEVES, Daniel Amorim Assumpção. *Manual de direito processual civil* – Volume único. 10. ed. Salvador: JusPodivm, 2018, p. 205.
3. Art. 312, NCPC.

da *sentença* sobre o bem tutelado, em face de ameaça ou violação de direitos[4]. Aqui já nos cabe fazer um apontamento. Conforme José Miguel Garcia Medina:

> No regime do CPC/1973, considerava-se proposta a ação quando despachada a petição inicial ou distribuída, quando houvesse mais de uma vara (cf. art. 263 do CPC/1973). Na jurisprudência, decidia-se que "a interpretação do art. 263 do CPC [de 1973] que melhor cobre a prática judiciária é aquela que considera proposta a ação, ainda que se trate de comarca de vara única, no dia em que protocolada a petição no cartório, recebida pelo serventuário, o qual deve despachá-la com o Juiz" (STJ, REsp 598798/RS, 3.ª T., j. 06.09.2005, rel. Min. Menezes Direito; no mesmo sentido, STJ, REsp 772.202/SP, 2.ª T., j. 18.08.2009, rel. Min. Humberto Martins). No regime previsto no CPC/2015, "considera-se proposta a ação quando a petição inicial for protocolada" (art. 312 do CPC/2015). A distinção é importante, pois, embora protocolada a petição inicial antes de ocorrida a prescrição, pode o juiz da causa demorar em despachá-la, não podendo prejudicar a parte a demora na prolação do despacho a que se refere o art. 202, I do CC/2002 (cf. também art. 240, § 3.º do CPC/2015)[5].

Para tanto (instauração do *devido processo legal*), indispensável que a parte interessada (quem pretende) formule *pedido* (o que pretende), com fundamento em *causa* (por que pretende) e contra *alguém* (de quem pretende), que são os elementos identificadores da demanda. Isso, atendidos todos os elementos previstos no art. 319 que corresponde aos elementos da Petição Inicial do NCPC. Esse é o método processual para retirar da *inércia* a jurisdição.[6] Quer dizer, havendo um conflito de interesses não solucionado voluntariamente, o ordenamento jurídico reservou aos interessados o processo, que é o caminho institucional adotado para a obtenção da prestação jurisdicional, consubstanciada na sentença, que é a manifestação concreta da vontade da lei.[7] A finalidade do processo civil é a obtenção do conhecimento sobre a ocorrência de um fato (saber) para a solução de controvérsias (até seu aspecto satisfativo inclusive).

Contudo, nem sempre o processo avança, no sentido de formar a relação processual, com o chamamento da parte contrária para se defender, porquanto a petição inicial pode esbarrar em óbices processuais, levando o magistrado a indeferi-la, liminarmente (sentença terminativa),[ou] proferir julgamento de improcedência liminar do mérito (sentença de mérito)[8], o que pode surpreender o demandante, pela interrupção brusca da marcha processual. Quanto aos julgamentos de improcedência liminar, temos que o NCPC permite ao magistrado resolver desde logo o mérito contra o Autor, independente da citação do Réu, fazendo isso com base, especialmente, em um sistema de precedentes que é deveras valorizado pelo Código de Processo Civil. Pode, ainda, o juiz julgar liminarmente improcedente parcela da causa, conjugando os artigos 332 e 356 do NCPC.[9]

---

4. Art. 5º, inciso XXXV, Constituição Federal.
5. MEDINA, José Miguel Garcia. *Novo Código de Processo Civil Comentado*. São Paulo: Ed. RT, 2015, p. 312.
6. Art. 2º, NCPC.
7. CHIOVENDA, Giuseppe. *Instituições de direito processual civil*. v. I. 3. ed. São Paulo: 1969. n. 11.
8. Art. 332, NCPC.
9. MARINONI, Luiz Guilherme. ARENHART; Sérgio Cruz. MITIDIERO; Daniel. *Novo Código de Processo Civil comentado*. São Paulo: Ed. RT, 2015, p. 354.

Mas, se ultrapassado o juízo de admissibilidade da demanda, sem que haja, ainda, tutelas provisórias pendentes de apreciação[10], a parte contrária será chamada ao processo para responder[11], através de contestação, já que no atual regime (CPC/15) todas as matérias de defesa passíveis de serem arguidas pelo Réu se concentram exclusivamente na contestação[12]. Comparecendo, em juízo, a parte contrária e contestando a pretensão do demandante, fixa-se o objeto do litígio, *a litiscontestatio*, delimitando a questão a ser decidida pelo juiz. Igualmente, poderá a parte ficar inerte, em face de direitos disponíveis, configurando, assim, a sua *revelia*, e incidindo os seus efeitos[13], o que ensejará, potencialmente, o julgamento antecipado do mérito, desde que seja desnecessária, ainda, a produção de provas em audiência[14]. Ainda, poderá a parte demandada deduzir pretensão própria contra o demandante, através da reconvenção[15], ensejando ao reconvindo a possibilidade de contestá-la[16], delimitando o objeto da reconvenção, que será julgado com o *objeto do litígio*, formando o *objeto do processo*. As exceções processuais, via de regra, não têm repercussão na pretensão, sendo apenas retardadoras do andamento processual.

O encerramento da *fase postulatória* pode oportunizar o julgamento do objeto da demanda, através da *sentença*, desde que não exista necessidade de produção de outras provas além daquelas já apresentadas[17]. Também, nas hipóteses de acolhimento de determinadas matérias processuais (preliminares), poderá ser proferida sentença, sem alcançar o objeto litigioso. Ainda, podem ocorrer outros obstáculos no caminho desenvolvido, os quais também poderão impedir o pronunciamento judicial sobre o objeto litigioso, tais como abandono, negligência[18] etc.

Importante destacar que o NCPC teve, claramente, como uma de suas premissas a solução consensual do conflito. Isso é claramente evidenciado no art. 3º, § 1º do CPC, mas, para além disso, temos no art. 334 do CPC a ideia de que a audiência de conciliação ou de mediação antecede (processualmente) a qualquer manifestação do Réu. Vejamos:

> Aposta em outras formas de solução dos conflitos de interesses: Em palestras, artigos e livros, temos afirmado que, na nossa concepção, uma das maiores apostas do legislador infraconstitucional está centrada na previsão de realização da audiência de tentativa de conciliação ou da sessão de mediação no início do processo, após o recebimento da petição inicial, se não for caso de determinação da sua emenda, do seu indeferimento ou da improcedência liminar do pedido[19].

---

10. Arts. 294 e seguintes, NCPC.
11. Art. 240, NCPC.
12. Art. 335, NCPC.
13. Arts. 344 e 345, NCPC.
14. Art. 355, II, NCPC.
15. Art. 343, NCPC.
16. Art. 343, § 1º, NCPC.
17. Art. 355, I, NCPC.
18. Art. 485, II e III, NCPC.
19. MONTENEGRO FILHO, Misael. *Novo Código de Processo Civil comentado*. 3. ed. São Paulo: Atlas, 2018, p. 297.

Ademais, seguindo o seu trajeto (o processo), o juiz tentará sempre a conciliação. Se for exitosa, homologará, por sentença, o acordo, nos termos acertados pelas partes, ficando resolvido o conflito deduzido em juízo.

Fechado este parêntese sobre a audiência inaugural de conciliação, temos que, superada a fase da admissibilidade do julgamento do mérito (presença das condições da ação e dos pressupostos processuais), devem ser produzidas provas como a pericial, observado o seu procedimento[20], e a oral, em audiência de instrução e julgamento[21], possibilitando ao juiz, no exercício de seu poder-dever, aplicar o direito perseguido pelo demandante, proferindo a sentença.

Note-se que, em tal momento procedimental, o juiz está inteirado da matéria sobre a qual vai incidir o julgamento, restando-lhe a aplicação do Direito, através de um trabalho mental, para concluir sobre a procedência, ou não, da pretensão. Portanto, nessa ordem lógica, a sentença é o ponto culminante do procedimento, além de ser o mais importante dos atos praticados, considerando que o julgamento de mérito expressado responde favorável, ou desfavoravelmente, à pretensão do demandante.

Embora seja a sentença o pronunciamento final, destaque-se que, no curso do processo de conhecimento, procedimento comum, são proferidos outros pronunciamentos de outras naturezas (despachos e decisões sobre questões incidentes), considerando que o processo não é uma relação jurídica simples, simétrica e unidirecional, capaz de representar linearmente os papéis que representam os sujeitos processuais, mas, sim uma relação complexa, dinâmica, bidirecional e circular, onde o comportamento de cada uma das partes afeta e é afetado pelo dos outros. Por isso, as partes e terceiros devem cooperar e colaborar entre si para que o processo alcance o seu objetivo em um prazo razoável. Caso contrário, ele se eterniza contribuindo para macular a imagem da jurisdição de "morosa". Aliás, quando se atribui a morosidade exclusivamente à jurisdição, afasta-se das partes, que também têm a sua parcela de contribuição, porque não desempenharam bem o seu dever de cooperação.

Como se pode perceber, o juiz exerce a jurisdição ao longo do processo, e não somente quando pronuncia a sentença de mérito, sempre com o objetivo de cumprir os escopos da jurisdição, com destaque para o social que objetiva pacificar com justiça, eliminando o conflito.

Portanto, a jurisdição, em apertadíssima síntese, para o que aqui nos interessa, representa o poder do Estado-juiz de decidir imperativamente e impor decisões, em todas as espécies de processos, sendo mais perceptível no processo de conhecimento, no procedimento comum.

---

20. Arts. 464 e ss., NCPC.
21. Arts. 358 e ss., NCPC.

1.1 VISÃO DO PROCESSO DE CONHECIMENTO: PROCEDIMENTO COMUM

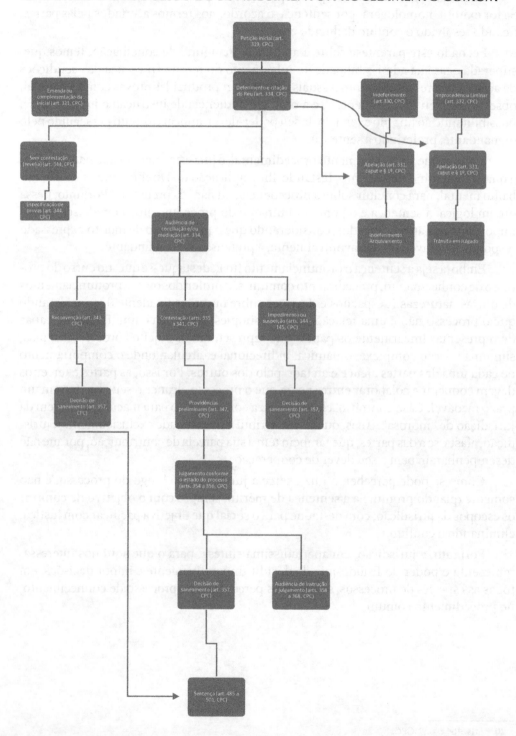

1.2 VISÃO SIMPLIFICADA DO PROCESSO DE CONHECIMENTO: PROCEDIMENTO COMUM

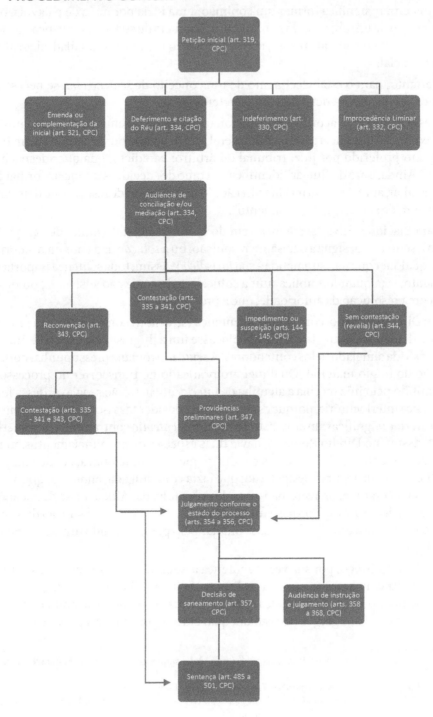

2. NOÇÕES SOBRE O CONCEITO DE SENTENÇA

Conceituar significa formar uma opinião; uma ideia por meio de palavras, ou é a representação de um objeto pelo pensamento, por meio de suas características gerais. O conceito científico não é abstração, não é elaboração mental desvinculada da realidade histórico-social.

Portanto, para o estabelecimento de um conceito de *sentença* faz-se necessária a identificação histórico-social de seus caracteres gerais.

Nesse sentido, de acordo com o dicionário Aurélio[22], sentença vem do latim *sententia*, expressão que encerra um sentido geral, um princípio ou verdade moral máxima; julgamento proferido por juiz, tribunal ou árbitro; veredicto; qualquer despacho ou decisão". Ainda, o ato de "julgar" identifica-se como de "decidir, sentenciar, formar juízo crítico, avaliar, apreciar". Na mesma direção, "decisão é o ato de resolver, de determinar, de deliberar, de sentença, de julgamento".

Para Plácido e Silva[23], sentença vem do latim *"sententia"* (modo de ver, parecer, decisão); sentença designa a decisão, a resolução, ou a *solução* dada por uma *autoridade* a toda e qualquer questão submetida à sua *jurisdição*. Assim, toda sentença importa num julgamento, seja quando implica numa solução dada à questão suscitada, ou quando mostra uma resolução da autoridade, que a profere.

No Direito Romano, concebia-se a sentença (*sententia*) como o ato que, acolhendo, ou não, a demanda deduzida em juízo, colocasse fim à litigiosidade existente em torno do bem da vida almejado pelos contendores. A *sententia* romana pressupunha, portanto, a solução do litígio material. Qualquer ato praticado no transcorrer do processo que fosse emitido pelo juiz recebia a alcunha de *interlocutiones*. Não se falava, dessa forma, em sentença interlocutória, porque essas palavras consideradas isoladamente (*sententia; interlocutoriae*) significavam atos distintos. Enfim, *sententia* contrapunha-se a *interlocutoriae*[24]. Assim, no Direito Romano, havia duas espécies de pronunciamentos: um que solucionava o conflito de interesses e o outro que não solucionava, sendo somente a *sententia*, objeto de recurso de apelação, que fazia coisa julgada, enquanto que as *interlocutiones* não eram recorríveis, não fazendo coisa julgada. Ainda, de se destacar que a sentença era declaratória, porque a função do juiz era de fazer a subsunção da situação fática comprovada a uma das fórmulas editadas pelo pretor[25], sendo um ato meramente de inteligência.

No Direito Grego, por sua vez, a sentença associava-se, nos primórdios, a um veredicto. O juiz concentrava, em si, a realização da justiça. Recorrer ao juiz era a forma para solucionar o litígio com justiça, pois as normas somente dele eram conhecidas, sendo que os cidadãos gregos não sabiam qual era a regra aplicável para a sua solução.

---

22. FERREIRA, Aurélio Buarque de Holanda. *Novo dicionário da língua portuguesa*. São Paulo: Editora Nova Fronteira, 1981.
23. SILVA, De Plácido e. *Vocabulário jurídico*. 7. ed. Rio de Janeiro: Forense, 1982, p. 201.
24. CHIOVENDA, Giuseppe. *Instituições de direito processual civil*: a relação processual ordinária de cognição. Campinas: Bookseller Editora, 1998, v. III. p. 134 ss.
25. Idem. Op. cit. p. 159.

Apresentavam apenas a situação de fato pedindo que fosse feita a justiça. A sentença era declaratória, pois o juiz apenas declarava qual a norma regularia a situação que lhe foi apresentada.

No Direito Alemão, havia duas modalidades de sentenças, sendo uma de natureza processual, que era pronunciada no final da fase instrutória, e a outra prolatada ao final do processo, para decidir o conflito de interesses. Denominavam-se sentença interlocutória e sentença definitiva, ambas sujeitas ao recurso de apelação.

A doutrina sempre relacionou a palavra sentença à sua origem, ou seja, aos termos latinos *sentencia* e *sentire*. Portanto, sentença seria o ato pelo qual o juiz declara o que sente. Nessa linha, James Goldschmidt[26] definia sentença como o resultado de uma atividade mental e, em consequência, poderia ser justa ou injusta (*sententia* iníqua); é uma expressão da vontade e poder do juiz.

Portanto, o juiz pronuncia a sentença aplicando o Direito (regras e princípios), declara o que sente. Não existe racionalidade sem sentimento, daí a importância do *sentire* do ato decisório. A propósito, as lições do mestre italiano Giuseppe Chiovenda ensinam que o juiz não só declara o Direito, mas, também, impõe a vontade concreta da lei pelo Estado, em especial pelo Poder Judiciário.

A sentença, segundo Pontes de Miranda[27]: "é emitida como prestação do Estado, em virtude da obrigação assumida na relação jurídico-processual (processo), quando a parte ou as partes vierem a juízo, isto é, exercerem a pretensão à tutela jurídica".

Nesse sentido, afigura-se correta a tentativa de conceituação de sentença por meio da sua etiologia, porquanto o *sentire* se expressa na valoração da prova (crença) e na própria ideologia do julgador. A sentença representa mais do que o resultado do ajustamento do fato à norma, pois sendo criação da inteligência do juiz está impregnada de valores e de ideologias. Ainda, o juiz, no ato de julgar, sempre atua como intérprete da lei, a qual necessita da atribuição de um sentido.

No entanto, como visto, a característica fundamental da *sentença* é a solução do conflito de direito material. Assim, não se poderia conceber como sentença o ato processual que não solucione o conflito de interesses, submetido pelos particulares ao órgão jurisdicional; isto é, o ato processual sentença deve gerar efeitos extraprocessuais, tal como solucionar o conflito material. O leigo, no âmbito prático de sua compreensão, fica perplexo quando, após algum tempo do trâmite processual, recebe um papel, timbrado "sentença", mas que não resolveu o "problema" que tinha submetido ao judiciário para ser solucionado.

Por outro lado, considerando que a jurisdição é o poder-dever do Estado-juiz de solucionar conflitos de interesses deduzidos em juízo, por meio do processo, que é o seu instrumento, revela-se frustrado o seu exercício se não alcançar o seu escopo, que se materializa na sentença de mérito.

---

26. GOLDSCHMIDT, James. *Derecho procesal civil*. Barcelona: 1936. p. 330-301.
27. PONTES DE MIRANDA, Francisco Cavalcanti. *Comentários ao Código de Processo Civil*. Rio de Janeiro: Forense, 1974, v. V. p. 395.

Salienta Humberto Theodoro Júnior[28] que:

> Para o novo Código, *sentença* é o pronunciamento por meio do qual o juiz, com fundamento nos arts. 485 e 487 do NCPC, põe fim à fase cognitiva do procedimento comum, bem como extingue a execução (art. 201, § 1º), ou seja, é tanto o ato que extingue o processo sem resolução de mérito como o que o faz resolvendo o mérito da causa. Mas, teórica e praticamente, há que se distinguir, dada a completa diversidade de efeitos, entre os provimentos que solucionam a lide e os que não a alcançam.

Mas, a dificuldade de se adotar o conceito único de sentença – ato que soluciona o conflito de interesses originário da relação jurídica de direito material – decorre de outra relação jurídica denominada processual. Ou seja, não é possível a solução do conflito material sem a constituição válida de uma relação de natureza processual. Sem o devido processo legal, não se viabiliza a sentença, por ausência de conhecimento sobre os fatos litigiosos. Assim, existindo duas relações jurídicas – direito material e processual – devem em algum momento ser extintas, na hipótese, pelos efeitos da sentença. No julgamento do mérito (art. 487, NCPC), a sentença gerará efeito de extinção da relação de direito material e processual; se não houver julgamento de mérito (art. 485, NCPC), a sentença gerará o efeito de extinção da relação de direito processual somente, daí a dicotomia do conceito.

Enfim, conclui-se que não se pode desprezar que o conceito é o ponto de partida, a premissa básica para o exame de toda e qualquer questão jurídica. Se partirmos de um conceito correto, estamos no caminho certo para obtermos uma solução correta; mas, se partirmos de um conceito falso, equivocado, por mais lógico que possa ser o raciocínio, chegaremos a uma conclusão também equivocada.

3. CONCEITO JURÍDICO-POSITIVO DA SENTENÇA

Na Constituição Federal de 1891, cada Estado-membro tinha competência para organizar o seu direito adjetivo, isto é, o código de processo civil. Nesse sentido, no Código de Processo Civil e Comercial do Estado do Rio Grande do Sul, as sentenças eram divididas em definitivas e interlocutórias. As interlocutórias eram divididas em simples e mistas. As sentenças definitivas e as interlocutórias mistas eram apeláveis (art. 820), enquanto que as interlocutórias simples estavam sujeitas ao agravo de petição (art. 846).

No CPC de 1939, não houve conceituação de sentença, mas apenas a sua previsão, nos artigos 280 e seguintes, ficando para a doutrina essa tarefa. Mas, por outro lado, o artigo 820 previu o recurso de apelação das decisões definitivas de primeira instância, enquanto que os artigos 841 e 842 estabeleceram o cabimento do agravo de instrumento, para situações específicas de decisões interlocutórias. O artigo 846 previu o agravo de petição das decisões que implicassem a terminação do processo, sem resolução do mérito, o qual se processava nos próprios autos.

---

28. THEODORO JÚNIOR, Humberto. *Curso de Direito Processual Civil*: Teoria geral do direito processual civil, processo de conhecimento e procedimento comum. 56. ed. Rio de Janeiro: Forense, 2015. p. 1.016. v. I.

Não havia clara distinção entre os provimentos, sentenças terminativas e sentenças definitivas, tanto que surgiram muitas dificuldades para a prática forense, no sentido de qual recurso era o adequado para determinada decisão, que envolvia o mérito da causa, ainda que não fosse objeto de julgamento, quando, por exemplo, alcançado pela prescrição ou decadência. A dúvida era afastada pela aplicação do princípio da fungibilidade recursal (art. 810).

Já, o Código de Processo Civil de 1973, disciplinou, no artigo 162, os atos que o juiz pronunciava no processo, destacando-os em: despachos, decisões interlocutórias e sentenças.

Assim, no CPC/73, o artigo 162, § 1º, com redação dada pela Lei 11.232, de 2005 conceituou a sentença como sendo "o ato do juiz que implica alguma das situações previstas nos arts. 267 e 269 desta Lei", bem assim, no § 2º, a decisão interlocutória como sendo "o ato pelo qual o juiz, no curso do processo, resolve questão incidente".

E, nos seus artigos 504, 513 e 522, estabeleceu os recursos específicos, com a ressalva de que os despachos seriam irrecorríveis; as sentenças, sejam elas definitivas ou terminativas, seriam apeláveis; e as decisões interlocutórias, agraváveis. Ou seja, o legislador correlacionou o recurso à natureza do pronunciamento do juiz. Dessa forma, os recursos passaram a ser típicos e por sua vez unirrecorríveis, ou seja, para cada espécie de decisão caberia apenas um único recurso, de forma a afastar as dúvidas existentes sobre a matéria, no CPC de 1939.

Consta-se, pois, que o legislador do CPC/73 se preocupou mais com os efeitos da decisão, que importassem em extinção do processo, do que com a sua eficácia extraprocessual (solução da controvérsia), colocando sobre a mesma abrangência as decisões definitivas e as terminativas, com vistas a facilitar a adequação do recurso. Assim, qualquer que fosse o resultado final, o recurso cabível seria a apelação.

No entanto, o conceito não ficou isento de críticas da doutrina, porquanto nem sempre a sentença poderia pôr termo ao processo, bastando, para tanto, que fosse interposto recurso de apelação. O encerramento do processo só ocorreria com o trânsito em julgado da sentença; isto é, quanto esgotados os recursos cabíveis. A sentença, à luz das disposições do CPC/73, era o ato culminante do processo, esgotando o juiz a sua função de julgar.

Na realidade, na linha dos ensinamentos do Prof. Araken de Assis[29], o que põe termo ao processo e ao procedimento é o esgotamento da via recursal e não a sentença. A extinção do processo pode vir a ser um dos efeitos da sentença somente se ela não for questionada em vias recursais.

Para o Professor Arruda Alvim[30], por exemplo, sentença é conceituada como o "ato final do juiz que encerra o procedimento em primeiro grau de jurisdição, com ou

---

29. ASSIS, Araken de. *Cumulação de ações*. São Paulo: Ed. RT, 2005, p. 433.
30. ARRUDA, ALVIM. *Manual de direito processual civil*: Processo de conhecimento. 7. ed. São Paulo: Ed. RT, 2001. v. 2, p. 629.

sem julgamento de mérito". Logo, a sentença nunca pôs realmente o processo a termo, pois a fase recursal manteria a litispendência e, naturalmente, o processo continuaria.

Também, para o Professor Luiz Rodrigues Wambier[31], "a sentença põe no máximo, a termo o procedimento em primeiro grau, mas não o processo".

Mas, o § 1º do art. 162 do CPC/73, com a edição da Lei 11.232, de 22.12.2005, passou a ter a seguinte redação: "sentença é o ato do juiz que implica alguma das situações previstas nos arts. 267 e 269 desta lei".

Assim, o legislador, na terceira etapa da reforma processual civil, levou em conta o conteúdo da decisão, à vista das situações contidas no art. 267 (extingue-se o processo, sem resolução do mérito) e 269 (haverá resolução do mérito).

Constata-se, pois, que o conceito de sentença foi alterado, adotando-se o critério de conteúdo, afastando-se do critério topológico, isto é, de pôr fim a qualquer fase do procedimento ou do processo, com vistas a adequá-lo à nova sistemática processual, que adotou a satisfação do conteúdo decisório através do cumprimento da sentença, no mesmo processo de conhecimento, mas em outro procedimento.

Sobre a alteração do conceito de sentença, Athos Gusmão Carneiro[32], integrante da comissão de reformado Código de Processo Civil e 1973, membro do Instituto Brasileiro de Direito Processual e autor do anteprojeto que resultou na Lei 11.232/2005, afirmou que "a definição agora adotada suscitará críticas; todavia, impende reconhecer a imensa dificuldade em conceituar, de forma precisa, a 'sentença'. Talvez houvesse sido melhor que o Código definisse apenas o despacho e a decisão interlocutória, deixando à doutrina a definição de sentença".

E tinha razão o Professor Atos Gusmão Carneiro, porquanto, se fora solucionada, à época, em parte, a contradição do conceito jurídico positivo de sentença, na sistemática processual de conhecer e satisfazer a parte no mesmo processo, por outro lado criou-se uma contradição conceitual dos atos decisórios praticados no curso do procedimento, com conteúdo dos arts. 267 e 269, do CPC/73, sem serem considerados sentença (exemplo: exclusão da lide de um dos réus).

Na sistemática do Novo Código de Processo Civil, segundo o art. 203, temos que "os pronunciamentos do juiz consistirão em sentenças, decisões interlocutórias e despachos". Já, em seu § 1º temos que sentença seria "o pronunciamento por meio do qual o juiz, com fundamento nos arts. 485 e 487, põe fim à fase cognitiva do procedimento comum, bem como extingue a execução".

Dessa forma, objetivou o legislador a correção do erro acima mencionado, qual seja, a anterior conceituação de sentença como ato do juiz que resultaria em extinção do processo com ou sem resolução de mérito.

No primeiro caso (põe fim à fase cognitiva do procedimento comum), não há o fim do processo com a prolação da sentença. Há, apenas o fim da fase de conhecimento.

---

31. WAMBIER, Luiz Rodrigues et. al. *Curso avançado de processo civil*. 2005, p. 529.
32. CARNEIRO, Atos de Gusmão. *Cumprimento da sentença civil*. Rio de Janeiro: Forense, 2007, p. 118.

No segundo (extingue a execução), por meio de uma sentença terminativa, dá-se fim à relação processual, porém, sem a análise do direito material debatido.

Conforme havíamos mencionado, de fato, cuidava-se de conceituação errônea, já que, a sentença em si não põe termo ao processo, mas, como bem salientado pelo CPC/15, "põe fim à fase cognitiva do procedimento comum, bem como extingue a execução". Assim, foi bem o legislador ao deixar de lado o conceito de sentença baseado exclusivamente em seu conteúdo, passando a considerar efetivamente o objetivo de tal ato processual (finalizar a fase cognitiva ou a execução).

No mesmo sentido dos argumentos acima lançados, Elpídio Donizetti[33] aduz que:

> Ao elaborar o novo conceito de sentença, o legislador procurou corrigir o equívoco da conceituação trazida pelo CPC/1973, que tratava da sentença como sendo o ato do juiz que implicava extinção do processo com ou sem resolução do mérito. É que, como na primeira hipótese (ato que resolve o mérito), a sentença não coloca fim ao processo, mas apenas à fase de conhecimento. O processo prossegue normalmente com a fase de liquidação e o cumprimento de sentença, para somente então ser encerrado. Existem ainda outras hipóteses de atos que, embora resolvam o mérito (ainda que parcialmente), não põem fim ao processo (exemplos: decisão que rejeita um dos pedidos cumulados; decisão que homologa reconhecimento da procedência de um dos pedidos etc.).
>
> Por tais razões é que o legislador abandonou a definição de sentença que levava em consideração apenas seu conteúdo, para elaborar um novo conceito que se adapta, concomitantemente, às consequências precípuas desse ato judicial: resolver ou não o mérito, colocando fim à fase cognitiva do procedimento comum (critério finalístico) ou extinguir a execução.
>
> Temos pois, respectivamente, sentença terminativa, que põe fim à relação processual, mas não procede ao acertamento do Direito material discutido nos autos (art. 485); e sentença definitiva, que compõe a lide, dando resposta positiva ou negativa ao pleito do autor, mas que apenas encerra a fase de conhecimento (art. 487).

Como visto, o conceito legal de sentença mais viável é aquele que toma por base as diretrizes do Código de Processo Civil vigente, sempre observando o objetivo de tal ato processual, qual seja, finalizar a fase cognitiva ou a execução.

4. NATUREZA JURÍDICA DA SENTENÇA

A sentença é ato intelectual de índole, ou com estrutura, predominante lógica (formal e material), que pressupõe a apuração dos fatos e a identificação da norma, através da qual o Estado-juiz se manifesta, concretizando, imperativamente, a vontade do legislador, traduzida ou expressada pela lei, na expressão de Arruda Alvim[34]. Portanto, na sentença, é exteriorizado o resultado de um juízo lógico, que consiste em uma operação mental do juiz e a declaração de sua vontade, após a reconstrução dos fatos *sub judice*, de acordo com as provas produzidas. Esse trabalho é mental, intelectual[35]. Na conclusão do julgamento, o juiz faz atuar a vontade da lei, isto é, a sua imperatividade.

---

33. DONIZETTI, Elpídio. *Redigindo a sentença cível*. 8. ed. São Paulo: Atlas, 2017, p. 31.
34. ALVIM, Arruda. *Manual de direito processual civil*: Processo de conhecimento. 7. ed. São Paulo: Ed. RT, 2001, p. 636. v. 2.
35. GOLDSCHMIDT, James. *Princípios generales del proceso*. Buenos Aires: EJEA, 1961.

Por essas razões é que a sentença é um ato de inteligência e um ato de vontade prevista genérica, abstrata e hipotética na lei.

Nota-se que esses fundamentos demonstram a existência do arcabouço positivista, que contraria a possibilidade da recriação ou da reelaboração do Direito pelos juízes e tribunais, o que tacitamente ratifica a aplicação silogística do Direito, dificultando ao judiciário colaborar no aperfeiçoamento do ordenamento jurídico e obscurecendo a consideração dos interesses conflitantes no processo.

Assim, nas palavras de Plauto Faraco de Azevedo[36]: "esse modo restrito de conceber a aplicação do direito, que minimiza as virtualidades da atuação do judiciário e esvazia o processo hermenêutico, relaciona-se com o modelo positivista prevalente em nosso ensino jurídico, que releva o respeito à lei, à vontade do legislador, e limita o raciocínio jurídico aos parâmetros da lógica formal. Pretende-se, com esse paradigma, favorecer a segurança jurídica".

Portanto, para o juiz aplicar adequadamente o Direito deve superar o modelo positivista, valorizando a sua atividade jurisdicional, reclamando uma moldura teórica maior e mais flexível, de modo que: (a) possa ampliar o alcance da lei incidente sobre o fato, para aplicá-la ao caso concreto, com vistas a solucionar o litígio; (b) na existência de mais de uma lei, que incida sobre o fato, possa acolher aquela que melhor solucione o litígio; (c) havendo lacuna, possa se valer das regras integradoras; e (d) possa negar a aplicação de uma lei, que configure flagrante injustiça etc.

Enfim, ainda que predomine o modelo teórico lógico dedutivo do silogismo judiciário, não se pode tolher o poder criativo do juiz, para a melhor aplicação do Direito, que deve estar sempre voltado para a realidade concreta, atento à transformação da sociedade[37], mercê da dinâmica complexa da interação de seus componentes, que sofre modificações qualitativas e quantitativas, considerando que nem sempre o elemento normativo abstrato reflete a sua base, como expressão de suas exigências, para dar conta da realidade como elemento criador ou conservador.

Nesse sentido, destaque-se que nem sempre o ordenamento jurídico expressa, para situações especiais, a norma para a solução do conflito. No entanto, de acordo com o que prescreve o artigo 140 do Código de Processo Civil "O juiz não se exime de decidir sob a alegação de lacuna ou obscuridade do ordenamento jurídico", ensejando o preenchimento do vazio jurídico para obter resultado não previsto na lei.

Misael Montenegro Filho explica que o Estado assumiu a função de pacificação dos conflitos de interesses, de modo que o magistrado não pode deixar de sentenciar, alegando a inexistência de norma para resolver determinado litígio. "Se isto fosse possível, o magistrado estaria (direta ou indiretamente) estimulando o exercício da autodefesa ou da autotutela, concebida em outros momentos históricos."[38]

---

36. AZEVEDO, Plauto Faraco de. *Aplicação do direito e contexto social*. 2. ed. São Paulo: Ed. RT, 1998, p. 122.
37. FIGUEIRA, Elizeu. *Renovação do sistema de direito privado*. Lisboa: Editora Caminho S.A., 1989, p. 217.
38. MONTENEGRO FILHO, Misael. *Novo Código de Processo Civil comentado*. 3. ed. São Paulo: Atlas, 2018. p. 160.

Assim, o nosso Direito é pródigo em ultrapassar os limites descritos utilizando da analogia, dos costumes e dos princípios gerais de direito[39] para auxiliar na resolução dos conflitos de interesses, sempre que a lei for omissa.

Como se vê, a criação de solução jurídica, para os casos cada vez mais difíceis, passa a depender mais intensamente da participação do órgão jurisdicional. Mas, de qualquer forma, inexiste a criatividade normativa pelo juiz, formulando soluções jurídicas a partir do nada, porque as soluções devem ser encontradas pelo juiz no sistema jurídico. O criar deve ser entendido como a solução jurídica para o caso concreto que não se ajuste às regras.

É ponto de consenso doutrinário que toda lei contém uma inevitável disparidade em relação à atividade concreta, porque é genérica, isto é, possui caráter universal. Nesse sentido, não se pode conter o desejo de afirmar que todas as leis são defeituosas, não em seu aspecto formal, mas na sua teleologia, porquanto pretende regular a realidade social, que é sempre imprevisível e relativa. Portanto, a simples aplicação da lei é inviável, porque é incompleta, pois nasce com a pretensão de obrigar o futuro, ou seja, a norma antecipa o futuro e tenta prever um mundo que inexiste. É, portanto, na aplicação da lei, que o juiz deve superar a dimensão temporal que a separa da realidade social, quer dizer, deve verificar se a norma destemporalizada está adequada à realidade temporal em que irá incidir.

A propósito, Luiz Recaséns Siches[40] assim descreve a elaboração da sentença:

> Na realidade, o juiz decide através de uma espécie de intuição e não por inferência ou silogismo descrito pela lógica; decide pela convicção que se forma de modo direto e não por meio de raciocínios. Somente depois é por ele formulado o raciocínio para redigir os considerandos da sentença. O impulso vital que motiva sua decisão é sentimento intuitivo do justo e do injusto relativamente ao caso particular que lhe é submetido.

Enfim, é o pensar e o sentir que fundamentam a verdadeira dimensão inovadora da jurisdição, pois o *sentire* faz com que o juiz selecione a tese a ser acolhida e eleja a norma de significado válido aplicável.

5. FUNÇÃO DA SENTENÇA

A função da sentença de mérito é a de declarar o direito aplicável nos fatos *sub judice*; isto é, verificar se o direito reclamado pelo autor, na petição inicial, existe ou não e em que medida deve ser tutelado jurisdicionalmente – composição do conflito de interesses –, além de encerrar uma etapa do processo de conhecimento[41]. Já, a sentença

---

39. LINDB. Art. 4º. Quando a lei for omissa, o juiz decidirá o caso de acordo com a analogia, os costumes e os princípios gerais de direito.
40. SICHES, Luís Recaséns. *Nuova filosofia de la interpretación del derecho*. México: Fondo de Cultura Económica, 1956, p. 234.
41. BUENO, Cassio Scarpinella. *Curso sistematizado de direito processual civil*: procedimento comum: ordinário e sumário. 2. ed. São Paulo: Saraiva, 2007, t. I, p. 327.

terminativa tem por função exclusiva finalizar a relação de Direito Processual, em virtude de sua imprestabilidade para o objetivo normal do processo[42].

6. MOMENTOS PARA PROLATAR A SENTENÇA

De maneira bastante singela, poderíamos mencionar que a sentença deve ser proferida, via de regra, nas hipóteses previstas nos artigos 485 e 487 do NCPC e, por consectário lógico, nos momentos processuais em que tais ocorrências (arts. 485 e 487) se dessem (de acordo com fluxo lógico processual) ou fossem necessárias. Ocorre que o universo processual é bastante amplo e recheado de entrelinhas o que traz uma dificuldade demasiadamente alta para obras que não se pretendem excessivamente extensas (tais como esta), já que é pouco crível conceber todos as oportunidades possíveis para a prolação de uma sentença.

De toda forma, a sentença que resolve o conflito de interesses deve ser prolatada, após os debates orais, ou depois da apresentação de memoriais pelas partes demandantes, de acordo com o que dispõe o artigo 366 do NCPC (regra geral recheada de exceções). Portanto, logo após o encerramento da audiência de instrução e julgamento, ou, em trinta dias da data da entrega dos memoriais por escrito. Essa seria a regra, após a plena instrução dos fatos controvertidos.

No entanto temos vários outros episódios que conduziriam à prolação da sentença em circunstâncias diferentes daquelas idealizadas pelo art. 366 do NCPC, vejamos alguns exemplos que nos parecem mais relevantes:

(a) o art. 332 do NCPC cuida da improcedência liminar do pedido, onde existe a possibilidade de ser julgada *improcedente*, de forma liminar, a demanda, dentro das hipóteses apresentadas no rol do mencionado artigo, ainda que formada apenas parcialmente a relação processual;

(b) após o encerramento *da fase postulatória*, nas hipóteses, previstas no artigo 355, do NCPC: (1) não houver necessidade de produção de outras provas; (2) o réu for revel, ocorrer o efeito previsto no art. 344 e não houver requerimento de prova, na forma do art. 349;

(c) O reconhecimento de prescrição e decadência pode ser feito desde a data da propositura da demanda. Se o ocorrer *ab initio* ensejará a improcedência liminar da pretensão. Se ocorrer mais tarde, levará à extinção com resolução de mérito[43].

(d) em qualquer momento, a sentença homologatória de transação, a de reconhecimento jurídico do pedido ou a de renúncia de direito; e

(e) após a realização da audiência de instrução e julgamento.

---

42. THEODORO JUNIOR, Humberto. *Curso de direito processual civil*: Teoria geral do direito processual civil e processo de conhecimento. Rio de Janeiro: Forense, 2009, v. I, p. 498.
43. GONÇALVES, Marcus Vinicius Rios. *Direito Processual Civil Esquematizado*. 8. ed. São Paulo: Saraiva, 2017, p. 679.

Ainda não se pode descuidar que podem ocorrer outros fatos que ensejem a prolação de sentenças, sem o julgamento do mérito (sentenças terminativas). Estas podem ser prolatadas a qualquer tempo, desde que o vício se evidencie[44]. Nesse sentido, outros exemplos:

(a) *desde logo*, pelo indeferimento da petição inicial (art. 330, NCPC);

(b) *em outros momentos marcados*, tal como *após a fase postulatória* (art. 354 do NCPC), na hipótese de serem acolhidas algumas das matérias processuais, arguidas em preliminar de contestação ou conhecidas de ofício;

(c) ausência superveniente de representação processual do autor, após a determinação de sua regularização, sem atendimento; e

(d) ainda, *em qualquer momento*, pela morte do autor de ação de direito intransmissível, pela negligência, pelo abandono da causa ou pela desistência etc.

De se observar que o julgamento por capítulos admitido pelo CPC, embora tenha conteúdo de sentença material, não é sentença sob a ótica formal, tratando-se de decisão interlocutória.

7. CLASSIFICAÇÃO DA SENTENÇA

A classificação das sentenças não tem cunho somente didático ou especulativo. A redação do dispositivo guarda consonância com a natureza da sentença em que foi dado o comando judicial. Ela depende da perspectiva enfocada. Importante sabermos que classificações são muito subjetivas, no sentido de que cada autor acaba por desenvolver sua própria classificação o que torna bastante difícil o estudo do assunto por quem se propõe. De toda forma, tentaremos uma abordagem singela.

Segundo Humberto Theodoro Júnior[45]:

> A classificação realmente importante das sentenças (considerando tanto a decisão do juiz singular como o acórdão dos tribunais) é a que leva em conta a natureza do bem jurídico visado pelo julgamento, ou seja, a espécie de tutela jurisdicional concedida à parte.

Apesar de poderem ser classificadas de várias formas distintas, a depender da perspectiva enfocada, para o que aqui nos interessa, trataremos da classificação da sentença em relação aos seus conteúdos e à sua eficácia.

---

44. GONÇALVES, Marcus Vinicius Rios. *Direito Processual Civil Esquematizado*. 8. ed. São Paulo: Saraiva, 2017, p. 679.
45. THEODORO JR., Humberto. *Curso de Direito Processual Civil*: Teoria geral do direito processual civil, processo de conhecimento e procedimento comum. 58. ed. Rio de Janeiro: Forense, 2017, v. I, p. 1.363.

7.1 QUANTO AO CONTEÚDO

As sentenças quanto ao seu conteúdo podem ser: (a) processuais típicas ou atípicas[46], também denominadas de (a) *terminativas*; e (b) de mérito ou *definitivas* típicas ou atípicas.

Nas palavras de Humberto Theodoro Júnior[47]:

Terminativas são as que "põem fim ao processo, sem lhe resolverem, entretanto, o mérito". São as que correspondem aos casos de extinção previstos no art. 484. Importam reconhecimento de inadmissibilidade da tutela jurisdicional nas circunstâncias em que foi invocada pela parte. O direito de ação permanece latente, mesmo depois de proferida a sentença.

Definitivas são as sentenças "que decidem o mérito da causa, no todo ou em parte". Apresentam à parte a prestação jurisdicional postulada e, de tal sorte, extinguem o direito de ação, no pertinente ao acertamento pretendido pela parte. Como a resolução do mérito da causa pode ser fracionada, não se deve considerar sentença senão o julgamento que completa o acertamento em torno do objeto do processo. As soluções incidentais de fragmentos do mérito são decisões interlocutórias (art. 203, § 2º), ainda quando versem sobre questões de direito material. Sentença, realmente, só ocorre quando, no primeiro grau de jurisdição, o juiz conclui a fase cognitiva do processo. O novo Código corrigiu a incorreção da legislação anterior e qualificou a sentença de forma objetiva, sem se importar com o seu conteúdo, que tanto pode referir-se ao mérito, como a preliminares processuais. Não é, pois, o conteúdo que qualifica a decisão como sentença, mas, sim, o fato de ela extinguir ou não o processo ou uma de suas fases.

Com relação à sentença definitiva, assevera Elpídio Donizetti[48]: "Sentença definitiva é a que resolve o mérito. Por meio desse ato, denominado sentença, o juiz aplica o Direito objetivo, de caráter geral, ao caso concreto. Em outras palavras, o juiz cria norma especial para dirimir o litígio entre as partes, baseada no Direito objetivo".

As sentenças processuais típicas são aquelas que encerram a fase de conhecimento do processo, em primeiro grau, sem exame do objeto litigioso, por ausência dos pressupostos processuais, das condições da ação ou pela inexistência de pressupostos processuais negativos (art. 485, incisos IV, V, VI, NCPC).

As sentenças processuais atípicas são aquelas que encerram a fase de conhecimento do processo, em primeiro grau, sem exame do mérito, nas seguintes hipóteses: paralisação do processo por mais de um ano; abandono da causa por mais de 30 dias; perempção; convenção arbitral; desistência da ação; direito intransmissível; confusão entre autor e réu, todas previstas no artigo 485, incisos II, III, VII, VIII, IX, X, do NCPC.

As sentenças de mérito, ou definitivas, são aquelas que satisfazem as condições da ação e os pressupostos processuais, tendo por conteúdo as situações previstas no artigo 487, NCPC. São típicas aquelas onde o juiz acolhe ou rejeita a pretensão do autor (inciso I) e as demais atípicas (incisos II e III). A sentença de mérito é o resultado do julgamento da pretensão trazida pelo demandante, para que o órgão jurisdicional apresente uma

---

46. WAMBIER, Luiz Rodrigues; TALAMINI, Eduardo. *Curso avançado de processo civil*: teoria geral do processo de conhecimento. 8. ed. São Paulo: Ed. RT, 2006, v. 1, p. 479 a 485.
47. THEODORO JÚNIOR, Humberto. *Curso de Direito Processual Civil*: Teoria geral do direito processual civil, processo de conhecimento e procedimento comum. 56. ed. Rio de Janeiro: Forense, 2015. v. I, p. 1.017.
48. DONIZETTI, Elpídio. *Curso didático de direito processual civil*. 20. ed. São Paulo: Atlas, 2017, p. 697.

solução. O resultado da sentença de mérito é o preceito concreto que rege as relações entre os litigantes ou entre eles e o bem da vida sobre o qual controvertem[49].

7.2 QUANTO À EFICÁCIA SUBSTANCIAL

As sentenças podem ser declaratórias, constitutivas, condenatórias, mandamentais e executivo *lato sensu*.

7.2.1 Declaratória[50]

Apenas *declara* a existência (positiva) ou a inexistência (negativa) de uma relação jurídica, direito ou obrigação, ou seja, declara a certeza da existência ou inexistência de relação jurídica, ou da autenticidade ou falsidade de documento, produzindo efeito substancial independente de outros atos. Tem por objeto uma relação jurídica ou a análise de um documento. De modo geral, o efeito substancial dessa sentença é *ex tunc*[51], isto é, retroage à data em que a relação jurídica se formou, ou à data em que a falsificação do documento se aperfeiçoou.

Sobre o tema, Elpídio Donizetti[52] elucida que:

> A sentença declaratória tem por objeto simplesmente a declaração da existência ou inexistência de relação jurídica, ou da autenticidade ou falsidade de documento (art. 19, I e II). No exemplo da reparação de danos, pode ser que o interesse do autor se restrinja a obter, pela sentença, a declaração de um tempo de serviço. Nesse caso o comando judicial (dispositivo) será no sentido de "julgar procedente para declarar.

7.2.2 Constitutiva[53]

Declara a existência do direito a uma alteração na situação jurídica e produz, na sequência, essa alteração substancial, *de per si*, sem necessidade de execução. Pelo provimento, altera-se, extingue-se ou cria-se uma situação jurídica. Pode ser constitutiva positiva, quando cria uma relação jurídica; constitutiva negativa, quando extingue a relação jurídica, no todo ou em parte. O efeito substancial dessa sentença é *ex nunc*[54], isto é, para o futuro. Há exceções onde se prevê eficácia retroativa (*ex tunc*) na anulação de negócio jurídico (art. 182, CC) ou resolução (art. 478, CC).

Neste ponto, mostra-se pertinente a seguinte lição de Elpídio Donizetti[55]:

---

49. DINAMARCO, Cândido Rangel. *Instituições de direito processual civil*. 2. ed. São Paulo: Malheiros Editores, 2002, v. III, p. 194-195.
50. Art. 19, NCPC.
51. GONÇALVES, Marcus Vinicius Rios. *Novo curso de direito processual civil*: processo de conhecimento (2ª parte) e procedimentos especiais. 4. ed. São Paulo: Saraiva, 2008, v. 2, p. 18.
52. DONIZETTI, Elpídio. *Curso didático de direito processual civil*. 20. ed. São Paulo: Atlas, 2017. p. 709-710.
53. Art. 73, § 1º, IV e 292, II, do NCPC.
54. GONÇALVES. Idem, p. 19.
55. DONIZETTI, Elpídio. *Curso didático de direito processual civil*. 20. ed. São Paulo: Atlas, 2017. p. 710.

Na sentença constitutiva, além da declaração do direito, há a constituição de novo estado jurídico, ou a criação ou a modificação de relação jurídica. Exemplos: divórcio; anulatória de negócio jurídico; rescisão de contrato e anulação de casamento.

No dispositivo, geralmente, o juiz utiliza a expressão "julgo procedente o pedido para decretar..."

7.2.3 Condenatória[56]

Declara a existência de uma lesão e aplica uma sanção correspondente à violação ao direito, que consiste numa prestação *de pagar quantia certa*. Proporciona a formação de um título executivo judicial, que depende de execução direta (ou execução por sub-rogação), mas prescinde da vontade do executado para a obtenção do resultado útil. Há substituição da conduta do devedor pela conduta do Estado-juiz. As sentenças condenatórias estão relacionadas sempre ao pedido mediato de "pagamento de quantia certa", que exige, após, o seu cumprimento. O efeito é *ex tunc*[57], pois declara a existência de uma relação jurídica anterior.

Para Elpídio Donizetti[58]:

> Sentença condenatória é aquela que, além de promover o acertamento do direito, declarando-o, impõe ao vencido uma prestação passível de execução. A condenação consiste numa obrigação de dar, de fazer ou de não fazer. (...) comando judicial expresso no dispositivo costuma vir da seguinte forma: "Julgo procedente o pedido para condenar..."

7.2.4 Mandamental[59]

Declara a existência do direito à satisfação de uma obrigação/dever de fazer, não fazer ou dar e ordenar o seu cumprimento, cuja desobediência pode sujeitar o seu destinatário à responsabilidade criminal (art. 330, CP). Atua direto sobre a vontade do devedor[60]. Essa sentença possui a mesma estrutura lógico-substancial das condenatórias clássicas, compondo-se de uma declaração anterior (reconhecimento do direito) e de um momento posterior sancionador. A diferença está na satisfação da tutela prestada. A decisão mandamental prevê medida coercitiva indireta, que atua na vontade do devedor como forma de compeli-lo a cumprir a ordem judicial[61].

Segundo Elpídio Donizetti[62]: "Sentença mandamental é aquela que, além da declaração, contém uma ordem. Ex.: reintegração de funcionário público no seu cargo por meio de mandado de segurança, ordem para expedição de certidão, entre outros".

---

56. DIDIER JR., Fredie; BRAGA, Paula Sarno; OLIVEIRA, Rafael Alexandria de. *Curso de direito processual civil*: teoria da prova, direito probatório, decisão, precedente, coisa julgada e tutela provisória. Salvador: JusPodivm, 2007, v. 2, p. 291-292.
57. GONÇALVES. Idem, p. 21.
58. DONIZETTI, Elpídio. *Curso didático de direito processual civil*. 20. ed. São Paulo: Atlas, 2017. p. 709.
59. GONÇALVES. Idem, p. 22.
60. MARINONI, Luiz Guilherme et al. *Manual do processo de conhecimento*. 4. ed. São Paulo: Ed. RT, 2005, p. 410 e 411.
61. DIDIER JR. Op. cit. p. 292.
62. DONIZETTI, Elpídio. *Redigindo a sentença cível*. 8. ed. São Paulo: Atlas, 2017, p. 33.

Também sobre o tema em comento, Daniel Amorim Assumpção Neves[63] aduz que:

A sentença mandamental se caracteriza pela existência de uma ordem do juiz dirigida à pessoa ou órgão para que faça ou deixe de fazer algo, não se limitando, portanto, à condenação do réu. O juiz na sentença mandamental ordena que o réu pratique determinado ato que somente a ele caberia praticar, não existindo nessa atividade o caráter substitutivo característico da execução. A satisfação da sentença mandamental é feita pelo *cumprimento da ordem*, não existindo processo ou fase de execução subsequente a ela visando tal satisfação. O juiz ordena e aguarda o cumprimento da ordem, não havendo previsão de procedimento para que isso se verifique concretamente.

Poderá o juiz se valer de atos de pressão psicológica – execução indireta – como também de sanção civil (ato atentatório à dignidade da justiça, previsto no art. 77, IV, do Novo CPC) e penal (crime de desobediência), mas ainda assim não haverá uma fase executiva, com a prática de atos materiais de execução. É diferente da sentença executiva *lato sensu* porque esta, além de ser satisfeita pela prática de atos materiais, o que caracteriza um procedimento, ainda que não expressamente previsto em lei, atinge o patrimônio do executado, enquanto a sentença mandamental atinge a vontade do executado.

7.2.5 Executiva lato sensu[64]

Declara a existência à satisfação do direito a uma prestação (dar, restituir etc.) e determina o cumprimento espontâneo da obrigação. Não sendo cumprida voluntariamente, o Estado-juiz fará o seu cumprimento, através da expedição de um mandado, que retira a coisa do poder do demandado e a entrega ao autor. A decisão prevê uma medida coercitiva direta, que será adotada em substituição à conduta do devedor, caso não cumpra voluntariamente o dever que lhe é imposto[65]. Exemplo clássico de sentença executiva *lato sensu* é a de reintegração de posse, reivindicatória e de despejo (prestação de restituir a coisa).

8. FORMALIDADES DA SENTENÇA

A sentença, como espécie de ato jurídico processual, deve se revestir de requisitos (elementos) estruturais indispensáveis (relatório, fundamentação e dispositivo) e dos requisitos essenciais à sua inteligência (escrita em vernáculo, clareza, precisão, certeza, liquidez, coerência) para a sua *existência, validade e eficácia*. Também, pode ser considerado elemento integrante da sentença o seu preâmbulo, onde se identifica o órgão do Poder Judiciário, que a pronunciou, sem, contudo, ser essencial ao ato.

8.1 ELEMENTOS ESTRUTURAIS

Os elementos estruturais – relatório, fundamentação e dispositivo – definidos como requisitos da sentença, no artigo 489 do CPC, são os componentes do ato processual *uno e indivisível*, onde é entregue a prestação jurisdicional.

---

63. NEVES, Daniel Amorim Assumpção. *Manual de direito processual civil* – Volume único. 10. ed. Salvador: Ed. JusPodivm, 2018, p. 826.
64. GONÇALVES. Idem, p. 23.
65. DIDIER JR, idem, p. 292.

8.1.1 Relatório

O artigo 489, I, do CPC prevê que o relatório deve conter os nomes das partes, a identificação do caso, com a suma do pedido e da contestação, e o registro das principais ocorrências havidas no andamento do processo[66].

Portanto, o conteúdo do relatório depende diretamente do procedimento adotado no conhecimento da demanda, da complexidade subjetiva ativa e passiva, da cumulação de causas e de pedidos, ou de cumulações de ações. Também, poderá ocorrer a conexão ou a continência de demandas, as quais serão julgadas na mesma sentença. Ainda, o conteúdo pode ser aumentado, de acordo com a manifestação do(s) componente(s) do polo passivo da demanda; quer dizer, contestação direta ou indireta, individual ou conjunta, de matéria fática ou de direito, com matérias preliminares processuais e prejudiciais de mérito, com ou sem chamamento de terceiros. Ademais, o conteúdo pode ser ampliado em face da necessidade de produção de provas pericial e oral, ou de intervenção de terceiros.

O relatório é o espelho de todos os atos processuais relevantes praticados no curso do processo, quer pelas partes, quer pelo Juiz. A simples leitura do relatório, por qualquer pessoa, deve levá-la a exata compreensão de todo o processado. O relatório é a história do processo, por isso a narrativa, devendo ser usado o verbo sempre na impessoalidade e no passado.

O relatório é elemento moral, porque serve para demonstrar que o julgador leu o processo e fixou-lhes as circunstâncias capitais. Bem haver estudado a causa (adquire--se o saber) é uma das exigências para bem julgar. O relatório deve trazer o resumo das ocorrências importantes do processo, ou seja, a síntese das pretensões e de seus fundamentos (pedido e causa de pedir), limitada ao núcleo das alegações, sem exposição de argumentos *a latere*. Não se deve relatar tudo o que ocorreu, mas, somente, os pontos relevantes dos atos, também relevantes. Por relevantes têm-se os atos que influenciarão a decisão. Nesse sentido, são relevantes: (a) na petição inicial: a identificação das partes ativas e passivas, a causa de pedir próxima e remota (fatos e fundamentos jurídicos do pedido), o pedido imediato e mediato (provimento e bem da vida); (b) na contestação: as preliminares processuais[67], as questões prejudiciais de mérito e as matérias fáticas controvertidas[68] e as de direito[69]; (c) na reconvenção ou pedido contraposto: a causa de pedir e o pedido; (c) na impugnação: alguma matéria processual; d) na conciliação: se houve algum acordo parcial; e) no saneador: o seu desfecho, os pontos controvertidos[70], a definição das provas; d) nas provas: apenas as produzidas, sem menção ao seu conteúdo; f) a síntese do núcleo das alegações finais: fatos que possam influenciar o julgador; g) o desfecho de incidentes processuais e de recursos ou agravo retido.

---

66. BUENO, Cassio Scarpinella. *Curso sistematizado de direito processual civil*: procedimento comum: ordinário e sumário. v. 2. São Paulo: Saraiva, 2007, t. 1, p. 352.
67. Art. 337, NCPC.
68. Inexistência do fato constitutivo do Direito. Exemplos. Ausência de mora/inadimplemento; ausência de culpa em indenização por prática de ato ilícito.
69. Qualificação jurídica dos fatos. Exemplo. Locação x comodato.
70. Questões a serem resolvidas

Ainda, a sentença, poderá conter mais de um relatório, dependendo do número de ações conexas ou contínuas, relembrando que o relatório é imparcial e fiel aos atos do processo[71].

Segundo Alexandre Freitas Câmara[72]: "Relatório é a *síntese do processo*. Trata-se de um resumo, no qual o juiz narrará, sinteticamente, tudo aquilo de relevante que tenha ocorrido ao longo do processo".

Ademais, destaque-se que as matérias de fato e de direito relevantes destacadas no relatório serão *resolvidas*[73], por ocasião da fundamentação. Quer dizer, são *os elementos de cognição* a serem usados na motivação e no decisório, que por esse modo se preparam[74].

Cognição, segundo Kazuo Watanabe[75], "é um ato de inteligência, consistente em considerar, analisar e valorar as alegações e as provas produzidas pelas partes vale dizer, as *questões* de fato e as de direito que são deduzidas no processo e cujo resultado é o alicerce, o fundamento do *iudicium*, do julgamento do objeto litigioso do processo.".

Como visto, o relatório é ato preparatório do julgamento, devendo ficar evidenciadas as questões sobre as quais o juiz deve se pronunciar, além de serem afastadas, dentre as matérias articuladas, aquelas que são impertinentes ou estranhas ao objeto da causa.

8.1.1.1   Ordem do relatório

A narrativa segue a ordem cronológica e lógica dos atos processuais praticados, o mesmo ocorrendo no caso de ações conexas ou em continência.

8.1.2   Fundamentação, motivação ou justificação

As decisões são retiradas dos dados essenciais destacados do relatório, os quais constituem a base fática e jurídica da justificação.

A fundamentação deve abranger todas as alegações trazidas pelas partes nos autos do processo, para serem decididas.

Nas palavras de Alexandre Freitas Câmara[76]:

> A fundamentação da decisão judicial é o elemento consistente na indicação dos motivos que justificam, juridicamente, a conclusão a que se tenha chegado. Este é um ponto essencial: *fundamentar é justificar*. É que a decisão precisa ser legitimada democraticamente, isto é, a decisão precisa ser constitucionalmente legítima. Para isso, é absolutamente essencial que o órgão jurisdicional, ao decidir, aponte os motivos que justificam constitucionalmente aquela decisão, de modo que ela possa ser considerada a *decisão correta* para a hipótese. E esses fundamentos precisam ser apresentados substancialmente. Afinal, se os direitos processuais fundamentais (como o direito ao contraditório ou o direito à isonomia) têm de ser compreendidos em sua dimensão substancial – e não em uma dimensão meramente formal –, o mesmo deve se aplicar ao *direito fundamental a uma decisão fundamentada*.

---

71. ARAGÃO, Egas Dirceu Moniz de. *Sentença e coisa julgada*. Rio de Janeiro: Aide, 1992, p. 99.
72. CÂMARA, Alexandre Freitas. *O novo processo civil brasileiro*. 3. ed. São Paulo: Atlas, 2017. p. 243.
73. MOREIRA, José Carlos Barbosa. *Temas de direito processual*. 8ª série. São Paulo: Editora Saraiva, 2004, p. 118.
74. DINAMARCO, Cândido. *Instituições*. v. III. p. 658.
75. WATANABE, Kazuo. *Da cognição no processo civil*. São Paulo: Ed. RT, 1987, p. 41.
76. CÂMARA, Alexandre Freitas. *O novo processo civil brasileiro*. 3. ed. São Paulo: Atlas, 2017. p. 244.

Justificar não é explicar, considerando-se que devem ser apresentadas as razões pelas quais o pedido foi acolhido, ou não. É através da justificação que a decisão se torna controlável, devendo ser convincente e persuasiva. A simples subsunção do fato à norma (raciocínio dedutivo do silogismo) é criticada, porque não se presta a resolver ou elucidar o problema das decisões, pois a lógica rigorosa nem sempre conduz à certeza de que se está fazendo Justiça.

Assim, a derivação de juízos jurídicos partida de premissas jurídicas conduz, sim, a uma decisão. No entanto, o que se pretende, também, é uma decisão justa. Há deduções jurídicas mediatas, necessárias, quando um problema jurídico especial está previsto numa regra de direito positivo, justa. Sob essa hipótese, a norma jurídica que serve de premissa maior é justa, decorrendo a justa consequência da sentença.

Os juízos normativos são hipotéticos, daí a necessidade de o juiz fazer uma reflexão crítica para saber o justo, no momento de aplicar a regra jurídica. As regras jurídicas contêm hipóteses constitutivas de direitos e deveres, tal qual a de compra e venda, onde ao vendedor cabe a entrega da coisa (obrigação de dar) e de exigir o preço correspondente (direito), enquanto ao comprador cabe o pagamento do preço (obrigação) e a faculdade de exigir a coisa (direito).

Em caso de lide, por inadimplemento do comprador (réu), por exemplo, o juiz condena o comprador a pagar o preço. A regra do direito positivo contém a hipótese (premissa maior) e a consequência (conclusão), sendo esta uma regra de conduta. O pagamento do preço pelo comprador é regra de conduta (dever). No caso, existe um juízo jurídico hipotético prévio (dever pagar), que, para ser aplicado, deverá ser valorado pelo juiz, de acordo com as circunstâncias dos fatos (por alguma razão explicitada, o credor deu causa à mora do devedor), e não aplicá-lo ao fato (dedutivamente/subsunção), simplesmente. Deve ser perquirido o valor da justiça subjacente às normas, considerando-se que o juiz não é escravo da lei, na medida em que a norma jurídica foi feita para ser interpretada, daí decorrendo o seu poder discricionário na arte de interpretar, a fim de que, dentro do possível, o conflito de interesses possa ser composto com justiça.

Destaque-se que juiz de seu tempo, moderno, não se restringe a subsumir a norma fria ao caso concreto, em um trabalho de mera concreção formal. Deve estar atento à realidade social que o cerca, formando com a norma e suas abstrações éticas um trio inseparável e insuperável, onde nada se sobrepõe.

Sabe-se que o Direito não é um sistema lógico-formal, significando que as proposições normativas, enquanto regras tendentes à disciplina dinâmica das complexas relações sociais, não são nunca interpretadas e aplicadas mediante simples operações dedutivas, cujas soluções devam ser apreciadas apenas segundo o critério lógico de legalidade.

Cabe ao julgador a escolha da norma jurídica, que possa qualificar os fatos comprovados, isto é, exercitar a atividade da subsunção dos fatos à norma, que confira os efeitos desejados, não ficando refém da qualificação jurídica apontada pelo autor ou pelo réu. Nessa tarefa está compreendida a verificação das consequências jurídicas pretendidas pelas partes, cujo raciocínio deverá ser exteriorizado na motivação da decisão. A decisão é uma escolha justificada dentre as alternativas apresentadas de modo a convencer ou persuadir os destinatários. Isto é, o *porquê* decidiu nesse sentido e não em outro.

O esquema de subsunção da norma ao fato sugerido pela doutrina tradicional (silogismo) tem sido criticado pela doutrina moderna, porquanto não se presta para resolver o problema da fundamentação das decisões. A ideia de subsunção clássica era para obter a única solução possível da norma; contudo, vem perdendo espaço para a dogmática contemporânea, porque admite haver nesse processo um grau mais intenso de complexidade, decorrente da circunstância de que os fatos se subsumem não à lei propriamente dita, mas ao sistema jurídico[77].

Sobre o poder criativo do julgador, assim Teresa Arruda Alvim Wambier[78] expressa seu pensamento:

> O juiz "cria" direito no sentido de poder engendrar soluções para casos que não sejam rotineiros, que não estejam 'prontas' no sistema (para que a situação fática se encaixe automaticamente nelas). Mas essas soluções, sob pena de se deixar definitivamente de lado o valor *segurança*, devem ser "criadas" a partir de elementos constantes do sistema jurídico, somados combinados, engendrados etc., e não com base em elementos que o sistema não tenha encampado ("juridicizado"). O repertório conhecido que conta o juiz para criar soluções normativas e, portanto, conhecido previamente e limitado. A base da "criatividade" está nos elementos do sistema e naqueles que o sistema tenha "assumido", embora, em sua gênese, possam ser estranhos no direito. Esse é o moderno sentido do princípio da legalidade: o juiz se vincula à lei, "filtrada" pela doutrina, pela jurisprudência e pelos princípios que se ligam aos direitos fundamentais. Quanto mais o caso que há de ser decidido pelo juiz se aproxima de um Hard Cases, mais "livre" será o processo de "criatividade" do juiz. Quanto mais rotineiro for o caso, mais próximo do esquema subsuntivo tradicional estará o juiz.

Enfim, a decisão é o resultado da atividade lógica, pois é uma conclusão que advém de uma premissa maior e de uma premissa menor, sendo que esta é formada pelo fato e a maior por regras do Direito.

8.1.2.1 Fundamentos normativos da decisão e critérios aplicáveis em caso de dúvidas na aplicação da norma ao caso concreto

Os litigantes vêm a Juízo com discurso (argumentos) decorrente de fatos, os quais são reconstituídos mediante dilação probatória (busca da verdade), que os tornam verossímeis ou prováveis, traduzindo-se na verdade formal. Examinando os fatos, o juiz exercita os seus conhecimentos pessoais e com boa dose de bom-senso chega à versão, que se lhe apresente como verdadeira (crença), a qual lhe servirá de base para a sentença.

Evidente que, ao adotar a versão que lhe pareça verdadeira ao conhecimento (saber), deve cercar-se de elementos para que possa ser demonstrada. Convencido da matéria de fato (com domínio das provas produzidas), passa-se ao enquadramento da hipótese no sistema normativo.

---

77. WAMBIER, Teresa Arruda Alvim. *Controle das decisões judiciais*. p. 393.
78. Op. cit. p. 394 e 395.

No mais das vezes, os litigantes procuram tipificar os fatos, dentro de sua melhor ótica, embora contestados. Sopesados os argumentos favoráveis e os contrários, decide-se por um deles, porque apenas um deles encerra o verdadeiro sentido da lei. Assim, se os fatos alegados foram provados, se a norma aplicável é entendida em seu sentido imediato, ocorre uma coincidência entre o fundamento normativo da decisão e a regra de decisão (subsunção – função mecânica de lógica dedutiva).

Mas nem sempre essa relação se apresenta de forma bastante clara, sendo que as dificuldades começam quando surgem dúvidas (estado de espírito em face de motivação afirmativa e negativa) da aplicação da norma ao caso concreto, cuja natureza está na emissão de juízos de valor.

Note-se que as leis resultam de decisões políticas que traduzem uma ordem de interesses de natureza material, religiosa etc. são, portanto, resultados de interesses (grupos sociais), que por sua vez nem sempre se apresentam em harmonia. A norma encerra um juízo de valor na ordenação dos interesses da vida em sociedade.

Contudo, o direito não reflete apenas os interesses dominantes, mas, também, uma ideia de ordem de valores, escalonados em direito da liberdade, de justiça, de responsabilidade etc. Na decisão, o juiz não deve se ater somente ao conflito de interesses, mas também ao critério da valoração dos interesses. Destaque-se que, primeiramente, a lei é confrontada como valoração ao conflito de interesses e não ao caso concreto, ou seja, explica-se a lei e não como deve ser aplicada. Na sequência, realiza-se a valoração contida na lei, tomando-se por base o caso concreto. Deve ser perseguida, aqui, a prevalência dos valores dos bens contidos na norma, mas não o apego ao texto frio da lei.

No modelo de valoração, tem-se: (a) de um lado, o legislador e a situação de interesse; (b) do outro, o juiz e o caso a ser decidido. Integra-se valorativamente um fato da vida a um conteúdo fático legal. Socorre-se, para tanto, o juiz das regras de interpretação. O resultado da interpretação consiste na determinação do sentido verdadeiro das normas aplicáveis ao caso concreto, sob a sua ótica.

Cuidado deve ser adotado quando for tomada a decisão com base em precedentes judiciais, principalmente quanto à utilização de ementas isoladas, sem o acompanhamento do acórdão, pois pode a jurisprudência levar o julgador a decisão equivocada, eis que inaplicável ao caso sob julgamento, não só por diferença de base fática, como também pelo fato de o entendimento já ter sido ultrapassado pelo tempo.

Precedente consiste em um pronunciamento judicial emanado em um processo anterior, que é utilizado como alicerce para formação de outra decisão judicial, proferida em processo posterior. Cumpre destacar que nem toda a decisão judicial é um precedente, pois, só são considerados assim aqueles em que é possível estabelecer um fundamento definitivo que será considerado, posteriormente, com caráter vinculante ou apenas argumentativo, na elaboração da decisão a ser prolatada em um caso futuro.

Os precedentes vinculantes são de aplicação obrigatória, não podendo o órgão jurisdicional a ele vinculado deixar de aplicá-lo e decidir de forma diversa. Já os precedentes não vinculantes, não podem ser ignorados pelos órgãos jurisdicionais, contudo, podem estes decidir de medo distinto, desde que justifique, de forma devidamente fundamentada, a não aplicação do precedente ao caso em análise.

A título de exemplo, tem-se que as decisões do STF em controle concentrado de constitucionalidade (art. 927, I) têm eficácia vinculante por força do disposto no art. 102, § 2º, da Constituição Federal. Por outro lado, os enunciados de súmula (não vinculante) do STF em matéria constitucional, e do STJ em matéria infraconstitucional (art. 927, IV) e a orientação do plenário ou do órgão especial dos tribunais (art. 927, V) não são vinculantes, mas meramente argumentativos.

Neste ponto, mostra-se pertinente elucidar que os sistemas que se utilizam de precedentes judiciais, para obterem resultados adequados, precisam que o ordenamento jurídico esteja em evolução contínua, além de ter de reconhecer a possibilidade de distinções e superações dos referidos precedentes.

Destarte, conclui-se que não deve o juiz violentar a sua convicção para observar os termos de precedente judicial, no caso de este não representar a concretização mais apropriada da norma jurídica.

8.1.2.2 Lacuna na lei (quando não existe norma geral aplicável ao caso concreto)

Nesse caso, deve o julgador socorrer-se dos costumes, da analogia e dos princípios gerais do Direito (art. 4º, Decreto-Lei 4.657/42 – LINDB.[79]), pois não pode se eximir de julgar a pretexto de inexistência de norma (art. 140, NCPC[80]).

A regra de decisão pode ser determinada por regras e avaliações extrajurídicas, como a moral, princípios da vida social, regras da experiência. Uma vez determinado o fundamento normativo da decisão, ou a regra de decisão, o juiz decide.

Por fim, o ato de decidir constitui um conflito do juiz consigo mesmo, que lhe exige não apenas energia intelectual, mas, também, de caráter. Este assumir por si mesmo a decisão constitui a essência do seu trabalho. A decisão está limitada aos termos da demanda, não podendo o juiz conhecer de questões não suscitadas a cujo respeito à lei exige a iniciativa da parte, exceto as de ordem pública autorizadas.

Em resumo, as operações intelectuais praticadas pelo julgador são: (a) determinar a significação extrínseca do caso que se propõe (acolhimento ou rejeição); (b) examinar criticamente os fatos; (c) configurar juridicamente os fatos provados (premissa menor); (d) verificar os efeitos jurídicos sobre o fato (subsunção); e (e) decidir (dispositivo).

Portanto, a existência de lacuna no ordenamento jurídico reduz-se a um problema axiológico, a um problema de valoração: a função básica do intérprete, no caso, o julgador, é de dizer se o aparente silêncio da norma, em relação ao fato, é, do ponto de vista daquelas necessidades, satisfatório como resposta do ordenamento, ou se a resposta satisfatória é outra e está implícita no sistema, do qual deve ser deduzida como regra, ou regras jurídicas para o caso.

---

79. Art. 4º, Decreto-Lei 4.657/42 – LINDB.
80. Art. 140, NCPC.

8.1.2.3 Das questões

O artigo 489, II, do CPC estabelece que os fundamentos são um dos requisitos em que o julgador *analisará as questões de fato e de direito,* não havendo previsão na ordem do exame dessas questões.

No entanto, a fundamentação não se restringe, apenas, à análise, mas principalmente à resolução[81] das questões.

É na fundamentação que o magistrado resolve as questões incidentais, assim entendidas aquelas que devem ser solucionadas para que a questão principal (o objeto litigioso do processo) possa ser decidida. Daí se vê que é exatamente aqui, na motivação, que o magistrado deve apreciar e resolver as questões de fato e de direito que são postas à sua análise.

Resolver é dar solução, resposta, ao problema, que se relaciona ao fato (acontecimento) ou ao direito (qualificação jurídica do fato; interpretação, validade e alcance da norma etc.).

Assim, para que haja julgamento de mérito (do pedido), é indispensável que o juiz conheça de todos os pontos de fato ou de direito, afastando todas as dúvidas que foram levantadas pelas partes ou daquelas que podem ser conhecidas de ofício.

Essas dúvidas são denominadas de questões ou pontos controvertidos, que devem ser solucionadas na motivação da sentença, previamente à questão principal (pretensão), que será objeto de julgamento.

Contudo, a *matéria* não é tão simples, considerando que "*questão*" pode assumir mais de um significado no processo. Pode ser um *ponto* de fato ou de *direito controvertido,* que dependa de pronunciamento do juiz, ou o próprio *tema da decisão,* quer dizer, *assemelha-se* ao pedido, que nada mais é do que a *questão principal* do processo, o seu objeto litigioso[82]. A *questão,* como *ponto* controvertido, não constitui, em si, objeto de julgamento, mas, uma vez resolvida, insere-se nos fundamentos da decisão[83].

Neste momento, por entender ser prudente e adequado, colaciono a seguinte lição de Daniel Amorim Assumpção Neves[84] acerca de peculiaridades do tema limites objetivos da coisa julgada na vigência do Código de Processo Civil de 2015:

> Nos termos do art. 503, *caput,* do Novo CPC, a decisão que julgar total ou parcialmente o mérito tem força de lei nos limites da questão principal expressamente decidida. Essa é a regra, excepcionada pelo § 1º, que permite que a coisa julgada material alcance a resolução da questão prejudicial, decidida expressa e incidentemente no processo. A expressa menção a decisão expressamente decidida impede a coisa julgada implícita de decisão que resolve a questão prejudicial.
>
> Correta a conclusão do Enunciado 165 do Fórum Permanente de Processualistas Civis (FPPC), de que a coisa julgada da decisão da questão prejudicial independe de pedido expresso da parte, bastando

---
81. DIDIER JR. Op. cit. p. 229. *Teoria da decisão judicial.*
82. DIDIER JR. Op. cit. v. I. p. 262-263.
83. Idem, p. 261.
84. NEVES, Daniel Amorim Assumpção. *Manual de direito processual civil* – Volume único. 10. ed. Salvador: JusPodivm, 2018, p. 885.

para que ocorra o preenchimento dos requisitos legais. Também correta a conclusão do Enunciado 313 do FPPC no sentido de que os requisitos legais para a formação da coisa julgada na circunstância ora analisada são cumulativos.

Havendo no processo questão prejudicial, o juiz obrigatoriamente a decidirá antes de resolver o mérito, mas, para que essa decisão gere coisa julgada material, devem ser observados no caso concreto os requisitos previstos pelos incisos do art. 503, § 1º, do Novo CPC.

Nos termos do art. 503, § 1º, do Novo CPC, a resolução da questão prejudicial só faz coisa julgada se dessa resolução depender o julgamento do mérito. Justamente em razão do próprio conceito de questão prejudicial, é preciso se interpretar o dispositivo legal de forma que se dê a ele alguma utilidade prática.

Temos, pois, que, em regra, há *questões* colocadas como fundamento para a solução de outras e aquelas que são postas para que sobre elas haja a decisão judicial, existindo casos em que tal regra será excepcionada, conforme explanado acima. Em síntese, todas as *questões* serão objeto de cognição, mas, em alguns casos, somente em relação ao *pedido* haverá coisa julgada material.

8.1.2.3.1 Classificação das questões

As *questões* são classificadas como (a) *principais* e (b) *incidentais*. As questões controvertidas, ou pontos controvertidos, são *resolvidas* incidentalmente, mas sem julgamento. As *principais* (pretensão) compõem o objeto litigioso e são objeto de decisão.

A *questão de fato* está relacionada ao *plano de existência*. O fato que constitui o direito postulado existiu ou não, razão pela qual compõe o objeto da prova. Assim, se o postulante pretende obter o domínio imobiliário, através da usucapião, sendo contestada a posse temporal, deverá prová-la (existência).

A *questão de direito* relaciona-se ao *plano da qualificação jurídica do fato alegado*. É tarefa de subsunção do fato à norma, aqui entendido como *ordenamento jurídico*, porque às vezes o fato não se *encaixa exatamente* naquela norma indicada, mas em outras, ou pode ser solucionada através de princípios.

Teresa Arruda Alvim Wambier[85] destaca que devem ser admitidos graus de predominância do aspecto jurídico da questão. Nesse sentido, exemplifica que "ter-se-á uma questão quase que exclusivamente jurídica, se o *foco de atenção do raciocínio do juiz* estiver situado em *como* deve ser entendido o texto normativo, já que estariam 'resolvidos' os aspectos fáticos (= que fatos ocorreram e *como* ocorreram) e o mecanismo da subsunção. Estas etapas do raciocínio do aplicador da lei terão sido superadas e, agora, sua atenção se centra na *exata compreensão do mandamento legal*".

8.1.2.3.2 Ordem na resolução das matérias

Embora, como já afirmado, não haja ordem legal na resolução das matérias, predomina o critério de precedência, no exame das *questões*, porquanto uma resolução pode subordinar-se a outra, quando mais de uma houver para ser solucionada.

---

85. WAMBIER, Teresa Arruda Alvim. *Controle das decisões judiciais*. São Paulo: Ed. RT, 2001, p. 156.

Na doutrina, diz-se que a questão subordinante é questão *prévia*. A sua característica revela-se pela indispensabilidade de sua resolução para que outras questões possam ser examinadas e decididas. A questão preliminar (anterior) mantém uma relação lógica com a questão posterior, vinculada.

As questões prévias dividem-se em *prejudiciais e preliminares*[86].

As *questões preliminares* são aquelas cuja solução cria ou remove obstáculo à apreciação da outra. Não têm um conteúdo permanente de *matéria processual*, como comumente se referem os operadores do direito (preliminar: de *ilegitimidade ad causam*). O conteúdo da preliminar poderá ser de mérito, desde que a solução dessa questão seja obstáculo ao exame de outra. Exemplificando: (1) o autor pede o pagamento de um valor, a título de indenização pela prática de ato ilícito. O réu arguiu a ilegitimidade ativa *ad causam* e que o autor não tem direito a indenização. Para o exame da questão principal (pedido de indenização) é necessário dar a solução para a questão da ilegitimidade *ad causam*, que no caso é a preliminar (conteúdo processual); (2) o autor pede o pagamento de um valor, a título de indenização. O réu arguiu a ocorrência da prescrição (matéria não processual). No caso, a prescrição é a matéria preliminar, que deve ser examinada, antes do pedido de indenização. Pode existir mais de uma questão prévia a ser resolvida, as quais não podem ser objeto de processo autônomo.

Barbosa Moreira[87] classifica as questões preliminares em: (a) preliminares ao conhecimento do mérito da causa (pressupostos processuais e as condições da ação; (b) preliminares de recurso (requisitos de admissibilidade recursal: cabimento, legitimidade, interesse, inexistência de fato impeditivo ou extintivo do direito de recorrer, tempestividade, regularidade formal e preparo); (c) preliminares de mérito (questões situadas no âmbito do *meritum causal*, mas suscetíveis, se resolvidas, de dispensar o órgão julgador de prosseguir em sua atividade cognitiva, v.g. prescrição). De se notar que as questões preliminares de natureza processual de admissibilidade da demanda e do recurso podem comprometer o exame no mérito, integralmente. Exemplos: ilegitimidade ativa; inépcia da inicial; intempestividade do recurso.

Importante destacar a influência que as questões prévias (subordinantes) podem exercer sobre as questões (subordinadas). Especificamente, a *decisão* da questão prévia preliminar *condiciona* a apreciação da questão posterior; mas a decisão da questão preliminar não influencia no teor da decisão da questão posterior. Exemplo: a decisão da ilegitimidade ativa *ad causam* impede o julgamento do pedido de indenização, mas não influencia no seu efetivo julgamento.

Em regra, todas as *questões preliminares processuais* já estarão resolvidas, no curso do processo, antes da prolação da sentença de mérito, especificamente na fase do saneador, exceto quando a demanda for julgada, antecipadamente[88], ou quando a *questão* é superveniente.

---

86. DIDIER JR. Op. cit., v. I, p. 267.
87. MOREIRA, José Carlos Barbosa. *Questões prejudiciais e questões preliminares*: direito processual civil. Rio de Janeiro: Borsoi, 1971, p. 87.
88. Art. 355, I, CPC.

O ideal é que as questões preliminares processuais sejam desde logo resolvidas, evitando, destarte, que as práticas de atos processuais se tornem inúteis. No entanto, lamentável é que sejam ultrapassadas todas as fases do procedimento, ficando pendente a questão processual, protelada para resolução por ocasião da sentença. Lá, no final do procedimento, depois de muito tempo, é acolhida, restando sem efeito todos os atos praticados! Perda de tempo e aumento dos custos.

A *questão prejudicial (anterior)* é aquela cuja solução influencia o teor da decisão posterior, sem, contudo, *condicionar* a sua apreciação[89]. Exemplificando, na cobrança de dívida de contrato de mútuo do fiador, se alegada a falsidade de sua assinatura, esta será uma questão prévia prejudicial, pois o julgador somente, poderá examinar o pedido de cobrança (procedente ou improcedente) após a decisão da validade da firma.

As questões preliminares e as prejudiciais são, sempre, resolvidas *incidentalmente*, por ocasião da fundamentação; quer dizer, como passagem obrigatória *do iter* lógico da decisão, sobre o objeto litigioso do processo.

As questões prejudiciais podem se dar no mesmo processo (subordinante) ou em outro (subordinado). A importância de ser questão interna ou externa reside na possibilidade da suspensão do curso do processo (art. 313, V, "a", do NCPC), ou ainda na incompetência do juiz[90]. Ainda, quando a questão é o próprio objeto litigioso, não se qualifica como prejudicial, porque é o próprio mérito. Exemplo: a *negativa de culpa* em indenização por ato ilícito.

Por fim, tem-se a *questão de mérito,* propriamente dito, que se refere ao objeto litigioso (pedido), que será *julgado* e constará no dispositivo da sentença, podendo ficar imune de modificação pela coisa julgada[91]. Há, também, outras questões de mérito que serão resolvidas como simples fundamento (defesa do réu, questão prejudicial, a causa de pedir etc.), mas não serão objeto de julgamento.

Para enfrentar o exame do objeto litigioso, o julgador deverá, antes, resolver todas as dúvidas que o cercam, isto é, os pontos ou questões controvertidas.

Resumindo: a ordem do exame é a seguinte: a) questões prévias – preliminares processuais e substanciais; b) questões prejudiciais; c) questão de mérito.

Ademais, sempre é indispensável enfatizar, repetindo o que foi destacado no início, a resolução das *questões* deve ser motivada, fundamentada ou justificada pelo julgador. Isto é, o *porquê* da sua convicção (sobre os fatos) e da sua decisão[92]; devendo demonstrar as razões de seu convencimento, no contexto da realidade presente, de modo a "permitir o controle da atividade do juiz pelas partes ou por qualquer um do povo, já que a sentença deve ser o resultado de raciocínio lógico que se assenta no relatório, na fundamentação e no dispositivo[93]".

---

89. MOREIRA. Idem, p. 83.
90. FREDIE JR. Op. cit., p. 269.
91. DIDIER JR. Op. cit. p. 271.
92. MARINONI, Luiz Guilherme; ARENHART, Sérgio Cruz. *Manual do processo de conhecimento*. 4. ed. São Paulo: Ed. RT, 2005, p. 457.
93. MARINONI. Op. cit., p. 403.

A demonstração da convicção, do convencimento da verdade sobre os fatos controvertidos pelo julgador, faz-se indispensável para que dê legitimidade à sua atividade, porquanto está fundado, no mais das vezes, na verossimilhança preponderante[94], considerando a impossibilidade do alcance processual da verdade efetiva dos fatos.

A motivação da decisão é garantia constitucional, estando prevista no artigo 93, IX, da Constituição Federal, cominando de nulidade a decisão desmotivada.

Nesse sentido, as *questões de fato* (pontos controvertidos) devem ser examinadas e resolvidas à luz do conjunto probatório, produzido no curso do processo pelas partes ou por iniciativa do próprio julgador. Assim, não só as provas produzidas pelo autor como as pelo réu devem ser examinadas e valoradas para a formação do convencimento do julgador sobre a certeza dos fatos.

Devem ficar explicadas as razões[95] do acolhimento de determinada prova para formação do convencimento e o não acolhimento de outra, que não o convenceu. A razão do convencimento está diretamente ligada à convergência (coerência)[96] da prova com a alegação de fato, que se procura demonstrar, que lhe dá credibilidade. Quando não há convergência total ou parcial, a prova revela-se contraditória, de modo a retirar a sua credibilidade. Pode ocorrer que as razões de convencimento sobre a existência, inexistência ou o modo como ocorreu o fato sejam formadas após a valoração das provas produzidas pelo autor e pelo réu. Também, pode não ser convencido com base nas provas. O ônus da prova está previsto no artigo 373, do NCPC, como regra de julgamento (não quanto à sua produção e momento, pois consagrou-se a regra que se trata de regra de instrução, mas sim quanto ao aspecto conclusivo da sentença).

Por fim, afastada a dúvida acerca dos pontos controvertidos, devem ser enfrentadas as *questões do direito aplicável,* que se situa no âmbito do direito substancial, invocadas na demanda e na defesa, confrontando-os entre si, com os textos legais, com os conceitos doutrinários e com a jurisprudência[97].

8.1.2.3.3 Dos limites das questões a serem resolvidas

Não se pode perder de vista os limites das questões que devem ser resolvidas, bem assim as exceções, nessa etapa da sentença, com desdobramento no dispositivo.

Nesse sentido, destacam-se os artigos do Código de Processo Civil a seguir transcritos:

> Art. 141. O juiz decidirá o mérito nos limites propostos pelas partes, sendo-lhe vedado conhecer de questões não suscitadas a cujo respeito a lei exige iniciativa da parte.
>
> Art. 319. A petição inicial indicará:
>
> I – o juízo a que é dirigida;

---

94. Idem. Op. cit., p. 459.
95. Art. 371, NCPC.
96. MARINONI. Op. cit. p. 474.
97. DINAMARCO. Op. cit., v. III. p. 661-662.

II – os nomes, os prenomes, o estado civil, a existência de união estável, a profissão, o número de inscrição no Cadastro de Pessoas Físicas ou no Cadastro Nacional da Pessoa Jurídica, o endereço eletrônico, o domicílio e a residência do autor e do réu;

III – o fato e os fundamentos jurídicos do pedido;

IV – o pedido com as suas especificações;

V – o valor da causa;

VI – as provas com que o autor pretende demonstrar a verdade dos fatos alegados;

VII – a opção do autor pela realização ou não de audiência de conciliação ou de mediação.

§ 1º Caso não disponha das informações previstas no inciso II, poderá o autor, na petição inicial, requerer ao juiz diligências necessárias a sua obtenção.

§ 2º A petição inicial não será indeferida se, a despeito da falta de informações a que se refere o inciso II, for possível a citação do réu.

§ 3º A petição inicial não será indeferida pelo não atendimento ao disposto no inciso II deste artigo se a obtenção de tais informações tornar impossível ou excessivamente oneroso o acesso à justiça.

Art. 336. Incumbe ao réu alegar, na contestação, toda a matéria de defesa, expondo as razões de fato e de direito com que impugna o pedido do autor e especificando as provas que pretende produzir.

Art. 490. O juiz resolverá o mérito acolhendo ou rejeitando, no todo ou em parte, os pedidos formulados pelas partes.

Art. 492. É vedado ao juiz proferir decisão de natureza diversa da pedida, bem como condenar a parte em quantidade superior ou em objeto diverso do que lhe foi demandado.

Parágrafo único. A decisão deve ser certa, ainda que resolva relação jurídica condicional.

O limite imposto à prestação jurisdicional decorre da inércia da jurisdição, que implica na imparcialidade do julgador, de acordo com o disposto no artigo 2º do CPC, que consagra o princípio da demanda ou do dispositivo. Assim, a sentença deve manter correlação com a demanda e com a resposta do demandado, em face do contraditório, exceto quando as matérias possam ser conhecidas *ex officio*, ditas de ordem pública, ou expressamente previstas em lei, que são as exceções.

8.1.2.3.3.1 Limitação pelo princípio da demanda

A jurisdição é um poder-dever do Estado de dizer com quem está o direito (quem tem razão) e de distribuir justiça, monopolizadamente[98], através do processo, com vistas a produzir resultados necessários à convivência social. A jurisdição caracteriza-se pela inércia, devendo o seu exercício ser provocado pelo interessado, mediante a iniciativa da parte, devidamente motivada em algum estado de insatisfação.

Ao órgão jurisdicional, em linha de princípio, é vedado prestar a tutela jurisdicional, sem que o interessado a tenha solicitado, sendo assim estabelecido, porque não seria conveniente à paz social, nem adequada ao princípio da imparcialidade judicial, que o Estado-juiz instaure lides, ou faça pessoas litigarem entre si sem que expressem as suas vontades.

---

98. Com a observação de que o Juízo Arbitral também exerce a atividade jurisdicional privada.

Assim, quando alguém sofre lesão de direito, ou estiver na eminência de sofrê-la, deverá, nos casos e forma previstos em lei, solicitar a prestação da tutela jurisdicional do Estado-juiz, a fim de restaurar o direito ou de evitar a sua violação. Esse é o princípio da demanda ou da ação de que trata o artigo 2º do Código de Processo Civil: "O processo começa por iniciativa da parte e se desenvolve por impulso oficial, salvo as exceções previstas em lei".

O princípio da demanda assegura que o exercício da função jurisdicional depende da iniciativa do interessado, pois, no plano do processo civil, o que predomina é o interesse privado e não o público. Portanto, o Estado-juiz somente poderá atuar quando for regularmente provocada a jurisdição: *ne procedat iudex ex officio, nemo iudex sine actore*.

O ato de vir a juízo pedindo tutela jurisdicional, ou a necessidade da exigência de uma provocação para que a atividade possa ser exercida – em decorrência da inércia da jurisdição – faz com que a doutrina privilegie a ação como tema central entre os institutos fundamentais do Direito Processual, de forma desaconselhável e inconveniente, segundo a visão de Dinamarco[99], porque o processo não privilegia somente o autor.

José Roberto dos Santos Bedaque[100] não se afasta do entendimento doutrinário acerca de que há necessidade de a atividade jurisdicional ser provocada, garantia assegurada a todos, cujas regras têm natureza infraconstitucional (art. 2º), com vistas a superar a inércia da jurisdição. Assim é que a inércia da jurisdição gera a necessidade da demanda. Sob esta ótica, a ação identifica-se mais com um ônus do que com um direito, posto que "não se trata aqui de examinar o fenômeno da garantia de acesso ao Poder Judiciário, mas sim a necessidade de a atividade jurisdicional ser tirada da inércia mediante provocação da parte".

Se, por um lado, é conferido a todos o poder de acesso à justiça, assentado na Constituição, por outro, a demanda é um mecanismo inerente à técnica processual. Com essas premissas, Bedaque conclui que "eventual previsão legal sobre o exercício da jurisdição, independente de manifestação do titular de um interesse carente de tutela, não violaria princípio constitucional, pois a regra técnica da inércia está prevista pelo legislador ordinário".

Contudo, se, por um lado, não violaria a garantia da ação, ou da inafastabilidade de acesso à justiça, existe impedimento para que seja desconsiderada a inércia da jurisdição, no sentido de possibilitar ao juiz a promoção de demandas, pelas razões já apontadas por ocasião do princípio dispositivo, mister pela necessidade de sua imparcialidade, que é exigência constitucional da isonomia jurídica (tratamento igualitário).

No entanto, ressalvam-se as hipóteses de que, quando já intentadas as demandas, no seu curso, possam ser conhecidas matérias de ordem pública, porque de interesse

---

99. DINAMARCO. **Instituições**..., p. 302. v. 1.
100. BEDAQUE, J. R. dos S. Os elementos objetivos da demanda à luz do contraditório. *Causa de pedir e pedido no processo civil*, p. 23-24.

do próprio Estado. Nessas situações, é o Estado que "pede"[101]; pois existe um pedido implícito nessas matérias, para que o juiz atue "*ex officio*"

De qualquer modo, é a inércia da jurisdição que gera a necessidade da demanda, podendo ser entendido que o exercício da ação – derivado da garantia de acesso ao Judiciário – representa também um ônus para o demandante, no sentido de que deve observar todas as formalidades exigidas para identificar os seus elementos caracterizadores, conforme exigência prevista no artigo 319 do NCPC.

Demandar, portanto, nada mais é do que pedir uma providência jurisdicional ao juiz, iniciando-se daí o processo, estando pendente, ou seja, em curso, até final entrega da prestação jurisdicional, irrecorrível (litispendência).

Destarte, o julgador, na entrega da prestação jurisdicional, não poderá fazê-lo em desconformidade com a pretensão (toda pretensão arrima-se em fundamentos de fato e de direito, que constitui o mérito ou o objeto do processo), ou mesmo apresentar razões diversas das alegadas, sob pena de comprometer a qualidade do serviço (arts. 141 e 492, do CPC).

Torna-se significativa a importância da identificação dos elementos objetivos da demanda, pois concorrem para a identificação dos limites da atividade jurisdicional. Nesse sentido, a doutrina não destoa em afirmar que os elementos objetivos da demanda são a causa de pedir (fundamentos de fato) e o pedido, e estão previstos no artigo 319, incisos III e IV, do CPC, devendo fazer parte da petição inicial, sob pena de inépcia (art. 330, § 1º, inc. I, do CPC).

Toda demanda é constituída de partes (art. 319, II), causa de pedir e pedido (art. 319, III, IV), de forma a poder ser identificada. Cada sujeito deve ser qualificado. Os fundamentos do pedido devem ser caracterizados pelos fatos e os fundamentos jurídicos (fatos constitutivos). O pedido deve aludir não só ao bem da vida pretendido, como também à espécie de provimento jurisdicional pretendido (sentença condenatória, declaratória, mandamental, constitutiva, executiva *lato sensu*). Portanto, cada elemento da demanda tem seu desdobramento.

No curso do processo, especificamente após a citação, é inadmissível a livre alteração do pedido e da causa de pedir, de acordo com o artigo 329, NCPC, inclusive em face da estabilização da demanda. Não constatada, desde logo, a inadequação do provimento pretendido, é vedado ao juiz, de ofício, fazer a adequação da pretensão, ao bem da vida pretendido, para fins da entrega da prestação jurisdicional (arts. 141 e 492, NCPC), posto que estaria violando o princípio da demanda e o da inércia da jurisdição, pela concessão ao autor, de ofício, de tutela não especificada, exceto em situações autorizadas.

8.1.2.3.3.1.1 Limitação pela causa de pedir

A doutrina procura definir *causa de pedir* como sendo o motivo, o porquê, ou as razões pelas quais o autor pretende um provimento judicial do Estado-juiz; portanto,

---

101. Pontes de Miranda: "Quando alguma função lhe cabe de ofício, é o Estado que 'pede'. Fora daí, o Estado é chamado a que o juiz estatal dê a sentença, isto é, entregue a prestação jurisdicional, com a ressalva de que os atos do juiz não podem ser meramente constitutivos do processo". *Comentários ao art. 4º do Código de Processo Civil*, v. I. p. 146.

em seu sentido teleológico. Nessa linha, são as lições de Moacyr Amaral Santos[102] para quem a causa de pedir resume-se nas "razões que suscitam a pretensão e a providência"; para Calmon de Passos é "o motivo ou causa por que se litiga[103]"; para Vicente Greco Filho[104]: "é o fato do qual surge o direito que o autor pretende fazer valer ou a relação jurídica pela qual aquele direito deriva, com todas as circunstâncias e indicações que sejam necessárias para individuar exatamente a ação que está sendo proposta e que variam segundo as diversas categorias de direitos e de ações"; para Barbosa Moreira[105], o "fato ou conjunto de fatos a que o autor atribui a produção do efeito jurídico por ele visado".

No entanto, devido à importância da individuação da demanda, reveste-se de suma relevância o significado da *causa petendi*, porque estabelece estreitas relações com outros institutos processuais, como a litispendência, a coisa julgada, cumulação de ações e a modificação da demanda (o objetivo é confrontar várias demandas com o fim de estabelecer se são idênticas ou diversas)[106], e ao que nos interessa de perto que é estabelecer o limite da prestação jurisdicional pleiteada, justamente com base nos elementos causais.

Diante da dificuldade de ser delineado um conceito acerca do elemento causal da pretensão, com vistas a estabelecer qual o seu conteúdo e seus efeitos, surgiram, durante décadas, várias teorias[107] apresentando soluções variadas, concluindo, a respeito, José Rogério Cruz e Tucci[108] que "hoje é praticamente impossível emitir um conceito unívoco e abrangente de causa de pedir", considerando que os especialistas ainda não chegaram a um consenso.

Por sua vez, Tucci, analisando as várias teorias (as de Chiovenda, Zanzucchi, Giannozzi etc.), observou que "o fato ou os fatos que são essenciais para configurar o objeto do processo, e que constituem a causa de pedir, são exclusivamente aqueles que têm o condão de delimitar a pretensão[109]".

Mas, ao longo do tempo, duas teorias procuram demonstrar o conteúdo mínimo da causa de pedir: (a) a da substanciação e (b) a da individuação. Para a Teoria da Substanciação, faz-se necessária a exposição dos fatos constitutivos do direito afirmado, para a correta apresentação da causa de pedir (dá-se relevância aos fatos: exemplos. Que se tornou credor através de contrato de mútuo; que é titular do imóvel adquirido através da EPCV, devidamente matriculada no CRI). Para a teoria da individuação, basta a configuração da causa de pedir, a afirmação da relação jurídica, na qual o autor fundamenta o seu pedido (dá-se relevância à relação jurídica: exemplos: que é credor – direito pessoal; que é proprietário – direito real etc.).

---

102. SANTOS, M. A. *Primeiras linhas de direito processual civil*. 1983. p. 165.
103. PASSOS, J. J. C. de. *Comentários ao Código de Processo Civil*. 1989. v. III, p. 141.
104. GRECO FILHO, V. *O novo processo civil brasileiro*. 1998. p. 15.
105. MOREIRA, J. C. Barbosa. *O novo processo civil brasileiro*: exposição sistemática do procedimento. Rio de Janeiro: Forense, 1996. p. 18.
106. CHIOVENDA, G. *Instituições de direito processual civil*. 2000. p. 63. v. I.
107. Teoria da identidade da relação jurídica (Savigny); Teoria da tríplice identidade (Chiovenda); Teorias da Individuação e da substanciação (objeto do processo), surgidas na Alemanha, em face do ZPO, de 1879.
108. TUCCI, J. R. C. e. *A causa petendi no processo civil*. São Paulo: RT, 2001. p. 24.
109. Ibidem, p. 24-25.

No caso brasileiro, o artigo 319, inciso III, do CPC prescreve que a petição inicial deverá indicar "o fato e os fundamentos jurídicos do pedido", inclinando-se a doutrina em afirmar que foi adotada a Teoria da Substanciação[110], levando-se em consideração, aliás, que o nosso sistema processual adotou o princípio da eventualidade, no qual todos os meios de ataque e de defesa devem ser apresentados de uma só vez, na inicial ou na contestação, ou, ainda, a inicial deve conter toda a matéria relativa à pretensão e à contestação, toda a matéria de defesa, valendo a mesma regra para os efeitos de reconvenção, de pedido contraposto e de ações dúplices.

A causa de pedir, prevista no artigo 319, III, do CPC, é complexa, porque exige dois elementos distintos: o fático e a qualificação jurídica decorrente. Segundo Arruda Alvim[111], exige-se a causa de pedir próxima (os fundamentos jurídicos) e a causa de pedir remota (os fatos constitutivos). A descrição clara e precisa do acontecimento, que foi a razão de ser da demanda, ou dos fatos que geraram o direito do qual decorre a pretensão (exemplo: que é credor por força de um contrato de mútuo) e a categorização jurídica do acontecimento, ou relação jurídica (exemplo: que a dívida se venceu e não foi paga – inadimplemento) não estando aqui incluído o fundamento legal (regramento jurídico), cuja tarefa de enquadramento (qualificação jurídica) é atribuída ao órgão jurisdicional, valendo-se aqui do brocardo *iura novit curia*[112].

Araken de Assis assinala que a causa de pedir se divide em dois momentos: a concreta individuação dos fatos jurídicos e a afirmação da sua coincidência com as regras que lhes conferem os efeitos constantes do pedido[113].

A iniciativa das partes, na dedução dos fatos e do pedido, circunscreve os limites da atividade jurisdicional, a cujos fatos o juiz deve atribuir as definições e qualificações

---

110. Posição de PONTES DE MIRANDA. *Comentários*. Rio de Janeiro: Forense, 1979, t. IV, p. 17; SANTOS, Moacyr Amaral. *Primeiras linhas de direito processual civil*, v. I, p. 166; ASSIS, Araken de. *Cumulação de ações*. 3. ed. São Paulo: Ed. RT, 1996; MARQUES, Frederico. *Manual*, v. I, p. 137; CINTRA; GRINOVER; DINAMARCO. *Teoria geral do processo*, 1983, p. 226; GRECO FILHO, Vicente. Op. cit., v. I, p. 83; PASSOS, Calmon. *Comentários ao Código de Processo Civil*, n. 122.4, p. 221.
111. ALVIM, J. M. A. *Manual de direito processual civil*. 2001. v. I. p. 457.
112. Calmon de Passos expressa entendimento de que "o nomem juris que se dê a essa categoria jurídica ou o dispositivo de lei que se invoque para caracterizá-la são irrelevantes. O juiz necessita do fato, pois que o direito ele é que o sabe. A subsunção do fato à norma é dever do juiz. Se o fato narrado na inicial e o pedido forem incompatíveis com a categorização jurídica nova, ou com o novo dispositivo de lei invocado, não há por que se falar em modificação da causa de pedir, ou em inviabilidade do pedido. Essa inviabilidade só ocorre quando as consequências derivadas da nova categoria jurídica não podem ser imputadas ao fato narrado na inicial, nem estão contidas no pedido, ou são incompatíveis com ele... A tipificação dos fatos pelo autor é irrelevante, pois se ele categorizou mal, do ponto de vista do direito, os fatos que narrou, pouco importa, pois o juiz conhece o direito e deve categorizá-los com acerto. E se os fatos, incorretamente categorizados, autorizam o pedido que foi feito, nenhum prejuízo pode decorrer para o autor do deslize técnico de seu advogado. Inversamente, se categorizou bem e pediu mal, em nada lhe aproveita ter sido exato na categorização dos fatos, pois o juiz está adstrito ao pedido formulado, sem poder corrigi-lo de ofício. Donde se ensinar e decidir que o juiz deve aplicar o direito que incidiu independentemente da correta indicação do texto legal que o enuncia. Por exemplo, se peço o despejo e indico como fundamento a necessidade da retomada do imóvel para descendente, é irrelevante tenha citado como suporte legal o inciso III do art. 52 da Lei 6649/79. Fundamento jurídico da demanda não é a indicação do dispositivo de lei em que se apoia o pedido do autor, sim a natureza do direito pleiteado" (Cf. *Comentários...* v. III. 6. ed. Rio de Janeiro: Forense, 1989, p. 201-202).
113. ASSIS, A. de. *Cumulação de ações*. São Paulo: Ed. RT, 1998, p. 147.

jurídicas adequadas, podendo e devendo, para tanto, examinar todos os possíveis direitos decorrentes daquele fato, aptos a justificar o pedido, no pensamento de Barbosa Moreira[114]:

> Em sistemas jurídicos do tipo do nosso, incumbe ao juiz identificar a norma adequada, interpretá-la e adequá-la, independentemente da respectiva invocação pelo autor; não lhe é dado, entretanto, levar em conta o fato supostamente gerador do efeito pretendido, senão quando o autor o haja invocado. Antes de ser utilizado pelo órgão judicial como fundamento da *decisão*, o fato é utilizado pelo autor como fundamento do *pedido*. A esse fato, visto precisamente enquanto fundamento do pedido, é que, em nosso entender, se deve aplicar a denominação de causa de pedir. Ela designa, pois, o fato *in status assertionis*, tal como narrado – e, nessa perspectiva, *sempre existente*: a ninguém é lícito pleitear providência jurisdicional sem indicar o fato em razão do qual lhe parece que ela haja de ser concedida.

A doutrina quando se refere a fato, ou a fatos, estabelece limitação somente aos essenciais para configurar o objeto do processo, caracterizadores da causa de pedir, como aqueles que têm a finalidade de delimitar a pretensão.

Do ensinamento de Milton Paulo de Carvalho[115], destaca-se a diferença entre fato jurídico e fato simples:

> É incontroverso que o direito nasce dos fatos. Mas nem todo fato é jurígeno; há fatos simples. Como estamos analisando o fato que é causa eficiente de uma pretensão processual, havemos de considerar apenas o fato jurídico, aquele carregado de efeito pelo ordenamento jurídico. Não os outros.

O fato essencial é, pois, o pressuposto inafastável da existência do direito submetido à apreciação judicial, constituindo-se em objeto da prova. No entanto, através dos fatos secundários poderá ser feita prova indireta do fato essencial – desde que não haja possibilidade da prova direta do fato principal –, de modo a convencer o juiz a formar um juízo de verossimilhança acerca dos fatos principais.

Para Calmon de Passos[116], o fato jurídico, típico, é o acontecimento do qual derivam as consequências jurídicas, enquanto que dos fatos simples não derivam diretamente consequências jurídicas, mas que comprovam a existência desse mesmo fato jurídico, "tornando certa a existência ou inexistência do fato jurídico". Exemplificando, a propósito, em pretensão de reparação de danos, decorrente de acidente de trânsito em veículos automotores, a culpa do condutor por imprimir no conduzido excesso de velocidade é o fato essencial. Por fatos secundários, tem-se a alta velocidade do veículo, alguns momentos antes do acidente, além da habitualidade de o condutor dirigir em alta velocidade.

Sob o aspecto formal da causa de pedir, exige-se do demandante o máximo de cautela, sob pena de incidir na inépcia da inicial (art. 330, § 1º, inciso I, do NCPC).

Ademais, a narração dos fatos deve ser clara, harmônica e precisa, sob pena de ser a inicial declarada inepta (art. 330, § 1º, inciso III, NCPC), ou de dificultar a contestação pelo réu, caracterizando violação ao princípio da ampla defesa.

---

114. MOREIRA, J. C. B. *Considerações sobre a causa de pedir na ação rescisória*: temas de direito processual, 4ª série. São Paulo: Saraiva, 1989. p. 206-207.
115. CARVALHO, M. P. de. *O pedido no processo civil*. Porto Alegre: Sérgio Fabris, 1992. p. 81.
116. PASSOS, J. J. C. de. *Comentários ao código de processo civil*. 1989. p. 203.

Há de existir nexo entre a causa de pedir e o pedido, ou seja, nexo de causa e efeito, podendo, pela inobservância, ocorrer vício na petição inicial de duas ordens, destacadas por Araken de Assis[117]:

> De duas maneiras, pode a inicial padecer de vício: 1º) o autor tipificou fatos jurídicos, mas lhes atribui consequências que, de nenhum modo, a eles se relacionam; 2º) o autor qualificou erradamente os fatos jurídicos e, por isso, pediu efeitos inconcebíveis. Nessas hipóteses, embora lícito o juiz qualificar os fatos trazidos pela parte (retro, n. 32.1), não poderá superar o obstáculo criado pelo autor, e contido na peça, face à proibição do art. 128: o pedido formulado diverge da causa de pedir, tal qual exposta. O erro da conclusão inviabiliza o próprio pedido. No entanto, se o autor expõe fatos que não interessam ao direito, o equívoco reside mais na falta de causa do que na conclusão inadequada.

Embora não haja pretensão de se fazer estudo específico sobre a causa de pedir, revela-se importante destacar a sua classificação adotada pela doutrina[118]: (a) simples; (b) composta ou complexa.

A causa é simples quando somente um fato jurídico a integra. Exemplo: pretensão de despejo com fundamento na falta de pagamento e demais encargos (art. 9º, III, da Lei 8.245/91). Por outro lado, a causa seria composta, na hipótese de pluralidade de fatos jurídicos, com uma pretensão. Exemplo: despejo por danos ao imóvel ou destinação diversa daquela contratada.

A causa é complexa quando os fatos constitutivos justapostos diversos corresponderem a várias pretensões diferenciadas (cumulação de causas e de pedidos). Exemplo: pedido condenatório de pagamento de alugueres e acessórios inadimplidos (água, luz, telefone), bem assim pagamento de danos materiais causados no imóvel, por mau uso, decorrente de relação locatícia (cumulação de pedidos).

Releva ainda destacar a possibilidade da existência de causa de pedir constante – fato constante ou causa remota implícita –, apta para gerar consequências jurídicas, em cumulação de pedidos. Por exemplo, em relação contratual, pode ocorrer o inadimplemento por parte do contratado, possibilitando ao autor a formulação de diversos pedidos: de resolução do contrato; de indenização dos danos materiais; de indenização dos lucros cessantes; de indenização de dano moral. Portanto, o inadimplemento contratual caracteriza uma causa de pedir constante a vários pedidos. Aparentemente, os pedidos subsequentes, ao primeiro de rescisão contratual, estariam desprovidos de causa de pedir, pois o inadimplemento seria exclusivo à resolução, que, por evidente, não ocorre, pois não existe impedimento de que uma só causa não possa identificar vários pedidos. O não reconhecimento do fato constante ensejará a rejeição de todos os pedidos. Situação inversa ocorre quando se tem pedido constante e várias causas de pedir. Exemplo: pedido de despejo – causas de pedir: não pagamento do aluguel, destinação diversa, danos no imóvel. O pedido somente será improcedente na hipótese de rejeição de todas as causas de pedir. Para a sua procedência, basta apenas o reconhecimento de uma das causas.

Ainda podem ser destacados os vícios de vontade (art. 171, II, CC), como causa genérica, nos pedidos de anulabilidade de negócios jurídicos. Ora, se demandante não

---

117. ASSIS, A. *Cumulação de ações*. São Paulo: Ed. RT, 1998.
118. TUCCI, J. R. C. e. *A causa petendi no processo civil*. São Paulo: Ed. RT, 2001. p. 155.

especificar qual é a espécie de vício, sem dúvida prejudicará a defesa do demandado. Assim, para a identificação do pedido, faz-se necessária a especificação do vício de consentimento, calcado em erro, dolo, coação, estado de perigo, lesão ou fraude contra credores.

Pode ocorrer, ainda, a causa genérica (fato constante), admissível em ações acidentárias, decorrentes de relações laborais, com pretensões de benefícios previdenciários (aposentadoria, auxílio-acidente etc.), com fundamentos em estado de incapacidade, agente insalubre (causa de pedir remota).

A admissibilidade de causa genérica é difundida nas ações acidentárias, em que pese a indignação de Milton Paulo de Carvalho[119], com toda razão, porque existe a ampliação da causa de pedir, considerando-se que o princípio da imparcialidade impõe ao juiz o dever de velar pela igualdade das partes.

> A modificação e mesmo a ampliação do pedido e da causa de pedir têm sido sugeridas com fundamento na função social do processo, a qual tem como uma das suas aplicações práticas atribuir ao juiz um papel mais "ativo", eis que "convocado a suprir, em certa medida, as falhas da atuação dos litigantes. É o que tem ocorrido em demandas de indenização por acidente de trabalho, nas quais, por ser genérico o pedido, comportam alterações até do seu objeto mediato, enquanto no tocante à causa de pedir se tem sustentado e preconizado que a própria indicação do fato constitutivo não pode ser precisa. A oposição a tal doutrina faz emergir um dos problemas cruciais do processo civil moderno e muito particularmente do processo civil brasileiro, que é o da conciliação "entre a função assistencial", que se quer ver assumida pelo juiz, e a preservação de sua indispensável imparcialidade", como adverte Barbosa Moreira. O fundamento de tal oposição, extraído da jurisprudência, pode resumir-se em que é o direito material que se ocupa de normas de caráter protetivo ao hipossuficiente, prescrevendo favores e prevendo situações que implicam em inversão do ônus probatório. No processo civil, cabe ao juiz velar pela igualdade das partes.

A título ilustrativo, destaca-se o teor do voto vencido do eminente processualista, Juiz de Alçada, à época, Kazuo Watanabe, mencionado por Milton Paulo de Carvalho (nota de rodapé 231):

> Ação acidentária, pelo nítido caráter social que tem e pelas suas peculiaridades, não reclama uma precisa substanciação da causa de pedir. Basta que o obreiro se diga incapacitado total ou parcialmente para o trabalho, à causa de macro trauma ou de condições especiais de trabalho, para que se tenha atendido o requisito respeitante à causa de pedir. Leigos em medicina, como são o obreiro e seu patrono, seria demasiado rigor exigir deles que declinassem perfeitamente todos os sintomas e apontassem como precisão o mal que acomete o trabalhador.

De outro lado, tem-se como consequência da cumulação de causas de pedir maior atividade jurisdicional; no concurso de causas com uma única pretensão, se não demonstrada a primeira, haverá a possibilidade de ser justificado o pedido na segunda, ou

---

119. Milton Paulo de Carvalho, destacando o voto vencido do Juiz Kazuo Watanabe, no julgamento do 3º Grupo de Câmaras do 2º Tribunal de Alçada Cível de São Paulo, nos Embargos Infringentes 23.599, publicado em JTA-Lex-56, p. 162. STJ-REsp 64.006/95-SP, rel. Min. Adehmar Maciel. 6ª Turma, j. 07.8.95, que reconheceu a possibilidade de concessão de benefício acidentário, ao invés de aposentadoria por invalidez, tendo em vista a incapacidade apenas parcial, eis que não configura nulidade por julgamento *extra petita*. (CARVALHO. M. P. de. *O pedido no processo civil*. p. 145).

na terceira, atuando como causa subsidiária do antecedente. Ou, ainda, na cumulação complexa de causas e de pedidos correspondentes, a prestação jurisdicional será completa, somente após o exame das causas e da correspondente pretensão.

Oportuno, agora, examinar a influência da causa de pedir, como fundamento da decisão, na atividade jurisdicional. Se ao demandante cabe narrar o fato essencial com clareza e precisão, postulando as consequências jurídicas decorrentes desse fato, para o julgador não existe impedimento de adequá-lo corretamente à moldura legal, desde que nos limites fáticos aportados no processo, pois goza da liberdade de aplicação do direito.

O juiz deve examinar os fatos que lhe são submetidos (*da mihi factum dabo tibi ius*) e extrair as consequências possíveis, à luz de todas as normas de direito material (*iura novit curia*), ainda que essas normas não tenham sido mencionadas pelas partes.

Dos fatos essenciais e de seus efeitos jurídicos (causa) não pode se afastar o julgador, sob pena de incidir em *error in procedendo*[120], na precisa lição de Teresa Arruda Alvim Wambier[121].

A *causa petendi* têm a função de identificar o pedido, exatamente da mesma forma que os fundamentos do decisório delimitam o seu sentido. Assim, deve-se entender que a identidade entre o objeto do pedido e o objeto da sentença envolve a identidade de causa de pedir (da petição inicial) e de fundamento (da sentença).

Por isso é que se tem decidido que também será *extra petita* a sentença que aprecie e conceda o pedido, mas por outro fundamento que não a causa de pedir invocada pela parte.

Todavia, é importante que se sublinhe que alterar-se o fundamento *jurídico* da inicial (qualificação *jurídica* da causa de pedir, e não a sua versão fática) na sentença não a torna *extra petita*. A *subsunção do fato à norma é dever do juiz;* pode a sentença, ao julgar ação em que se deu equivocada denominação jurídica ao fato, promover a correta interpretação do direito, o que não gera nulidade de tal ato processual.

A consequência de ser prestada a tutela, com fundamento em *causa petendi*, diversa daquela a que alude o demandante na inicial, é um desvio da decisão, eivando-a de nulidade.

Por seu turno, no concurso de *causas*, se rejeitada a primeira delas e, consequentemente, a pretensão, mesmo havendo outras subsidiárias, haverá julgamento *citra petita*[122], porque uma delas foi desconsiderada. Nesta hipótese, as demais causas de pedir, subsequentes à primeira rejeitada, são fundamentos dos demais pedidos (concurso de

---

120. Segundo Enrico Tullio Liebman, *error in procedendo* é aquele em que incorre o juiz no cumprir as atividades de seu ofício, seja no curso do procedimento, seja na formação da sentença, quando não observe as normas que regulam as formas e modalidades de seu operar. (*Manuale di diritto processuale civile*. 4. ed. Milano: Giuffrè, 1984. v. 2, p. 258).
121. *Nulidades*. Op. cit., p. 238.
122. Dinamarco, expressamente, afirma que decidir citra petita é decidir aquém do pedido, i. e., de modo incompleto. Não é o mesmo que decidir infra petita, o que significa decidir sobre todo o objeto do processo, mas conceder ao autor menos do que o postulado (procedência parcial). Nisso, obviamente, não há vício algum. (DINAMARCO, C. R. *Capítulos de sentença*. São Paulo: Malheiros Editores, 2002, p. 89, nota de rodapé).

pedidos). Portanto, inexistindo o julgamento, na mesma sentença, fica caracterizada a nulidade absoluta, por ofensa aos artigos 140 e 141 do NCPC.

Pode-se argumentar que a(s) causa(s) de pedir e o(s) pedido(s) poderiam ser renovados em outra demanda, porque não seriam alcançados pelos efeitos da coisa julgada (art. 509 do NCPC). No entanto, afigura-se a possibilidade de que, por ocasião do exercício da "nova" demanda – neste *interim* –, o direito, ou o seu exercício, venha a ser alcançado por fatos impeditivos, o que o inviabilizaria. Portanto, a possibilidade de ser exercida a pretensão ao objeto antes desconsiderado, poderia ser fulminada pela ocorrência da prescrição ou da decadência.

A conclusão é a de que a causa de pedir, sendo o elemento essencial da demanda, estabelece verdadeira conexão entre a sentença pleiteada pelo autor e a pretensão por ele formulada, razão pela qual, além de identificar o pedido, vincula a decisão.

8.1.2.3.3.1.2 Limitação pelo pedido

Como já visto, *o pedido* é decorrente de relação de *direito substancial (material)*, requerendo a correspondente *causa de pedir*, onde ficam evidenciadas as condições da ação. Assim, os juros legais, a correção monetária oficial e as prestações periódicas seriam passíveis de pedidos de prestação jurisdicional. Entretanto, as despesas do processo e as de honorários advocatícios não são tecnicamente pedidos, porque não têm relação com o direito substantivo, razão pela qual não fazem parte da pretensão formulada; são decorrentes dela, quer em face da sucumbência, quer em face da necessidade de o Estado coagir indiretamente o demandado para dar efetividade à tutela concedida na sentença, nas hipóteses das matérias previstas no artigo 497 do NCPC.

Portanto, é, em uma técnica estrita, equivocado qualificar esses fatos processuais como "pedidos implícitos", que de implícitos nada têm, pois não estão subentendidos em outro de natureza substancial, os quais têm realmente núcleo próprio. O que não discrepa é que esses "pedidos implícitos" são passíveis de conhecimento, tão só porque existe previsão legal para que o juiz possa pronunciá-los, independente de pedido explícito do demandante.

E se o juiz pode praticar a atividade "*ex officio*" é porque a norma é de ordem pública, cogente, obrigatória, sob pena de a omissão caracterizar *error in procedendo*, capaz de viciar a sentença.

Portanto, é imprópria a qualificação de "pedidos implícitos", quando a norma processual, de ordem pública, dispensa a formulação do pedido pelo demandante. Aliás, com propriedade Dinamarco[123] registra esse entendimento:

> Conceitualmente, não há lugar para a existência de *pedidos implícitos*. Simplesmente, a lei e o sistema dispensam o pedido em algumas hipóteses, investindo o juiz do poder de pronunciar-se sobre juros, correção monetária, *astreintes* etc., ainda quando não hajam sido pedidos pelo demandante. Mais que exceções à regra da interpretação estrita, são ressalvas à proibição de conceder tutela extrapolante ao pedido feito (arts. 128 e 460). Todas elas contam com bom apoio legitimador da tendência universal a

---
123. Ibidem, v. II, p. 137.

desformalizar o processo e da consciência da necessidade de promover a efetividade da tutela jurisdicional e do acesso à justiça (particularmente as exceções relacionadas com as obrigações de fazer ou não-fazer); mas falar em *pedido implícito* é valer-se arbitrariamente de uma desnecessária ficção legal, porque basta reconhecer que todos esses são casos em que o pedido é dispensável, não havendo por que fingir que ele haja sido deduzido.

Mas seria possível "interpretar" o pedido da demanda e daí entender que o autor pediu mais do que realmente ali consta, à luz do artigo 322, § 2º do CPC? Esse artigo estabelece que os pedidos serão considerando o conjunto da postulação e em observância ao princípio da boa-fé, o que significa que o juiz não pode alargar a sua abrangência, através de qualquer regra de interpretação.

O pedido reflete a manifestação da vontade do demandante[124], através da petição inicial (art. 319, incisos III e IV, CPC), que também delimita a atividade jurisdicional, para a prolação da sentença. Portanto, o juiz tem de ater-se ao limite estabelecido pelo autor, quando da formulação da demanda, não sendo legítimo, por ocasião do julgamento, expandi-lo, sob pena de descumprir as molduras legais, previstas nos artigos 141 e 492 do CPC.

Como bem definido por Araken de Assis[125]: "Não cabe ao juiz, atrelado à demanda, reescrever aquilo que o autor efetivamente pediu, ou extrair das entrelinhas o que, na verdade, o autor não pediu, embora pudesse tê-lo feito".

A vontade do autor está materializada no pedido expresso. Não há espaço para a interpretação do pedido, no sentido da compreensão de que além do pedido certo e determinado existam outros pedidos, sob pena de surpreender o demandado, por ocasião do julgamento.

Milton Paulo de Carvalho[126] ainda destaca que a interpretação do pedido não é de interesse apenas do juiz, mas "o é também do réu, que é o outro sujeito do contraditório", levando-se em conta que o réu também deverá interpretar o pedido para apresentar sua resposta. O réu não pode ser surpreendido pelo provimento de pedido não constante da demanda, tanto que a prolação da sentença abrangendo "pedidos implícitos" está fundamentada em normas de ordem pública, razão pela qual não causa surpresa aos jurisdicionados, pelo simples fato de serem as normas de domínio público.

Isso, não obstante, sem que haja ampliação do pedido formulado na petição inicial, existe a possibilidade de serem providos pedidos verdadeiramente implícitos[127], isto é,

---

124. TJ/PR – Ap. Cível 113176-6 – Comarca de São José dos Pinhais – Ac. 21376 – unân. – 1ª. Câm. Cív. – Rel.: Des. Antônio Prado Filho – j. em 19.03.2002 – Fonte: DJPR, 15.04.2002: Rescisão de contrato. Reintegração de posse. Indenização pela utilização do imóvel. Pedido. Interpretação restritiva. Ao formular o pedido o autor deve incluir tudo o que obter, pois sua interpretação será restritiva (art. 293, 1ª parte, CPC). Em havendo alguma omissão o autor poderá aditar o pedido antes da citação do réu (art. 294, CPC). De acordo com o princípio da oportunidade, formada a relação processual, não poderá mais o autor modificar o pedido ou a causa de pedir sem o consentimento dos réus (art. 264, CPC). Recurso não provido.
125. ASSIS, A. *Cumulação de ações*. p. 246-247.
126. CARVALHO, M. de P. de. Op. cit. p. 113.
127. Decisões que contemplam pedidos implícitos: STJ-Resp. 1109-MG (registro civil, em investigação de paternidade); TARJ-Apelação 3.690/84, in RT 595/238-239 (condenação ao pagamento dos réus das custas dos serviços de consertos do apartamento dos autores e a removerem as causas das infiltrações); STJ-Resp. 11139, em 02.10.91

(a) aqueles decorrentes de efeitos jurídicos que são consequentes do pedido formulado, (b) os que integrem virtualmente o objeto litigioso do processo e, ainda, (c) os que sejam pressupostos para a apreciação do pedido expresso[128]. Exemplo clássico de pedido implícito está na formulação do pedido de despejo, por infração de cláusula contratual, dentre as hipóteses identificadas na Lei 8.245, de 18.10.1991. A locação de imóvel nada mais é do que a cessão do uso e do gozo do bem (posse) ao locatário pelo locador, por prazo determinado ou indeterminado, mediante o pagamento de uma remuneração periódica, denominado aluguel. O locatário passa a ser o legítimo possuidor direto do bem e o locador o possuidor indireto, por força de acordo de vontades (contrato). Em face de inadimplemento no pagamento dos alugueres, pode o locador requerer o despejo do locatário para reaver o seu imóvel, de acordo com o artigo 9º, inciso III c.c. 59 da L.I. O pedido de despejo tem por objetivo a restituição da posse do imóvel. Ocorre que, existindo uma relação contratual, escrita ou verbal, entre o locador e o locatário, ela deve ser previamente resolvida, antes do decreto do despejo (=reintegração da posse), justamente para retirar a legitimidade da posse por parte do locatário. Assim, embora o autor formule, na petição inicial, apenas o pedido de despejo, com fundamento em inadimplemento do pagamento dos alugueres, por ocasião da entrega da prestação jurisdicional, o juiz decretará a resolução do contrato de locação e o respectivo despejo. A resolução do contrato é resposta ao pedido implícito, eis que integra o objeto litigioso do processo (o artigo 62-I da Lei 8.245/91 estabelece que nas ações de despejo fundadas em falta de pagamento de aluguel e dos acessórios da locação, o pedido de rescisão contratual poderá ser cumulado com o de cobrança dos alugueres). Na mesma seara, poderá ocorrer o pedido de resolução do contrato de aluguel, sem o pedido de despejo. Uma vez provida a resolução, poderá ser decretado o despejo (= reintegração da posse do imóvel ao locador), que seria o pedido implícito.

Situação análoga pode ocorrer com pedido de reintegração de posse, em decorrência de contrato de comodato, por infração de cláusula contratual. O pedido de reintegração de

---

(admissão do pedido implícito de pensão que deflui logicamente da análise conjuntiva dos autos); STF – RE n. 111.668-4/SP – Ac. da 2ª Turma – j. em 10.12.87 – Rel.: Min. Aldir Passarinho (É cabível ter-se como implícito, no pedido formulado na inicial também o de pretenderem os autores a revogação do ato administrativo se o pleito é no sentido de que lhes seja reconhecido direito que teria sido cancelado por aquele ato. Se determinado pedido há de ser tido como implícito na postulação mais ampla, sob pena de esta não poder ser atendida ou quedar inócua, não se há de dizer que o juiz prestou tutela jurisdicional sem que a tenha a parte requerido); TRF – Ap. Cível 1.751 – Rio Grande do Norte; Ac. por maioria da 2ª Turma – 5ª Região – j. em 08.08.90 – p. em 30.11.90 – Rel: Juiz Nereu Santos (Sistema Financeiro de Habitação. Pedido de resolução do contrato de financiamento, com consequente indenização das prestações pagas. Pedido implícito de manutenção do Plano de Equivalência Salarial. Ausência de julgamento "extra petita" na sentença que adequou a solução jurídica do problema, adaptando o pedido ao direito. A essência do PES é que o salário mínimo constitui o limite para atualização do valor das prestações da casa própria); STJ – Rec. Especial n. 68.668 – São Paulo – Ac. 2ª T. – unân. – Rel.: Min. Ari Pargendler – j. em 05.02.96 – Fonte: DJU I, 04.03.96, pág. 5396 (Indenização de danos, por efeito de responsabilidade civil do Estado. Interpretação extensiva, sem necessidade de pedido expresso quanto aos danos estéticos. Quando os danos funcionais se refletem esteticamente, a indenização do ato ilícito deve ser ampla, a modo de cobrir também os prejuízos estéticos. Hipótese em que, não tendo o autor limitado o pedido de ressarcimento, a condenação podia abranger os danos estéticos sem necessidade de pedido expresso. Recurso especial não conhecido).

128. Cabe a apreciação do pedido implícito, desde que pressuposto para a apreciação do pedido expresso. Aprovado por maioria. Enunciado 18/I Encontro/SP – Pedido implícito – Juizado Especial Cível – Cabimento. BONIJURIS Jurisprudência – CD-ROM – 37004.

posse, com fundamento em esbulho por parte do comodatário, que, uma vez notificado, não restituiu o bem ao seu titular, pressupõe, antes, a rescisão do contrato de comodato.

Destaca-se, ainda, outra hipótese de pedido implícito, quando ocorrer saque de duplicata simulada levada a protesto, por falta de pagamento. O autor pode pedir a nulidade do título, por ausência de *causa debendi*. Se for provido o pedido de nulidade do título, a sentença poderá contemplar o pedido implícito de cancelamento do protesto, que nada mais é do que o efeito do decreto de nulidade.

Pode-se ainda identificar pedidos implícitos nas seguintes situações: a) pedido de nulidade de escritura de compra e venda de imóvel. Se provido o pedido, poderá ser contemplado o pedido implícito de cancelamento do registro imobiliário; b) pedido de investigação de paternidade. Se provido, poderá ser contemplado o pedido implícito do registro civil de nascimento (inclusão do nome do pai); c) pedido de resolução de compromisso de compra e venda de imóvel. Se provido, poderá ser contemplado com o pedido implícito da reintegração de posse etc.

Por se caracterizar exceção ao princípio da congruência, a resolução de pedidos implícitos não desatende o princípio da imparcialidade.

8.1.2.3.3.1.3 Regra de exceção à limitação: fungibilidade das demandas e dos provimentos

Como já foi visto, a prestação jurisdicional, formalizada na sentença, a ser entregue pelo Estado-juiz, deve corresponder exatamente, nem mais, nem menos, ao serviço que foi objeto do pedido do jurisdicionado.

É *regra de correspondência*, que nada mais é do que a indispensável previsibilidade do resultado pretendido, onde não há lugar para surpresas. No entanto, as surpresas não são raras, embora juridicamente justificáveis pelas exceções!

Ao ser estabelecida a vinculação do juiz aos fatos da causa e ao pedido da parte, através dos artigos 141 e 492 do Código de Processo Civil, o legislador não deixou margem a dúvidas, acerca do rigor formal que deve presidir a atividade do sujeito imparcial da relação processual, sem qualquer espaço para o arbítrio, ficando a prestação jurisdicional submetida a modelo pré-constituído, sobejando-lhe, no entanto, a possibilidade da interpretação criativa das normas, o preenchimento das lacunas legais, a liberdade de valorização do material jurídico produzido pelas partes e a livre aplicação do direito (*iura novit curia*), desvinculadas das alegações e dos pedidos das partes, embora controlados pela obrigatoriedade da motivação (art. 489, II, CPC).

As matérias vinculam-se ao fenômeno da estatização do Direito e ao próprio Estado de Direito, incluído aí o princípio da legalidade, o qual se revela de fundamental importância (normas de organização e de atividade), nos sistemas políticos de caráter democrático.

O Direito Processual, portanto, vincula a relação entre o Estado-juiz e o cidadão a um rico polo de interesses, do mais alto valor substancial, e não a uma simples técnica, alterável conforme o gosto e o humor do eventual ocupante do órgão investido de jurisdição.

Enfim, o formalismo (contemporaneamente instrumentalizado e, felizmente, relativizado) processual contém a própria ideia do processo de organização, de ordem e de atividade, tornando seguro e previsível todo o procedimento. A ordem determinada de cada ato processual, a ser praticado a seu devido tempo e lugar, é uma garantia para as partes, afastando a possibilidade do arbítrio e da imparcialidade do órgão jurisdicional.

Essa imparcialidade é traduzida pelo obrigatório e conveniente afastamento do juiz na indicação do pedido, bem assim na indicação da causa de pedir, pouco importando a natureza do direito em questão, salvo raríssimas exceções. O condicionamento da jurisdição à provocação das partes (princípio da demanda), associa-se ao princípio da exceção material (*exceptiones iuris*), que nada mais é do que a vedação de o órgão jurisdicional conceder tutela aquém, além ou de natureza diversa da contida no pedido da parte (*ne eat iudex ultra petita partium*), e ainda ao princípio dispositivo, os quais, no todo, representam os limites formais à atuação do órgão jurisdicional.

Ao dispor acerca da sistematização das nulidades processuais, Teresa Arruda Alvim Wambier reconhece a sentença como ato típico do processo de conhecimento[129], que é um ato decisório por excelência[130], porque a sentença é a síntese da função jurisdicional; é a própria finalidade do processo, e não, simplesmente, a esta concernente, onde fundo e forma se confundem[131].

Pode haver, ainda, duas categorias de vícios intrínsecos, tornando nula a sentença: (a) em relação à sua extensão – quando inexistir correspondência entre o "objeto" da demanda e o "objeto" da sentença; (b) quanto à fundamentação – deve abranger todas as alegações feitas pelas partes, no curso do feito, para que sejam expressamente acolhidas ou repelidas[132].

Em síntese, a sentença, resultante de atividade viciosa, por desobediência das formalidades, está eivada de nulidade, sujeita ao controle pelas partes e por terceiros interessados.

No entanto, a fungibilidade das técnicas processuais, relacionadas às demandas e aos provimentos, que autoriza a flexibilização da atividade do juiz, também, está disciplinada no Código de Processo Civil, que, de certo modo, relativiza os dogmas da inércia da jurisdição, da congruência, da adstrição e o da imutabilidade da coisa julgada, como veremos, tendo por fim proporcionar a adequada e efetiva prestação jurisdicional, sem incidir nas nulidades apontadas.

8.1.2.3.3.1.3.1 Da fungibilidade de demandas

O Código Civil ao considerar "possuidor todo aquele que tem de fato o exercício, pleno ou não, de algum dos poderes inerentes à propriedade", em seu artigo 1.196, também estabeleceu a respectiva proteção, através dos interditos possessórios: "O

---

129. WAMBIER, T. A. A. *Nulidades do processo e da sentença*. p. 131.
130. Ibidem, p. 151.
131. Ibidem, p. 236.
132. Ibidem, p. 237, 246, 249.

possuidor tem direito a ser mantido na posse em caso de turbação, restituído no de esbulho, e segurado de violência iminente, se tiver justo receio de ser molestado", em seu artigo 1.210, podendo, ainda, por esforço próprio defendê-la (§ 1º): "O possuidor turbado, ou esbulhado, poderá manter-se ou restituir-se por sua própria força, contanto que o faça logo; os atos de defesa, ou de desforço, não podem ir além do indispensável à manutenção, ou restituição da posse".

Como visto, a posse produz, dentre outros, os efeitos: (1) direito ao uso dos interditos e (2) direito do desforço *incontinenti*. Portanto, as demandas possessórias têm por fim garantir o possuidor contra qualquer agressão à sua posse, e o procedimento está previsto nos artigos 554 e s. do CPC, para a ação de interdito proibitório (art. 567), ação de manutenção de posse e ação de reintegração de posse (art. 560).

O justo receio[133] de moléstia à posse legitima o exercício da ação de interdito proibitório – ação de força iminente –, com vistas a rever a turbação ou o esbulho (art. 567 do CPC), que nada mais é do que uma ordem ao demandado de não molestar, de não fazer, impondo-se uma abstenção à violência iminente, sob pena de cominação de pena pecuniária.

Para o cabimento do interdito, é necessário que: (1) o demandante esteja na posse; (2) haja o justo receio de ser molestado na posse; (3) a violência deve ser futura, iminente.

Assim é que para o manuseio da ação de manutenção de posse – ou de força turbativa –, é necessária a existência de fato que importe turbação ou moléstia, cujo objetivo é impedir a repetição da turbação e, diretamente, garantir a posse de imóveis e móveis ao possuidor. Sobressai que, para o exercício da ação de manutenção da posse, são necessários[134] (1) que o demandante esteja na posse da coisa; (2) que a posse tenha sido turbada por ato violento; (3) a continuação da posse, embora turbada; e (4) que haja receio de violências futuras.

Já, a ação de reintegração de posse – ou ação de esbulho ou de força espoliativa – tem por fim restituir a posse ao possuidor, pressupondo-se que o possuidor tenha sido despojado da sua posse.

Para o cabimento da ação de reintegração de posse são necessários: (1) a comprovação da posse, até o momento do esbulho; (2) a perda ou o esbulho da posse, contra a vontade do possuidor, não bastando mera turbação, além da impossibilidade de continuar na posse.

A ofensa temida (ameaça), a turbação e o esbulho são situações de fato, que justificam (causa de pedir) a proteção possessória (pedido mediato). Assim, para o manuseio da demanda adequada, tudo faz depender da verificação de cada situação fática momentânea.

Pode ocorrer, no curso da ação de interdito proibitório, a turbação ou o esbulho, vindo a configurar as consequências antevistas pelo demandante, ocorrendo, portanto,

---

133. O justo receio é o conhecimento de fatos ou de circunstâncias que façam suspeitar ao possuidor de que o réu vai molestar a sua posse.
134. SANTOS, J. M. C. *Código civil brasileiro interpretado*. 4. ed. Rio de Janeiro: Livraria Freitas Bastos, 1950. v. I, p. 102.

a violação do dever de abstenção e do preceito cominatório. Ou ainda poderá ocorrer, no curso da ação de manutenção da posse, ato de esbulho, com a consequente perda da posse. Ambas as situações revelam *fatos supervenientes* ao ajuizamento da demanda possessória.

Como visto, a situação fática pode revelar-se dinâmica, pois que, sob hipótese, o simples receio (de ameaça) pode concretizar-se em turbação ou em esbulho da posse, devendo *operar-se a conversibilidade da providência jurisdicional* com a expedição do competente mandado de manutenção ou de reintegração da posse[135].

E essa possibilidade de ser dada a proteção efetiva à posse, de acordo com a situação do momento (que até pode ser a do ajuizamento da demanda), decorre da *fungibilidade dos interditos possessórios*, prevista no artigo 554 do CPC: "A propositura de uma ação possessória em vez de outra não obstará a que o juiz conheça do pedido e outorgue a proteção legal correspondente àquela cujos pressupostos estejam provados".

Fungibilidade significa, na hipótese, troca, *conversão*, ou *substituição* de um provimento pedido, por outro não pedido, mas adequado à situação comprovada nos autos. Aqui se trata de verdadeira "*mutatio libelli*"[136] autorizada, tratando-se de matéria de ordem pública, onde o juiz, estando presentes os requisitos da demanda adequada aos fatos, a pronunciará, independente de provocação da parte.

Pode ocorrer ainda a concessão, dada pelo juiz, de uma tutela por outra decorrente da correta qualificação jurídica dos fatos narrados, não havendo a necessidade de conversão de uma demanda por outra, vez que se trata do mesmo procedimento e do mesmo bem a ser protegido[137], além de que o cumprimento da sentença (exemplo: reintegração de posse) independe da vontade do demandado, tratando-se de sentença executiva *lato sensu*, cujo ato material será realizado por mandado a ser cumprido pelo oficial de justiça.

Assim, em que pese o demandante individualizar, na petição inicial, os fatos e os fundamentos do pedido, existe a previsão – em decorrência das peculiaridades da situação do direito material (posse) – de, no curso do processo, o juiz, examinando a *causa petendi* originária e sua variação, alterar a extensão da pretensão relatada, em conformidade com o entendimento de Nélson Nery Jr.[138].

As afirmações de Nélson Nery Jr de que "não podendo ser alterada a causa de pedir" estão calcadas *no elemento constante da ofensa à posse*, embora *não* considere que a variação da intensidade da ofensa à posse modifique a *causa petendi* originária e o provimento final. Tanto que, se a pretensão da proteção possessória, através de interdito proibitório, é fundamentada em receio ou em ameaça da posse (o provimento seria de natureza mandamental[139] – ordem de não ameaçar, ou seja, manter as coisas em seu estado), e,

---

135. MIRANDA, Pontes de. *Comentários ao código de processo civil*. Rio de Janeiro: Revista Forense, 1948. v. III, p. 331.
136. Art. 384 do CPP.
137. *RT* 571/122.
138. NERY JÚNIOR, Nélson; NERY, Rosa Maria de Andrade. *Código de Processo Civil comentado e legislação processual extravagante em vigor*. 6. ed. São Paulo: Ed. RT, 2002. p. 1.133.
139. SIMARDI, C. Execução de sentença proferida em ação possessória. *In*: WAMBIER, T. A. A. (Coord.). *Processo de execução e assuntos afins*. São Paulo: Ed. RT, 1998. p. 113.

no curso do processo, ocorre a perda da posse (o esbulho é uma nova causa de pedir, outra situação jurídica), a providência jurisdicional adequada será a da reintegração da posse (a natureza do provimento será executiva *lato sensu*, ou seja, para retornar a coisa em seu estado anterior).

A regra da fungibilidade (art. 554) constitui exceção ao princípio da adstrição e ao da congruência (arts. 141 e 492), sendo cabível apenas entre os interditos possessórios em sentido estrito[140], não alcançando as ações de imissão de posse, reivindicatória, embargos de terceiros, nunciação de obra nova etc.[141]

A adequação do provimento jurisdicional à situação fática atual decorre do princípio da efetividade da jurisdição, fugindo a regra dos valores formadores do Estado Liberal, dentre eles o de um juiz passivo e despido de poder e do direito processual ser independente do direito material, sem preocupação com a "efetividade do processo", isto é, despreocupado com o resultado devido ao autor, em consonância com as normas de direito substancial, no menor espaço de tempo e com o mínimo de esforço possíveis [142].

8.1.2.3.3.1.3.2. Da fungibilidade dos provimentos jurisdicionais

A ausência de efetividade das tutelas das obrigações de fazer, não fazer e de entrega da coisa certa, no ordenamento processual, obtidas através de sentenças condenatórias tradicionais, resultantes do processo de conhecimento, ensejou a edição dos artigos 84, do CDC, 461 e 461-A, do CPC/73, aplicáveis à tutela de qualquer direito individual, coletivo ou difuso, os quais introduziram instrumentos processuais novos, aptos a produzir ou induzir a concretização da prestação *in natura*, isto é, a prestação jurisdicional específica, com destaque para as obrigações de não fazer, que tem caráter inibitório, já que a prestação específica consiste, justamente, no comportamento omissivo a ser adotado pelo demandado, de acordo com o entendimento de Luiz Guilherme Marinoni[143]:

> Tais artigos instituem uma verdadeira ação inibitória, que pode ser utilizada para a proteção de qualquer direito, inclusive, difuso ou coletivo. Essa ação, justamente porque pode ordenar um fazer ou um não – fazer, presta-se para impedir a prática, a continuação ou a repetição de um ilícito, o que é fundamental quando se pensa na efetividade da tutela de direitos.

Além disso, quando o dano puder ser reparado através de uma atividade (de um fazer) do demandado, poderá ser proposta, com base nos referidos artigos, ação ressar-

---

140. "Limites da incidência do artigo – Estabelecido que o disposto no artigo alcança todas as ações possessórias, convém que se tenha em mente, por outro lado, que abrange só as ações possessórias em sentido estrito, isto é, as tratadas neste capítulo. A norma legal não autoriza, de modo algum, o" aproveitamento" do interdito possessório erroneamente utilizado para entregar-se ao autor prestação jurisdicional de natureza não possessória. E, para esse efeito, só se consideram as três modalidades contempladas no capítulo, de modo que a abrangência do artigo não apenas é insuficiente para alcançar os chamados juízos petitórios como não basta sequer para atingir as ações que, embora de índole possessória por seu conteúdo, não foram incluídas pelo Código no correspondente elenco, como os embargos de terceiro possuidor e a ação de nunciação de obra nova". FABRÍCIO, Adroaldo Furtado. *Comentários ao código de processo civil*. t. II. Rio de Janeiro: Forense, 1988, p. 393.
141. RT 612/106; RTJ 73/882; RT 544/97; 539/109; RF 254/303.
142. MARINONI, L. G. *Tutela específica* (art. 461, CPC e 84, CDC). São Paulo: Ed. RT, 2000. p. 33.
143. MARINONI, Luiz Guilherme. *Novas linhas do processo civil*. p. 118.

citória na forma específica. Deixe-se claro, desde logo, que a tutela ressarcitória, além de nem sempre importar na entrega de pecúnia do valor equivalente ao bem lesado, nem sempre é prestada através da técnica condenatória, podendo ser prestada, também, através da técnica mandamental.

Conforme poderá se constatar, adiante, o art. 461 do CPC/73 introduziu no sistema processual novas técnicas destinadas a tutelar direito originário de obrigações de fazer (ação comissiva) e não-fazer (omissiva), além de autorizar o juiz a determinar providências para tornar possível a tutela do direito, independentemente da provocação do demandante e da vontade do demandado.

As novas técnicas processuais de tutela abrangem essencialmente os provimentos jurisdicionais e ampliam atividades "*ex officio*" do juiz, relativizando os dogmas da inércia da jurisdição, da vinculação do juiz aos fatos da causa (adstrição), da congruência e o da coisa julgada, cujas normas foram "desenhadas a partir da tomada de consciência de que o processo está submetido ao princípio da efetividade", também, na constatação de Marinoni.

Destacam-se como expoentes das mesmas ideias e técnicas apresentadas acima, já no novo CPC, os artigos 497[144], 498[145], 499[146], 500[147], 536, *caput*[148] e § 1º[149], 537, *caput*[150] e § 1º[151], e 538[152].

O art. 497, *caput*, do CPC, ao fazer referência à obrigação de fazer ou não fazer, não restringiu o seu alcance às relações contratuais ou extracontratuais, como, à primeira vista, pode ser apreendido.

---

144. Art. 497. Na ação que tenha por objeto a prestação de fazer ou de não fazer, o juiz, se procedente o pedido, concederá a tutela específica ou determinará providências que assegurem a obtenção de tutela pelo resultado prático equivalente. Parágrafo único. Para a concessão da tutela específica destinada a inibir a prática, a reiteração ou a continuação de um ilícito, ou a sua remoção, é irrelevante a demonstração da ocorrência de dano ou da existência de culpa ou dolo.
145. Art. 498. Na ação que tenha por objeto a entrega de coisa, o juiz, ao conceder a tutela específica, fixará o prazo para o cumprimento da obrigação. Parágrafo único. Tratando-se de entrega de coisa determinada pelo gênero e pela quantidade, o autor individualizá-la-á na petição inicial, se lhe couber a escolha, ou, se a escolha couber ao réu, este a entregará individualizada, no prazo fixado pelo juiz.
146. Art. 499. A obrigação somente será convertida em perdas e danos se o autor o requerer ou se impossível a tutela específica ou a obtenção de tutela pelo resultado prático equivalente.
147. Art. 500. A indenização por perdas e danos dar-se-á sem prejuízo da multa fixada periodicamente para compelir o réu ao cumprimento específico da obrigação.
148. Art. 536. No cumprimento de sentença que reconheça a exigibilidade de obrigação de fazer ou de não fazer, o juiz poderá, de ofício ou a requerimento, para a efetivação da tutela específica ou a obtenção de tutela pelo resultado prático equivalente, determinar as medidas necessárias à satisfação do exequente.
149. Art. 536. § 1º Para atender ao disposto no caput, o juiz poderá determinar, entre outras medidas, a imposição de multa, a busca e apreensão, a remoção de pessoas e coisas, o desfazimento de obras e o impedimento de atividade nociva, podendo, caso necessário, requisitar o auxílio de força policial.
150. Art. 537. A multa independe de requerimento da parte e poderá ser aplicada na fase de conhecimento, em tutela provisória ou na sentença, ou na fase de execução, desde que seja suficiente e compatível com a obrigação e que se determine prazo razoável para cumprimento do preceito.
151. Art. 537. § 1º O juiz poderá, de ofício ou a requerimento, modificar o valor ou a periodicidade da multa vincenda ou excluí-la, caso verifique que: I – se tornou insuficiente ou excessiva;
152. Art. 538. Não cumprida a obrigação de entregar coisa no prazo estabelecido na sentença, será expedido mandado de busca e apreensão ou de imissão na posse em favor do credor, conforme se tratar de coisa móvel ou imóvel.

Nesse sentido, Eduardo Talamini[153], ao identificar a acepção legal de "obrigação", conclui que "tecnicamente, 'obrigação' é conceito menos amplo do que 'dever jurídico'. Trata-se de noção assente em sede teórica. Os doutrinadores destacam a impropriedade do emprego dos termos como sinônimos e noticiam ser comum a utilização imprópria de 'obrigação', mesmo em textos legais, sendo que obrigação é apenas uma das categorias de dever jurídico":

> *Dever jurídico* é a imposição jurídica da observância de determinado comportamento ativo ou omissivo, passível de ser resguardada por sanção (v. cap. 5). Pela circunstância de impor uma prestação positiva ou negativa, o dever jurídico distingue-se do *estado de sujeição* (contraface dos direitos potestativos), que é simples submissão do sujeito a efeitos extintivos, modificativos ou constitutivos de direito que se produzam em sua esfera jurídica – independentemente de conduta sua. Ademais, o dever jurídico é ditado em favor de interesse (titularizado pela coletividade, o Estado, um ou vários particulares etc.) *alheio* ao sujeito vinculado à imposição da conduta. Esse aspecto, que aproxima o dever jurídico do estado de sujeição, presta-se a diferenciá-los do *ônus*, que é a imposição de conduta no interesse do próprio onerado, para que ele obtenha uma vantagem ou impeça uma desvantagem.

Portanto, as tutelas estabelecidas nos artigos 497 e 536 e parágrafos do CPC alcançam todos os deveres jurídicos, tendo por objeto um fazer (prática de um ato pessoal ou exequível por outra pessoa – prestação de um fato; um agir) ou um não fazer (abstenção da prática de um fato; proibição da prática de atos que afetem a esfera pública alheia; um não agir), abrangendo direitos relativos (obrigacionais ou não obrigacionais) e absolutos (reais, personalidade), excluídos aqueles tutelados especificamente, por vias próprias (exemplo: interditos possessórios), sendo de amplo alcance, na esfera privada e pública, para os fins de atividade jurisdicional.

Os artigos 497 e 536 do NCPC, para satisfazer as necessidades de tutela dos deveres de fazer e não fazer, preveem provimentos mandamentais e executivos *lato sensu*, acompanhados de mecanismos aptos a lhes dar efetividade, de natureza preventiva e de antecipação de tutela, eis que objetiva o alcance de resultado específico, disciplinando instrumentos práticos[154].

Enfim, para obtenção da conduta do próprio réu – tutela específica – é indispensável à eficácia mandamental da sentença (ordenatória, para a participação do réu diretamente para o alcance da efetividade, com atuação de meios coercitivos), ao passo que o resultado prático equivalente está associado à eficácia executiva *lato sensu* do provimento jurisdicional (autoexecutável, para o alcance da efetividade, pois se adotam medidas substitutivas da atuação do réu), embora essas eficácias não estejam explícitas no comando normativo dos arts. 497 e 536, levando-se em conta, ainda, a desnecessidade de instauração de outro processo autônomo. O comando concreto do provimento mandamental e executivo *lato sensu* opera-se no próprio processo de conhecimento.

A multa (art. 537) presta-se para influenciar (induzir) a conduta do réu, razão pela qual deve ser suficiente e compatível com o dever jurídico, para praticar um ato ou abster-se de praticá-lo, seja de natureza fungível ou infungível, podendo, inclusive, ser

---

153. TALAMINI, E. *Tutela relativa aos direitos de fazer e de não fazer*. p. 126-127.
154. TALAMINI, E. *Tutela relativa aos direitos de fazer e não fazer*. p. 222.

alterado o seu valor, em caso de descumprimento da sentença (art. 537, § 1º). Trata-se de elemento acessório destinado a auxiliar a efetivação do comando da sentença, não fazendo parte da pretensão do autor. A multa tem natureza processual, como técnica coercitiva, concorrendo para garantir a efetividade da ordem emitida e a preservação da autoridade do órgão jurisdicional. Não tendo a multa origem no direito material, não poderia ser objeto de pedido na inicial.

Assim, a simples imposição da multa, na sentença, ou após, para coagir o réu a cumprir o comando da sentença, *não extrapola o âmbito da demanda*, posto que a sentença outorga ao demandante tão-somente o bem pretendido. Nesse sentido é o entendimento de Eduardo Talamini[155]:

> ...a ausência de vinculação da multa ao pedido do autor não é exceção ao princípio da congruência entre a demanda e a sentença. O autor pede a obtenção do resultado específico, que será acolhido ou não. Sendo deferido, a definição dos meios de atuação da tutela pretendida não se confunde com a pretensão formulada – ainda quando o autor houver expressamente sugerido um valor de multa.
>
> Eventual valor que o autor vier a receber do réu, como beneficiário da multa, cumulado com o cumprimento específico do dever jurídico, ensejará a obtenção de resultado maior do que aquele pretendido, inicialmente. No entanto, mesmo assim não caracterizará exceção ao princípio da demanda e da congruência, porquanto a multa decorre de causa processual[156].

Ainda, em relação à atividade jurisdicional, após a prolação da sentença, o § 1º do art. 536 do CPC – exceção ao artigo 494, CPC – permite ao juiz "determinar, entre outras medidas, a imposição de multa, a busca e apreensão, a remoção de pessoas e coisas, o desfazimento de obras e o impedimento de atividade nociva, podendo, caso necessário, requisitar o auxílio de força policial", com vistas à "efetivação da tutela específica ou a obtenção de tutela pelo resultado prático equivalente".

Aqui, as medidas estão mescladas, pois a norma de ordem pública outorga ao juiz poderes para empregar mecanismos sub-rogatórios da conduta do demandado, para "a obtenção do resultado prático equivalente" (dispensa da colaboração do demandado), ou ainda a imposição de outros meios coercitivos para que o próprio demandado cumpra o dever jurídico (fazer ou não fazer), mister a multa, para "a efetividade da tutela específica".

Portanto, a técnica processual mescla-se de medidas coercitivas e sub-rogatórias, podendo ser conjugadas, simultaneamente ou sucessivamente, cuja aplicação deverá ser feita de acordo com os valores envolvidos, observando-se o princípio da efetividade da jurisdição e o da razoabilidade. Da experiência forense, calha o exemplo, de pedido de não poluição sonora[157] por estabelecimento comercial. A tutela é para a observância do

---

155. TALAMINI, E. *Tutela relativa aos deveres de fazer e de não fazer*. p. 246.
156. A sanção pecuniária decorrente da litigância de má-fé tem natureza processual, sendo situação análoga a de que ora se trata (art. 80 c.c. 81, CPC).
157. A situação foi constatada em uma discoteca, por não apresentar dispositivos contra a propagação do som, em níveis intoleráveis; outras situações semelhantes foram constatadas com um estacionamento de caminhões. Os motores dos veículos eram acionados a partir das 5 horas da manhã, acordando toda a vizinhança, em decorrência do barulho produzido; em bares com utilização de conjuntos musicais ao vivo; em templos de oração, em face da altura das ladainhas etc.

dever de não poluição sonora (perturbação do sossego). O resultado que interessava ao demandante era específico: não poluição sonora que perturbasse o sossego. Antecipada a tutela, o resultado não foi alcançado com a colaboração do demandado, posto que a poluição sonora continuou. A aplicação de multa não surtiu os efeitos desejados. O demandado não adotou medidas internas no estabelecimento para abafar a propagação do som. Resultado final: lacrado o estabelecimento comercial, com vistas a alcançar a tutela de proibição à poluição sonora.

Sob o aspecto da atividade jurisdicional, na situação exemplificada, o pedido postulado de condenação de obrigação de não fazer (dever jurídico de não poluir sonoramente), foi acolhido na sua exata dimensão, tal como poderia ocorrer em situações análogas. Não existe violação ao princípio da congruência, posto que a prestação jurisdicional corresponde ao pedido inicialmente formulado.

Segundo Eduardo Talamini[158], o princípio da congruência sofre apenas uma atenuação, no que se refere ao pedido imediato:

> Essas constatações permitem verificar a exata dimensão da atenuação que sofre o princípio da congruência entre o pedido e o provimento concessivo de tutela. O pedido do autor é vinculante para o juiz – e, nesse ponto, vigora o princípio da congruência –, no que tange à tutela mediata: obtenção do resultado específico. A flexibilidade instaurada pelo ex art. 461 concernente aos mecanismos da tutela imediata (a eficácia do provimento – mandamental e executiva *lato sensu;* os instrumentos de realização concreta de tais eficácias). Fenômeno semelhante ocorre com as ações cautelares (conservativas) e possessórias, em que a exigência de adstrição do provimento ao pedido limita-se à consecução do bem da vida pleiteado (resguardo do resultado útil do processo, no primeiro caso; proteção da posse de determinado bem, no segundo) – podendo o juiz, para tanto, adotar medidas processuais que nem mesmo foram requeridas.

Eduardo Talamini[159] ainda justifica a *atenuação do princípio da congruência*, tendo em vista o necessário aperfeiçoamento da incidência desse princípio em relação ao pedido mediato:

> Há a atenuação do princípio da congruência, semelhante à verificada no campo das cautelares e possessórias. Principalmente para justificar a "fungibilidade" das cautelares, muitas vezes se invoca o caráter "público" de que se revestia o objeto da proteção. No entanto, parece mais adequado ver nessas hipóteses, assim como na do art. 461, a tendência não de mera publicização, mas de racionalização e operatividade: nos campos de tutela em que o objeto do pedido mediato (o bem da vida, o resultado específico) corre o risco de ser gravemente prejudicado pela prévia limitação do pedido imediato, o ordenamento elimina tal restrição, desde que não se tenha afronta a outros valores relevantes, vinculados à segurança jurídica.
>
> Em certo sentido, a não aplicação do princípio da congruência ao pedido imediato destina-se a intensificar a exatidão da correspondência entre a tutela (o resultado da atuação jurisdicional) e o pedido mediato. Para que se dê ao autor precisamente aquilo que a ele tem direito, confere-se ao juiz a função de adotar todas as medidas necessárias e conjugar as eficácias mandamental e executiva *lato sensu*, independente do pedido mediato do autor. Portanto, a eliminação do princípio da congruência entre pedido imediato e provimento que concede a tutela, no campo do art. 461, tem em mira o aperfeiçoamento da incidência desse princípio relativamente ao pedido mediato. A congruência formal cede espaço à congruência material.

---

158. TALAMINI, E. Op. cit., p. 282.
159. Idem.

Na prática ocorre que "a prestação jurisdicional invocada pelo credor da obrigação de fazer ou não fazer deve ser a expedição de ordem judicial, a fim de que a tutela se efetue em sua forma específica"[160], independente de pedido do demandante. "O pedido é de expedição de uma ordem para que, por meios sub-rogatórios, se chegue ao resultado prático equivalente ao adimplemento" (grifei). Não cumprida a ordem mandamental (fato superveniente à sentença), ocorre a fungibilidade do provimento mandamental para o provimento executivo *lato sensu,* ou uma conjugação de ambos, para a busca da efetividade.

A tutela obtida na sentença poderá ser alcançada no processo de conhecimento, *por iniciativa do juiz,* em face de seu poder de execução genérico. Aqui, não cabe invocar o artigo 141 do CPC, porquanto a atividade do juiz não fere o princípio da demanda. Igualmente, não se aplica o artigo 492 do CPC, levando-se em conta que o *provimento apenas se flexibiliza* (fungibilidade das técnicas) em mandamental ou executivo *lato sensu,* sendo o objeto mediato o mesmo da postulação. A atuação jurisdicional do Direito de modo diverso tem por fim adequar o pedido imediato originalmente feito, razão pela qual há uma mitigação do princípio da congruência ou da correspondência.

Sempre oportunas são as considerações de Dinamarco[161], que consigna que o art. 461 do CPC revela duas técnicas, "sendo uma de persuasão do renitente de cumprir a obrigação, desde logo, e a outra destinada à produção de resultados impostos na sentença, independentemente da vontade do obrigado", aduzindo, no entanto, que caracterizam "duas transgressões legítimas a dois dogmas do sistema processual civil, que são o da necessidade da correlação entre a sentença e a demanda e a do exaurimento da competência do juiz, a partir do momento em que publica a sentença".

Especificamente, Dinamarco[162] reconhece que, uma das transgressões, verifica-se na desconsideração dos limites da demanda inicial, embora legítima, consistente em "incluir na sentença, depois de já proferida e quando o réu prosseguir inadimplindo, um novo preceito a ser imposto e que não havia sido pedido na demanda inicial", mas entende ser "mais do que razoável, também para a efetividade da promessa constitucional de tutela jurisdicional e acesso à justiça, superar a regra da correlação entre a sentença e a demanda (arts. 128 e 460), com vista à efetividade dessa tutela", mas com a ressalva de que "a extrapolação aos limites da demanda, permitida pelo art. 461, não chega ao ponto de criar ou determinar a criação de uma situação final diferente daquela pedida pelo autor da demanda inicial – e que, se ele tiver razão, já existia desde antes".

Existe ainda a possibilidade da *conversão* (fungibilidade) da obrigação específica em perdas e danos, nas hipóteses de se tornar impossível o resultado pretendido, isto é, da impossibilidade de ser alcançada a tutela específica e o resultado prático equivalente, ou por opção do autor, na forma do art. 499 do CPC.

Ad argumentadum, em sistemas anteriores, a não satisfação da obrigação específica pelo demandado, por impossibilidade, ou eventual desinteresse do demandante, o ca-

---

160. Ibidem, p. 73.
161. CÂNDIDO, R. D. *A reforma da reforma.* 2. ed. São Paulo: Malheiros Editores Ltda., 2002, p. 225-226.
162. Ibidem, p. 227-228.

minho que se apresentava era o de converter o dever jurídico em pecuniário de perdas e danos[163].

A opção pela indenização por perdas e danos tem como pressuposto a violação de um bem tutelado pelo direito material. A impossibilidade da concretização da tutela específica é que viabiliza a sua conversão (fungibilidade) em indenização pecuniária, por fato superveniente. Modifica-se o objeto do processo e amplia-se a matéria cognitiva, porquanto deverão ser examinados, no mínimo, a extensão dos danos e o nexo causal, salvo se constarem eventualmente de um negócio jurídico.

A implementação da solução alvitrada depende do momento em que se frustre a possibilidade do alcance do resultado específico. Se a frustração ocorrer antes do ajuizamento da demanda, inaplicável o art. 497, CPC, considerando-se que o autor poderá ajuizar desde logo a demanda indenizatória, correspondente ao direito violado. Ainda, se a frustração do pedido de cumprimento da obrigação específica ocorrer durante o transcurso do processo, mas cumulado com o de indenização de perdas e danos, o processo deverá continuar até final sentença, para o julgamento do pedido indenizatório, cujo provimento será condenatório.

Contudo, se *não* houver a cumulação eventual de pedidos, afigura-se razoável afirmar que a demanda também continuará a ser processada, agora objetivando o bem mediato que é o valor da indenização pecuniária (art. 248, CC), devidamente autorizada por força do artigo 497, CPC (norma de ordem pública, ressalve-se), modificando-se (fungibilidade das técnicas) o pedido (mandamental para condenatório), independentemente do consentimento do réu, embora lhe seja reaberto o contraditório, em face do fato superveniente.

Por fim, se a impossibilidade da obtenção do resultado específico ocorrer após a entrega da prestação jurisdicional, aplica-se *"ex officio"* o artigo 499, do CPC, ou se o autor assim o requerer, porque perdeu o interesse na tutela específica, para a obtenção da indenização pecuniária, observados os seus requisitos. A *modificação do objeto* do processo *dá-se após a coisa julgada*, quer por iniciativa do juiz, quer por iniciativa do autor, que não é empecilho, em face do fenômeno da "eficácia positiva" da coisa julgada, segundo abalizada opinião de Eduardo Talamini[164]:

> A sentença que impõe o resultado específico funcionará como título parcial para a execução do equivalente pecuniário, caso aquele se torne impossível ou deixe de ser subjetivamente interessante para o titular do direito. A assertiva é válida, ainda quando a sentença silencie acerca da possibilidade de futura conversão em perdas e danos. O provimento que veicula o reconhecimento do direito ao fazer ou não fazer e impõe o resultado específico traz consigo a autorização da obtenção do equivalente pecuniário – restando apenas a verificação dos pressupostos materiais do dever de ressarcir ou compensar, eventualmente ainda não examinados no processo já realizado.
>
> O fenômeno que se verifica, na hipótese, é o da "eficácia positiva" da coisa julgada – a que já se aludiu no item 12.7. O comando que declara a existência do dever de fazer ou de não fazer e impõe sua consecução específica é vinculante para o juiz que apreciar processo seguinte em que se pretenda a indenização. Restará apenas o exame dos demais pressupostos.

---

163. ZAVASCKI, T. A. Antecipação da tutela e obrigações de fazer e de não fazer. *In*: WAMBIER, T. A. A. (Coord.). *Aspectos polêmicos da antecipação de tutela*. p. 465.
164. TALAMINI, E. *Tutela relativa aos deveres de fazer e de não fazer*. p. 333.

Na última hipótese – impossibilidade do cumprimento da obrigação específica, *após a coisa julgada* –, a *conversão da ordem específica* em perdas e danos, por iniciativa do juiz, ensejará *outro provimento jurisdicional* (fungibilidade das técnicas) em sede de liquidação da sentença, para que seja apurado o valor da indenização (art. 248, CC), de forma a possibilitar futura satisfação por quantia certa.

Sob a perspectiva da atividade jurisdicional "*ex officio*", as medidas adotadas pelo juiz têm respaldo em norma de ordem pública. Constata-se, a propósito, uma exceção ao princípio da demanda (art. 2º), quanto à iniciativa da apuração da indenização, nascida de relação de direito material. O mesmo se constata, em face do princípio da congruência, dado que a providência jurisdicional entregue ao autor é diversa (*fungibilidade*) daquela originalmente postulada (tutela específica por tutela ressarcitória).

Com relação às técnicas para efetividade das decisões judiciais, das obrigações de entregar a coisa, consistentes em uma sentença de natureza mandamental[165], de caráter imperativo, com vista ao atendimento imediato da determinação judicial (técnica de resultado), pode o juiz valer-se da aplicação de multas, da antecipação da tutela, da expedição em favor do credor de mandado de busca e apreensão ou de imissão na posse, da conversão em prestação pecuniária da obrigação por impossibilidade do cumprimento, quando se tratar de coisa móvel ou imóvel (técnica de atividade).

Relativamente à sentença, as mesmas considerações já feitas às técnicas para a efetividade dos deveres de fazer e não fazer, são pertinentes às hipóteses de que ora se trata, com exceção à da regra de conversão (fungibilidade), contida no *caput* do art. 497, CPC, pela qual o juiz determina providências capazes de produzir resultado prático correspondente ao do adimplemento, eis que não é adequada às obrigações de entregar a coisa, levando-se em conta que, quando o objeto da obrigação é uma coisa, nada é preciso substituir ou converter, pois é só apossar-se da coisa para a efetividade

---

165. Dinamarco alude a que "O sistema repele, todavia, a existência de sentenças que sejam somente mandamentais, sem serem condenatórias. O mandamento, ou comando a ter determinada conduta, é em alguns casos acrescidos à eficácia de condenação, mas sem excluí-la. Existem, portanto, sentenças condenatórias puras e sentenças condenatórias mandamentais; e a eficácia de comando, ou mandamento, é acrescida pela lei nos casos em que o legislador entende conveniente, com o objetivo de promover com mais rapidez e agilidade a efetivação do preceito contido na sentença. Pontes de Miranda adverte que a eficácia mandamental nunca vem isolada, em uma sentença: associa-se sempre, segundo ele, uma declaração, constituição ou condenação". (*Reforma da reforma*. Op. cit., p. 231.).

Talamini discorda desse entendimento, assegurando as sentenças mandamentais e executivas lato sensu, como categorias autônomas: "Em suma, a classificação que acolhe as tutelas mandamental e executiva lato sensu toma por base, exatamente, o mesmo critério usado para a distinção dos três grupos de sentença usualmente admitidos: conteúdo e eficácia. Por fim, não há como coerentemente pretender introduzir as sentenças mandamental e executiva no mesmo âmbito das condenatórias e, ao mesmo tempo, persistir nas duas afirmações, tradicionalmente acolhidas, de que: a) condenatória é a sentença que gera " título executivo", enseja novo processo, de execução: b) só há atividade executiva através de meios sub-rogatórios e não mediante ordens conjugadas com meios coercitivos. Ora, em primeiro lugar, a sentença mandamental e a executiva não ensejam novo processo. Depois, o provimento mandamental jamais propicia atividade executiva (sub-rogatória) – nem mesmo naquele processo em que foi proferido. Afinal, ele não é efetivado através de meios sub-rogatórios e sim mediante medidas coercitivas, meios de pressão psicológica, a fim de que o próprio réu, por conduta própria cumpra a ordem que lhe foi dada". "Tutelas mandamental e executiva lato sensu". (WAMBIER, T. A. A. (Coord.). *Aspectos polêmicos da antecipação de tutela*. São Paulo: Ed. RT, 199. p. 147.)

do provimento, através dos instrumentos disponíveis: mandado de busca e apreensão e imissão na posse.

Ocorrerá a *conversão do provimento* mandamental (ordem para a entrega da coisa), por frustração do cumprimento voluntário pelo demandado, em provimento *executivo lato sensu*, empregando-se os instrumentos (sub-rogatórios) de busca e apreensão e imissão na posse, para a efetividade da jurisdição, sem a participação do demandado, ou, ainda, pela impossibilidade superveniente do cumprimento da obrigação, poderá ocorrer a *conversão do provimento* mandamental ou executivo *lato sensu* em provimento indenizatório pecuniário (medida ressarcitória).

Nas três situações, ocorrerá a *fungibilidade dos provimentos*.

Bem, nas hipóteses formuladas, não ocorrem defeitos no julgamento, capazes de comprometer a validade e a eficácia da sentença.

Uma vez resolvidas e afastadas as questões prévias preliminares (processuais e de mérito) e as prejudiciais do mérito, o julgador estaria em condições de examinar a causa, a questão de mérito ou o pedido. Nesta altura da fundamentação, o óbice que poderia subsistir seria a existência de algum ponto controvertido. Nesse sentido, o acolhimento ou não do pedido está na dependência do exame do conjunto probatório. Se a controvérsia for afastada pelas provas produzidas pelas partes, resta apenas a qualificação jurídica dos fatos que constituem o direito postulado pelo demandante, que também poderá ser matéria controvertida. O direito pretendido pelo demandante pode estar assegurado em regras ou em princípios, cabendo ao juiz aplicar o ordenamento jurídico de forma racional.

8.1.2.3.3.2 Limitação pela defesa do demandado

O exercício do direito de ação, pelo ajuizamento da demanda, traz como consequência inarredável a garantia constitucional do direito ao contraditório, que possibilita ao demandado o exercício do direito de ampla defesa, o qual deve ser assegurado, na relação processual, pelo juiz.

Os princípios do contraditório e da ampla defesa possibilitam aos sujeitos do processo a adoção de postura ativa no seu desenvolvimento, com vistas à obtenção do resultado pretendido. A ampla participação das partes contribui na formação do convencimento do julgador para o provimento final, que é o objeto da sentença. Portanto, a participação efetiva dos envolvidos na relação processual influi no resultado do julgamento, razão pela qual o sujeito imparcial do processo (juiz) também está abrangido pelo princípio do contraditório[166]:

> Na visão moderna e adequada de contraditório, portanto, considera essencial para sua efetividade a participação ativa também do órgão jurisdicional. Tanto quanto as partes, tem o juiz interesse em que sua função atinja determinados objetivos, consistentes no escopo da jurisdição. Os valores determinantes do modo de ser do juiz, na condução da relação processual não são os mesmos vigentes no início do

---

166. BEDAQUE, J. R. dos S. **Os elementos objetivos da demanda examinados à luz do contraditório**. In: TUCCI, J. R. C. e, BEDAQUE, J. R. dos S. (Coord.). *Causa de pedir e pedido no processo civil*. São Paulo: Ed. RT, 2002. p. 21.

século. A crescente complexidade das situações regidas pelo direito substancial, a enorme disparidade econômica entre os sujeitos do direito, a integração cada vez maior de culturas jurídicas diferentes, determinada pelo que convencionou chamar de globalização, tudo isso exige maior preocupação do representante estatal com o resultado do processo. Vem daí a ideia do juiz participativo.

A exposição dos fatos, dos fundamentos jurídicos e a formulação do pedido, de forma clara e precisa, permitem ao demandado (réu) o exercício pleno do direito de defesa, possibilitando-lhe saber exatamente que matérias deve enfrentar, em sua resposta.

Portanto, como consequência, o fato não suscitado pelo autor, na petição inicial, embora possa ser percebido pelo juiz, não se torna questão controvertida, porque é impossível o demandado sobre fato (inexistente) se manifestar, razão pela qual é impossível ser considerado por ocasião da sentença.

Assim, se o juiz considerar fatos essenciais não constantes da causa de pedir, surpreende a parte demandada, porque não submetida ao debate, frustrando-se a efetividade da ampla defesa. Fica o juiz adstrito aos fatos essenciais, aos fundamentos jurídicos e ao pedido, não devendo julgar fora da postulação. Existe perfeita sintonia entre a pretensão e a sentença, em decorrência da garantia do contraditório, da imparcialidade do órgão jurisdicional e da inércia da jurisdição, exceto em situações ressalvadas em lei (por exemplo: art. 536, § 1º [167], CPC, art. 7º, da Lei 8.560, de 29.12.1992, art. 485, § 3º, 493, CPC).

Em que pese as matérias de ordem pública possam ser conhecidas de ofício pelo julgador (art. 485, § 3º, CPC, art. 168, § único, CC), Bedaque[168] considera "inadmissível considerá-las para efeito de acolhimento de uma pretensão, se não integrarem os limites objetivos da demanda. Esta não comporta ampliação por iniciativa do juiz".

Para dar guarida ao seu posicionamento, afirma Bedaque[169] que:

> É possível a rejeição de pedido fundamentado em contrato, se o juiz vislumbrar a existência de incapacidade absoluta de algum dos contratantes, ainda que tal fundamento não seja invocado pelo réu, mas não pode declarar nulo esse mesmo contrato, por incapacidade absoluta, em demanda versando sobre sua anulabilidade por vício de vontade.

As razões esposadas encontram suporte na vedação de a decisão valer-se de causas de pedir e pretensões diversas daquelas relatadas na inicial. Nesse ponto, não se afiguram satisfatórias as razões apontadas. Em relação às condições da ação, elas devem estar presentes, na exposição dos fatos e fundamentos jurídicos, na petição inicial. São as condições de admissibilidade da demanda, que interessam diretamente ao Estado-juiz, não podendo sobre elas dispor as partes. Mesmo que não sejam arguidas pelo demandado, antes de discutir o mérito (art. 337, CPC), a matéria não é alcançada pela preclusão (art. 278, § único, CPC), podendo ser conhecida de ofício pelo juiz.

---

167. A natureza jurídica da multa não é de pedido decorrente de relação de direito material, posto que não integra a pretensão, servindo apenas de meio coercitivo para a efetividade de prestação específica.
168. BEDAQUE. J. R. dos S. *Elementos objetivos da demanda à luz do...* p. 47.
169. Idem.

Em relação à incapacidade absoluta para a prática de atos civis (art. 166, CC), que nulifica os atos praticados nessa condição, também, é matéria de ordem pública, conhecível de ofício pelo juiz (art. 168, § único, CC), eis que aqui não incide o princípio dispositivo[170]. Note-se que a nulidade é objeção ao conhecimento do direito pretendido pelo autor[171]. No exemplo externado, se a pretensão deduzida fosse de rescisão contratual, por inadimplemento, o pedido seria rejeitado, em face do reconhecimento da incapacidade absoluta, mesmo que comprovado o inadimplemento do incapaz. A improcedência do pedido é matéria de mérito; portanto, se comprovado o inadimplemento, a procedência da demanda seria a consequência, o resultado. Não haveria, desta feita, motivação lógica para a rejeição da demanda.

Relativamente à não decretação da nulidade do contrato, com fundamento em incapacidade absoluta, porque não consta da causa de pedir e do pedido específico, a afirmação está em desconformidade com o sistema, eis que "as nulidades devem ser pronunciadas pelo juiz, quando conhecer do negócio jurídico ou dos seus efeitos e as encontrar provadas, não lhe sendo permitido supri-las ainda que a requerimento das partes", de acordo com o parágrafo único do art. 168, CC, levando-se em conta a desnecessidade explícita de causa de pedir e de pedido.

O juiz pronunciará a declaração de nulidade do ato jurídico, por vício, em face da incapacidade absoluta (*prejudicial de mérito*), que se amolda ao princípio da economia processual, porque, se, no exemplo, for rejeitado o pedido de rescisão, com fundamento em incapacidade absoluta, provavelmente o negócio jurídico, de fato, ainda continuaria produzindo seus efeitos, contra expressa disposição legal, ou ensejaria o ajuizamento de outra demanda para o reconhecimento da nulidade. Igual raciocínio se encaixa no exemplo do pedido de anulabilidade, com fundamento em vício de vontade, se no caso ficar comprovada a incapacidade absoluta. A nulidade relativa cede espaço à declaração de nulidade absoluta (fato impeditivo), ficando o exame daquele pedido prejudicado (perda do objeto).

Quanto à atuação específica do réu (demandado), para resistir que a procedência do pedido se concretize, lhe é assegurado formalmente o direito de resposta, no artigo 335 do CPC, podendo ser exercido através de contestação.

Para o réu, está definido, no artigo 335, CPC, o ônus[172] de alegar, na contestação, toda a matéria de defesa, expondo as razões de fato e de direito, com que impugna o pedido do autor, e especificando as provas que pretende produzir, em conformidade com

---

170. Nelson Nery Jr. "As normas do CDC são *ex vi legis* de ordem pública, de sorte que o juiz deve apreciar de ofício qualquer questão relativa às relações de consumo, já que não incide nesta matéria o princípio dispositivo". Sobre elas não há preclusão e as questões que delas surgem podem ser decididas e revistas a qualquer tempo e grau de jurisdição. (*Novo código civil e legislação extravagante anotados*. São Paulo: Ed. RT, 2002, nota 1, p. 719.).
171. PASSOS, J. J. C. de. *Comentários...* v. III. n. 137. p. 244-248.
172. "O réu não está obrigado a se defender, pois a defesa não é nem uma obrigação, nem um dever. Ao tomar conhecimento da demanda contra si proposta, pode o réu exercitar o direito de defesa. Há casos, aliás, que nem mesmo a revelia conduz à procedência do pedido: basta que o juiz, ainda que repute verdadeiros os fatos alegados na petição inicial, verifique que deles não resulta nenhum direito ao autor. Ou, ainda, que o pedido seja juridicamente impossível, por exemplo. Também não se pode dizer que a defesa seja uma faculdade, já que não é indiferente o sistema quanto à opção do réu em defender-se ou não. Em verdade, é um ônus, no sentido de que o exercício da

o Princípio da Eventualidade[173], sob pena de preclusão (art. 223, CPC), além de serem presumidos verdadeiros os fatos narrados na petição inicial, salvo se não for admissível, a seu respeito, a confissão (direito indisponível), se a petição inicial não estiver acompanhada do instrumento público, que a lei considerar da substância do ato, e se estiverem em contradição com a defesa, considerada em seu conjunto, além de que esta regra não se aplica ao advogado dativo, ao curador especial e ao órgão do Ministério Público (art. 341 c.c. 344 c.c. 345, II, CPC).

Já, segundo o artigo 337, do CPC, o réu deve arguir, preliminarmente, às questões de mérito: I – inexistência ou nulidade da citação; II – incompetência absoluta e relativa; III – incorreção do valor da causa; IV – inépcia da petição inicial; V – perempção; VI – litispendência; VII – coisa julgada; VIII – conexão; IX – incapacidade da parte, defeito de representação ou falta de autorização; X – convenção de arbitragem; XI – ausência de legitimidade ou de interesse processual; XII – falta de caução ou de outra prestação que a lei exige como preliminar; XIII – indevida concessão do benefício de gratuidade de justiça. Dentre essas matérias, está garantida a possibilidade de o juiz conhecê-las de ofício, exceto quanto a convenção de arbitragem e a incompetência relativa (art. 337, § 5º, CPC).

Se, por um lado, o direito de ação não assegura o direito a uma prestação jurisdicional favorável, de procedência, igualmente o direito de defesa não assegura ao demandado o direito a uma sentença de improcedência. A correspondência entre os direitos está assegurada pelo Princípio do Contraditório, o qual possibilita aos sujeitos parciais do processo a possibilidade da prática de atos processuais.

Sob a ótica de Marinoni[174], o direito de defesa não pode ser apenas formalmente considerado; o que realmente vale é um direito de defesa efetivo e adequado:

> De qualquer forma, assim como o direito de ação, no nosso modo de ver, não se exaure com a simples propositura da ação, o direito de defesa não é apenas a apresentação da resposta, mas a possibilidade conferida ao réu de, efetivamente, reagir em juízo para que seja negada a tutela jurisdicional ambicionada pelo autor. Assim como o direito de ação, o direito de defesa se desdobra em um conjunto de garantias que confere ao réu a possibilidade de apresentar as suas alegações, produzir provas, recorrer etc.

A demanda e a defesa, no mérito, estão ligadas a situações materiais nelas retratadas. A primeira objetiva uma sentença declaratória positiva (em sentido estrito), seguida de outro provimento específico (condenatório, declaratório etc.), ou não, enquanto que a defesa objetiva uma sentença declaratória negativa (em sentido amplo) ao autor.

A contestação sobre o objeto do litígio tem por fim contrapor-se ao pedido constante na petição inicial (amplia o campo de conhecimento do juiz sobre os fatos), eis que, se assim não fosse, não seria contestação, além de opor-se diretamente às consequências

---

defesa é um comportamento que se espera que o réu assuma, podendo colher consequências desfavoráveis se não o fizer". (WAMBIER, L. R. et al. *Curso avançado de processo civil*. v. 1. p. 379).

173. RSTJ 106/193: "O réu deve arguir, na contestação, tudo quanto for necessário à sua defesa; não tendo o feito, inclusive em face do princípio da eventualidade, preclui o seu direito de suscitar, na instância seguinte, o que não fez oportunamente".

174. MARINONI, L. G. *Novas linhas do processo civil*. p. 230-231.

jurídicas dos fatos e à discordância (insurgência) sobre a existência dos próprios fatos, ou que ocorreram de modo diverso, com vistas a torná-los questões[175] de fato e de direito, criando a dúvida, a incerteza sobre eles, as quais serão dirimidas, na motivação da sentença (art. 489, II, CPC), preparando desde logo o julgamento da pretensão.

Ainda, poderá ocorrer a defesa indireta de mérito[176], pois o réu, embora reconhecendo os fatos apresentados na petição inicial, poderá alegar fatos impeditivos, modificativos ou extintivos do pedido do autor, de acordo com o art. 350, CPC (exemplos: pagamento do aluguel reclamado pelo locatário; usucapião, em pedido de reintegração de posse; impotência sexual em investigação de paternidade, compensação etc.). A defesa indireta de mérito, também, é denominada de exceção substancial[177].

Uma vez expirado o prazo para o exercício da defesa, pela apresentação da contestação, não mais poderá o réu alterá-la ou aditá-la, em face do Princípio da Eventualidade. Igualmente, não poderá ser modificada uma vez apresentada, mesmo que ainda dentro do prazo fixado, em face da preclusão consumativa[178].

A doutrina valoriza o Princípio da Eventualidade e o da Preclusão, fazendo referências específicas à necessidade da exposição dos fatos jurídicos, na inicial, e no mérito da contestação, mas, de modo geral, não faz menção ao Princípio do Dedutível e do Deduzido, previsto no artigo 508 do CPC, qual seja: "Transitada em julgado a decisão de mérito, considerar-se-ão deduzidas e repelidas todas as alegações e as defesas que a parte poderia opor tanto ao acolhimento quanto à rejeição do pedido".

O Princípio do Dedutível e do Deduzido diz respeito à inicial e à contestação, ainda que esteja localizado no capítulo da sentença e da coisa julgada e também a esses dois fenômenos diga respeito. Portanto, as alegações que poderiam ter sido deduzidas na inicial somente poderão sê-las em outro processo, desde que com base em nova causa de pedir. A regra, também, vale para a contestação. A consequência é a de que nenhuma das partes pode reservar fatos jurídicos da causa de pedir para, em caso de derrota, utilizá-los em nova demanda.

---

175. Dinamarco conclui que o ônus de contestar, no processo civil, chega ao maior grau possível de intensidade (embora absoluto não seja nem mesmo ali), a ponto de os argumentos de fato contidos nas afirmações do autor não se erigirem em questões se não forem contestados e, não criada a dúvida em torno deles, ficarem fora do campo probatório (não constituem objeto da prova). (*Instrumentalidade do processo*. p. 203.).
176. ALVIM, J. M. A. *Manual de direito processual civil*. v. 1. p. 363.
177. CINTRA; PELLEGRINO; DINAMARCO classificam as exceções como sinônimo de defesa, que pode ser processual e substancial. Quando se referem a material processual classificam-na como exceção processual e quando ao mérito à exceção substancial, que pode ser direta (ataca os fatos e fundamentos) e indireta (oposição de fatos impeditivos, modificativos ou extintivos). Ressalvam, no entanto, que alguns doutrinadores preferem reservar o termo exceção substancial apenas à defesa indireta de mérito, usando a contestação para a defesa direta de mérito. (*Teoria geral do processo*, p. 274.).
178. STJ-3ª Turma-Resp. 132.545-SP –... admite que depois de apresentada a contestação esta pode ser aditada, porque "Não ocorre a preclusão consumativa, quando, ainda, no prazo da resposta, contestação e reconvenção são ofertadas, embora a reconvenção tenha sido entregue depois da contestação". Contrariamente: O réu deve arguir, na contestação, tudo quanto for necessário à sua defesa; não o tendo feito, inclusive em face do princípio da eventualidade, preclui o seu direito de suscitar, na instância seguinte, o que fez oportunamente, cfe. RSTJ 106/193.

Luiz Rodrigues Wambier, Eduardo Talamini e Flávio Renato Correia de Almeida[179], por sua vez, afirmam que, de acordo com o Princípio do Dedutível e do Deduzido, por ficção, reputam-se como deduzidas todas as argumentações em torno do pedido do autor ou da contestação, embora não o tenham sido, ressalvando que o argumento que não foi deduzido expressamente numa determinada ação, já finda, pode ser utilizado exclusivamente se constituir uma nova causa de pedir, ainda que com o mesmo pedido, considerando que "se o mesmo pedido é formulado com outra causa de pedir, se estará diante, na verdade, de outro pedido, já que, como se viu, a causa de pedir qualifica o pedido".

Tecnicamente, portanto, deverá a contestação abranger as matérias processuais (defesa processual) e as de mérito (defesa substancial) versando sobre todos os fatos jurídicos, sob pena de tornarem-se incontroversos, ou serem considerados deduzidos. A contestação é uma "re-ação", forma de agir contrária do réu à ação do autor (forma de agir favorável).

Quanto às matérias processuais, se não arguidas, na exceção, maior prejuízo não traz ao réu, eis que podem ser conhecidas, em sua maioria, pelo juiz, de ofício, porque são de ordem pública; entretanto, responderá pelas despesas de retardamento.

Ainda poderá o réu apresentar a reconvenção, quando então estará na condição de titular de pretensão, agindo como autor. Ademais, sobressai a possibilidade de formular "autênticos pedidos"[180] na contestação, nas situações previstas nos arts. 556 e 545, § 2º, CPC (caráter dúplice da ação possessória e da consignatória), ou ainda de invocar o reconhecimento do direito de retenção de benfeitorias (nos pedidos possessórios e no de despejo). No caso de procedência dos pedidos, o possuidor (réu) ainda permaneceria no uso e gozo do imóvel, até a satisfação de seu direito de indenização das benfeitorias.

Encerrada a fase postulatória, com a estabilização da demanda, fica a atividade jurisdicional limitada aos fatos jurídicos deduzidos na inicial e na contestação, não podendo ser ampliados de ofício pelo juiz, sob pena de violação ao Princípio da Imparcialidade, exceto se ocorrerem as hipóteses previstas nos artigos 342 e 493 do CPC.

O resultado da prestação jurisdicional, em face da contestação do objeto da pretensão, ficará na dependência do acolhimento das matérias alegadas pelo réu. Exemplo: se o autor pede a condenação do réu ao pagamento de 100 reais e o réu apresenta um recibo de pagamento parcial, válido, no valor de 80 reais, o provimento condenatório (prestação jurisdicional) estará limitado à condenação de 20 reais. No caso, não poderão simplesmente ser desconsiderados os termos da resposta, sem a necessária motivação, sob pena de violação do Princípio do Contraditório e da Amplitude da Defesa, caracterizando *error in procedendo* (art. 141, CPC).

8.1.2.3.3.3   Regra de exceção à limitação: fatos supervenientes

Se as partes estão sujeitas aos Princípios da Eventualidade e do Deduzido e do Dedutível[181], igualmente o juiz está vinculado à observância dos Princípios da Adstrição

---
179. WAMBIER, L. R; ALMEIDA, F. R. C. de; TALAMINI, E. *Curso avançado de processo civil*. p. 619.
180. Idem. Op. cit., p. 297.
181. Arts. 329, CPC; 474 e 517 CPC.

e da Congruência, no sentido de que "O juiz decidirá o mérito nos limites propostos pelas partes, sendo-lhe vedado conhecer de questões não suscitadas a cujo respeito a lei exige iniciativa da parte"[182] e é-lhe defeso "proferir decisão de natureza diversa da pedida, bem como condenar a parte em quantidade superior ou em objeto diverso do que lhe foi demandado"[183].

Portanto, o que importa para o sistema processual é a concentração máxima dos atos processuais e das declarações de vontade de ambas as partes, admitindo-se, aliás, aquelas de natureza diversa, incompatíveis entre si[184], para serem consideradas na eventualidade de, não sendo acolhida a anterior, ser prestigiada a posterior[185], sob pena de preclusão de todas as exceções de direito processual e de direito material, além dos requerimentos de provas, com vistas a alcançar a máxima celeridade processual.

Tanto é assim que o demandante tem o ônus de, ao demandar, afirmar (= alegação) a ocorrência de *fatos* que, segundo as normas de direito substancial, conduzam ao resultado jurídico permitido, além de demonstrar o nexo de coerência entre os fatos narrados e o direito que afirma ter.

Do outro lado, o réu, após sua citação, tem o ônus de oferecer a resposta, sob pena de arcar com as consequências jurídicas da inércia (revelia). A resposta nada mais é do que uma afirmação (= alegação) contrária aos *fatos* afirmados pelo autor, ou ainda a afirmação de *fatos novos*, capazes de evitar que o demandante tenha sucesso na tutela pretendida. A não impugnação específica dos *fatos* afirmados pelo autor acarreta a presunção de serem verdadeiros (art. 341, CPC).

Portanto, os *fatos* a que se referem às normas processuais, tanto para o autor, quanto para o réu, são aqueles que dão origem a um direito previsto nas próprias normas materiais, que nada mais são do que a previsão de ocorrência de fatos, acompanhados de juízos de valor sobre eles, e da determinação da consequência que cada categoria de fatos projetará sobre a situação das pessoas ou de grupos perante a ordem jurídica[186].

Diante da sua relevância, os fatos foram classificados doutrinariamente de constitutivos, impeditivos, modificativos ou extintivos, destacados por Dinamarco[187]:

> Os fatos constitutivos, como o nome diz, dão vida a um direito antes inexistente. Têm relevância jurídica constitutiva os fatos a que a norma atribui a consequência de dar origem ao direito de que ela cuida. São ordinariamente considerados fatos constitutivos a celebração de um matrimônio, a prestação de um serviço, a realização de um mútuo, um ato ilícito e culposo seguindo de um dano a terceiro etc.
>
> São impeditivos os fatos, ou circunstâncias anteriores ou simultâneos ao constitutivo, que lhe impedem a produção dos efeitos que ordinariamente produziria. Eles são a negação desses efeitos e correspon-

---

182. Art. 141, CPC.
183. Art. 492, CPC.
184. Regras de eventualidade para o réu: arts. 336 e 337. Entretanto, não é absoluta a liberdade inerente à eventualidade da defesa, porque a incoerência entre a cumulação de fundamentos pode configurar mentiras ao menos em um deles e a mentira é ato de deslealdade processual (art. 80, II, CPC), caracterizando a litigância de má-fé, sujeita a sanções.
185. OLIVEIRA, C. A. Á de. *O formalismo no processo civil*. São Paulo: Saraiva 1989. p. 172.
186. DINAMARCO, C. R. *Instituições de direito processual Civil*. v. II, p. 253.
187. Idem. Op. cit., p. 253-254.

dem a situações negativas e extraordinárias no *iter* de formação do direito. O que caracteriza os fatos impeditivos é a eficácia negativa consistente em destacar situações em que o fato constitutivo não gerará o direito que ordinariamente geraria.

Ordinariamente o contrato de seguro de vida obriga a seguradora a prestar indenização ao segurado e o sinistro é fato constitutivo do direito deste; mas sua ocorrência deixará de dar origem a este direito sempre que ocorra a situação extraordinária representada por uma doença preexistente, ocultada da seguradora no momento do contrato. (Essa preexistência é fato impeditivo do nascimento do direito ao seguro)[188]

Os fatos extintivos têm a eficácia de causar a morte dos direitos, pondo-lhes fim à existência quando eles realmente existissem. Tal é a eficácia do pagamento, da prescrição, da remissão de dívida etc.

Os modificativos são responsáveis por alterações objetivas ou subjetivas da relação jurídica substancial, como a novação objetiva ou a cessão de crédito, sem ressalva[189] etc.

À vista do princípio da eventualidade, o ônus da afirmação dos fatos constitutivos (*causa petendi*) é inerente ao demandante; quanto aos fatos modificativos, impeditivos e extintivos, é inerente ao demandado (*causa excipiendi*), nos momentos adequados, sejam de direito material, ou mesmo de direito processual, sob pena de preclusão, exceto quanto às matérias que o julgador pode conhecer de ofício[190].

Em decorrência, é vedada, no âmbito do processo civil, a *mutatio libelli*[191], objetivando a que as partes não sejam tomadas de surpresa, pela alegação de novos fatos, no curso da demanda, embora admita a *emendatio libelli*[192], de acordo com a *regra jura novit curia* (*princípio da livre dicção do direito*).

Surge, assim, para as partes, uma vez contestada a demanda, a possibilidade de trazerem aos autos novas alegações, acerca de modificação de fato, ou de direito, capaz de influir no resultado do julgamento e, consequentemente, da prestação jurisdicional.

Admite-se, portanto, que a pretensão seja decidida no estado em que se apresente, no momento da prolação da sentença, levando-se em conta fato capaz de extinguir o

---

188. Atualmente arts. 765 e 766, Código Civil.
189. Atualmente art. 360, Código Civil.
190. Todas as defesas são exceções; exceções em sentido estrito: aquelas em que o demandado tem o ônus de alegar, sob pena de o juiz não poder conhecê-las de ofício (art. 141, parte final); exceções de mérito, em sentido estrito: prescrição e a compensação etc.; exceções processuais, em sentido estrito: incompetência relativa. Aquelas que o juiz pode conhecer de ofícios são denominadas objeções, cujas matérias de defesa não lhe são preclusivas, tais como a decadência, o pagamento, a incompetência absoluta, impedimento do juiz. Importante é a distinção que Calmon Passos faz entre exceção e objeção: a primeira distinção é "a de que a exceção não pode ser considerada de ofício, pelo juiz; enquanto se tratando de objeção, deve o magistrado, de ofício, apreciá-la; exige-se para a exceção a oponibilidade do réu; dispensa a objeção a provocação das partes. Por força disso, a exceção é um verdadeiro contra direito do réu, que ele exercita com vistas a elidir as consequências jurídicas pretendidas pelo autor; a objeção é um fato que obsta de modo absoluto, a concessão da tutela pretendida pelo autor e prescinde, para que isso ocorra de qualquer manifestação de vontade do obrigado". Cita como exemplo: a) de exceção material: compensação; b) de objeção material: o pagamento. "Por força dessa diversidade de consequências, diz-se que a compensação é exceção de direito substancial, enquanto o pagamento é objeção de direito material. As causas de anulabilidade são exceções: as de nulidade, objeções. A prescrição, a moratória, a retenção por benfeitorias etc... são espécies de exceções. O pagamento, a decadência etc... são espécies de objeção". *Comentários ao código de processo civil*. v. III. n. 137, p. 244-248.
191. É admitida pelo artigo 384 do Código de processo penal.
192. É admitida pelo artigo 383 do Código de processo penal, que nada mais é que o ajustamento dos fatos narrados no libelo acusatório à moldura legal que os prevê.

direito de um dos demandantes, à vista de algum desse com essa influência. Busca-se, destarte, uma decisão consentânea com a realidade, sem prejuízo para a economia processual. Exemplos: pagamento do débito na constância da ação de cobrança; perecimento do objeto, em ação de busca e apreensão; falecimento do cônjuge, na constância de divórcio; falecimento da mãe do locador, que promove o despejo do locatário para uso de ascendente. Observa-se que os bens da vida perseguidos pela demanda (a coisa, na busca e apreensão; o imóvel, no despejo), no curso da relação processual, tiveram a sua causa atingida por fatos novos. O perecimento da "coisa" frustra a tutela pretendida, fulminando o interesse de agir (necessidade + utilidade). Os fatos supervenientes, portanto, são causais e atingem o direito postulado.

Como visto, as regras de exceção compreendem não só o fato, mas também o direito, *ius superveniens*, na abalizada lição de Carlos Alberto Álvaro de Oliveira[193]:

> No conceito de *ius superveniens* estão compreendidos o fato e o direito. No ordenamento processual brasileiro a consideração do fato novo constitutivo, modificativo ou extintivo do fundamento jurídico do pedido encontra-se autorizada pelo art. 462, constando do inciso I do art. 303 a possibilidade de "alegar" direito superveniente. Já se externou a opinião de que o art. 301, I, refere-se exclusivamente a fato novo e não a direito, pois não haveria sentido, em face da regra *jura novit curia*, facultar a livre apreciação do direito. Todavia, essa circunstância não torna a nosso ver inútil a regra legal. E isso porque diz respeito à possibilidade de alegação pela parte, que, a não ser por expressa autorização legal, poderia ficar inibida de alegar o direito novo pelo princípio da eventualidade adotado pelo Código; daí a ressalva. Além disso, se é verdade que, como regra, o juiz não pode ignorar a lei, nada impede efetivamente a desconheça, ainda mais com o ritmo vertiginoso da sociedade atual.

Entretanto, sobressai a convicção de que não existe qualquer relação entre o direito superveniente e o princípio da livre dicção do direito, por uma simples razão: o brocardo *jura novit curia* possibilita ao juiz dar aos fatos essenciais narrados na inicial, ou mesmo na contestação, a sua correta definição jurídica, sendo que os fatos supervenientes estão diretamente ligados à causa de pedir e aos fundamentos da defesa, que podem influir no direito postulado. Por exemplo, se o autor narra que o réu não pagou o valor de uma prestação contratual e o qualifica como um vício de vontade, pedindo a nulidade do contrato, fica evidente que o inadimplemento não caracteriza vício, mas sim causa a justificar a resolução do contrato, devendo o fato constitutivo (inadimplemento) ser qualificado corretamente. Da mesma forma, se o demandado apresentar contestação ao direito do autor com fundamento na *exceptio non adimpleti contractus*, o juiz examinará se realmente esse fato caracteriza exceção, com base no substrato fático da norma legal (arts. 476-477 do CC) e no contrato pactuado.

Outro aspecto fundamental para a exata compreensão das regras de exceção é o de que o fato constitutivo do direito nada mais é do que a hipótese de fato prevista na lei como necessária e suficiente para gerá-lo, com os argumentos de fato com que o demandante procura demonstrar a ocorrência da *fattispecie di legge*[194].

---
193. OLIVEIRA, C. A. A. *O formalismo no processo civil*. São Paulo, 1997, p. 176
194. 1º TASP-Emb. Inf. 216.352-0, j. 31.8.1988, m.v. rel. Juiz Alves Bevilácqua. 5ª C. Civ. RT 634, ano 1988, p. 122.

No contexto dos fatos supervenientes, é de fundamental importância o exame de sua abrangência, tomando como ponto de partida os artigos 342 e 493 do CPC, que abrem uma passagem entre a vedação da inovação aos fundamentos, já deduzidos (art. 329, CPC), e a dedução, posteriormente à contestação, de novas alegações relativas a direito superveniente, e ainda àquelas que, por expressa autorização legal, puderem ser formuladas a qualquer tempo e juízo (as objeções não são alcançadas pela preclusão, razão pela qual não estão inseridas na regra considerada de exceção).

Assim considerando, tem-se que os fatos essenciais constitutivos formam o núcleo da causa de pedir e, também, o das exceções da defesa indireta, constituídas de fatos modificativos, impeditivos ou extintivos, não deixando dúvida, portanto, de que o direito superveniente, a que alude o artigo 342, I, do CPC, refere-se, sem dúvida, à causa de pedir e às exceções da defesa indireta, sem qualquer relação com os fatos acidentais (secundários), os quais, no ensinamento de Arruda Alvim[195], "de per si, são insuficientes para gerar consequências jurídicas", levando em conta, apenas, que servem "ao conhecimento pleno dos fatos jurídicos", sem qualquer importância para a identificação da demanda.

Seguindo esse pensamento, é de se indagar se esses fatos supervenientes constitutivos podem ensejar a formulação de novas causas de pedir[196] e de novos pedidos; ou seja, se é possível pedir, consoante o artigo 493, CPC, o que antes não foi pedido.

Negativa é a resposta, devendo ser ressalvado que não se está diante de *causa nova*, o que equivaleria, também, em modificação do pedido, mas sim da "ocorrência de fato, com força modificativa, constitutiva ou extintiva do direito, durante o curso da lide. Trata-se do mesmo fato que, se existisse ao tempo do ajuizamento da demanda, conduziria à mesma resolução judicial"[197]. Aqui não se admite a introdução de fato novo capaz de constituir nova demanda.

A flexibilização excepcional proporcionada pelas hipóteses – que admitem a inovação dos fatos – cinge-se ao estrito necessário para permitir a aplicação da máxima pela qual a prestação jurisdicional deve entregar a solução ao conflito, no momento em que é julgado, e não no momento da propositura da demanda, permitindo-se, através da técnica, a adequação processual, com vistas a eliminar a crise do direito material.

Todavia, a alegação de fatos constitutivos novos, fundada no artigo 493 do CPC, somente será admissível se não importar alteração da *causa petendi*, o que não ocorrerá se a causa superveniente for o próprio fato jurídico afirmado como existente, no início da demanda[198], mas que ainda não existia[199]. Exemplo clássico de direito superveniente

---

195. ALVIM, J. M. A. *Manual de direito processual civil*. v. 2. p. 56 e 120.
196. Observe-se que a existência do interesse de agir (condição da ação) revela-se na causa de pedir, no momento da propositura da demanda.
197. PIMENTEL, W. M. *Comentários ao código de processo civil*. São Paulo: Ed. RT, 1979. p. 536.
198. Em princípio, a sentença proferida deverá retratar, tanto quanto possível, o momento em que ocorreu a lesão (parâmetros legais e de fato), desde que esse momento seja possível de ser retratado por ocasião do julgamento. Mas, se entre o momento da postulação e o momento da sentença houver a alteração de um ou de outro, a regra aplicável é a do artigo 462, CPC. A propósito: "A prestação jurisdicional deve ser prestada de acordo com a situação dos fatos no momento da sentença ou acórdão" (RT 661/137).
199. TJSP. Ap. Civ; 32.003-l. 1ª Câm. Civ. rel. Des. Galvão Coelho. J. 51.5.83, in RJTJSP 87/200: A proibição de mudar o pedido e a que impede o juiz de julgar ultra petita não exclui o fato superveniente, desde que se trate do mesmo

é o decorrente do vencimento de novos alugueres, no curso da demanda de ação de cobrança originando o direito de exigi-los, juntamente com os vencidos anteriormente; ou de cobrança de taxas de condomínio vencíveis no curso da relação processual (art. 323, CPC), sem alteração do pedido e da causa de pedir. Em ação de reparação de danos, a necessidade de novas cirurgias etc. Em verdade, o direito de crédito preexistia ao ajuizamento da demanda, faltando apenas o direito à exigibilidade da prestação, pela ocorrência do vencimento e do inadimplemento.

Diferentemente, é a abordagem das "questões de direito", a partir da qualificação jurídica dos fatos, que podem ser apreciados sem qualquer restrição aos limites da causa, ainda que não tenham sido suscitadas, porque incumbe ao juiz, de ofício, aplicar o direito ao fato (*iura novit curia*), sendo correto incluir-se aí a constitucionalidade, ou não, da lei incidente. Assim, constitui-se questão de direito aquela concernente à aplicação, ou não, de lei posterior aos fatos da causa do litígio ajuizado.

Pode-se concluir que os fatos essenciais novos formam o núcleo dos fatos supervenientes e do direito superveniente, sem, contudo, alterar o objeto do litígio (o pedido é qualificado por sua causa de pedir), mas com certeza alteram o objeto da cognição judicial[200] e, possivelmente, o resultado da demanda, de procedência para improcedência, ou contrariamente, ou ainda a extinção sem o conhecimento do mérito para o de julgamento do mérito, ou o contrário.

Em comentários ao art. 493 do CPC, Sérgio Gilberto Porto[201] afirma da impossibilidade da alteração da causa de pedir e do pedido, pois a mudança de qualquer destes elementos modificaria a própria demanda:

> Sabe-se que a mudança de qualquer destes elementos importa em modificação da própria ação e que esta, uma vez deduzida, no direito brasileiro, não poderá ser alterada. Assim, quando o suporte fático sofre alteração, por decorrência de fato superveniente, em verdade, quem sofre abalo é a própria causa de pedir, posto que a relação jurídica de direito material sofre adequações à nova realidade e, por decorrência, produzirá efeitos diversos daqueles originalmente concebidos.

Aduz ainda o processualista que, quando a norma se refere ao direito, evidentemente, está se referindo ao direito material alegado. Portanto, restringe sua área de disciplina

---

anteriormente aduzido, mas que, naquele momento, ainda não existia. A sentença deve refletir o estado de fato no momento da decisão, devendo o juiz levar em consideração, de conformidade com os arts. 303, inciso I, e 462, do CPC, o direito superveniente, ou o fato constitutivo, modificativo ou extintivo, pois aquele nada mais é do que o resultado da incidência deste.

200. Segundo Kazuo Watanabe, a cognição é o resultado da própria natureza da atividade do juiz, que para conceder a prestação jurisdicional precisa, na condição de terceiro que se interpõe entre as partes, conhecer primeiro das razões (em profundidade, ou apenas superficialmente, ou parcialmente, ou definitivamente, ou em caráter provisório; tudo isso se põe no plano da técnica de utilização da cognição) para depois adotar as providências voltadas à realização prática do direito da parte. E decorre também da intensa utilização que o legislador dela faz para conceber procedimentos diferenciados para a melhor e efetiva tutela de direitos... A cognição está voltada à produção do resultado final, que é a decisão ou o provimento jurisdicional. Ao longo do iter percorrido, o magistrado enfrenta e resolve inúmeras questões de fato e de direito, e o esquema do silogismo final e os aspectos mais importantes para a justificação lógica da conclusão última devem ficar expressos na "motivação". (*Da cognição no processo civil*. Campinas: Bookseller, 2000. p. 47 e 65.).
201. PORTO, S. G. *Comentários ao código de processo civil*. São Paulo: Ed. RT, 2000. v. 6, p. 127.

ao mérito da causa; por decorrência, afasta a possibilidade de incidência quando se trata, por exemplo, de pressupostos processuais ou condições da ação.

O que se pode observar é que a expressão "direito superveniente" a que alude o artigo 342, I, do CPC, refere-se aos fatos jurídicos modificativos, impeditivos ou extintivos supervenientes à contestação, que formam o núcleo da causa de pedir.

A interpretação do artigo 493 do CPC não autoriza a que se inclua entre o direito superveniente, decorrente de fatos novos, a aplicação de lei nova, que, para tanto, não dispensa a obediência das regras de direito intertemporal, haja vista a particularidade do ato jurídico perfeito e do direito adquirido, os quais não podem ser ignorados, sob pena de ofensa aos princípios constitucionais, com destaque para o da garantia da irretroatividade da lei[202]. Inviável, pois, pretender-se aplicar norma jurídica posterior, pois não se refere ao direito subjetivo superveniente[203].

Ainda mais, sendo alterada a norma jurídica de direito material, no curso da relação processual, aplicar-se-á, no momento do julgamento, a lei material contemporânea à ocorrência do fato, sobre o qual se pretende o pronunciamento judicial, ou seja, quando já houver direito adquirido ou ato jurídico perfeito. Exemplo que se encaixa como luvas, no contexto, é o das relações contratuais de mútuo, onde foi pactuada a multa de 10% a título de mora. Com o advento do Código de Defesa do Consumidor, o artigo 52, § 1º, com a redação dada pela Lei 9.298, de 01.08.96, ficou estabelecido o limite de multa de 2% do valor da prestação. No entanto, as relações contratuais pactuadas, antes da vigência da lei, não podem ser alcançadas pela lei material nova. E mais, as normas de ordem pública do CDC não podem alcançar as relações de consumo, regidas à época pelo Código Civil/1917, conforme reiterados assentos da jurisprudência do Superior Tribunal de Justiça[204].

Sempre oportuno é o pensamento de Arruda Alvim[205] sobre a aplicação da lei nova aos fatos pretéritos:

> Vale dizer, as figuras ou institutos do direito adquirido e do ato jurídico perfeito, ainda que se modifique a lei material (em curso a um processo, ou não), levarão à necessária aplicação, "agora", da lei coeva à época do direito adquirido e do ato jurídico perfeito (no caso do contrato, da data de sua celebração). Incogitável, pois, aplicação imediata da lei material, e inaplicável é o art. 462, para o fim de vulnerar os bens jurídicos protegidos por esses institutos (previstos na própria Constituição Federal), o que não colide com a assertiva no sentido de que as leis aplicam-se imediatamente (tanto as processuais, quanto as materiais, se assim o tiver prescrito o legislador). Por outras palavras, aplicação imediata de lei não pode acarretar vulneração de ato jurídico perfeito, de coisa julgada ou de direito adquirido. É aplicável a lei superveniente, desde que não haja direito adquirido ou ato jurídico perfeito, e, também, quando preexista coisa julgada (art. 462).

A aplicação de lei material nova na sentença, diversa daquela vigente ao tempo do pedido inicial não está descartada, podendo ocorrer, desde que não haja direito adquirido, inexista coisa julgada e quando não exista o ato jurídico perfeito. A propósito, é

---

202. Art. 5º, inciso XXXVI – a lei não prejudicará o direito adquirido, o ato jurídico perfeito e a coisa julgada.
203. FIGUEIRA JUNIOR, J. D. *Comentários ao código de processo civil*. São Paulo: Ed. RT, 2000. v. 4. t. II, p. 260.
204. STJ-Resp. 36.952. rel. Min. Eduardo Ribeiro. 3ª T, DJU, 16.05.94, p. 11.761; no mesmo sentido: Resp. 38.639, rel. Min. Edson Vidigal; Resp. 45.226, rel. Min. Sálvio de Figueiredo. 4ª Turma.
205. ALVIM, J. M. A. *Manual de direito processual civil*. v. II. p. 666-667.

de rigor a aplicação da lei nova, vigente à época do julgamento, consoante o artigo 493, CPC, considerando que a lei anterior (a vigente no momento do pedido) está revogada pela lei posterior (lei nova), de acordo com o artigo 2º, § 1º, da Lei de Introdução às Normas do Direito Brasileiro.

Novamente, para a elucidação do problema, o destaque das observações de Arruda Alvim[206] é indispensável:

> Não estando em pauta a existência de direito adquirido, coisa julgada ou ato jurídico perfeito, haver-se-á de aplicar a lei posterior, no que diz respeito à solução da lide. *Verbi gratia*, em direito de propriedade relacionado com o seu limite de fracionamento, porque inexiste direito adquirido a um determinado tamanho ou gabarito (= módulo). Se houver modificação, pendente o processo, aplicar-se-á a lei posterior.

Não obstante o posicionamento doutrinário, colhe-se da jurisprudência do Superior Tribunal de Justiça[207], tendo como relator o Min. Sálvio de Figueiredo, decisão reconhecendo o direito superveniente, para o fim de atribuir aos fatos, já relatados na demanda e, portanto, já ocorridos, efeito constitutivo do qual era desprovido:

> O advento da Lei 7.250/84, que alterou a Lei 883/49, permitindo o reconhecimento do filho havido fora do matrimônio pelo cônjuge separado de fato há mais de cinco anos, representou mais uma evolução em favor do princípio da igualdade de filiação, agasalhado na Constituição de 1988 (art. 277, § 6º). Devendo a tutela jurisdicional compor a lide como a mesma se apresenta no momento da entrega, incide no julgamento a regra do art. 462 do Código de Processo Civil, pelo que autorizado estava o órgão de segundo grau a determinar a averbação no registro, negada na sentença proferida na vigência de sistema anterior.

Mas, ainda, indaga-se: se o demandante não alegar fatos constitutivos supervenientes e nem o demandado excepcionar fatos modificativos, impeditivos ou extintivos, até o momento do julgamento, que, após, transita em julgado, quais são as consequências para um e para o outro?

Sem dúvida, os efeitos da sentença tornam-se firmes entre as partes quando da coisa julgada material, pelo trânsito em julgado da sentença, nos limites do objeto e da causa de pedir.

Para o demandante, os fatos constitutivos não alegados e não levados em consideração no julgamento constituem causa de pedir, que não fica protegida ou acobertada pela autoridade da coisa julgada, por isso que podem constituir o núcleo da *causa petendi* de outra demanda, pois não caracterizam as situações jurídicas previstas no artigo 337, § 1º ao § 3º, do CPC.

Assim, a exceção à regra do artigo 329 do CPC, prevista no artigo 493 do CPC, não compromete o exercício do direito do demandante, porque os fatos não alegados não são alcançados pela coisa julgada material, havendo a possibilidade de retornar em

---

206. Ibidem, p. 667.
207. STJ-REsp 1.109, 4ª T, 03.4.90, .RSTJ, 12:290.

juízo com outra demanda, agora alegando o fato antes não levado ao conhecimento do órgão jurisdicional[208].

Em relação à defesa do demandado, incide a regra prevista no artigo 508 do CPC de que a eficácia preclusiva da coisa julgada alcança todas as defesas possíveis: "considerar-se-ão deduzidas e repelidas todas as alegações e as defesas que a parte poderia opor tanto ao acolhimento quanto à rejeição do pedido".

A omissão do demandado, em não deduzir as exceções de mérito, traz como consequência o óbice (pela coisa julgada) de alegar, em outro processo, quaisquer fatos modificativos, extintivos ou impeditivos para infirmar a estabilidade dos efeitos da sentença.

A regra de abertura prevista no artigo 342, I c. c. 493 do CPC é de extrema benevolência com o demandado ao possibilitar-lhe a alegação de fatos supervenientes à sua contestação, no curso da demanda, evitando que sejam alcançados pela regra preclusiva do art. 508 do CPC.

Dinamarco posiciona-se pela possibilidade de os fatos modificativos ou extintivos do direito do autor serem considerados, na sentença, ainda quando ocorridos antes da contestação, desde que, só depois dela, tenham vindo ao conhecimento do réu – ou também em caso de dúvida séria e razoável sobre esta última circunstância[209].

Incluem-se especificamente como fatos supervenientes: (a) o reconhecimento pelo réu da procedência do pedido; (b) a transação; (c) a decadência; (d) a prescrição; e e) a renúncia do direito em que se funda a demanda, que ensejarão a prolação de sentença (art. 487, CPC).

Assim, as regras de exceção, que beneficiam tanto o autor como o réu, não têm o condão de modificar o objeto da demanda, mas sim ampliar o âmbito de cognição do julgador.

8.1.2.4 Ordem do exame de demandas conexas ou em continência

Pode ocorrer a reunião de demandas em face de conexão (art. 55, CPC) ou de continência (art. 56, CPC) para serem julgadas simultaneamente (arts. 55, 57 e 58, CPC). No caso, o relatório contemplará os dados indispensáveis das demandas reunidas, de onde se definirá a precedência entre elas, com base na causa de pedir e do pedido, observada a prejudicialidade. A ordem no exame dá-se em função da subordinação dentre elas. Poderá, sob hipótese, Tício ingressar com uma demanda indenizatória contra Caio, decorrente de relação contratual, no juízo X, enquanto que Caio ingressa em outro juízo Y com uma demanda de desconstituição da relação contratual contra Tício. Reunidas as demandas, na hipótese, deverá ser julgada com preferência a demanda de desconstituição da relação contratual, que, se procedente, inviabiliza a procedência da indenizatória. Se improcedente a desconstitutiva, passa-se ao exame da indenizatória, que poderá ser improcedente ou procedente total ou parcial. A ordem assemelha-se a do exame da cumulação de pedidos sucessivos. Não estabelecida a subordinação, as demandas serão julgadas sem preferência.

---

208. STJ – "A norma do art. 474 do CPC faz com que se considerem repelidas também as alegações que poderiam ser deduzidas e não o foram, o que não significa haja impedimento a seu reexame em outro processo, diversa a lide". RSTJ 37/413.
209. DINAMARCO, C. R. *Instituições de direito processual civil*. p. 286.

8.1.2.5 Das conclusões da fundamentação

Dentre as inúmeras possibilidades de pretensão e de matérias de defesa, pode-se estabelecer uma ordem lógica na conclusão da fundamentação: acolhimento de uma questão preliminar processual – não haverá exame da questão principal (mérito); acolhimento de uma questão preliminar substancial – não haverá exame da questão principal; rejeição de uma questão preliminar processual – passa-se ao exame das demais, se houver. Não havendo, passa-se ao exame da questão prejudicial; acolhimento da questão prejudicial – não será examinada a questão principal; rejeição da questão prejudicial – passa-se ao exame da questão principal; rejeição da questão principal – improcedência do pedido, por questão de fato ou de direito. Importante deixar ressalvado que, no caso de cumulação de pedidos, deve-se levar em conta a natureza da cumulação (simples, subsidiária), porquanto a rejeição de um deles não elide o exame dos demais; acolhimento da questão principal – procedência do pedido; no caso de cumulação simples, eventual ou sucessiva, poderá haver acolhimento e rejeição de pedidos, com reflexo no dispositivo; na conexão de demandas, havendo prejudicialidade, poderá ser procedente a subordinante e improcedente a subordinada; improcedente a subordinante e procedente ou improcedente a subordinada.

8.1.3 Dispositivo

Nos termos do artigo 489, inciso III, complementado pelo artigo 490 do CPC, é no dispositivo que o juiz *resolverá* as questões, que as partes lhe submeterem, acolhendo ou rejeitando, no todo ou em parte, o pedido formulado pelo autor.

O dispositivo é a parte conclusiva das premissas lançadas no relatório e na motivação pelo julgador, que consiste na decisão (resposta) sobre o pedido formulado pelo autor, a qual poderá: (a) acolhê-lo; (b) acolhê-lo parcialmente; (c) rejeitá-lo. A decisão é revestida de um comando imperativo sobre o bem da vida (objeto), que deverá regular a relação entre as partes. Observa-se, portanto, que deverá haver perfeita sintonia entre as questões postas, no relatório, as resoluções das questões, na fundamentação e o julgamento. Também, poderá declarar o demandante carecedor do direito de ação e extinguir o processo, sem julgamento do mérito, no caso de acolhimento de preliminar processual.

Dentre os elementos da sentença, é o dispositivo mais importante, porque produz efeitos extraprocessuais, quando tratar do mérito da lide, porque poderá se tornar imutável, em virtude da coisa julgada material, de acordo com os termos dos artigos 502 e 503 do CPC. No caso de carência da ação, o efeito é endoprocessual.

8.1.3.1 Classificação do dispositivo

Moacyr Amaral Santos[210] classifica o dispositivo quanto à forma em *direto* ou *indireto*. *Direto* é aquele que decide com precisão o pedido, exprimindo o juiz, com suas palavras, v.g. *condeno* o réu a pagar ao autor a quantia de tanto, ou *condeno* o réu a indenizar o autor na importância a ser apurada em liquidação. *Indireto* será aquele que o juiz se limita a

---

210. SANTOS, Moacyr Amaral. *Primeiras linhas de direito processual civil*. São Paulo: Saraiva, 2000, v. 3, p. 20.

se referir ao pedido, declarando-o procedente ou improcedente, v.g. *Julgo procedente* a ação na forma do pedido, sem fazer qualquer referência ao seu conteúdo.

O dispositivo indireto não contém decisão precisa sobre o pedido, sendo fonte de indagações sobre os limites objetivos da sentença. É uma forma precária de decisão; tecnicamente condenável, embora em largo uso na prática.

Ainda, diz-se que o dispositivo é *sintético*[211] quando o juiz limita-se a afirmar a procedência do pedido, ou a improcedência do pedido, caso em que cumpre interpretar-lhe o julgamento com auxílio do restante da sentença e mesmo de outros pronunciamentos (das partes, perito, Ministério Público etc.), a que tenha feito referência, ou a que tenha implícita ou explicitamente remetido. Exemplo: "Pelos fundamentos expostos, julgo procedentes os embargos apresentados por L. G. C. contra B. A. B. S.A. e determino que se prossiga na execução em apenso, até a satisfação do crédito exequendo"[212].

O dispositivo é *analítico*[213], quando nele se encontrar todo o julgamento, hipótese em que será desnecessário pesquisá-lo em outras peças do processo.

Moniz de Aragão[214] critica a adoção do dispositivo *sintético*: "É condenável a adoção do dispositivo sintético, fonte de dúvidas, que tornam necessários os embargos de declaração, nem sempre bem acolhidos por juízes e tribunais."

8.1.3.2 Ordem do dispositivo

Não existe ordem no dispositivo estabelecida em norma. Contudo, deve-se dar prioridade ao atendimento, ou não: (a) do *pedido principal*, em relação ao seu acessório; do principal, em relação ao de ordem sucessiva; ou principal em relação ao menos importante, na cumulação simples, descendo na linha de importância, até chegar às determinações; (b) de ordem administrativas, passando para; (c) deliberação sobre as custas, despesas processuais e dos honorários; e (d) expedição de ofícios, cartas etc. Exemplificando:

> JULGO PROCEDENTE o pedido inicial para condenar o réu a pagar a importância de R$ 5.000,00, pela prática de dano moral, nos termos do artigo 186 c.c. 929, do Código Civil, corrigida monetariamente pelo INPC/IGP-DI, a partir da publicação desta decisão, com incidência de juros de mora de 1% ao mês, desde a citação, bem assim a pagar as custas e despesas processuais bem como os honorários advocatícios em 10% sobre o valor da condenação, levando em conta a simplicidade da matéria, a alta qualidade do trabalho do profissional, o qual contribui de forma eficiente para o alcance do resultado, bem assim pelo transcurso de mais de 13 meses para a entrega da prestação jurisdicional, e o faço com amparo no artigo 85, § 2º, do CPC.

Não se afigura correta a condenação da parte em pagar, primeiramente, a correção monetária e os juros de mora, para depois deliberar sobre o principal. Portanto, a ordem deve ser lógica e de matéria preferencial. Também, não se afigura correto decidir o objeto do pedido e depois a questão processual, que deve sempre ser prévia.

---

211. ARAGÃO. Egas Dirceu Moniz de. *Sentença e coisa julgada*, p. 105.
212. GONZAGA, Lierte Garcia. *Sentenças cíveis para concurso*. Editora de Direito, 1997, p. 185.
213. ARAGÃO. Op. cit. p. 105.
214. Idem, p. 105.

8.1.3.2.1 Da sucumbência

Importante abrir um espaço para a matéria da sucumbência, prevista nos artigos 82 a 97 do NCPC, que é um capítulo independente no dispositivo.

A regra da sucumbência está pautada no decaimento da demanda ou no princípio da causalidade. Assim, pode o demandante obter a tutela integral ou parcial de seu pedido, nada obter e ser carecedor do direito de ação.

Quando o demandante obtiver integralmente o que pediu, as custas e as despesas processuais deverão ser suportadas integralmente pelo demandado, bem como os honorários do advogado. O valor da fixação dos honorários advocatícios é tarefa das mais difíceis, porque depende do ânimo do julgador, quando examina, especialmente, os parâmetros do artigo 85 do NCPC.

Assim, quando o provimento é de natureza condenatória, o julgador deverá fixar o valor entre 10 e 20% sobre o valor da condenação (pagamento de quantia em dinheiro), levando em conta os parâmetros do § 2º do art. 85 do NCPC. Também, aqui se encaixam os provimentos de natureza mandamental e executiva *lato sensu*, porque guardam a mesma origem. Exemplo: julgo procedente o pedido para condenar o réu a pagar a importância de R$ 15.000,00, de indenização por danos morais. Condeno o réu ao pagamento das custas e das despesas do processo, bem assim os honorários do advogado do autor, no importe de 15% sobre o valor da condenação, e o faço levando em conta a singeleza da matéria, a alta qualidade dos serviços do advogado, que muito contribuíram para o sucesso da causa, além do tempo transcorrido para a entrega da prestação jurisdicional, cerca de 18 meses, além do que os serviços foram prestados na sede da comarca, em observância ao artigo 85, § 2º, do CPC.

Na hipótese de se tratar de provimentos de natureza declaratória ou constitutiva, o julgador deve fixar o valor dos honorários de forma equitativa, observando os parâmetros do § 8º do art. 85 do NCPC. Também, obedece a mesma forma de fixação dos honorários, quando as causas forem de pequeno valor e nas de valor inestimável. Quando for vencida a Fazenda Pública, deve-se atender o § 3º do art. 85 do NCPC. Exemplo: julgo procedente o pedido para desconstituir o contrato de compra e venda, tendo em conta o inadimplemento contratual. Condeno o réu ao pagamento das custas e das despesas do processo, bem assim dos honorários advocatícios no valor de R$ 5.000,00, tendo em conta a simplicidade da matéria, o alto zelo do profissional no trato das questões, ausência de resistência do demandado, e o tempo de oito meses para a entrega da prestação jurisdicional, além de que os trabalhos foram realizados na sede da comarca, em observância do artigo 85, § 8º, do CPC.

Por fim, quando o demandante for declarado carecedor do direito de ação (parte ilegítima ativa), não existe sucumbência propriamente dita. Contudo, aplica-se o princípio da causalidade e condena-se o demandante ao pagamento das custas e despesas processuais, bem assim ao pagamento dos honorários advocatícios, fixados com amparo no § 8º do art. 85, CPC. Exemplo: declaro o autor carecedor do direito de ação, por ilegitimidade ativa *ad causam*. Condeno o autor ao pagamento das custas e despesas do processo, bem assim os honorários do advogado do réu, no valor de R$ 2.300,00, tendo em vista o alto grau do zelo do profissional, a importância da causa, três meses de trâmite processual, além de que o trabalho foi realizado na sede da comarca, em observância ao artigo 85, § 8º, do CPC.

Se o demandante tiver o seu pedido julgado parcialmente procedente, aplica-se a regra do artigo 86 do CPC, isto é, a sucumbência deve ser fixada na proporção do ganho e da perda, levando-se sempre em conta os artigos 85, § 2º e § 8º, do CPC. Ainda, se o demandante decaiu da parte mínima do seu pedido, aplica-se a regra do § único do art. 86 do CPC. Exemplo: o autor pediu a condenação do réu no pagamento de uma dívida de R$ 100.000,00. O pedido foi julgado parcialmente procedente para condenar o réu no pagamento de R$ 80.000,00 (obteve 80% do pleiteado). Condeno o autor a pagar 20% e o réu a pagar 80% das custas e das despesas do processo. Condeno o autor a pagar os honorários do advogado do réu em 10% sobre o valor de R$ 20.000,00 e condeno o réu a pagar os honorários do advogado do autor em 10% sobre o valor de R$ 80.000,00, levando em conta os parâmetros do § 2º do art. 85 e do art. 86 do CPC. Exemplo: Se o pedido fosse julgado parcialmente procedente para condenar o réu a pagar R$ 97.000,00 (obteve 97% do pleiteado), as custas e as despesas do processo, bem como os honorários seriam imputados integralmente ao réu, de acordo com o art. 86, § único, do CPC (decaimento mínimo).

Ainda, se o demandante perder a demanda, isto é, se o seu pedido for julgado improcedente, as custas e as despesas do processo serão de sua responsabilidade, bem assim os honorários do advogado da parte contrária, cujo valor será atribuído na forma do art. 85, § 2º, NCPC. Exemplo: pedido de indenização no valor de R$ 15.000,00. Julgo improcedente o pedido e condeno o autor a pagar as custas e as despesas do processo, bem como os honorários advocatícios, no valor de R$ 1.500,00, tendo em vista a simplicidade da matéria, a singularidade dos trabalhos apresentados, que se revelam repetição de tantos outros, além da rápida tramitação processual de três meses, em observância ao art. 85, § 2º, do CPC.

8.1.4 Fechamento da sentença

Ainda que não conste do artigo 489 do CPC, qualquer referência ao fechamento da sentença, na parte dispositiva, que seria o seu final, não se pode deixar de considerar que o ato processual precisa ser datado e assinado pelo de seu prolator, tal como prevê o artigo 381, VI, do Código de Processo Penal (a data e a assinatura do juiz).

Portanto, o fechamento da sentença é elemento essencial, como se pode inferir do artigo 205 do CPC: "Os despachos, as decisões, as sentenças e os acórdãos serão redigidos, datados e assinados pelos juízes", sob pena de o ato não existir.

Portanto, são obrigatórias a data e a assinatura do prolator da decisão. No caso de a sentença não mencionar a data, ter-se-á como prolatada no dia em que foi publicada, isto é, quando for entregue em mãos do escrivão. Ainda, quando o termo não for registrado em meio eletrônico, o juiz rubricar-lhe-á as folhas, que serão encadernadas em volume próprio (art. 367, § 1º).

Contudo, o lugar onde o ato foi pronunciado não é obrigatório constar, antes da data, pois "os atos processuais realizam-se de ordinário na sede do juízo" (art. 217, CPC).

É usual no final da sentença a clássica expressão P. R. I. (publique-se, registre-se, intimem-se), embora seja desnecessária, porque "P" – de "publique-se" – decorre com a entrega da sentença em cartório ou em audiência, dando-lhe a necessária publicidade, momento em que se torna pública, considerando que sai do controle pessoal do juiz (art. 494, CPC), deixando de ser privativa para cair em domínio do público, em mãos do escrivão. Também o "R", de "registre-se a sentença", e o "I", de "intimem-se as partes, MP, advogados" (arts. 272 e 273, CPC) são desnecessários, pois é ato interno de responsabilidade do escrivão. Como a expressão P. R. I. não causa prejuízo[215] e faz parte da praxe forense, nada impede que assim se chancele a sentença.

8.2 REQUISITOS QUANTO À INTELIGÊNCIA DO ATO

Moacyr Amaral Santos[216] define a sentença como ato de inteligência e de vontade, estando sujeita a interpretação. Assim, para a sua boa inteligência, o seu bom entendimento e o seu fiel cumprimento, a sentença deve ser clara e precisa, exigências que estão implícitas no sistema (arts. 1.022 e seg., 141 e 492, do CPC). Adicionou, ainda, que a sentença, como um discurso jurídico específico, composto em função dos interesses contrapostos, deve ser percebida na sua estrutura, organização e conexidade subjacente. No seu início, é narrativa, no relatório, e depois expositiva e discursiva, na fundamentação, onde o prolator deve persuadir (retórica) os destinatários da decisão. Assim, o texto deve manter uma unidade linguística de comunicação básica, bem assim integralizar todas as suas partes de modo a manter a sua coerência e coesão. Se a sentença (texto) não for coerente na sua estrutura dificulta a sua compreensão, comprometendo a sua validade e a sua eficácia. Assim, clareza e precisão, também, são elementos essenciais da sentença.

8.2.1 Clareza

Para Cássio Scarpinella Bueno[217] sentença clara é aquela desprovida de ambiguidade ou equivocidade; isto é, o texto não deve deixar espaço para qualquer dúvida ou hesitação para a verificação do que foi, ou não, decidido, sobre os seus efeitos e alcance, tanto de ordem subjetiva quanto objetiva.

Moacyr Amaral Santos[218] afirma que a sentença para ser clara deve ser inteligível e insuscetível de interpretações ambíguas ou equívocas, destacando que a clareza recomenda linguagem simples, em bom vernáculo, e períodos curtos (concisão). Sentença ininteligível, por falta de clareza, será ineficaz.

Para Câmara Jr.[219], o estilo deve ser claro. A clareza é a qualidade central de quem fala ou escreve.

---

215. Muitas vezes os advogados são induzidos a erro ao interporem o recurso de apelação, quando o cabível era o de agravo de instrumento, justamente por causa do PRI. Exemplo clássico é a decisão que declara a falência.
216. SANTOS. Op. cit., p. 21.
217. BUENO, Cassio Scarpinella. *Curso sistematizado de direito processual civil*. São Paulo: Saraiva, 2007, v. 2. t. 1, p. 356.
218. SANTOS. Op. cit., p. 21.
219. CÂMARA JR, Mattoso. *Manual de expressão oral e escrita*. São Paulo: Vozes, 1978, p. 148.

8.2.2 Precisão

A precisão da sentença decorre do disposto no artigo 490 do CPC, que exige do julgador o acolhimento ou rejeição do pedido (certo e determinado), no todo ou em parte, sendo vedado ao juiz proferir sentença ilíquida, se for formulado pedido certo. Nesse sentido, para Cássio Scarpinella Bueno[220], a sentença deve se conformar aos limites quantitativos e qualitativos do pedido do autor ou do réu, se contraposto. Deve a decisão abranger todos os pedidos e suas causas de pedir, para evitar a omissão.

Moacyr Amaral Santos[221] enfatiza que a sentença para ser precisa deve ser certa, limitada. Contrapõe-se a certeza à dúvida. A certeza é condição essencial do julgado. A certeza na decisão decorre do trabalho lógico do julgador:

> Certeza no dispositivo, que encerra o 'comando', para que este possa ser cumprido. Decisão incerta torna a sentença inexecutável. 'Uma condenação incerta, isto é, duvidosa ou ilíquida, e que não fosse suscetível de liquidação na execução, deixaria os direitos contestados na mesma dúvida, sem fixá-los e defini-los.

E continua o mestre Moacyr: "Para ser precisa, deve a sentença conter-se nos limites das questões suscitadas e do pedido – certo e determinado (arts. 141 e 492, CPC). Afastando-se a sentença dessa moldura normativa, estará contaminada de vício, que afeta a sua validade e eficácia".

Fredie Didier Jr[222] lista a certeza, a liquidez, a clareza e a coerência entre os requisitos para a sua inteligência como ato processual.

8.2.3 Aspectos redacionais: linguagem, correção, estilo judiciário[223]

O bom escrito judicial é o que consegue o ponto de equilíbrio de ser compreendido por todos os que o leiam. Daí a preocupação que deve nortear o juiz ao proferir qualquer despacho, *máxime, a decisão*, comunicar-se bem com o maior número possível de pessoas, que virão socorrer-se do decidido.

Deve o juiz preocupar-se com os termos da decisão, colocando-se na posição de quem irá lê-la, no lugar das partes, dos advogados, da intelectualidade jurídica, ou ainda por aqueles profissionais da imprensa.

Produzir a decisão imaginando que poderá ser objeto de leitura em noticiário em nível nacional, ou ver seus termos estampados em jornais e revistas, sem nenhum constrangimento. Se, ao assinar a decisão, o juiz puder imaginar que atingiu esse objetivo, estará diante de uma boa decisão, ainda que humilde em seus termos e destinada ao arquivo judiciário, coroando-se de orgulho do dever cumprido.

---

220. BUENO. Op. cit., p. 356.
221. SANTOS. Op. cit., p. 22-23.
222. DIDIER JR. Op. cit., p. 246.
223. NALINI, José Renato. Coordenador. *Curso de deontologia da magistratura*. São Paulo. Saraiva, 1992, p. 130-131.

Interessante é a observação de Moura Bittencourt[224] sobre a redação utilizada em sentença:

> Transcrevem os jornais uma sentença, que provoca risadas e, depois, piedade pelo magistrado que a proferiu. Parece, pelo estilo, proferida em algum século distante. No entanto, é material forense recentíssimo. Impressiona pelo amontoado de palavras esquisitas, em português também bom, mas rebuscado, desusado no tempo e no espaço. O palavreado difícil (diga-se assim para empregar-se a expressão costumeira) não é coisa que fique bem na sentença, que deve ter o hálito da lei no caso concreto. E, na lei, a redação é em regra simples.

A sobriedade e a austeridade distinguem o estilo judiciário. É mais ou menos clássico. Devem ser evitadas expressões chulas, gírias, expressões vulgares, gracejos, bajulações, ironias etc., que apenas colocam em dúvida a sensatez do magistrado. Assim, a sentença despretensiosamente culta, vazada em estilo simples, impessoal, deve ser a preocupação do juiz. Devem ainda ser evitados amontoados de palavras esquisitas, em português rebuscado, desusado no tempo e no espaço. As palavras difíceis não ficam bem na sentença. Evitar sempre a utilização de palavrões, mas sendo necessários devem ser mencionados entre aspas, significando que fazem parte da manifestação do pensamento contido nos autos. Deve o juiz usar sempre expressões categóricas, evitando a forma hesitante (tenho sérias dúvidas da verdade, acho, entendo, parece-me...). O juiz não dá parecer, razão pela qual não pode ter dúvidas na decisão.

As construções seguintes são condenáveis: inclusivamente, peça preambular, petição exordial, pois possuem denominações técnicas próprias: petição inicial. Usar sempre termos jurídicos, ainda que repetidos, pois não é estilo jurídico a tentativa de sinonímia assistemática.

Por fim, em todos os atos dos processos, é obrigatório o uso do vernáculo (art. 192, CPC), qual seja, a língua portuguesa. A utilização de língua estrangeira retira a clareza da sentença, que não é o lugar de o juiz demonstrar os seus conhecimentos linguísticos. A ordem das expressões deve ser direta, evitando-se caminhos tortuosos, em favor da clareza. Nunca se esquecer da correção do escrito, ortografia, sintaxe etc.

9. PUBLICAÇÃO E INTIMAÇÃO DA SENTENÇA

A sentença é um ato privativo do Estado-juiz que, para existir e produzir efeitos, deve se tornar pública. Isto é, tornar-se conhecida. Assim, a publicação da sentença é condição de sua integração aos autos do processo. A sentença existe e produz efeitos, a partir de sua publicação. As partes e interessados tomam conhecimento do teor da sentença, através de intimação (art. 1.003, § 2º, CPC), quando a essa não é prolatada em audiência de instrução e julgamento. Na hipótese de a sentença ser prolatada em audiência, as partes vão tomando conhecimento da decisão, na medida em que esta vai sendo proferida, ficando, também, intimadas do ato (art. 1.003, § 1º, CPC). Neste caso, dá-se a publicação da sentença e a intimação das partes, simultaneamente.

---

224. BITTENCOURT, José de Moura. *O juiz*. São Paulo: Editora Jurídica e Universitária, 1966. p. 287.

No último dia 26/08/2021 foi sancionado o projeto de lei de conversão da Medida Provisória 1.040/2021, conhecida como MP do Ambiente de Negócios. A medida deu lugar a Lei 14.195/21, cujo capítulo X é dedicado à "racionalização processual".

A lei veio inovar no âmbito processual a desburocratização de processos judiciais, tornando com regra citação e a intimação eletrônicas.

Art. 246. A citação será feita preferencialmente por meio eletrônico, no prazo de até 2 (dois) dias úteis, contado da decisão que a determinar, por meio dos endereços eletrônicos indicados pelo citando no banco de dados do Poder Judiciário, conforme regulamento do Conselho Nacional de Justiça.

Art. 270. As intimações realizam-se, sempre que possível, por meio eletrônico, na forma da lei.

Parágrafo único. Aplica-se ao Ministério Público, à Defensoria Pública e à Advocacia Pública o disposto no § 1º do art. 246.

Outras alterações trazidas pela lei dizem respeito ao encargo das partes em manter atualizados seus dados cadastrais perante os órgãos do Poder Judiciário. A reação do art. 77 do CPC agora conta com o inciso VII, Segundo a qual passa a ser dever das partes, de seus procuradores e de todos aqueles que de qualquer forma participem do processo "informar e manter atualizados seus dados cadastrais perante os órgãos do Poder Judiciário e, no caso do § 6º do art. 246 deste Código, da Administração Tributária, para recebimento de citações e intimações".

Art. 77. Além de outros previstos neste Código, são deveres das partes, de seus procuradores e de todos aqueles que de qualquer forma participem do processo:

VII – informar e manter atualizados seus dados cadastrais perante os órgãos do Poder Judiciário e, no caso do § 6º do art. 246 deste Código, da Administração Tributária, para recebimento de citações e intimações (Incluído pela Lei 14.195, de 2021).

10. EFEITOS DA SENTENÇA

A doutrina define os efeitos da sentença, de acordo com os respectivos conteúdos condenatório, mandamental e executivo *lato sensu*, declaratório e constitutivo, que compreendem a norma jurídica individualizada estabelecida pelo julgador no dispositivo[225]. Assim, os efeitos podem ser classificados como: principais, anexos ou secundários ou acessórios e reflexos.

10.1 PRINCIPAIS

O efeito principal decorre diretamente do conteúdo do provimento postulado pelo autor e reconhecido no dispositivo da sentença.

Assim, a decisão *condenatória* reconhece a existência de um direito a uma prestação de pagar quantia certa e permite a realização de atividade executiva, com o objetivo de

---

225. SCARPINELLA. Op. cit., p. 286 e 287.

efetivá-la materialmente no plano dos fatos. A tutela, somente, vai ser concretizada se o demandado cumprir o comando da sentença. Portanto, o efeito da decisão condenatória confere ao demandante o poder de exigir o cumprimento da prestação consubstanciada no título judicial.

No mesmo sentido, são os efeitos mandamentais e executivos *lato sensu*, pois se referem à decisão de conteúdo prestacional de obrigação de fazer, não fazer e entrega de coisa certa ou incerta.

Observa-se que o conteúdo dos provimentos condenatório, mandamental e executivo *lato sensu* refere-se a direito obrigacional: obrigação de pagar quantia em dinheiro, entregar coisa certa e incerta e fazer e não fazer. No entanto, é pela forma da efetivação do conteúdo das decisões que se estabelece a natureza dos provimentos: condenatório, para as obrigações de pagar quantia certa, mandamental e executivo *lato sensu* paras as obrigações de fazer, não fazer e entregar coisa certa ou incerta.

Para a concretização do efeito condenatório, o Estado-juiz dispensa a colaboração do devedor (executado) para a satisfação do direito do credor (exequente). É a execução direta por sub-rogação, consistente na substituição da conduta do devedor pela do Estado-juiz, através da expropriação de bens do seu patrimônio. Contrariamente, embora seja obrigação de pagar quantia certa, nos alimentos, até três prestações vencidas, pode ser alcançada por provimento mandamental, efetivada com ameaça de prisão civil. A eficácia desses provimentos é *ex nunc*.

A decisão constitutiva é aquela que declara o direito potestativo e efetiva-se diretamente no plano jurídico, alterando, criando ou extinguindo situações jurídicas. O seu efeito é a situação jurídica nova, dispensando qualquer conduta material da parte contrária. A eficácia é retroativa (*ex tunc*).

A decisão meramente declaratória atesta a existência ou inexistência de uma situação jurídica. Assegura a certeza jurídica, afastando a dúvida, eliminando-a. Portanto, o efeito do provimento é assegurar uma certeza jurídica operando no plano jurídico. A eficácia é retroativa (*ex tunc*).

10.2 ANEXOS, SECUNDÁRIOS OU ACESSÓRIOS

Os efeitos secundários independem do pedido da parte, ou do pronunciamento do juiz, eis que decorrem, automaticamente, por força de lei, como decorrência do efeito principal[226]. São ditos anexos, secundários ou acessórios, porque não têm autonomia, estando sempre na dependência da sentença como ato jurídico. Colhem-se da doutrina vários exemplos: a) dissolução da comunhão de bens, da sentença que anula o casamento; b) perempção, que decorre da sentença que pela terceira vez extingue o processo, sem julgamento do mérito, por abandono; c) a separação de corpos[227] decorre da sentença que decreta o divórcio; d) ressarcimento de danos, em decorrência da sentença penal

---

226. SANTOS. Op. cit., p. 34.
227. SANTOS. Op. cit., p. 34; 35.

condenatória, transitada em julgado; e) hipoteca judiciária, decorrente da sentença que impõe a obrigação de pagar quantia ou de entregar coisa.

Cássio Scarpinella Bueno[228] inclui nos efeitos anexos: a) incidência de correção monetária; b) juros de mora; c) as despesas processuais e os honorários advocatícios; d) multas por litigância de má-fé; o efeito vinculante de determinadas decisões do Supremo Tribunal Federal.

Tratam-se de efeitos que decorrem como consequência do que foi decidido na lide, por alçada do direito material, o qual regula a situação jurídica pela qual incide o provimento jurisdicional, independentemente de qualquer pronunciamento judicial, bem como surgem do simples ingresso da sentença no âmbito jurídico.

À título de exemplo, acerca do efeito acima mencionado, tem-se a hipoteca judiciária, a qual consta no art. 495 do CP, sendo que esta tem origem de sentença condenatória; como também, a perda do direito de usar o sobrenome do cônjuge, quando declarado culpado em decisão judicial, vide art. 1.578, do CC; dentre outros.

No que tange à hipoteca judiciária, insta ressaltar que se trata de direito real de garantia referente coisa alheia determinada por uma decisão judicial. Trata-se de efeito anexo da sentença condenatória (em prestação pecuniária ou que determina a conversão de prestação de fazer, não fazer ou dar coisa em prestação pecuniária), assim sendo, resultado de uma imposição normativa e independente de pedido da parte ou de manifestação do juízo, porquanto a própria norma atribuiu à decisão esse efeito anexo.

Importante salientar que, de acordo com o CPC, inexiste qualquer dúvida quanto o direito de preferência gerado pela hipoteca judiciária, consoante ao § 4º do art. 495. Esse dispositivo deve ser combinado com o art. 1.422 do CC, o qual já garantia preferência à hipoteca, observada a prioridade no registro.

Quando a sentença é terminativa, o processo é extinto sem resolução do mérito, isto é, gera apenas um efeito interno, uma vez que não impede o autor de ingressar com uma nova ação (art. 486, caput), observadas as exceções elencadas no próprio texto do CPC, art. 486, §§ 1º e 3º.

10.3 REFLEXOS

Os efeitos reflexos da sentença são aqueles que podem afetar, em maior ou em menor intensidade, terceiros, isto é, quem não foi e não é parte no processo, podendo ser principais ou acessórios[229].

Por fim, observa-se que a doutrina nunca se preocupou em destacar os efeitos endoprocessuais da sentença. Assim, não se pode deixar de evidenciar que a sentença põe fim ao procedimento e também ao processo.

---
228. BUENO. Op. cit., p. 381.
229. BUENO. Op. cit., p. 382.

Muitos são os efeitos produzidos pelas sentenças e, como regra, apenas as partes da lide poderão sofrer algum prejuízo jurídico com a decisão judicial, estando, em uma execução, tão somente os seus bens sujeitos à penhora e a à expropriação.

No entanto, pode ocorrer que, em certas situações, o patrimônio de terceiro seja tomado para a satisfação de certas obrigações como efeitos reflexos e indiretos da sentença. Nesse esteio, se o terceiro não guardar nenhuma relação com o processo, com a lide ou com as partes envolvidas, a atividade jurisdicional terá exacerbado os seus limites legais, alcançando, ainda que indiretamente, pessoas que não poderiam ser prejudicadas pela decisão judicial.

Diante do exposto ilustrado, a lei confere um instrumento próprio aos terceiros, habilitando-os a proteger seus interesses e liberar seus bens. Tal medida, refere-se aos embargos de terceiro, sendo regulamentada pelos arts. 674 a 681 do CPC.

11. SENTENÇAS CONCISAS

As sentenças denominadas terminativas são aquelas onde o mérito da pretensão não é examinado, porque a demanda proposta não se revestiu das condições da ação, não foram satisfeitos os pressupostos processuais, ou ainda por ter sido negligenciado o processo pela falta da prática de atos processuais.

Nessas hipóteses, desde que a decisão seja o derradeiro ato processual, será proferida em forma concisa, ou seja, sem exigência de maior explanação sobre o relatório, a motivação e a decisão, que deverá conter o suficiente à sua conformação como ato decisório final. Por concisa entende-se um breve relatório (partes, causa de pedir e pedido, síntese da resposta abordando a questão processual e a réplica). A fundamentação abordará, exclusivamente, a questão processual (porque está sendo acolhida), sem incursão em matéria de fato e matéria de direito substancial. O dispositivo consistirá na declaração e na condenação nas custas e despesas, bem assim nos honorários advocatícios, em face do princípio da causalidade, e o fechamento com a designação da data e a assinatura do juiz.

A propósito, pertencem a essa categoria as seguintes hipóteses, previstas no art. 485 do Código de Processo Civil:

I – indeferir a petição inicial;

II – o processo ficar parado durante mais de 1 (um) ano por negligência das partes;

III – por não promover os atos e as diligências que lhe incumbir, o autor abandonar a causa por mais de 30 (trinta) dias;

IV – verificar a ausência de pressupostos de constituição e de desenvolvimento válido e regular do processo;

V – reconhecer a existência de perempção, de litispendência ou de coisa julgada;

VI – verificar ausência de legitimidade ou de interesse processual;

VII – acolher a alegação de existência de convenção de arbitragem ou quando o juízo arbitral reconhecer sua competência;

VIII – homologar a desistência da ação;

IX – em caso de morte da parte, a ação for considerada intransmissível por disposição legal; e

X – nos demais casos prescritos neste Código.

§ 1º Nas hipóteses descritas nos incisos II e III, a parte será intimada pessoalmente para suprir a falta no prazo de 5 (cinco) dias.

§ 2º No caso do § 1º, quanto ao inciso II, as partes pagarão proporcionalmente as custas, e, quanto ao inciso III, o autor será condenado ao pagamento das despesas e dos honorários de advogado.

§ 3º O juiz conhecerá de ofício da matéria constante dos incisos IV, V, VI e IX, em qualquer tempo e grau de jurisdição, enquanto não ocorrer o trânsito em julgado.

§ 4º Oferecida a contestação, o autor não poderá, sem o consentimento do réu, desistir da ação.

§ 5º A desistência da ação pode ser apresentada até a sentença.

§ 6º Oferecida a contestação, a extinção do processo por abandono da causa pelo autor depende de requerimento do réu.

§ 7º Interposta a apelação em qualquer dos casos de que tratam os incisos deste artigo, o juiz terá 5 (cinco) dias para retratar-se.

Art. 486. O pronunciamento judicial que não resolve o mérito não obsta a que a parte proponha de novo a ação.

§ 1º No caso de extinção em razão de litispendência e nos casos dos incisos I, IV, VI e VII do art. 485, a propositura da nova ação depende da correção do vício que levou à sentença sem resolução do mérito.

§ 2º A petição inicial, todavia, não será despachada sem a prova do pagamento ou do depósito das custas e dos honorários de advogado.

§ 3º Se o autor der causa, por 3 (três) vezes, a sentença fundada em abandono da causa, não poderá propor nova ação contra o réu com o mesmo objeto, ficando-lhe ressalvada, entretanto, a possibilidade de alegar em defesa o seu direito.

Segue, adiante, modelo típico de sentença sintética:

PODER JUDICIÁRIO DO ESTADO DO PARANÁ
COMARCA DE ANDIRÁ
VARA CÍVEL

Autos 001/2018

Autor: Tício

Réu: Augusto

Vistos etc.

Tendo em vista que o autor, intimado, deixou de emendar a petição inicial, em conformidade com o despacho (fl. 12), para regularizar o polo ativo da relação processual, não há outro caminho senão o de seu indeferimento, de acordo com a previsão contida nos artigos 321, parágrafo único, e 330, inciso IV, do Código de Processo Civil.

Publique-se. Registre-se. Intimem-se.

Andirá (PR), 15 de janeiro de 2018.

Juiz de Direito

12. VÍCIOS (DEFEITOS) DA SENTENÇA

Dentre os deveres do juiz, traçados nas normas processuais, destacam-se: (a) o de impulsionar o processo para que ele chegue ao fim, de acordo com o itinerário previamente traçado; (b) o dever de motivar a decisão de mérito (razões de convencimento) ou a razão de não poder julgar a pretensão, pela falta de pressupostos processuais (aplicação do direito formal); de sentenciar sobre o mérito (aplicação do direito material) da demanda, uma vez constituída regularmente a relação processual.

Qualquer *omissão* do juiz no dever formal de agir caracteriza a violação *in omittendo* da lei processual. Assim, a ação do juiz deve ser na forma da lei; se, no seu agir, violar a norma processual, configurada está a violação *in faciendo*.

Como visto, a atividade do juiz é delineada pelas normas processuais, sempre traduzida em declaração e comunicação de vontade, revestida de resolução. Os pronunciamentos podem se apresentar sob forma de decisões definitivas, ou terminativas.

Dentre as atividades processuais do juiz, a doutrina classifica a natureza do juízo emitido pelo magistrado. Não há dúvida de que o juiz emite juízos da sua própria atividade, como antecedentes necessários ao seu comportamento no processo; se defeituosos, conduzem a vícios de atuação, que se traduzem em violação da lei processual, classificado como *error in procedendo*. O impulso processual é decorrente do agir do juiz. No decidir questões processuais, o pronunciamento contém juízo sobre a atividade das partes. As normas processuais destinam-se às partes, enquanto partes, porque determinam as respectivas atuações, e ao juiz para fazer atuar a jurisdição. O *"error in procedendo", portanto, pode dizer respeito à validade do processo ou da própria sentença.*

O *juízo de mérito* diz respeito a uma situação fora do processo, isto é, o juiz julga o pedido com base na causa, aplicando a norma específica (direito objetivo). A decisão definitiva (sentença condenatória, declaratória, mandamental, executiva *lato sensu* ou constitutiva) é o escopo perseguido, não só pelas partes, como pelo Estado-juiz.

Concluída, portanto, a instrução, após coletado todo o material que se fez possível ao pronunciamento de fundo, a sentença (emissão de juízo sobre os fatos narrados na inicial) não desponta como consequência lógica de todos os atos processuais realizados, porque se faz necessário o exame de todo o material colacionado sobre os fatos, à luz das normas reguladoras.

O trabalho lógico desenvolvido no plano do pensamento e exposto na sentença (conclusão) constitui o juízo, que nada mais deve ser do que a vontade concreta da lei (art. 140, CPC).

Pode ocorrer que não haja coincidência entre a vontade da lei com a vontade concreta expressada na sentença, cuja divergência pode ser decorrente de erro na atividade intelectual do julgador, caracterizando a sentença, dita injusta, derivada de um erro ocorrido no raciocínio, na fase decisória. Aqui fica evidenciado o que a doutrina denomina de *error in judicando*.

Portanto, o *error in procedendo* diz respeito à *validade* do processo (Exemplo: ausência de citação), ou da sentença (Exemplo: *ultra petita, extra petita, infra petita,* ausência ou deficiência de fundamentação etc.), enquanto que o *error in judicando* diz respeito ao acerto da sentença, a qual *não interfere na sua validade, podendo ser corrigido em grau de recurso.*

Assim, especificamente, na sentença, pode ocorrer tanto o erro de julgamento, pelo desacerto na aplicação da norma de direito material ao caso concreto, bem como erro de procedimento, pela não observância da metodologia, podendo estar localizado na estrutura, na motivação, no objeto, nos sujeitos, ou na inteligência do ato. Para a constatação da existência de defeitos da sentença, deve-se examinar o ato de *per si*, correlacionado com a petição inicial, com a defesa, com a instrução probatória etc. Não se pode desprezar que podem existir vícios processuais, que, ainda que sejam externos ao ato sentença, podem comprometer a sua validade, tais quais: a ausência de pressupostos processuais de existência, de validade e dos negativos e das condições da ação.

12.1 VÍCIO DE ESTRUTURA

O defeito estrutural na sentença pode ocorrer pela ausência de relatório[230], de fundamentação e do dispositivo. A ausência de um dos elementos essenciais da decisão conduz à sua nulidade absoluta.

12.2 VÍCIO DE FUNDAMENTAÇÃO

A fundamentação ou motivação – exigência formal do ato decisório – constitui-se como elemento que dá a transparência da justiça, inerente aos atos decisórios dos órgãos jurisdicionais, além de assegurar o respeito efetivo ao princípio da legalidade. No entanto, inexiste um critério seguro e infalível para mensurar a efetividade da motivação, apto a resolver todas as questões.

O artigo 489 do CPC vigente, em seus 3 parágrafos, estabelece que:

Art. 489. (...)

§ 1º Não se considera fundamentada qualquer decisão judicial, seja ela interlocutória, sentença ou acórdão, que:

I – se limitar à indicação, à reprodução ou à paráfrase de ato normativo, sem explicar sua relação com a causa ou a questão decidida;

II – empregar conceitos jurídicos indeterminados, sem explicar o motivo concreto de sua incidência no caso;

III – invocar motivos que se prestariam a justificar qualquer outra decisão;

IV – não enfrentar todos os argumentos deduzidos no processo capazes de, em tese, infirmar a conclusão adotada pelo julgador;

V – se limitar a invocar precedente ou enunciado de súmula, sem identificar seus fundamentos determinantes nem demonstrar que o caso sob julgamento se ajusta àqueles fundamentos;

VI – deixar de seguir enunciado de súmula, jurisprudência ou precedente invocado pela parte, sem demonstrar a existência de distinção no caso em julgamento ou a superação do entendimento.

---

230. No sistema dos juizados cíveis, admite-se a dispensa do relatório da sentença.

§ 2º No caso de colisão entre normas, o juiz deve justificar o objeto e os critérios gerais da ponderação efetuada, enunciando as razões que autorizam a interferência na norma afastada e as premissas fáticas que fundamentam a conclusão.

§ 3º A decisão judicial deve ser interpretada a partir da conjugação de todos os seus elementos e em conformidade com o princípio da boa-fé.

A motivação deve oferecer elementos concretos para a aferição da imparcialidade e a independência do julgador, verificação da legitimidade da decisão e para que as partes possam examinar se as suas teses foram suficientemente examinadas, bem assim em que medida o juiz levou em conta o acervo probatório produzido, devendo a justificação ser convincente e persuasiva, com base nos fatos demonstrados.

A propósito, Cassio Scarpinella Bueno[231] preleciona que:

> Toda sentença conterá relatório, fundamentos e dispositivo, consoante se lê dos três incisos do *caput* do art. 489. Nisto não há nenhuma novidade quando comparado com o art. 458 do CPC de 1973.
>
> As novidades substanciais estão nos parágrafos dos dispositivos. Para elas, cabe anotar desde logo que a palavra "sentença", conservada pelo *caput* do dispositivo, é empregada como sinônimo de decisão (qualquer decisão) jurisdicional. Assim, estão sujeitos à disciplina dos parágrafos do art. 489 não só as sentenças, mas também as decisões interlocutórias, as decisões monocráticas proferidas no âmbito dos Tribunais e os acórdãos.
>
> O § 1º do art. 489 indica as hipóteses em que a *decisão* – qualquer decisão, como ele próprio faz questão de evidenciar – não é considerada fundamentada, exigindo do julgador que peculiarize o caso julgado e a respectiva fundamentação diante das especificidades que lhe são apresentadas. Fundamentações padronizadas e sem que sejam enfrentados os argumentos e as teses trazidos pelas partes não serão mais aceitas.
>
> O CPC de 2015 também inova ao prever o uso dos embargos de declaração para suprir omissão de decisão que "incorra em qualquer das condutas descritas no art. 489, § 1º" (art. 1.022, parágrafo único, II).
>
> O § 2º do art. 489 vai além quanto à *qualidade* da fundamentação exigida pelo CPC de 2015, impondo que a decisão indique os critérios de ponderação que foram empregados pelo juiz para solucionar eventual conflito entre normas jurídicas.
>
> O § 3º do art. 489, por fim, impõe o dever de a decisão judicial ser interpretada de boa-fé a partir de todos os seus elementos, regra correlata à exigência que o § 2º do art. 322 faz com relação à interpretação do pedido e, de forma mais ampla, com o disposto no art. 5º.

Assim, considerando o disposto nos artigos 11 e 489, §§§ 1º, 2º e 3º, do CPC, tem-se como viciada a fundamentação que: se limitar à indicação, à reprodução ou à paráfrase de ato normativo, sem explicar sua relação com a causa ou a questão decidida; empregar conceitos jurídicos indeterminados, sem explicar o motivo concreto de sua incidência no caso; invocar motivos que se prestariam a justificar qualquer outra decisão; não enfrentar todos os argumentos deduzidos no processo capazes de, em tese, infirmar a conclusão adotada pelo julgador; se limitar a invocar precedente ou enunciado de súmula, sem identificar seus fundamentos determinantes nem demonstrar que o caso sob julgamento se ajusta àqueles fundamentos; deixar de seguir enunciado de súmula, jurisprudência ou precedente invocado pela parte, sem demonstrar a existência de distinção no caso em julgamento ou a superação do entendimento. Além disso, no caso de

---

231. BUENO, Cassio Scarpinella. *Novo Código de Processo Civil anotado*. 3. ed. São Paulo: Saraiva, 2017, p. 535-536.

colisão entre normas, o juiz deve justificar o objeto e os critérios gerais da ponderação efetuada, enunciando as razões que autorizam a interferência na norma afastada e as premissas fáticas que fundamentam a conclusão.

Neste cenário, merece destaque o acréscimo da precisão contida no artigo 489, § 1º, incisos I a VI, do CPC aos vícios de fundamentação.

Por derradeiro, insta salientar que a existência de vício na fundamentação implica na violação à norma constitucional prevista no artigo 93, IX, da CF/88, cuja sanção de nulidade absoluta independe de provocação das partes, podendo ser pronunciada de ofício.

12.3 VÍCIO OBJETIVO E SUBJETIVO

A sentença para ser válida deve examinar todos os pedidos deduzidos na demanda, bem como as suas respectivas causas de pedir, além dos pedidos implícitos e as matérias de ordem pública, sem perder de vista os sujeitos ativo e passivo. Fredie Didier Jr.[232] denomina de congruência externa (compara a petição inicial com a sentença) e faz referência à congruência interna, que diz respeito aos requisitos da inteligência do ato processual (clareza, certeza e liquidez).

12.3.1 Sentença incongruente por extra petita

Não pode o juiz deferir ao autor objeto diverso do que foi pedido. O pedido refere-se à demanda, abrangendo o fundamento do pedido. O juiz está adstrito ao pedido (arts. 141 e 492 do CPC). É nula a sentença em que o juiz decide a lide fora do postulado, exceto nas hipóteses de fungibilidade. Exemplo: pede-se o despejo por falta de pagamento e o juiz o concede por danos ao patrimônio (utilizou-se de outra causa de pedir inexistente). Em relação aos sujeitos, a decisão será *extra petita* se os efeitos da decisão alcançar somente quem não participou do processo[233].

12.3.2 Sentença incongruente por ultra petita (provimento de ofício)

Ocorre quando o juiz concede mais do que se pede. Se o autor pedir condenação de R$ 10 mil, não pode o juiz conceder-lhe R$ 11 mil, salvo se for dívida de valor (como alimentos). O efeito é a nulidade da sentença. Contudo, os tribunais têm amenizado o defeito, adequando-as aos termos do pedido. Em relação aos sujeitos, será *ultra petita* quando os efeitos da sentença alcançar em quem faz parte da relação processual e quem não participou[234].

Em algumas situações, não caracteriza julgamento *ultra petita* quando é concedida correção monetária (Lei 6.899/81), juros (art. 322, CPC, 1062, CC), prestações vincendas (art. 323, CPC) e questões preliminares (art. 337, § 5º, CPC).

---
232. DIDIER JR. Op. cit. p. 246 e 247.
233. DIDIER JR. Op. cit., p. 259.
234. DIDIER JR. Op. cit., p. 259.

12.3.3 Sentença incongruente por infra petita

O juiz decidirá *citra, infra petita* quando, na sentença, conhecer aquém dos pedidos (quando formulado mais de um), ou seja, o juiz não aprecia todos os pedidos, mormente, quando ocorre cumulação de pedidos e de causas de pedir, ou ainda podendo prolatar sentença líquida remete à sua liquidação. Também, é infra petita quando se formula um só pedido com mais de uma causa; no entanto, o julgador examina apenas uma das causas e rejeita o pedido, omitindo-se na análise da outra. É, pois, no dispositivo, que haverá pronunciamento sobre cada pedido, mesmo porque não há sentença implícita. A sentença *citra petita* é nula, pois a instância superior não poderá reformar o que não foi apreciado no juízo *a quo*, por caracterizar supressão de instância. Em relação aos sujeitos, a decisão será *citra petita* se a sentença não regulamentar a situação jurídica de todos os envolvidos no processo, tanto no polo ativo e no passivo[235].

12.4 VÍCIO QUANTO À INTELIGÊNCIA DO ATO

Vimos que são requisitos essenciais da sentença a certeza, liquidez e clareza, ou precisão.

A certeza referida no artigo 492, § único, do CPC relaciona-se à validade do pronunciamento judicial, devendo, pois, certificar expressamente a existência ou não do direito afirmado pela parte na petição inicial, com base no ordenamento jurídico, afastando a dúvida existente.

A liquidez[236] está relacionada aos provimentos de prestação de dar, fazer e não fazer, devendo abranger o *an debeatur* (existência da dívida), o *cui debeatur* (a quem é devida), o *quis debeat* (quem deve), o *quid debeatur* (o que é devido) e o *quantum debeatur* (quantia devida), quando for o caso. Quando não for possível ser entregue uma sentença líquida, o seu valor será apurado em liquidação (art. 509, CPC).

A clareza da sentença escrita está diretamente ligada à linguagem utilizada. Portanto, a utilização de expressões rebuscadas ou chulas e orações na ordem inversa, somente, dificultam o seu entendimento. As frases devem ter um sentido claro, direto e conclusivo.

13. PRINCÍPIOS

Os princípios relacionados à sentença buscam refletir a tensão que existe entre a liberdade de julgar e a necessidade de limitar o arbítrio judicial, no pensamento de Ruy Portanova[237], sendo identificados.

13.1 DA IMPARCIALIDADE

A jurisdição é poder que nasce da própria soberania do Estado, que, ao retirar do cidadão a justiça privada e a autodefesa, lhe deu em troca um juiz independente e

---

235. DIDIER JR. Op. cit., p. 259.
236. Idem, p. 265.
237. PORTANOVA, Ruy. *Princípios do processo civil*. 4. ed. Porto Alegre: Livraria do Advogado, 2001, p. 229-261.

imparcial, isto é, um juiz colocado acima de qualquer pressão no exercício da atividade jurisdicional, que é a de dizer o direito. A independência relaciona-se com a função de julgar, enquanto que a imparcialidade se refere ao juiz, como homem julgador, no seu aspecto subjetivo, no sentido de não ter interesse pessoal, em relação às partes em litígio, econômico. No entanto, é a independência que gera a imparcialidade. A exigência da imparcialidade é objetiva, estando consagrada nos artigos 144 (impedimento) e 145 (suspeição) do CPC. Assim, o juiz, em caso de parcialidade, deve se omitir do processamento e julgamento da demanda, evitando-se o comprometimento. É um mecanismo que tem por objetivo obter "juízos justos".

De se notar a importância da imparcialidade, que é um princípio universal, previsto no art. 10 da Declaração Universal dos Direitos do Homem, na proclamação realizada pela Assembleia Geral das Nações Unidas, em Paris, em 1948. Uma sentença prolatada por um juiz parcial (impedido) é passível de ser rescindida, nos termos do art. 966, inc. II e V, do CPC. Enfim, o princípio da imparcialidade do juiz é uma garantia fundamental do cidadão, que necessite da atividade jurisdicional.

Entretanto, a partir da intensificação da participação do Estado Social na vida das pessoas, o juiz passa a ter preocupações além daquelas relativas ao procedimento, cabendo-lhe zelar por um "processo justo", no dizer de Marinoni[238], capaz de permitir: I) a justa aplicação das normas de direito material; II) a adequada verificação dos fatos e a participação das partes em contraditório real e não somente formal; e III) a efetividade da tutela dos direitos, com maior zelo pela ordem do processo, com a repressão do litigante de má-fé, e com a determinação, a requerimento da parte, da tutela antecipatória, e da concessão, de ofício, da tutela cautelar.

De se enfatizar, ainda, que o princípio da imparcialidade não é obstáculo para que o juiz possa determinar realização da prova de ofício. Assim, pode ser considerado parcial o juiz que sabe da necessidade da produção de prova, mas se omite, julgando como se o fato não tivesse sido provado pela parte. Há evidente pensamento contrário, no sentido de que o juiz ao buscar prova de ofício estaria comprometido com a procedência da demanda, razão pela qual estaria destituído desse poder (art. 370, CPC). No entanto, o princípio da igualdade substancial resta fortalecido pela participação ativa do juiz, porquanto é uma forma de buscar a solução justa ao caso concreto, principalmente quando estiver em estado de perplexidade, diante das provas produzidas, ou quando haja significativa desproporção econômica ou sociocultural entre as partes (RT 729/155). Exige-se, no entanto, a observância dos demais princípios processuais (do ônus da prova, do tratamento igualitário das partes etc.).

13.2 DO LIVRE CONVENCIMENTO MOTIVADO

O juiz apreciará a prova constante dos autos, independentemente do sujeito que a tiver promovido, e indicará na decisão as razões da formação de seu convencimento (art. 371, CPC).

---

238. MARINONI. Op. cit.

Estamos, pois, no campo da valoração da prova.

A inexistência de hierarquia entre os meios legais e legítimos de produção da prova, para a busca da verdade e do convencimento do juiz, é a razão do livre convencimento motivado. Portanto, o julgador poderá se convencer sobre a verdade dos fatos com base em prova testemunhal, em detrimento da prova documental, para prolatar uma decisão justa, considerando-se que são relativas, sem prestígio maior uma em relação às outras. A convicção sobre a verdade dos fatos é o pressuposto para o juiz decidir, a qual é racionalizada na motivação.

Na lição de Marinoni[239] "...a convicção da verdade, a dúvida, a inesclarecidade do fato constitutivo e a convicção da verossimilhança são racionalizadas mediante a própria racionalização dos argumentos utilizados para justificá-las".

Mas, não se pode, contudo, afastar a existência de limites ao livre convencimento motivado. O juiz não é tão livre assim para formar o seu convencimento, porque deve estar adstrito exclusivamente à prova existente nos autos e revestida de qualidade jurisdicional (garantias do contraditório e da ampla defesa). Quer dizer, não pode se valer de conhecimentos pessoais (subjetivismo) sobre os fatos. Ainda, o juiz deve ater-se às regras processuais da presunção da verdade, na ausência de contestação; da existência de fatos notórios e examinar os limites da admissibilidade exclusiva da prova testemunhal (art. 444, CPC).

Como se percebe, essa liberdade do juiz não é plena na dimensão jurídico-processual. Isto é, o livre convencimento é muito mais limitado do que livre!

Finalmente, deve ser feita a ressalva. O juiz deve duvidar, sempre e sempre, principalmente das suas mais arraigadas convicções, pois o convencimento exige alto grau de maturidade e de bom-senso.

13.3 DO ÔNUS DA PROVA

O ônus da prova incumbe ao autor, quanto ao fato constitutivo do seu direito, e ao réu, quanto à existência de fato impeditivo, modificativo ou extintivo do direito do autor, nos termos do artigo 373 do CPC, o qual pode ser invertido, à luz do artigo 6º, inciso VIII, da Lei 8.078, de 11.09.1990 (Código de Defesa do Consumidor). Ademais, o CPC de 2015 permite a distribuição dinâmica do ônus da prova. Acerca desta, Daniel Amorim Assumpção Neves[240] leciona:

> O Novo Código de Processo Civil inova quanto ao sistema de distribuição dos ônus probatórios, atendendo corrente doutrinária que já vinha defendendo a chamada "distribuição dinâmica do ônus da prova". Na realidade, criou-se um sistema misto: existe abstratamente prevista em lei uma forma de distribuição, que poderá ser no caso concreto modificada pelo juiz. Diante da inércia do juiz, portanto, as regras de distribuição do ônus da prova no Novo Código de Processo Civil continuarão a ser as mesmas do diploma processual revogado.

---

239. MARINONI, Luiz Guilherme. *Manual do processo de conhecimento*. 4. ed. São Paulo: Ed. RT, 2005, p. 275.
240. NEVES, Daniel Amorim Assumpção. *Manual de direito processual civil* – Volume único. 10. ed. Salvador: JusPodivm, 2018, p. 736-737.

Mesmo antes da consagração legislativa, o Superior Tribunal de Justiça deu início à aplicação dessa forma dinâmica de distribuição do ônus da prova em ações civis por danos ambientais, e também na tutela do idoso, em respeito aos arts. 2º, 3º e 71 da Lei 10.741/2003 (Estatuto do Idoso), no que asseguram aos litigantes maiores de 60 anos facilidade na produção de provas e a efetivação concreta desse direito. No entanto, já existem decisões recentes que adotam a tese de forma mais ampla, ora valendo-se de interpretação sistemática da nossa legislação processual, inclusive em bases constitucionais, ora admitindo a flexibilização do sistema rígido de distribuição do ônus probatório diante da insuficiência da regra geral.

O Novo Código de Processo Civil adota essa forma dinâmica de distribuição do ônus da prova. Conforme já mencionado, apesar de o art. 373 em seus dois incisos repetir as regras contidas no art. 333 do CPC/1973, em seu § 1º permite que o juiz, nos casos previstos em lei ou diante de peculiaridades da causa, relacionadas à impossibilidade ou à excessiva dificuldade de cumprir o encargo ou à maior facilidade de obtenção da prova do fato contrário, atribua, em decisão fundamentada e com respeito ao princípio do contraditório, o ônus da prova de forma diversa.

[...]

Como se pode notar, o sistema brasileiro passou a ser misto, sendo possível aplicar ao caso concreto o sistema flexível da distribuição dinâmica do ônus da prova como o sistema rígido da distribuição legal. Tudo dependerá da iniciativa do juiz, que não estará obrigado a fazer distribuição do ônus probatório de forma diferente daquela prevista na lei.

Interessante e elogiável a vedação a essa inversão contida no § 2º do dispositivo ora comentado, proibindo-a sempre que possa gerar situação em que a desincumbência do encargo pela parte seja impossível ou excessivamente difícil. A norma é elogiável porque a técnica de distribuição dinâmica da prova não se presta a tornar uma das partes vitoriosa por onerar a parte contrária com encargo do qual ela não terá como se desincumbir. A nova sistemática de distribuição do ônus da prova serve para facilitar a produção da prova, e não para fixar *a priori* vencedores e vencidos. Nesse sentido, interessante decisão do Superior Tribunal de Justiça quanto à inversão prevista no art. 6º, VIII, do CDC.

Apesar de o art. 373, § 1º, do Novo CPC prever a possibilidade de o juiz atribuir o ônus da prova "de modo diverso", naturalmente a regra trata da inversão do ônus da prova, até porque, sendo este distribuído entre autor e réu, o modo diverso só pode significar a inversão da regra legal. Tanto assim que o dispositivo expressamente se refere aos casos previstos em lei como umas das hipóteses da fixação "de modo diverso", e esses casos são justamente os de inversão do ônus da prova.

Aliado a isso, à luz do princípio da livre investigação da prova, próprio da publicização do processo, o juiz deve, de ofício, ou a requerimento das partes, determinar a realização das provas necessárias à instrução (art. 370, CPC), circunstância que contribui para o afastamento da incerteza da prova.

Finalmente, insta salientar que a repartição da carga probatória é um dos temas mais polêmicos do processo civil brasileiro. Contudo, se um fato é considerado provado, mostra-se irrelevante quem produziu a prova, presente o princípio da comunhão da prova. Portanto, somente diante da incerteza, quanto à prova que dá suporte à alegação das partes, é que o juiz decide de quem é o ônus.

13.4 DA ADSTRIÇÃO AOS FATOS DA CAUSA

O juiz decidirá o mérito nos limites propostos pelas partes, sendo-lhe vedado conhecer de questões não suscitadas a cujo respeito a lei exige iniciativa da parte (art. 141, CPC).

Quem delimita a atuação do juiz é o autor, porquanto é quem ativa a jurisdição, em face de sua inércia e do princípio dispositivo, sendo-lhe exigido, para tanto, na petição inicial, dentre outros, a identificação das partes, os fatos e os fundamentos do pedido (causa de pedir) e o pedido, de acordo com o art. 321, CPC. Ademais, por *questão da lide* devem ser entendidos a causa de pedir, o fato jurídico, o fato e o fundamento do pedido, bem assim os fatos modificativos, impeditivos ou extintivos trazidos pela defesa. Ficam excluídas as questões processuais e matérias denominadas de ordem pública, quando expressamente previstas.

No entanto, deve-se ter sempre em vista o que dispõe o art. 493, do CPC, que prevê a possibilidade de o juiz tomar em consideração, de ofício ou a requerimento das partes, depois da propositura da demanda, algum fato constitutivo, modificativo ou extintivo do direito, desde que influa no julgamento da lide. Note-se que é indiferente se o fato irá beneficiar ou prejudicar o autor ou o réu.

A evolução dos fatos nas demandas possessórias tem o condão de modificar a causa de pedir e o próprio pedido, o que não exime o juiz de outorgar a proteção adequada (art. 554, CPC). Note-se que a causa do interdito proibitório (justo receio de ser molestado), poderá evoluir para a concretude da turbação e da perda da posse, durante o processamento da demanda, ensejando a necessidade de atualização automática do pedido para manutenção ou reintegração da posse.

Assim, exige-se que a sentença reflita o estado de fato da lide no momento da entrega da prestação jurisdicional. Entretanto, a decisão, com base em fato novo, não pode causar surpresa à parte, devendo ser observado sempre o contraditório.

13.5 DA CONGRUÊNCIA OU DA CORRELAÇÃO

É vedado ao juiz proferir decisão de natureza diversa da pedida, bem como condenar a parte em quantidade superior ou em objeto diverso do que lhe foi demandado (art. 492, CPC).

O princípio da adstrição do juiz ao pedido da parte é um limite à ingerência do Estado na órbita privada das partes, no dizer de Ruy Portanova[241]. Destarte, as partes estão garantidas contra excessos discricionários do órgão julgador por ocasião da entrega da prestação jurisdicional. A restrição não alcança as matérias denominadas de ordem pública, como por exemplo o reconhecimento da incidência de juros de mora, de prestações periódicas, de correção monetária etc., bem assim nos interditos possessórios.

13.6 DA SUCUMBÊNCIA E DA CAUSALIDADE

A sentença condenará o vencido a pagar ao vencedor as despesas que antecipar e os honorários advocatícios, e, quando cada litigante for vencedor e vencido, serão recíproca e proporcionalmente distribuídos sendo vedada a compensação (arts. 82, § 2º, 85, *caput*, 85, § 14 e 86 do CPC).

---

241. PORTANOVA, Op. cit., p. 234.

A orientação processual é a de que os honorários devem ser pagos pela parte vencida. No entanto, nem sempre a parte demandada é quem dá causa ao surgimento da lide, razão pela qual se aplica o ônus, à vista da causalidade. Note-se que, na hipótese de extinção do processo, por abandono da causa, o autor deverá suportar o pagamento das custas do processo e dos honorários advocatícios da parte contrária, não porque perdeu a demanda, mas porque lhe deu motivos. Também, existem outras situações que fogem do princípio da sucumbência e se encaixam no da causalidade: a)As despesas de atos adiados ou cuja repetição for necessária ficarão a cargo da parte, do auxiliar da justiça, do órgão do Ministério Público ou da Defensoria Pública ou do juiz que, sem justo motivo, houver dado causa ao adiamento ou à repetição (art. 93, CPC); b) Se o assistido for vencido, o assistente será condenado ao pagamento das custas em proporção à atividade que houver exercido no processo (art. 94, CPC).

13.7 DA INVARIABILIDADE OU DA INALTERABILIDADE

Proferida a sentença, o juiz termina o seu ofício jurisdicional, não podendo revogá-la, ainda que supostamente ilegal, sob pena de grave violação da coisa julgada e de causar instabilidade nas situações jurídicas.

No entanto, de acordo com o artigo 494 do CPC, em seu inciso I, a sentença poderá ser alterada para que sejam *corrigidas* as inexatidões materiais ou retificados os erros de cálculo, de ofício ou a requerimento das partes. No inciso II, a alteração poderá ocorrer através de embargos de declaração, com a finalidade de integração de ponto obscuro, contraditório ou omisso.

Mas há outras hipóteses da alteração da sentença pelo juiz, previstas nos artigos 331 e 332, § 3º, do CPC, a qual pode ser reformada, em sede de retratação, em recurso de apelação.

O sistema processual brasileiro é consolidado sob o princípio da inalterabilidade da sentença (CPC, art. 463). Publicada a sentença, em regra, o juízo prolator não poderá alterá-la, salvo nas hipóteses previstas nos artigos 331, 332 e 485, § 7º, do CPC/2015.

Assim, uma vez publicada somente é permitido alterar a sentença para corrigir, de ofício ou a requerimento, inexatidões materiais, retificar erros de cálculos, ou nas hipóteses legais que permitem o juízo de retratação.

Princípio da inalterabilidade da sentença. Art. 494 do código de processo civil. Recurso provido para declarar a nulidade da segunda decisão. Prolatada duas sentenças no mesmo processo, em violação às hipóteses determinadas no art. 494 do CPC, de rigor a cassação da segunda sentença, bem como a declaração da nulidade de seus efeitos, por erro in procedendo do magistrado – Violação ao princípio da inalterabilidade da sentença. Recurso Provido para declarar a nulidade da segunda decisão. (TJ-BA – APL: 00113849320118050022, Relator: Rosita Falcão de Almeida Maia, Terceira Câmara Cível, Data de Publicação: 11.02.2020).

Rigorosamente, a única exceção prevista ao princípio da inalterabilidade da sentença é a da hipótese de correção de erros materiais, *ex officio* ou a requerimento, mesmo após o trânsito em julgado da sentença, considerando que as demais decorrem da necessidade da impugnação pela parte, via recurso, sujeita à preclusão. Assim, se não forem opostos os embargos de declaração e os recursos de apelação, não existe a possibilidade de o juiz reformar a decisão prolatada.

De igual modo, o juízo de retratação realizado fora das hipóteses previstas nos arts. 285-A e 296 do CPC viola o princípio da inalterabilidade da sentença.

14. SINOPSE DA ESTRUTURA DA SENTENÇA

I – PREÂMBULO: (não essencial)
Poder Judiciário do Estado do Paraná
Comarca de Curitiba 35ª Vara Cível
Autos 000/2018

SENTENÇA

II – RELATÓRIO: (essencial – 489, I, CPC) – nome das partes; ordem cronológica (inicial, contestação, impugnação, conciliação, saneamento...), síntese da pretensão e fundamentos jurídicos; mencionar documentos que embasam o pedido; referir-se à citação do réu (mandado, edital); nomeação de curador, se for caso; resumir a resposta do réu e reconvenção, se for caso; impugnação; incidentes (artigos 503, § 1º); fatos impeditivos... (art. 350, CPC); conciliação/ saneador, recorrido, ou não; deferimento das provas; realização de perícia; designação de audiência; conciliação em audiência onde foram produzidas as provas... referir-se às alegações finais ou memoriais (art. 364, CPC).

III – FUNDAMENTAÇÃO (essencial – 489, II, CPC) – ordem lógica – referir-se à ação: cuida a espécie de ação de indenização... – no caso de julgamento antecipado do mérito referir-se (art. 355, CPC), inclusive às condições da ação e dos pressupostos processuais – exame das questões preliminares processuais e substanciais; exame das questões prejudiciais (de relação de direito material); – exame de mérito, analisando os requisitos da ação; análise das provas produzidas pelo autor primeiramente e pelo réu, em seguida, ou ambas em conjunto; – analisar os fatos, extraindo conclusão pessoal apta ao julgamento da lide; – citação de doutrina, jurisprudência ou súmulas; – conclusão lógica e aplicação do direito.

IV – DISPOSITIVO – (essencial – 489, III, CPC) – a ordem é de prioridade da relação processual, desce de importância até as determinações administrativas;

JULGO PROCEDENTE o pedido para condenar o réu ao pagamento da importância de..., acrescida de correção monetária, desde..., e juros de mora desde..., bem assim ao pagamento das despesas processuais e dos honorários...
JULGO PARCIALMENTE PROCEDENTE o pedido.
JULGO IMPROCEDENTE o pedido...
V – FECHO (essencial).
Publique-se. Registre-se. Intimem-se.
Local e data
Assinatura do Juiz

15. INTERPRETAÇÃO DA SENTENÇA

O juiz, por ocasião da prolação da sentença, atua como um verdadeiro intérprete da lei, a qual sempre necessita de uma atribuição de sentido. A lei diz o que o intérprete diz que a lei diz, com toda a sua carga ideológica. Assim, a compreensão do sentido linguístico não constitui um fenômeno puramente receptivo, pois implica, inevitavelmente, a autocompreensão do próprio sujeito que realiza a compreensão, fazendo, então, nascer o direito histórico concreto. Portanto, interpretar a norma jurídica é uma tarefa de compreensão e de atribuição de significados. O juiz, como intérprete da lei e dos fatos, elege os significados válidos da lei e das teses apresentadas. Da interpretação não se extraem os sentidos da lei, mas os sentidos que lhes são atribuídos pelo seu intérprete. Nessa linha, a interpretação sempre será resultado de pré-compreensões[242] ou de pré-juízos (experiências de vida), inerentes ao seu intérprete, que deles não se desvincula, que por si só justifica a eleição de diferentes significados, na aplicação de um mesmo texto de lei.

Sendo a sentença um ato processual único, o *sentire* do juiz é exposto através da linguagem jurídica escrita. É um ato concreto de comunicação. A ambiguidade e imprecisão das palavras e expressões da linguagem jurídica encaminham, às vezes, à instalação de situações de interpretação em sentido estrito. Ademais, o texto claro, às vezes, torna-se obscuro em função da tensão dos interesses que giram em seu redor. A disputa pela produção do sentido de um texto se instala em torno dessa tensão[243].

Mas, proferida a decisão, torna-se irrelevante a vontade pessoal de seu prolator, cujo pronunciamento adquire autonomia e vida própria, estando, no entanto, sujeito a ser interpretado ou completado, se for caso, por quem estiver incumbido de assim fazê-lo.

Nesse sentido, Candido Rangel Dinamarco[244] enfatiza que "tanto é objeto de interpretação a parte dispositiva da sentença, onde o juiz emite o preceito imperativo destinado a reger as relações controvertidas das partes na vida comum, quanto à motivação, onde ele justifica o preceito emitido. Tanto uma como outra são expressadas em palavras e o significado simbólico destas deve ser corretamente assimilado pelo leitor".

A doutrina processual, contudo, pouco se preocupa em desenvolver a matéria no sentido de identificar regras gerais de interpretação de sentenças ou de critérios a ela inerentes, ainda que se revele de importância para ser desconsiderada.

O primeiro ponto a ser destacado é o de que a falta de clareza da sentença, a existência de ambiguidade, de omissão e de contradição contribuem para dificultar a satisfação material do direito reconhecido. Torna-se, pois, imprescindível que, havendo esses defeitos, sejam, primeiramente, submetidos à correção, através dos embargos de declaração[245]. O mesmo deve ocorrer quando o dispositivo é sintético, porquanto é incompleto, capaz de gerar dificuldade na satisfação do direito reconhecido.

---

242. GRAU, Eros Roberto. *Ensaio e discurso sobre a interpretação e aplicação do direito*. 4. ed. São Paulo: Malheiros Editores, 2006, p. XII.
243. GRAU. Op. cit., p. 75.
244. DINAMARCO, Cândido Rangel. *Instituições*. v. III, p. 675.
245. Art. 1.022, CPC.

Mas, nem sempre esses defeitos são afastados, no momento adequado, transitando em julgado o *decisum*. Assim, a permanência dos defeitos é que ensejará a necessidade da interpretação da sentença como ato processual, para que possa ser cumprida voluntariamente pelos sujeitos da relação processual, ou executada pelo órgão judicial, lembrando que a interpretação não é o meio para a correção ou de reforma dos erros cometidos pelo julgador.

No entendimento de Vicente Greco Filho[246]: "Para o encaminhamento da solução do problema, temos que partir de um método de interpretação das sentenças que, antes de tudo, respeite a coisa julgada, no sentido de que a função do juiz da execução é declaratória e nada pode acrescentar ao comando já explicita ou implicitamente contido na decisão, na mesma linha de pensamento do dualismo jurídico quanto ao relacionamento entre o direito material e processo."

Assim, continua Greco[247], "toda sentença contém um comando ou um preceito que se projeta para o futuro e deverá ser respeitado em momento histórico, próximo ou distante, mas sempre diferente daquele em que foi prolatada. Como todos os que se projetam para o futuro, liberta-se da vontade de seu criador, gerando possível discrepância entre a *mens legislatórias e a mens legis*."

Greco define, ainda, que o momento histórico da busca da *mens sententiae* é o de seu cumprimento ou da sua execução, atuando na interpretação os critérios gramatical, lógico, sistemático, teleológico e o sociológico, sintetizando que "interpretar a sentença, no momento de sua liquidação e execução (a) é inevitável, como na interpretação da lei, ainda que *in claris*; (b) deve buscar o ponto de relevância hermenêutica do que nela está disposto e do seu conjunto; e (c) não é incompatível com a coisa julgada. Ao contrário, é exatamente respeitar a sua autoridade, ainda que a execução deva proceder-se de forma, na aparência, diferente do que a literalidade do ato pudesse sugerir"[248].

Dinamarco[249] destaca que, das premissas gerais interpretativas, "a primeira e mais ampla é a de que sempre um texto comporta interpretação, por mais claro que pareça aquele e por mais singela que seja esta", além de que exige do "intérprete a razoabilidade da interpretação", pois, "nenhum texto pode ser interpretado, sem maiores e exaustivos cuidados, de modo a concluir que nele se contenham absurdos." Nesse sentido, o intérprete tem o dever de evitar tanto quanto possível a atribuição de ilegalidades ou inconstitucionalidades às sentenças interpretadas.

Humberto Theodoro Junior[250] afirma que as regras de hermenêutica dos atos jurídicos deverão ser observadas na exegese da sentença, partindo-se da premissa básica de que não é pela simples leitura do seu dispositivo e de seu sentido literal que se conseguirá extrair o seu sentido e alcance, porquanto, em se tratando de um ato de vontade e inte-

---

246. GRECO FILHO, Vicente. Liquidação e interpretação de sentença. *In*: WAMBIER, Teresa Arruda Alvim (Coord.). *Repertório de jurisprudência e doutrina* – atualidades sobre liquidação de sentença. São Paulo: Ed. RT, 1997, p. 46.
247. GRECO. Op. cit., p. 47.
248. GRECO, Op. cit., p. 47 e 49.
249. DINAMARCO. *Instituições*. v. III. p. 676.
250. THEODORO JUNIOR, Humberto. Op. cit., p. 511-512.

ligência, interpretá-la exige ir além das palavras utilizadas, para alcançar efetivamente a vontade e a intenção do seu subscritor, não devendo, também, ser tomada como peça isolada, autônoma e completa, pois, sendo o resultado da dinâmica processual, o seu exato teor será bem compreendido se harmonizado com o do objeto do processo e com as questões suscitadas pelas partes.

Portanto, a sentença de mérito não pode ser interpretada como um ato isolado do processo, pois é o resultado dos atos processuais praticados pelas partes, mister o pedido e causa de pedir do autor e a resposta do réu. A sentença tem, em regra, o seu limite no pedido do autor, que é o objeto da prestação jurisdicional, que será acolhido ou rejeitado.

Nesse sentido, evidenciam-se as considerações de Humberto Theodoro Junior[251]:

> O pedido formulado na inicial torna-se objeto da prestação jurisdicional sobre o qual a sentença irá operar. É ele, portanto, o mais seguro critério de interpretação da sentença, visto que é justamente a resposta do juiz ao pedido do autor, não podendo o provimento, por imposição legal, ficar aquém dele, nem ir além dele, sob pena de nulidade (arts. 141 e 492).
>
> Estando o julgado limitado às barreiras do princípio da demanda e do princípio da congruência, também o intérprete da sentença encontrará nesses princípios a melhor orientação para desenvolver a operação exegética do provimento judicial.
>
> (...)
>
> Assim, as palavras com que o juiz acolheu ou rejeitou o pedido terão o seu sentido e alcance clareados pelo que na inicial o autor demandou. Se houver alguma imprecisão ou alguma dubiedade na linguagem do sentenciante, a fixação do real sentido do comando jurisdicional será encontrada por meio de sua sistematização com o pedido.

Havendo, pois, na sentença duplo sentido, um em conformidade com os limites do pedido e outro exorbitante, a interpretação adequada será aquela que observa a congruência obrigatória entre pedido e sentença (art. 492), não podendo ser acolhido o outro que será contaminado pela ilegalidade (art. 140).

A respeito da necessidade de se empregar o esforço interpretativo da sentença, Humberto Theodoro Junior assevera que tem por fim evitar a sua ilegalidade, "mostrando-se possível quando o texto, embora impreciso ou dúbio, permita a definição legítima sem violar a declaração de vontade do juiz. Se esta claramente estiver sido manifestada em determinado sentido, não é dado ao intérprete negá-lo, a pretexto de corrigir a ilegalidade contida no ato judicial. A interpretação pode e deve encontrar o melhor sentido para a sentença, mas não é instrumento de reforma ou correção dos erros judiciais cometidos pelo julgador".

Outro critério de interpretação da sentença é a relação entre o dispositivo e a fundamentação, onde fica evidenciado o raciocínio do julgador do porquê do acolhimento ou da rejeição do pedido do autor. Portanto, de grande significado a fundamentação para a interpretação da sentença.

Dos métodos interpretativos gerais, Dinamarco[252] destaca que o "primeiro a aplicar-se às sentenças é o exegético", pois "busca-se nas palavras em si mesmas, como

---

251. THEODORO JUNIOR. Op. cit., p. 512.
252. DINAMARCO. *Instituições*. v. III, p. 678-679.

símbolos que são, a intenção do juiz que as empregou". Contudo, a aplicação do método sociológico vê com ressalvas, porque "seria ilegítimo atribuir intenções e significados às palavras contidas na sentença, próprios à cultura do tempo da interpretação e não de quando ela foi proferida". Continua: "Transpor esse critério ao tempo da interpretação da sentença, quando os valores possivelmente já se alteraram, seria subverter os seus próprios fundamentos, porque o fato já não estaria sendo valorado, pelo intérprete, segundo o significado cultural que tivesse quando ocorreu".

Estêvão Mallet[253] apresenta alguns critérios para a interpretação das decisões judiciais: (a) *papel hermenêutico da fundamentação*: se nela se esclarece a obscuridade existente no dispositivo, interpreta-se a decisão de acordo com a fundamentação; (b) *presunção de julgamento conforme a lei*: busca-se solução que esteja mais em harmonia com o direito vigente, como desdobramento, inclusive da regra do art. 140, CPC. Deve-se evitar compreensão que leve a julgamento *extra, ultra* ou *citra petita*, que seria contrário ao direito posto. Interpreta-se a decisão de modo harmônico com a demanda. Prefere-se a interpretação que leve a decisão certa àquela que conduza a resultado impreciso ou deixe a controvérsia por decidir, ou a julgamento líquido ao invés de julgamento ilíquido. No caso de pedidos cumulados sucessivamente; acolhido o principal, interpreta-se como rejeitado o seguinte, já que não é lícito ao juiz examiná-lo. Ou induvidoso o acolhimento do pedido sucessivo, entende-se repelido o principal. Ainda, deve ser presumido que a decisão não contrária à lei também não é contrária à Constituição; (c) *presunção de julgamento conforme a jurisprudência*: se a decisão não dispôs de forma diversa, exceto à súmula vinculante, presume-se que seguiu a diretriz dominante na jurisprudência; (d) *interpretação da decisão a fim de dar-lhe eficácia*: não se interpreta um texto de modo que resulte fato irrealizável, isto é, prefere-se a interpretação que dela decorra alguma eficácia, em detrimento da que a priva de eficácia; e (e) *inexistência de obrigação de interpretar-se restritivamente a decisão ou de interpretá-la em favor do executado*: a sentença deve ser executada ou cumprida conforme os seus termos, sem ampliações ou restrições.

Por outro lado, os meios adequados para a interpretação da sentença são os embargos de declaração, relativamente à existência de omissão, contradição ou obscuridade, enquanto não transitada em julgada; o recurso de apelação, na impugnação da decisão, a impugnação, no cumprimento de sentença ou em sua liquidação, e a rescisória, após o trânsito em julgado.

Para arrematar, importante assinalar que não se pode alterar o conteúdo da decisão, sob o pretexto de interpretá-la, isto é, negar o seu conteúdo, contrariar o seu texto, modificar o seu significado, devendo sempre interpretá-la no seu conjunto.

É comum a busca do sentido do texto da sentença, com base nos interesses próprios de cada sujeito processual, o que é um equívoco.

---

253. MALLET, Estêvão. *Breves notas sobre a interpretação das decisões judiciais*. Revista do TRT 9ª da Região, a. 33, n. 60, p. 253-291. Curitiba: jan.-jun. 2008.

16. NOÇÕES ELEMENTARES DE LÓGICA

O conceito de lógica: origina-se do grego "Logikiê", este por sua vez de "Lógos", que significa pensamento, razão, cujo significado está ligado à disciplina, à formulação das proposições corretas. A lógica deve conter preceitos que conduzam ao raciocínio correto, com vistas a evitar desvios do caminho do bem pensar. Ela é orientativa, mas não vincula, moldando formalmente o argumento. O raciocínio consta no encadeamento lógico de juízos, possibilitando inferir uma conclusão[254]. No latim, *verbum, oratio, verbum mentis*, igual à palavra. "É a ciência da ideia pura, isto é, a ideia no elemento abstrato do pensamento" (Hegel). "É a ciência das operações do entendimento que são subordinadas à estimação da evidência, sendo seu objetivo a análise correta do raciocínio de inferência" (Stuart Mill). "Ciência da razão, ciência da ordem, complexo de relações". Formulando as leis ideais do bem pensar, a lógica se apresenta como ciência normativa, uma vez que seu objetivo não é definir o que é, mas o que deve ser, isto é, as normas do pensamento correto[255].

A lógica jurídica moderna e a contemporânea são deônticas e, por conseguinte, dialéticas e discursivas, que asseguram a correção formal das operações intelectuais, a conformidade do pensamento consigo mesmo, de tal sorte que não exista uma contradição intrínseca no ato ou operação intelectual, mas não a validade do conhecimento obtido[256]. Não despreza o raciocínio silogístico, nem os princípios da lógica formal, como os da identidade, da contradição, do terceiro excluído e da razão suficiente, embora considere esses instrumentos insuficientes[257].

Segundo Recasem Siches, mencionado por Eros Roberto Grau, a "atividade do juiz é prudente, eis que as decisões, antes de serem racionais, são razoáveis, segundo o *logos* do razoável. O juiz opera com uma realidade mutuante, cujas circunstâncias em cada caso são variáveis, e ela nem sempre se presta à aplicação de esquemas racionais preestabelecidos para o comportamento das pessoas". E continua: "este autor acredita que a intuição jurídica que orienta o juiz na sua tarefa, que é essencialmente valorativa, e a justificação de uma sentença não passa de artifícios de lógica, pois primeiro o juiz intui qual é a decisão justa, e depois se ensaia qual dos métodos tradicionalmente registrados e admitidos de interpretação poderia ser apresentado, na *mise-en-scène* da sentença, como o método que havia levado a essa conclusão".

Na sequência, são identificados vários termos relacionados à lógica, utilizados na prática forense, em conformidade com a doutrina de Edmundo Dantès Nascimento:

Lógica menor: também denominada de "lógica formal", prescreve regras para que o raciocínio seja correto e bem construído; consequentemente, a conclusão será correta em relação à disposição da matéria; estabelece a forma correta das operações intelectuais. Estuda o conceito, o juízo e o raciocínio com as expressões verbais: termo; proposição e argumento.

---
254. GRAU, Eros Roberto. *Filosofia do direito e interpretação*. p. 119.
255. NASCIMENTO, Edmundo Dantès. *Lógica aplicada à advocacia: técnica de persuasão*. 4. ed. São Paulo. Saraiva, 1991.
256. GRAU. Op. cit., p. 226.
257. GRAU. Idem, idem.

Lógica maior: também denominada "lógica material", determina as regras particulares e especiais impostas pela matéria; mostra a que condições devem corresponder os materiais do raciocínio, para que se obtenha uma conclusão firme sob todos os aspectos, não só quanto à forma, mas também quanto à matéria, a saber, uma conclusão verdadeira e certa.

Argumento e proposição: argumento é um conjunto de proposições (ideias) concatenadas de forma específica; isto é, uma ou mais proposições sustentam outra proposição (exteriorização das ideias). Há uma inferência (comparação) entre elas. A caracterização das ideias, desenvolvimento do raciocínio, dizem respeito à intimidade cerebral das pessoas (espírito). A exteriorização de ideias são proposições concretizadas através de argumentos. Argumentos são proposições encadeadas por inferências.

O *argumento* (= proposição) é válido ou inválido. A verdade ou falsidade são atributos das proposições. No entanto, pode-se concluir que a proposição será verdadeira, quando corresponder à realidade (= verdade). A verdade está ligada à ideia (= proposição). A validade do argumento nem sempre corresponde à veracidade das proposições. Se a proposição tomada como premissa sustenta a proposta tida na conclusão, o argumento é válido. Portanto, as proposições (exteriorização das ideias) podem ser verdadeiras ou falsas, enquanto que os argumentos podem ser válidos ou inválidos (se correspondem à realidade ou não). Observa-se que nem todo o argumento válido possui apenas proposições verdadeiras, assim como nem todo conjunto de proposições falsas compõe um argumento inválido. Exemplo (1): todo mamífero é voador (premissa maior) – falsa; ora, todas as tartarugas são mamíferos (inferência – premissa menor) – falsa; logo, todas as tartarugas são voadoras (conclusão) – falsa; constata-se que as três proposições são falsas, mas o argumento é válido. Exemplo (2): nenhum americano é europeu – verdade: ora, nenhum europeu é asiático – verdade; logo: nenhum americano é asiático – verdade. Constata-se que as três proposições são verdadeiras, mas as premissas não sustentam a conclusão, o que torna o argumento inválido.

Proposição é a expressão ou enunciação do juízo. Exemplo: todos os homens são mortais. Felisberto ama Ana Bela. Felisberto é mortal.

Ideia é a simples representação intelectual de um objeto. A expressão verbal da ideia é o termo (faz parte da proposição). Diz-se que é representação, porque constitui um ato cognitivo (distingue-se do juízo; intelectual, porque não se confunde com imagem que é a representação apenas sensível dos objetos). A expressão verbal do conceito é o termo. Não confundir o termo com palavra, pois um termo pode ser expresso por uma ou mais palavras.

Juízo é o ato imaterial pelo qual o espírito (pensamento) afirma ou nega uma coisa de outra. Assim, concebidas as ideias, a inteligência procura determinar-lhes as relações. Exemplo: o homem é mortal, a planta não é racional (são juízos). No primeiro, afirmamos a mortalidade do homem e, no segundo, negamos a racionalidade da planta.

O *juízo* se compõe de três elementos: a) sujeito, de quem se positiva ou se nega alguma coisa; b) atributo ou predicado, que é a coisa que se afirma ou se nega ao sujeito; c) uma afirmação ou negação. Diz-se juízo afirmativo, quando se afirma uma relação de conveniência entre o sujeito e o predicado; juízo negativo, quando se nega uma relação de conveniência entre o sujeito e o predicado; juízos analíticos, quando a ideia do predicado está contida na ideia do sujeito (todo homem é racional); juízos sintéticos, quando a ideia do predicado não está contida na ideia do sujeito (este homem é velho).

Raciocínio é a operação pela qual o espírito, de uma ou várias relações conhecidas, conclui outra relação. É o encadeamento de juízos, com o fim de conclusão. *Raciocínio indutivo* é o que vai da particularidade para o geral; e o *dedutivo*, que vai do geral ao particular.

O pensamento é raciocínio quando relaciona duas ideias, tomando-se uma como premissa e outra como conclusão. Se uma ideia serve de ponto de partida para outra ideia, existe vínculo entre ambas. A ideia fundamentadora é a premissa e a fundamentada é a conclusão. Importa destacar que nem todo pensamento é raciocínio e nem todo raciocínio é lógico, pela ausência de relacionamento entre as ideias, ou por falta de organização. A *lógica* é instrumento de organização do raciocínio.

Raciocínio jurídico e matemático: o raciocínio jurídico se distingue do raciocínio matemático, principalmente porque a este se aplicam as leis da lógica, enquanto àquele se impõe um elemento decisório, que é um juízo de valor. A lógica jurídica é ligada a valores. A formação de conceitos jurídicos serve à ordem da vida social, segundo certos conceitos de valor; mas não tem nenhum sentido, em última análise, em si mesmos.

Lógica da definição é uma operação lógica com dois problemas a resolver: fixar os traços essenciais do objeto definido; distinguir o objeto dos outros objetos. Supõe proporcionalidade entre o conceito determinando e o indeterminado; evita o círculo vicioso; precisão e clareza e isenção de ambiguidades.

Os termos seguintes foram pesquisados na obra de Sílvio Macedo.[258]

Lógica do Juízo Jurídico: constitui uma unidade de pensamento, uma estrutura de conceitos, não uma arrumação de conceitos. Sua expressão verbal é a proposição, que tem estrutura morfossintática, semântica e situação objetiva. Os juízos são classificados em: a) de existência (os enunciativos, os da lógica comum) e b) juízos normativos (os da lógica jurídica, axiológicos).

Contradição: é uma relação entre uma proposição universal negativa e uma particular positiva, e entre uma universal afirmativa e uma particular negativa (oposição, antítese).

Contraditório: é uma relação de oposição contraditória entre funções de verdade contraditórias. É essencial no Direito Processual. A toda acusação corresponde uma defesa.

Arbítrio: ato de vontade; volição, gosto, livre arbítrio, liberdade; opção, propósito, intenção. Arbitrariedade é a patologia do arbítrio. Exemplo: no Direito Processual Civil, o juiz arbitra honorários advocatícios (art. 85, § 8º, CPC).

Debate-discussão é um processo dialético de teses e possíveis antíteses, com o propósito de demonstrar a verdade. O debate é um processo intelectual, imprescindível na convivência humana. A disputa é algo negativo. O debate utiliza-se dos métodos dialético

---

258. MACEDO, Sílvio. *Curso de lógica jurídica*. Rio de Janeiro: Forense, 1984. pp. 80 e ss.

e retórico, porque a função principal é persuadir. Em se tratando de debate jurídico, aí estão todos os elementos da lógica jurídica que devem ser estudados.

Retórica: compreende-se como sendo um conjunto de técnicas comunicativas pelas quais se busca o convencimento do interlocutor. Exemplo (1): o advogado organiza ideias, transcreve doutrinadores, cita jurisprudência, relata fatos, na petição inicial, com o objetivo de convencer o juiz a decidir em favor da pretensão defendida. Exemplo (2): o juiz, quando profere a decisão, procura fundamentá-la para convencer da sua pertinência. O leitor deve ficar convencido de que a solução encontrada foi a mais adequada, justa e possível. Convencer é obter a adesão de alguém à própria ideia.

Convencimento jurídico: resulta do processo pelo qual o interlocutor compartilha da mensagem emanada pelo orador. O interlocutor não se limita a entender ou aceitar a mensagem, mas adota-a como sua.

Bom senso: é a faculdade de distinguir o falso do verdadeiro, através da razão.

Verdade lógica: denomina-se verdade lógica a conformidade da inteligência com as coisas, e só existe no juízo. Assim, as coisas são consideradas verdadeiras na medida em que estão conformes às ideias, segundo as quais as coisas foram feitas. Portanto, a verdade é a conformidade do espírito com a realidade. A verdade da decisão para o juiz é a conformidade do espírito do julgador com a realidade contida no processo, pois o julgamento é realizado segundo a realidade contida nos autos do processo: "*secundum acta et probata*", eis que "*quod non est in actis non est in mundo*".

Opinião: consiste numa afirmação, admitindo, porém, que outras razões possam levar a sua negação, em face de opinião outra em sentido contrário (juiz não opina: decide).

Certeza: é o estado da inteligência que consiste na adesão firme a uma verdade conhecida, sem possibilidade de equivocar-se. O fundamento da certeza é a evidência.

Erro: é a desconformidade do juízo com as coisas.

Prova: é a soma dos meios produtores em busca da certeza.

Dúvida é o estado de espírito, em face de motivos afirmativos e negativos. Exemplo: na petição inicial são narrados o fato e o direito; na contestação nega-se o fato ou o direito, ou negam-se ambos. A dúvida extingue-se na sentença. A motivação pode constituir-se da seguinte forma: a) a superioridade de motivos negativos gera a imparcialidade; b) a igualdade dos motivos negativos e dos afirmativos gera a credibilidade; c) a prevalência dos motivos afirmativos sobre os negativos gera a probabilidade; d) o que é provável pela superioridade, é improvável pela inferioridade dos motivos negativos; e) na prevalência dos motivos negativos sobre os afirmativos ocorre a probabilidade em favor dos negativos.

Regras do raciocínio dedutivo:

a) do antecedente verdadeiro, o consequente lógico é verdadeiro (princípio da identidade);

b) do antecedente falso, o consequente é falso;

c) do antecedente necessário só há consequência necessária;

d) do antecedente possível pode haver consequente possível ou necessário.

Silogismo (ligação): consiste em um argumento dedutivo, pelo qual um antecedente (duas proposições), que liga dois termos a um terceiro, tira um consequente (uma proposição), que liga aqueles dois termos entre si. Exemplo: "É justa a posse que não for violenta, clandestina ou precária" (art. 489, CC). Ora, a posse de Pedro não é violenta, clandestina ou precária: logo, a posse de Pedro é justa.

Regras do silogismo:

a) *termo maior* representa-se por *T*, que tem a maior extensão (premissa maior) – afirmativo. O homem (sujeito) é (afirmação) um ser racional (predicado);

b) *termo menor* (pode ser sujeito ou predicado), representado por *t*, que tem a menor extensão (premissa menor) – comparativo. Ora, João (sujeito) é homem (predicado);

c) *termo médio*, M que tem extensão intermediária entre T e t (conclusão), logo: João (s) é racional (p).

Observações: são três proposições; cada proposição tem dois termos: sujeito e predicado.

A *premissa maior*, formada pela norma jurídica, deve ser enunciada na forma lógica-deôntica, ou seja, antecedente ligado ao consequente pelo verbo "dever ser".

A *premissa menor* decorre de inferência do caso concreto, isto é, inferência, conclusão, liga-se à premissa maior, em face do princípio da identidade.

A *conclusão* se relaciona com a decisão.

Norma (premissa maior)

Caso concreto (subsunção)

Decisão (conclusão).

Exemplo: artigo 159 do Código Civil.

Premissa maior: Todo aquele que causar dano tem o dever de repará-lo;

Premissa menor: A ré causou um dano à autora;

Conclusão: A ré tem a obrigação de repará-lo.

Silogismo da Petição Inicial:

I) *o fato* (premissa menor);

II) *o fundamento jurídico* (premissa maior);

III) *o pedido* (conclusão).

Silogismo da Sentença:

I) *questões de fato* (premissa menor);

II) *questões de direito* (premissa maior);

III) *resolução das questões* (conclusão).

Na definição da estrutura formal do silogismo, nota-se que ela não se apresenta constituída apenas por enunciados de dever-ser (deônticos). A premissa menor constitui-se a partir da afirmação de um fato da realidade, considerando-se ainda que os fatos não ingressam no mundo jurídico tal como realmente aconteceram. Os fatos não provados (embora ocorridos) consideram-se inexistentes no mundo jurídico. O profissional do Direito não argumenta a partir dos próprios fatos, mas da feição que eles assumem nos autos do processo. Pelos argumentos trazidos, a feição processual dos fatos pode mudar. O que tem relevância para a decisão judicial não é o fato em si, mas a sua descrição pelos meios de prova juridicamente aceitos.

O processo de aplicação jurídica do Direito inicia-se com a valorização provisória dos fatos e a individualização da norma. A seguir, entrecruzam-se as apreciações fáticas e normativas, já que os fatos são entendidos e considerados a partir de sua referência legal, e a lei é interpretada no contexto das situações fáticas.

Epiquerema: é o silogismo usado nos argumentos, pois apresenta facilidade no discurso, sem recorrer ao silogismo completo. Exemplo: na petição inicial de execução extrajudicial.

A é credor de B, em face de título de crédito, vencido e não pago:

Ora, B deve pagar em 24 horas, sob pena de penhora (CPC, 612);

Logo, A pede o pagamento do valor, no prazo legal, pena de penhora.

Presunção: é a ilação que se tira de um fato conhecido para provar outro desconhecido (silogismo).

Indução: a indução é uma das formas de raciocínio, cuja inferência vai do particular para o geral. A indução percorre o caminho dos fatos que são individualizados e apresentáveis na experiência real. A inteligência vai do sensível, singular, para o inteligível, universal. Indução legítima e completa. Exemplo: os vegetais, os animais e os homens têm processo nutritivo; os vegetais, os animais e os homens são seres vivos; logo, todo corpo vivo tem processo nutritivo. Indução legítima incompleta: A prata, o ouro e o ferro são metais; logo, os metais são bons condutores de eletricidade. Indução própria ilegítima: Antônio, Paulo e Pedro são alagoanos; Antônio, Paulo e Pedro são homens; logo, todo homem é alagoano.

Analogia: é uma forma de indução, cujas características são a conclusão provável e a conclusão do particular para o particular.

Espécies de analogia: a) argumentação *a priori* ou analogia simples. Exemplo: este remédio curou fulano, logo, curará sicrano. Argumentação *a fortiori*: a conclusão pronuncia uma asserção mais forte que a contida no antecedente. Exemplo: o fumo prejudica aos jovens sadios; logo, prejudica mais aos velhos e doentes. Argumentação a contrário: conclusão pelo resultado contrário. Exemplo: o analfabetismo é causa do subdesenvolvimento; a política nacional torna obrigatória a educação primária, portanto é causa do desenvolvimento. A analogia supõe relação de semelhança entre os fenômenos.

Falácia: é o erro de argumentação sob o ponto de vista lógico. *Falácias formais* – são aquelas que resultam da inobservância de regras lógicas. *Falácias não formais* – decorrem de sua insubsistência lógica, mas podem fundamentar um argumento convincente, se o interlocutor não se aperceber da ambiguidade ou da irrelevância da premissa, presentes no raciocínio do orador. Exemplo: (a) o *argumento terrorista* é uma falácia não formal.

Através dele fundamenta-se uma determinada decisão jurídica afirmando-se que o contrário redundaria numa prática desastrosa (mobilização do sentimento do julgador = irracional); (b) *argumento "ad hominem"* é uma falácia não formal consistente em denegrir a imagem de uma pessoa, com vistas a comprometer a procedência de suas afirmações; (c) *argumento "adignorantiam"* é uma falácia não formal relativamente à afirmação de uma veracidade pela falta de demonstração de sua falsidade, sem substância lógica, mas admitida pelo direito, quando a lei a estabelece. É o caso da presunção da inocência de pessoa acusada pela prática de algum ato ilícito penal; presunção da paternidade; (d) *argumento "ad misericordiam"* é uma falácia não formal, o convencimento contido no apelo à piedade do interlocutor, utilizado no Tribunal do Júri, pelos defensores dos acusados; (e) *argumento "ad verecundiam"* é uma falácia não formal com caráter de autoridade, consistente na invocação de opinião de terceiro, respeitado pelo interlocutor (destinatário), coincidente com o argumento defendido pelo orador (pareceres de juristas renomados).

O argumento falacioso não formal tem o objetivo de convencer (persuadir) o interlocutor (destinatário), mobilizando *suas emoções*, de modo a não acionar completamente suas faculdades racionais de percuciência, de sorte a não perceber o caráter falacioso do argumento. É muito comum a sua utilização quando se pretende obter uma decisão liminar.

Sofismas: são raciocínios que repousam sobre juízos tais que implicam necessariamente a asserção de outra coisa, que não os afirmados inicialmente e em consequência destas:

A convivência com um criminoso é uma presunção de criminalidade;

Ora, este homem convive com um criminoso;

Logo, é de presumir-se que ele também é um criminoso.

Todo homem pode matar em caso de legítima defesa;

Logo: todo homem pode matar.

Um homem é acusado de homicídio, com base em prova irrefutável.

O defensor deveria provar a negativa de autoria; no entanto, prova ser o acusado bom pai de família, com vistas a desviar a atenção dos jurados da causa principal (usual em Tribunal de Júri).

Verossimilhança: assemelha-se à verdade, parecendo verdadeiro; provável; aquilo que é mais conforme com a natureza das causas; o que está de acordo com os resultados de observações constantes e experiências reiteradas; o que melhor responde à opinião dos homens sensatos e honrados e o testemunho da multidão.

Capítulo II
Orientações e Técnicas para a Elaboração de Sentença Cível em Provas de Concursos Públicos

Sumário: 1. Expressões utilizadas – 1.1 Tratamento das partes (alguns exemplos) – 1.2 Expressões que indicam argumentação das partes (alguns exemplos) – 1.3 Expressões indicativas de solicitações (alguns exemplos) – 1.4 Expressões que antecedem citações legais, doutrinárias e jurisprudenciais (alguns exemplos) – 1.5 Expressões conclusivas do magistrado (alguns exemplos) – 1.6 Expressões relacionadas à instrução do processo (alguns exemplos) – 1.7 Expressões com viés argumentativo (alguns exemplos) – 1.8 Expressões com viés expositivo (alguns exemplos) – 1.9 Outras expressões de uso variado (alguns exemplos) – 2. Dicas iniciais básicas e elementares – 2.1 Estruturação em tópicos – 2.2 Variações com ou sem espaço/tempo – 2.3 Desvendando o enunciado – 2.3.1 Fases básicas de estudo do enunciado proposto e elaboração da sentença cível – 2.4 Estruturação da sentença cível – 2.4.1 Relatório – 2.4.2 Fundamentação – 2.4.2.1 Estrutura da fundamentação – 2.4.3 Dispositivo – 2.4.3.1 Estruturação do dispositivo. 3. – Orientações finais.

Na segunda parte da obra, para esta edição, em parceria com Maria Eduarda Pereira Borges[1] e Joni Bonfim Aguiar[2], voltamos nossos olhos para os concurseiros, ou seja, aos postulantes à magistratura. Traremos aqui um conteúdo escrito de forma direcionada (quase apostilada). A ideia é facilitar o caminho daquele que sonha com a aprovação nos certames da magistratura. Nesse momento não nos aprofundaremos com minúcias teóricas ou doutrinárias, pois assim tem sido bem aceito pelo público o livro.

Aqui, como dito, o objetivo é que o leitor tenha em mente uma espécie de apostila de sentença cível. Trataremos questões pertinentes do certame, desde o recebimento da prova até a estruturação da sentença nas folhas definitivas de resposta.

O propósito do presente capítulo é apresentar aos leitores o processo de elaboração da sentença cível.

Abordaremos aqui um viés prático: sua estruturação, expressões jurídicas a serem empregadas de acordo com o caso concreto, traçando dicas básicas e elementares, além de trabalhar alguns modelos de sentenças cíveis.

Além de seu conteúdo, a sentença precisa obedecer a uma forma, de modo que sua inobservância ocasiona à nulidade do ato.

---

1. Estagiária de Direito no Tribunal de Justiça do Estado do Paraná-TJ-PR, Acadêmica em Direito pela UNIPAR-Universidade Paranaense.
2. Estagiário de Direito no Tribunal de Justiça do Estado do Paraná-TJ-PR, Acadêmico em Direito pela UNIPAR-Universidade Paranaense.

Ao confeccionar uma sentença, devemos contemplar seus elementos essenciais. A teor do art. Art. 489 do Código de Processo Civil, são elementos essenciais da sentença: o relatório, que conterá os nomes das partes, a identificação do caso, com a suma do pedido e da contestação, e o registro das principais ocorrências havidas no andamento do processo; os fundamentos, em que o juiz analisará as questões de fato e de direito e o dispositivo, em que o juiz resolverá as questões principais que as partes lhe submeterem.

> A sentença declarada nula por inobservância dos requisitos legais, poderá ser invalidada, em sede de recurso de apelação, ou poderá ser objeto de ação rescisória, por *error in procedendo*.
>
> Ementa: V.V. Apelação cível. Preliminar de nulidade da decisão dos embargos declaratórios que integram a sentença. Inexistência de vício. Rejeição. *A fundamentação da decisão constitui um de seus mais importantes elementos, além de ser exigência expressa do art. 93, IX, da Constituição Federal, e sua ausência, como requisito essencial, torna-a sujeita a nulidade. Não havendo o vício alegado e, apresentando todos os elementos essenciais elencados no art. 489 do CPC, deve ser rejeitada a alegação de nulidade de decisão dos embargos declaratórios, cujo conteúdo passa a integrar a sentença.* v.v. Apelação cível. Ação de arbitramento de aluguel c/c cobrança. Primeiro recurso. Preliminar de nulidade da decisão dos embargos de declaração. Ausência de vício e de fundamentação. Nulidade reconhecida. 1. É de ser reconhecida a nulidade da decisão que acolhe os embargos de declaração, com efeitos infringentes, alterando substancialmente a verba honorária, sem a devida fundamentação e sob argumento genérico, em evidente contrariedade ao que estabelecem os artigos 489 do CPC e 93, IX, da CF. 2. Preliminar acolhida. (TJ-MG - AC: 10220140022223002 Divino, Relator: Fausto Bawden de Castro Silva (JD Convocado), Data de Julgamento: 08/06/2021, Câmaras Cíveis / 9ª CÂMARA CÍVEL, Data de Publicação: 17.06.2021).

1. EXPRESSÕES UTILIZADAS

Em um primeiro momento faremos um breve recorte e, somente de modo expositivo, traremos algumas expressões comumente utilizadas nas sentenças cíveis e em que momento elas devem ser apresentadas.

1.1 Tratamento das partes (alguns exemplos)

Autor / Réu;

Parte Autora / Parte Ré;

Parte Requerente / Parte Requerida;

Requerente / Requerido;

Demandante / Demandado; e

Exequente / Executado.

Preferir a utilização de somente uma designação ao longo de toda a sentença, salvo se o texto se mostrar muito repetitivo e cansativo quando, então, pode-se adotar uma designação secundária. Importante saber que em alguns momentos há uma designação específica e técnica a ser utilizada (ex.: Embargante e Embargado e não Autor e Réu). Quando houver esta especificidade, sempre optar pela terminologia mais específica em desprestígio às gerais.

1.2 Expressões que indicam argumentação das partes (alguns exemplos)

Alega;

Aduz;

Assevera;

Informa;

Noticia;

Afirma;

Invoca;

Verbera;

Ressalta;

Pondera;

Diz;

Aponta;

Sustenta; e

Obtempera.

Neste caso deve-se variar bastante entre as expressões, evitando a repetição. O mesmo se aplica para todos os outros blocos de expressões.

1.3 Expressões indicativas de solicitações (alguns exemplos)

Requer;

Pede;

Pugna;

Pleiteia; e

Busca.

1.4 Expressões que antecedem citações legais, doutrinárias e jurisprudenciais (alguns exemplos)

Dispõe;

Preconiza;

Estabelece;

Leciona;

Nos Ensina;

Reza; e

Prescreve.

1.5 Expressões conclusivas do magistrado (alguns exemplos)

Deixo de Acolher;
Rejeito;
Não Merece Prosperar;
Não Merece Acolhida;
Não Merece Acolhimento;
Afasto; e
Refuto.

1.6 Expressões relacionadas à instrução do processo (alguns exemplos)

Conjunto Probatório;
Provas que Lastreiam os Autos;
Provas Acostadas;
Provas Trazidas;
Provas Jungidas; e
Universo Probatório Coligido aos Autos.

1.7 Expressões com viés argumentativo (alguns exemplos)

Assim;
Com Efeito;
Ademais;
Outrossim;
Dessa Forma;
Nesse Sentido;
Entretanto; e
Por Outro Lado.

1.8 Expressões com viés expositivo (alguns exemplos)

No Caso em Tela;
No Caso em Apreço;
Na Hipótese dos Autos;
Na Situação Vertente;
Na Espécie;
Na Situação em Estudo; e
No Presente Caso.

1.9 Outras expressões de uso variado (alguns exemplos)

Há que se Observar;
Não se pode Olvidar;
Importante Ponderar;
Tem-se que;
A propósito;
Necessário Observar;
Convém Ressaltar;
Convém Destacar;
Interessante Acrescentar;
Ao Teor do Exposto;
Ante o Exposto;
Por Último;
Por Derradeiro;
Ao Final;
Convém Esclarecer;
Ressalte-se que;
Restou Comprovado;
No que Tange;
No que Pertine;
Em Relação;
No que se Refere; e
Por Fim.

2. DICAS INICIAIS BÁSICAS E ELEMENTARES

- Não se relacionam com a boa técnica processual quando da redação da sentença cível, mas sim com questões de ordem *estilística*, (imagem, clareza). – *Boa impressão que o candidato quer causar* com a sentença que será submetida à apreciação.
- O candidato deve ter clareza e objetividade, *evitando expressões vazias e a repetição*.
- Não se deter muito tempo em um só assunto, pois a prova de sentença é dividida em tópicos/itens que o candidato deve abordar/superar em sua *integralidade*.
- *Abordar todos os assuntos que o examinador deseja*.
- Evitar o uso de expressões estrangeiras, salvo se for inevitável ou em se tratando de expressões já consagradas no direito brasileiro. *Ter certeza da grafia adequada.*
- Primar pela linguagem jurídica técnica e *não utilizar palavras ou expressões antiquadas* (ex.: petição inicial, e não "peça vestibular" ou "exordial"; apelação,

e não "apelo"; recurso extraordinário, e não "apelo extremo"; Constituição da República, e não "Carta Magna" ou "Carta Primaveril"; Código de Processo Civil, e não "Código de Ritos" ou "Digesto Adjetivo"; juiz, e não "douto togado"; advogado, e não "causídico"; Tribunal de Justiça, e não "Casa de Justiça" ou "Corte de Apelação"; Supremo Tribunal Federal, e não "Suprema Corte ou "Excelso Sodalício" etc.).

- *Evitar adjetivações de louvor* (ex.: o "saudoso" Hely Lopes Meirelles, o "culto" Luiz Roberto Barroso; o "sempre abalizado" entendimento de Carlos Ayres Brito; o "ínclito" magistrado; o "magnânimo" Tribunal de Justiça de ... etc.).
- Deve-se cuidar para que a sua sentença tenha *"linguagem de juiz"*, ou seja, que o examinador identifique, quando da leitura da sentença, um *candidato vocacionado ao cargo que almeja*.
- Evitar o *"pedir" em sentença*. Superar a "linguagem do advogado".
- Indicar *todos os dispositivos constitucionais e legais possíveis*. Não se deve transcrevê-los, mas a indicação de absolutamente todos os dispositivos é de suma importância.
- Citação de súmulas e jurisprudência exige plena convicção e cautela.
- *Divisão em tópicos*: neste ponto, há divergência entre os professores. A divisão em tópicos facilita na estruturação e clareza, mas, não se pode transformar a sentença em um "caderno" ou em um "índice remissivo", o que demonstra despreparo e até mesmo certa infantilidade por parte do candidato. Quais tópicos? Básicos + pontos extremamente relevantes. Exige muito do "sentir" do candidato.
- Por último e não menos importante, mister ressaltar que a *administração do fator "tempo"* é de fundamental importância, por isso, aposte em simulados, adotando o hábito de realizá-lo com um cronômetro e administre o tempo, lembre-se, na hora da prova o candidato poderá se deparar com diversos fatores externos que podem fazer com que o mesmo fique pressionado e se disperse no tempo, evite distrações e concentre-se; *a caligrafia*, associada ao primeiro tópico mencionado, também é um requisito para que o leitor e examinador, possa compreender o que foi escrito pelo candidato, assim, caso a letra não esteja boa, relevante a prática para que fique, sequer, legível; *a organização*, traçada no sentido de ter um texto em que haja coerência e coesão, sendo que um texto coeso é aquele que tem forma, estrutura e sentido, por sua vez, um texto coerente é aquele detentor de ideias lógicas, simétrico, que seguem uma linha de raciocínio.

2.1 Estruturação em tópicos

- Deve-se observar a ordem do art. 489 do CPC (relatório, fundamentação e dispositivo).
- Estruturar todos os itens da forma mais adequada à análise das questões em uma sequência lógica – fluxo lógico (ex.: não se fundamenta o valor da indenização sem antes fundamentar a existência do dever de indenizar).

Preleciona o referido artigo 489 do CPC que:

Art. 489. São elementos essenciais da sentença: I – o relatório, que conterá os nomes das partes, a identificação do caso, com a suma do pedido e da contestação, e o registro das principais ocorrências havidas no andamento do processo; II – os fundamentos, em que o juiz analisará as questões de fato e de direito; III – o dispositivo, em que o juiz resolverá as questões principais que as partes lhe submeterem. § 1º Não se considera fundamentada qualquer decisão judicial, seja ela interlocutória, sentença ou acórdão, que: I – se limitar à indicação, à reprodução ou à paráfrase de ato normativo, sem explicar sua relação com a causa ou a questão decidida; II – empregar conceitos jurídicos indeterminados, sem explicar o motivo concreto de sua incidência no caso; III – invocar motivos que se prestariam a justificar qualquer outra decisão; IV – não enfrentar todos os argumentos deduzidos no processo capazes de, em tese, infirmar a conclusão adotada pelo julgador; V – se limitar a invocar precedente ou enunciado de súmula, sem identificar seus fundamentos determinantes nem demonstrar que o caso sob julgamento se ajusta àqueles fundamentos; VI – deixar de seguir enunciado de súmula, jurisprudência ou precedente invocado pela parte, sem demonstrar a existência de distinção no caso em julgamento ou a superação do entendimento. § 2º No caso de colisão entre normas, o juiz deve justificar o objeto e os critérios gerais da ponderação efetuada, enunciando as razões que autorizam a interferência na norma afastada e as premissas fáticas que fundamentam a conclusão. § 3º A decisão judicial deve ser interpretada a partir da conjugação de todos os seus elementos e em conformidade com o princípio da boa-fé.

- Deve-se tomar cuidado para que não se tenha um julgamento *extra*, *ultra* ou *citra petita*, por isso, durante a fundamentação e no dispositivo, certifique-se de que está julgando *exatamente a matéria posta na demanda*. Essa regra não se aplica aos *pedidos implícitos* que são exceção ao Princípio da Congruência (ou adstrição) da Sentença ao Pedido.
- Sentença ilíquida = liquidação futura que depende de requerimento (credor ou devedor) – Art. 509 do CPC.
- Em regra, o relatório já virá pronto na prova como enunciado.
- *Atenção*: não fazer o relatório somente se ele estiver efetivamente dispensado pelo enunciado.

2.2 Variações com ou sem espaço/tempo

Poder Judiciário do Estado do Paraná.

Autos sob o n.

Autor

Réu

I – RELATÓRIO

Relatório dispensado pelo enunciado. Passo a fundamentar e decidir.

- QUASE IMPOSSÍVEL, mas, se houver alguma arguição preliminar que deva ser acolhida e que importe em extinção do processo sem resolução de mérito (integralmente), ou arguição de prescrição ou decadência (prejudicial de mérito) que deva ser acolhida e que importe em extinção da pretensão por completo, elaborar a sentença sem adentrar na análise das provas.

- A situação acima descrita é possível (até provável) com relação a parte dos pedidos ou eventualmente com relação a algum litisconsorte.
- Analisar as provas buscando a solução para cada questão de fato. Se, sobre alguma questão de fato não for possível chegar a uma conclusão por meio das provas, restará *aplicar as regras legais de distribuição do ônus da prova como forma de solucionar a questão*.
- Se as questões forem exclusivamente de direito, não haverá necessidade de analisar provas. Questões exclusivamente de direito certamente aparecerão na prova como forma de ampliar as possibilidades de pontuação.
- *Atenção para as intervenções de terceiro e questões processuais pendentes.*
- *Quanto às intervenções de terceiro, analisaremos adiante, mas, desde logo, antecipamos que elas devem ser analisadas no seguinte contexto:*

  a) Momentos de Apreciação;

  b) Admissão ou não;

  c) Fundamentação;

  d) Dispositivo;

  e) As ditas questões processuais pendentes;

  f) Ex.: desentranhamento;

  g) Momento de apreciação.

2.3 Desvendando o enunciado

Quando o juiz, no exercício da jurisdição, tem o dever de prolatar a sentença, normalmente o faz na presença dos autos, após o regular trâmite processual, muitas vezes por ele presidido. Isto quer dizer que o julgador já está familiarizado com a questão e pode fazer tantas pesquisas quantas forem necessárias, valendo-se de todos os instrumentos colocados à sua disposição.

Diferente é a elaboração da sentença em concurso público; primeiro, porque o tema é desconhecido; segundo, pela pressão do transcorrer do tempo estabelecido para a sua conclusão; terceiro, porque os textos são incompletos.

2.3.1 Fases básicas de estudo do enunciado proposto e elaboração da sentença cível

1º PASSO:

a) Assim que receber a prova, fazer a primeira leitura do enunciado completo de maneira "rápida" e "descompromissada".

b) O objetivo nesse momento é que a ansiedade seja afastada (pelo menos um pouco) e que o candidato possa se "situar" na prova, ou seja, possa identificar, pelo menos de maneira superficial, qual o *assunto base* da sentença cível.

c) No referido momento, ainda que de forma descompromissada, deve-se buscar/eleger, internamente, qual ponto do direito que deveremos investigar.

2º PASSO:

a) Em uma segunda leitura do enunciado, deve-se *identificar no rascunho (cuidado para não rasurar o enunciado, pode haver uma vedação que implique em eliminação)* todos os pontos chaves a serem abordados na fundamentação, tais como preliminares, fundamentos do pedido, pontos controvertidos, provas e, principalmente, os pedidos.

b) Durante essa nova leitura do enunciado (dessa vez mais detida) deve-se organizar (nas folhas de rascunho) o seguinte (conteúdo mínimo):
- Identificar quais os fatos alegados e o(s) pedido(s)
- Qual o pedido do autor?
- Há alguma tutela provisória (art. 294 e seguintes do CPC)?
- Identificar na resposta as arguições preliminares e prejudiciais, se houver, além de todas as teses impeditivas, modificativas ou extintivas suscitadas.
- Quais as defesas apresentadas pelo réu?
- Há alguma preliminar?
- Há alguma prejudicial de mérito?
- Há algum pedido relativo a intervenção de terceiros?
- Há algum pedido formulado pelo réu (reconvenção ou pedido contraposto)?
- Quais as provas produzidas ou requeridas? Houve instrução?
- Há algum incidente ou questão pendente de resolução (ex.: impugnação ao valor da causa)? Há alguma providência processual pendente?
- Há alguma matéria de ofício a ser conhecida?
- Tendo como base os fatos alegados na petição inicial e na contestação, identificar os *fatos sobre os quais existe discordância entre as partes*. Tais fatos passam a ser considerados pontos controvertidos (questões de fato); *é sobre eles que a sentença deverá decidir (analisar todos)*. É possível que, em vez ou além da controvérsia sobre fatos, haja controvérsia sobre a interpretação ou aplicação de norma jurídica (questões de direito).
- Quem tem razão?
- Tal questionamento se dá tanto de forma *macro* (quem efetivamente sairá "vencedor"), quanto de forma *micro* (quem tem razão quanto a cada uma das teses formuladas). Isso porque *nem sempre o "vencedor" tem todas suas teses acolhidas*.

c) Dispositivo/Conclusão:
- É caso do art. 485, CPC (sentença sem resolução do mérito), ou do art. 487, CPC (sentença com resolução do mérito)?
- Na hipótese do art. 487 do CPC, qual é o provimento jurisdicional (condenatório, declaratório, constitutivo, executivo ou mandamental)?

- Qual regime dos juros e da correção monetária no caso de sentença condenatória?
- Qual o regime das Despesas, dos Honorários Advocatícios e das Multas? (Seção III – Das Despesas, dos Honorários Advocatícios e das Multas – Artigos 82 a 97).
- *Os honorários advocatícios não podem ser compensados. A Súmula n. 306 do Superior Tribunal de Justiça, que admitia a compensação, não tem mais eficácia, devendo ser observado o disposto no artigo 85, § 14, CPC.*
- O sucumbente é beneficiário da gratuidade de justiça? ATENÇÃO: mesmo os beneficiários da gratuidade de justiça devem ser condenados ao pagamento da verba de sucumbência (art. 98, §§ 2º e 3º do NCPC).
- É caso de reexame necessário?
- O que fazer com a tutela de urgência? Confirmar? Deferir?
- Há alguma providência especial a ser tomada?

3º PASSO:

a) Pesquisar na legislação *toda a fundamentação legal que será utilizada*. Estruturar no rascunho as razões que serão invocadas para acolher ou afastar absolutamente todas as teses levantadas. Utilizar a *maior quantidade possível de artigos*.

4º PASSO:

a) Estruturar todo o *esqueleto* da sentença no rascunho, de maneira breve. Isso *evita que a sentença fique sem uma estrutura lógica e que aspectos importantes sejam esquecidos*. No momento da elaboração da sentença no caderno de provas, sempre *conferir/checar com a estrutura do rascunho*.

5º PASSO:

a) Redigir a sentença.

6º PASSO

a) Revisar a sentença, verificando se *todas as questões foram solucionadas de forma clara e precisa*. Caso tenha se esquecido de algo, mesmo que esteticamente fique ruim, dê um jeito de fazer a análise das questões faltantes.

2.4 Estruturação da sentença cível

- *Abertura*:

Poder Judiciário de Estado de...

Autos do Processo sob o n...

Autor...

Réu...

2.4.1 Relatório

1º parágrafo:

- Ex.: "Trata-se (ou cuida-se) de ação (DEMANDA) XXX ajuizada por YYY em face de (ou contra) ZZZ, devidamente qualificadas nos autos, onde se postula (...)."
- Ex.: "YYY ajuizou a presente ação em face de ZZZ, ambos devidamente qualificados nos autos, postulando (...)."
- O correto seria utilizar o termo "demanda", que é diferente de "ação". Ação é o direito público, abstrato e subjetivo de pedir um provimento jurisdicional. Demanda é o exercício concreto desse direito.
- Tecnicamente também não seria preciso/recomendado "intitular" a demanda. Ex.: "ação de indenização por danos morais e materiais", "ação ordinária", "ação regressiva", "ação de usucapião" etc.
- No rigor técnico processual, as demandas não têm nome, apesar de a legislação, por vezes, atribuir-lhes nomes ao disciplinar os seus respectivos procedimentos (ação de despejo, ação possessória, ação monitória etc.).
- O importante é sempre estar atento ao pedido, pois é este que determina o procedimento a ser seguido e que delimita a lide, à qual a sentença deve ficar adstrita.
- *Em se tratando de concurso público, a boa técnica cede lugar àquilo que o enunciado nos propõe, de forma que optaremos por "dar nome à ação".*

2º parágrafo:

- *Expor os fatos alegados na petição inicial e delimitar os pedidos e os requerimentos* (a depender da complexidade, da quantidade de argumentos, pedidos e requerimentos trazidos, pode-se fazer um mais de um parágrafo, zelando pela boa estética de sua sentença).
- Resumir as alegações, sem entrar em circunstâncias e detalhes de menor importância.
- Como regra, não é preciso mencionar os fundamentos jurídicos apresentados na petição inicial (causa de pedir próxima). Os fundamentos jurídicos somente devem ser mencionados no relatório em se tratando de demanda que discute questões exclusivamente de direito; ou de demanda que discute, além de questões de fato, alguma questão de direito que seja relevante e incomum.
- Utilizar verbos para indicar que se trata de alegações, e não fatos definitivamente comprovados (alegou, argumentou, aduziu, arguiu, sustentou, disse, afirmou, asseverou etc.).
- Usar os verbos sempre no presente (alega, argumenta etc.), mantendo, assim, a uniformidade do tempo verbal no relatório.
- Relatar os fundamentos de fato e de direito trazidos pelo autor, bem como seu pedido final (caso não tenha indicado no primeiro parágrafo).

- Ex.: "Na petição inicial, o autor sustenta, em síntese, que (...). Ao final, postula a condenação do réu ao pagamento de...".
- Ex.:
  - 1º: "Na petição inicial, o autor sustenta, em síntese, que (...)."
  - 2º: "Pediu, ao final, que o Réu seja condenado a pagar R$ 5.000,00 a título de indenização por danos materiais, bem como seja condenado a pagar R$ 100.000,00 a título de indenização por danos morais. Requereu tutela antecipada para que fosse determinado ao Réu o depósito imediato de R$ 2.500,00. Requereu os benefícios da Justiça Gratuita".
- *Separar o(s) pedidos(s) e o(s) requerimento(s).*
- O(s) pedido(s) diz(em) respeito ao(s) provimento(s) jurisdicional(is) pretendido(s) pelo demandante, podendo ser condenatório, constitutivo/desconstitutivo ou meramente declaratório, conforme a classificação trinária das demandas. Tudo o mais são requerimentos (requerimento de tutela antecipada, requerimento de Justiça Gratuita, requerimento de produção de prova pericial, requerimento de expedição de ofício para a Receita Federal etc.).
- *Próximos parágrafos do relatório:*
  a) Juntada de Documentos e Guia de Recolhimento de Custas
  - Ex.: "Houve recolhimento de custas e a petição inicial veio acompanhada dos documentos de fls..."

  b) *Se houver pedido de antecipação dos efeitos da tutela, deve-se mencionar a respectiva decisão (caso já tenha sido apreciada).*
  - "O pedido de antecipação dos efeitos da tutela foi (in)deferido por decisão de mov."
  - No caso de existir agravo de instrumento contra tal decisão, deve-se mencioná-la.
  - "Contra essa decisão, foi interposto agravo de instrumento, o qual foi (des)provido por acórdão de mov.".

  c) *Citação, Resposta e Documentos:* Não havendo outros atos processuais importantes antes da contestação, expor os *fatos alegados na contestação e delimitar os requerimentos da contestação* (a depender da complexidade, da quantidade de argumentos, pedidos e requerimentos trazidos, pode-se fazer um mais de um parágrafo, zelando pela boa estética de sua sentença).
- Ex.: "Citado, o Réu apresentou contestação e os documentos de fls., alegando, preliminarmente, (...). No Mérito, (...)".

  d) Expor as preliminares arguidas na contestação. Não é necessário, como regra, especificar os fundamentos de cada uma. Resumir as alegações, sem entrar em circunstâncias e detalhes de menor importância. Expor os fatos alegados na contestação (causa de pedir remota). Como regra, não é necessário mencionar os fundamentos jurídicos apresentados na contestação (causa de pedir

próxima). Os fundamentos jurídicos somente devem ser mencionados no relatório em se tratando de demanda que discute questões exclusivamente de direito; ou de demanda que discute, além de questões de fato, alguma questão de direito que seja relevante e incomum.

e) Utilizar verbos para indicar que se trata de alegações, e não fatos definitivamente comprovados (alega, argumenta, aduz, sustenta, diz, afirma, assevera etc.). Utilizar os verbos sempre no presente (alega, argumenta etc.), mantendo, assim, a uniformidade do tempo verbal no relatório.

- Ex.: "Em contestação (fls. 10-15), o Réu, preliminarmente, aduz a incompetência territorial deste Juízo, a inépcia da petição inicial e ilegitimidade passiva. No mérito, argumenta que a pretensão do Autor está prescrita. Sobre as questões centrais de mérito, alega que não conseguiu cruzar a Rua XXX, vindo a colidir no veículo do Autor, apenas porque o Autor dirigia em alta velocidade. Assevera que tomou todos os cuidados possíveis antes de iniciar o cruzamento e que não estava embriagado. Atribui ao Autor a culpa exclusiva pelo acidente. Sustenta que o Autor está litigando de má-fé, pois alterou a verdade dos fatos".
- Ex.: "Requereu que sejam acolhidas as preliminares ou que seja reconhecida a prescrição. Subsidiariamente, requereu que seja julgado improcedente o pedido. Requereu, ainda, que o Autor seja condenado por litigância de má-fé.".

f) Eventual incidente ou réplica (se houver).
  - "O réu apresentou reconvenção ou denunciação da lide...".
  - "O autor apresentou réplica às fls...".

g) Outros atos processuais relevantes e especificação de provas
  - "Instadas à especificação de provas, as partes postularam (...). Por decisão de fl., foi deferida a produção de prova oral. Em audiência de instrução, foram ouvidas as pessoas X, Y e Z e as partes apresentaram memoriais remissivos."

h) Finalização:
  - "É o relatório. Passo a fundamentar e a decidir."
- Outras observações quanto ao relatório:
- Ao contrário da orientação dada em alguns manuais, não redija ementa na sentença (a ementa é típica de acórdão). Se eventualmente existir alguma orientação do enunciado que indique a elaboração de ementa, basta fazer um relato pontual das questões decididas na sentença. Embora seja a primeira parte da sentença, aconselha-se a ser a última coisa feita, pois somente após a elaboração da sentença é que há condições de saber o que foi decidido.
- Evite relatórios extensos. Não há necessidade de indicar o conteúdo da prova testemunhal produzida em audiência, bastando indicar as pessoas que foram ouvidas.
- O relatório deve conter o nome das partes, resumo do pedido e da resposta do réu e registro das principais ocorrências havidas no transcurso do processo

(art. 489, I, do CPC). O mais importante no relatório é expor as alegações das partes, pois são essas alegações que determinam os pontos controvertidos (questões) a serem resolvidos na sentença. Um bom relatório, que contenha todos os fatos alegados, facilitará a elaboração da fundamentação, na qual o juiz deverá enfrentar cada fato.

- Por isso, terminada a exposição dos fatos alegados na petição inicial e na contestação, os demais atos processuais devem ser relatados de forma sintética, sem necessidade de entrar em detalhes. Somente devem ser mencionados os atos processuais mais relevantes (ex.: não é preciso mencionar que houve três nomeações de peritos, que o primeiro não foi encontrado para intimação e que o segundo recusou o encargo por tal ou qual razão; basta dizer que foi nomeado perito pelo Juízo e que este perito apresentou o laudo).
- Não valorar as provas no relatório. A análise das provas deve ser feita apenas na fundamentação.

Por fim, insta salientar que, *quando do julgamento de ações conexas (art. 55, CPC)*, todos os relatórios devem ser apresentados, individualmente, na mesma sentença.

2.4.2 Fundamentação

- Escrever de forma clara e objetiva, sempre apresentando as *ideias numa sequência lógica e respeitando as regras gramaticais*.
- *Evitar divagar* sobre temas ou institutos jurídicos. O texto jurídico forense não é trabalho acadêmico.
- Utilizar a *maior quantidade possível de fundamentos legais* (já que é permitido a consulta durante a prova), mas deve-se ter *muito cuidado com citações doutrinárias, jurisprudenciais e sumulares. Somente se utilizar dessas quando tiver absoluta certeza de seu conteúdo.*
- É o momento em que o candidato tem que mostrar maior conhecimento processual e material, pois além do mérito da lide, deve-se analisar questões preliminares, prejudiciais e processuais pendentes, bem como pedidos de antecipação de tutela etc.
- Por vezes, é melhor começar o raciocínio apresentando os fundamentos fáticos, dizendo o que ficou comprovado nos autos, para depois entrar nos fundamentos jurídicos, tratando então do direito aplicável ao caso. Doutro lado, há questões para as quais é melhor começar o raciocínio apresentando os fundamentos jurídicos, tratando do direito aplicável ao caso, para depois entrar nos fundamentos fáticos, fazendo então a análise das provas. Isso depende do caso concreto e da questão a ser analisada.
- Em uma análise inicial, deve-se atentar para o fato de que é possível que o examinador narre o pedido de produção de provas de uma das partes e, em seguida, indique a conclusão dos autos para sentença. Nesse caso, o candidato deve apreciar

o pedido de prova para rejeitá-lo e julgar antecipadamente *o mérito*. Isso deverá ser feito no *início da fundamentação*.

- Na mesma ordem de ideias, se no enunciado não houver a indicação de que houve prova produzida em audiência, será caso de julgamento antecipado do mérito (CPC, art. 355, I), o que deverá ser abordado no início da fundamentação.
- *Concluir cada tópico.*
  - Não construir frases com conteúdo decisório (ex.: "o Autor tem direito a indenização por danos morais", e não "condeno o Réu a pagar indenização por danos morais"; "é razoável fixar multa por litigância de má-fé em 10% sobre o valor da causa", e não "aplico multa por litigância de má-fé em 10% sobre o valor da causa" etc.). As palavras e expressões decisórias (condeno, determino, declaro, aplico, julgo procedente etc.) devem ser utilizadas no dispositivo.

2.4.2.1 Estrutura da fundamentação

- *Julgamento simultâneo*: se houver mais de um processo, deve-se justificar o julgamento simultâneo. Será caso de conexão ou continência. Seguem os fundamentos:
  a) CPC, art. 55 – conexão; relação de prejudicialidade; economia e celeridade processual; objetivo de evitar decisões conflitantes, mantendo a higidez e a credibilidade do Poder Judiciário; instrumentalidade – CPC, art. 277.

> Art. 55. Reputam-se conexas 2 (duas) ou mais ações quando lhes for comum o pedido ou a causa de pedir.
>
> § 1º Os processos de ações conexas serão reunidos para decisão conjunta, salvo se um deles já houver sido sentenciado.
>
> § 2º Aplica-se o disposto no caput: I – à execução de título extrajudicial e à ação de conhecimento relativa ao mesmo ato jurídico; II – às execuções fundadas no mesmo título executivo.
>
> § 3º Serão reunidos para julgamento conjunto os processos que possam gerar risco de prolação de decisões conflitantes ou contraditórias caso decididos separadamente, mesmo sem conexão entre eles.

Quanto ao NCPC, temos que

> Não há alteração quanto à caracterização da conexão, mas apenas o reconhecimento, no § 2.º, de que a conexão também pode ocorrer em se tratando de execução. No que se refere ao procedimento a ser adotado pelo magistrado que se deparar com causas conexas, o novo Código deixa claro que a reunião das ações é obrigatória. Contudo, ressalva que tal procedimento não deverá ser adotado caso uma das ações já tenha sido sentenciada, o que já havia sido sedimentado jurisprudencialmente por força da Súmula 235 do Superior Tribunal de Justiça, que dispõe que "a conexão não determina a reunião dos processos, se um deles já foi julgado. (Humberto Dalla, 2015).

Obs.: No caso de reconvenção ou de denunciação da lide, não se fundamenta o julgamento simultâneo, pois só pode haver uma sentença nessas hipóteses.

Ex.: "Os processos serão julgados simultaneamente. Com efeito, no caso, opera-se a conexão, nos termos do art. 55 do NCPC. Considerando os princípios da instrumentalidade (CPC, art. 277), da celeridade e da economia processual, o julgamento simultâneo é medida de rigor. Ademais, nesses casos, evita-se a prolação de eventuais decisões conflitantes em prestígio ao Poder Judiciário, conforme orientação do art. 55 do CPC".

- *Julgamento antecipado do mérito (caso o enunciado não indique que houve produção de prova em audiência; CPC, art. 355)* – Para tanto, vale a pena o candidato memorizar/estruturar um parágrafo padrão, pois é uma situação recorrente em concursos públicos. São fundamentos que podem ser utilizados: (a) aplicação do art. 355 do CPC; (b) ausência de cerceamento de defesa; (c) juiz como o destinatário da prova; (d) julgamento antecipado do mérito como obrigação do magistrado, e não faculdade.

- Ex.: "Promovo o julgamento antecipado do mérito com fundamento no art. 355, I, do Código de Processo Civil. O magistrado é o destinatário das provas, cabendo-lhe, portanto, indeferir as diligências inúteis ou meramente protelatórias (CPC, art. 370). No caso em apreço, não há necessidade de produção de prova oral ou pericial, já que os documentos acostados aos autos são suficientes à formação da convicção do juízo quanto aos fatos. Nesse contexto, não há falar em cerceamento de defesa. Ao contrário, preenchidas as suas condições, a providência de julgamento antecipado do Mérito é medida imposta por lei ao julgador em prol da razoável duração do processo (CF, art. 5º, LXXVIII; CPC, art. 4º). Passo ao exame das preliminares...".

- Ex. 2: "É caso de julgamento antecipado do mérito nos termos do artigo 355, I, do Código de Processo Civil. Com efeito, noto que a questão é unicamente de direito e, no que se refere aos fatos, já estão devidamente comprovados nos autos com os documentos que foram juntados pelas partes. Passo ao exame das preliminares...".

- Superada a questão envolvendo o julgamento antecipado do mérito, a primeira coisa que o Juiz deve fazer na fundamentação da sentença é analisar as preliminares eventualmente arguidas pelo réu. Muito provavelmente no concurso o candidato deverá superar todas as preliminares de alguma forma, pois o examinador quer a análise de todo o caso, inclusive e principalmente do mérito.

Preliminares de mérito

- Se o réu alegar alguma questão como preliminar que não se encontra no rol do art. 337, não se pode considerá-la, tecnicamente, como preliminar (ao menos em termos práticos de provas para concursos). Nesse caso, deve-se constar da sentença: "Aduz o réu, como preliminar, (...) Contudo, de questão preliminar não se trata, por ser tema estranho ao rol do art. 337 do CPC. Portanto, não conheço da questão suscitada que, em verdade, confunde-se com o mérito da demanda, a ser apreciado em momento oportuno.".

Art. 337. Incumbe ao réu, antes de discutir o mérito, alegar:

I – inexistência ou nulidade da citação;

II – incompetência absoluta e relativa;

III – incorreção do valor da causa;

IV – inépcia da petição inicial;

V – perempção;

VI – litispendência;

VII – coisa julgada;

VIII – conexão;

IX – incapacidade da parte, defeito de representação ou falta de autorização;

X – convenção de arbitragem;

XI – ausência de legitimidade ou de interesse processual;

XII – falta de caução ou de outra prestação que a lei exige como preliminar;

XIII – indevida concessão do benefício de gratuidade de justiça.

§ 1º Verifica-se a litispendência ou a coisa julgada quando se reproduz ação anteriormente ajuizada.

§ 2º Uma ação é idêntica a outra quando possui as mesmas partes, a mesma causa de pedir e o mesmo pedido.

§ 3º Há litispendência quando se repete ação que está em curso.

§ 4º Há coisa julgada quando se repete ação que já foi decidida por decisão transitada em julgado.

§ 5º Excetuadas a convenção de arbitragem e a incompetência relativa, o juiz conhecerá de ofício das matérias enumeradas neste artigo.

§ 6º A ausência de alegação da existência de convenção de arbitragem, na forma prevista neste Capítulo, implica aceitação da jurisdição estatal e renúncia ao juízo arbitral.

- Ao afastar as preliminares, há uma ordem lógica de apreciação (não obrigatória, mas altamente recomendável), de acordo com a sua prejudicialidade, na forma do art. 337 do CPC.

Algumas observações:

a) Competência Absoluta e Relativa:

- Incompetência Absoluta e Relativa: o art. 337 do CPC não traz a ordem correta. Em primeiro lugar o Juiz deve apreciar a sua competência para julgar o feito. Se a competência for mesmo absoluta, o será em razão da matéria, hierarquia ou da pessoa.

b) Pressupostos Subjetivos: Capacidade de Ser Parte, de Estar em Juízo e Capacidade Postulatória. Pressupostos Subjetivos (art. 337, IX): trata-se da análise da legitimidade para ser parte; legitimidade para estar em juízo e da capacidade postulatória, que não se confundem.

- A primeira é a capacidade de adquirir direitos e obrigações, sendo, pois, titular da relação jurídica posta em juízo. A legitimidade de estar em juízo atrela-se à capacidade civil de fato (os incapazes hão de ser representados ou assistidos em juízo). A capacidade postulatória resume-se na necessidade de se fazer devidamente representados por advogado inscrito na OAB, salvo nas hipóteses em que a lei permite a qualquer cidadão postular em juízo (ex.: nos JEC até 20 salários mínimos).

c) Falta ou nulidade de citação: é espécie de vício transrescisório, tamanha é a sua gravidade.

d) Inépcia da inicial: se o requerido arguir a ininteligibilidade da peça, mas defender-se substancialmente, o juiz deve superar a alegação, na medida em que não houve prejuízo à defesa.

e) Conexão: só é aceitável a alegação de conexão se houver possibilidade concreta de decisões conflitantes. Se uma das ações conexas já foi julgada, não há que se falar em conexão. O mesmo se diz entre ações de conhecimento e de execução, embora possa haver conexão entre a primeira e os embargos à execução.

f) Perempção, Litispendência e Coisa julgada
- Geralmente deve-se superar a alegação através da Tríplice Identidade das Demandas (mesmas: partes, causa de pedir e pedido). Falar da Teoria da Substanciação adotada pelo CPC (causa de pedir remota e próxima – fatos e fundamentos jurídicos).

g) Convenção de Arbitragem: preliminar que o juiz não pode conhecer de ofício.

h) Carência de Ação (*Interesse de agir e Legitimidade*)
- Carência da ação: (fórmula IL ((interesse e legitimidade)): devem ser analisadas nessa ordem).
- Interesse de agir: é decomposto em três espécies: a) Interesse Necessidade; b) Interesse Utilidade; c) Interesse Adequação (abordar os três aspectos).
- Legitimidade *ad causam*: é a "pertinência subjetiva da lide" (Buzaid), ou seja, atrela-se à titularidade dos interesses contrapostos em juízo. Mencionar a Teoria Eclética de Liebman (as condições da ação não se confundem com o mérito; são, ao contrário, requisitos que devem ser previamente ultrapassados para que o juiz possa julgar o mérito da causa).

Prejudiciais de mérito
- Prejudiciais de mérito: *prescrição e decadência*: tratar após as preliminares, mas antes do mérito. Não são efetivamente preliminares, mas sim "prejudiciais de mérito".
- Tratar TODAS as preliminares e prejudiciais da maneira mais clara possível (se necessário dividir em tópicos). O importante é que fique bastante claro para o examinador que todos os itens foram devida e objetivamente analisados.
- Afastar as questões iniciais com um chavão para adentrar ao mérito.
- Ex.: "Rejeito, pois, todas as preliminares e prejudiciais aventadas. Presentes todos pressupostos processuais e condições da ação, passo à análise do mérito propriamente dito".
- *Obs.: Condições da Ação.*
- Posição clássica: as condições da ação devem estar presentes do início ao fim do processo. Se faltou uma condição da ação ao final do processo, aplica-se o art. 485 do NCPC.

- Posição moderna: Teoria da Asserção / Apresentação – a profundidade da cognição altera de condição da ação para mérito.
- Teoria da Asserção: o que determina se algo é condição da ação ou mérito é a profundidade da cognição. Se houve audiência de instrução, a cognição é profunda.

Mérito propriamente dito
- Neste momento, analisa-se os fundamentos de fato e de direito suscitados pelo autor e pelo réu. São, em síntese, os seguintes pontos a serem observados:
  a. Síntese do que irá concluir (ex.: "Com/sem ou com razão parcial o autor" ou "O pedido deve ser acolhido em parte"). Trata-se de providência complicada de ser adotada em concursos públicos, pois exige que o candidato tenha PLENA CONVICÇÃO e CERTEZA daquilo que irá decidir.
  b. Análise das provas produzidas no processo – *Atenção* para os fatos incontroversos (CPC, art. 374, I): "Art. 374. Não dependem de prova os fatos: I – notórios; II – afirmados por uma parte e confessados pela parte contrária; III – admitidos no processo como incontroversos; IV – em cujo favor milita presunção legal de existência ou de veracidade".
  c. Rebater *todas as alegações e provas trazidas pela parte derrotada*.
  d. Expor os motivos pelos quais não ficou convencido.
- Na fundamentação jurídica, deve-se tentar indicar (a) dispositivos e princípios constitucionais aplicáveis; (b) dispositivos infra legais aplicáveis ao caso; (c) jurisprudência e (d) doutrina (conforme observações já feitas anteriormente).
  e. Análise dos pedidos
  f. *Tutela Provisória (urgência e evidência)* (caso esteja pendente de apreciação). No caso de tutela provisória deferida antes da sentença, deve o candidato, apenas no dispositivo, confirmar ou revogar a tutela de acordo com o provimento jurisdicional final.
- *Exemplo de Estrutura Tópica da Fundamentação:*
  1) II – *Fundamentação*
  2) Retomar à causa em julgamento.
     a. "Trata-se de... Interposta por... em face de... objetivando...".
  3) Analisar já no início da fundamentação se há intervenção de terceiros em sentido amplo e se ela será admitida ou não.
  4) Analisar se é o caso de Julgamento Simultâneo.
  5) Analisar se é caso de julgamento antecipado do mérito (art. 355 e seguintes) ou, em sentido amplo, qualquer caso de Julgamento Conforme o Estado do Processo (art. 354 e seguintes do NCPC).
  6) Preliminares e Prejudiciais.
  7) Mérito.

a. Fazer um comentário sobre a natureza da ação e dos requisitos dessa ação (delimitação do objeto).
b. Citar qual a matéria controvertida (se houver denunciação da lide, elaborar uma estrutura individualizada para a demanda dita principal e para a dita secundária. O mesmo se diga para outras possíveis intervenções de terceiros).
c. *Síntese do que irá concluir (ex.: "Com/sem ou com razão parcial o autor" ou "O pedido deve ser acolhido em parte") – Muito cuidado nesse ponto. Trata-se de providência arriscada que só deve ser adotada quando o candidato tiver plena convicção.
d. Montar a fundamentação com base em silogismos (fundamentação do Autor, contra-argumentação do Réu e conclusão fundamentada do magistrado (tese, antítese e síntese).

8) Tutela Antecipada.

2.4.3 Dispositivo

- *Atenção:* o dispositivo da sentença é extremamente importante para fins de pontuação na prova. Por isso, dê uma especial atenção ao estudo de como redigir adequadamente o dispositivo da sentença!
- Como regra, deve-se apreciar o mérito da demanda, já que, em concursos, é muito raro a extinção do processo sem julgamento de mérito.
- *Preliminares e o Dispositivo:* Como regra, não se mostra necessário novo afastamento das preliminares no dispositivo, já que isso já fora realizado no seio da fundamentação. Em termos práticos (para provas de concursos), vê-se com bons olhos um "novo" afastamento das preliminares. Ex.: "ante o exposto, afasto/refuto/rejeito as preliminares aventadas e julgo...".
- Dar o(s) provimento(s) jurisdicional(is).
- Não repetir razões já utilizadas na fundamentação.
- As razões devem se limitar às matérias que são típicas do dispositivo e que, por isso mesmo, normalmente não são tratadas na fundamentação (exemplos de situações que podem ser fundamentadas no dispositivo: fundamentar a condenação de uma das partes a pagar honorários ao advogado da outra parte e custas processuais; fundamentar o valor dos honorários advocatícios; fundamentar o índice de correção monetária da indenização e a forma de sua incidência; fundamentar a taxa dos juros moratórios incidentes sobre a indenização e a forma de sua incidência; etc.).
- Quando essas razões – sobre matérias típicas do dispositivo – precisarem ser mais bem desenvolvidas, tornando o texto muito extenso, deve-se optar por abrir um tópico na fundamentação para tratar delas, fazendo, no dispositivo, simples referência à fundamentação (ex.: "*Condeno* o Réu a pagar indenização por danos materiais no valor de R$ 5.000,00, atualizado monetariamente e acrescido de juros moratórios na forma da fundamentação."; neste exemplo, o índice de

atualização monetária e a taxa de juros moratórios, bem como os termos iniciais de sua incidência, são tratados em tópico específico da fundamentação). Trata-se de técnica pouco aconselhável em concursos públicos. Utilizar somente em casos excepcionais.

- Escrever o dispositivo de forma clara e precisa, de modo a não deixar margem de dúvida, pois isso evita futuras complicações na fase de execução/cumprimento da sentença.
- Ao elaborar o dispositivo, deve-se manter a coerência com o pedido formulado.
- A sentença deve ser líquida. Caso assim não seja e em havendo permissivo legal para tanto, deve-se encaminhar para liquidação por artigos ou arbitramento.
- Em ações cominatórias e nas de obrigação de fazer, não fazer ou entrega de coisa, lembrar que é possível ao juiz fixar de ofício a multa diária pelo descumprimento da prestação, mesmo que o autor não peça expressamente.
- Prestações de trato sucessivo: lembrar que o juiz deve incluir, de ofício, as prestações vencidas durante o curso do processo, mesmo na ausência de pedido expresso do autor.
- *Honorários Advocatícios:* não fixar honorários muito altos; a) se houve revelia, 10%; b) se houve JAL, 15%; c) se o procedimento foi completo ou complexo, 20%. Em todos os casos, sobre o valor da condenação e não sobre o valor da causa. Observar a aplicação do princípio da causalidade.
- *Dispositivo X Intervenção de Terceiros (algumas observações)*

a) Oposição

Não se trata mais de intervenção de terceiros como era no CPC/73. Cuida-se, em verdade, de ação autônoma na nova sistemática.

O artigo 682 do CPC prevê que: "Quem pretender, no todo ou em parte, a coisa ou o direito sobre que controvertem autor e réu poderá, até ser proferida a sentença, oferecer oposição contra ambos".

Consiste a oposição, na ação "pela qual o terceiro ingressa em processo alheio para obter para si, no todo ou em parte, a coisa ou o direito sobre que controvertem autor e réu, excluindo o direito destes" (TJMG, 1ª Câm. Civ., AC 1.0024.12.205842-3/001, Rel. Des. Geraldo Augusto, ac. 02.06.2014, DJe 05.06.2014). Observa-se que, com esse procedimento, o terceiro visa a defender o que é seu e está sendo disputado em juízo por outrem. É medida de livre iniciativa do terceiro, simples faculdade sua, visto que nenhum prejuízo jurídico pode lhe causar a sentença a ser proferida num processo em que não figura como parte. Permanecendo alheio ao processo, jamais se sujeitará à coisa julgada nele formada. Mas, sem dúvida, pode o processo alheio acarretar-lhe dano de fato, que exigirá, mais tarde, uma outra ação para obter a respectiva reparação. Desde logo, portanto, pode o opoente, para abreviar a solução da pendência entre ele e as duas partes do processo, pedir o reconhecimento judicial de seu direito, que exclui o dos litigantes. Essa nova ação deveria observar os limites fixados na ação principal – quando vista como intervenção de terceiro –, ou seja, a oposição não poderia, no sistema do CPC/1973, introduzir discussão de direito não controvertido na lide desenvolvida entre os opostos. Passando à categoria de ação autônoma, como se fez no CPC/2015, parece-nos que não há mais razão para semelhante restrição. O que se exige é a relação de prejudicialidade, de sorte que, qualquer que seja o fundamento da oposição, haverá de veicular um direito subjetivo do oponente capaz de atrair para si, o direito ou a coisa sobre que controvertem as partes do processo anterior (art. 682). À luz das conclusões feitas, pode-se sintetizar o conceito da oposição, dentro da sistemática do NCPC, como o procedimento especial pelo qual alguém, pretendendo coisa ou direito alheio que está sub judice, demandar ambos os litigantes, em litisconsórcio necessário, para exercer sua pretensão (art. 682) (BUENO, Cassio Scarpinella. *Manual de direito processual civil*. São Paulo: Saraiva, 2015, p. 437).

Havendo oposição, o juiz deve analisar e julgar em primeiro lugar, pois é matéria prejudicial ao julgamento do mérito da ação principal. Ser matéria prejudicial não quer significar que a extinção de uma obste o prosseguimento da outra.

Algumas observações, ainda quanto à oposição:

- Deve ser em face de autor e réu ao mesmo tempo.
- Não Extinção da ação principal – "A oposição é ação autônoma, independentemente da ação primitiva, pois, com ela, o oponente quer fazer valer direito próprio, incompatível com o das partes. Dessa forma, a extinção de uma não obsta ao prosseguimento da outra" (TJSP, Ap 59.351-1, Rel. Des. Luiz de Macedo, 1ª Câmara, jul. 07.05.1985, RT 599/63).
- Embargos de terceiro x Oposição. "Se o autor da ação de oposição sustenta que o imóvel penhorado e levado à arrematação é de sua propriedade, a via adequada para infirmar o ato constritivo corresponde aos embargos de terceiro" (TARS, Ap 195.060.611, Rel. Juiz Arminio José Abreu Lima da Rosa, 6ª Câmara, jul. 08.08.1995).
- Ganho da causa pelo opoente. Custas processuais. "A oposição é ação intentada por aquele que se julga total ou parcialmente senhor da coisa disputada entre as partes em demanda pendente. E sua pretensão é própria, excluindo total ou parcialmente as pretensões dos demais litigantes. Ela é dirigida, portanto, contra autor e réu da ação principal. Assim, se o opoente obtém ganho de causa frente a ambos os opostos, a um porque seu pedido foi julgado procedente, a outro porque reconheceu a procedência do pedido formulado, cada um deles deve arcar com metade das custas processuais" (TASP, Ap. 310.990, Rel. Juiz Luiz de Azevedo, 7ª Câmara Cível, jul. 06.12.1983, RT 583/123).
- "Art. 684. Se um dos opostos reconhecer a procedência do pedido, contra o outro prosseguirá o opoente".

O reconhecimento da procedência do pedido, por ambas as partes da ação principal, conduz a julgamento antecipado da oposição, em favor do opoente (art. 487, III, a). Mas, se apenas uma das partes reconhecer a procedência do pedido, a ação de oposição continuará seu curso normal contra o outro litigante (art. 684).

O artigo 685 do CPC nos ensina que:

Art. 685. Admitido o processamento, a oposição será apensada aos autos e tramitará simultaneamente à ação originária, sendo ambas julgadas pela mesma sentença. Parágrafo único. Se a oposição for proposta após o início da audiência de instrução, o juiz suspenderá o curso do processo ao fim da produção das provas, salvo se concluir que a unidade da instrução atende melhor ao princípio da duração razoável do processo.

O limite temporal de admissibilidade da ação especial de oposição é, segundo o art. 682, a sentença da causa em que se disputa, entre outras partes, a coisa ou o direito que o opoente pretende para si. Sendo objetivo da ação especial, expressamente previsto no art. 685, o julgamento das duas ações – a primitiva e a oposição – numa só sentença, não há como admitir possa esta última ser ajuizada depois que a primeira já se encontra sentenciada.

A sentença que decidir a oposição, separadamente ou em conjunto com a causa principal, com ou sem solução de mérito, imporá à parte sucumbente as sanções pertinentes às despesas processuais e honorários advocatícios, observados os art. 85, I, e 87. O recurso interponível, em todos os casos, será o de apelação (art. 1.009).

Neste ínterim, o art. 686 do CPC assevera que: "Cabendo ao juiz decidir simultaneamente a ação originária e a oposição, desta conhecerá em primeiro lugar".

A ação originária e a oposição serão julgadas pela mesma sentença, situação que contribui para que as duas situações sejam harmônicas, evitando-se contradições. Sob o aspecto formal, a sentença será uma, mas serão julgadas duas lides. Existem situações nas quais não será possível proferir uma sentença única. Como, por exemplo, se dá diante de casos de extinção de uma das causas conexas – a primitiva ou a oposição –, sem resolução do mérito. Contudo, se o juiz decidir simultaneamente a ação originária e a oposição, deverá conhecer desta em primeiro lugar (art. 686).

A determinação de que primeiro seja julgada a oposição prende-se ao seu caráter prejudicial, derivado da circunstância de que o opoente pretende fazer prevalecer seu direito sobre a pretensão tanto do autor como o do réu. Logo, se for acolhido o pedido do opoente, prejudicadas ficam todas as pretensões deduzidas na ação principal.

b) Denunciação da Lide
- Nesse caso, deve o juiz, após a análise da ação principal, apreciar o direito de regresso contra o denunciado. "Ex.: julgo procedente o pedido da ação principal para condenar o réu a pagar a importância de R$ 9.000,00 a título de danos materiais e julgo procedente o pedido da denunciação da lide, condenando o denunciado a ressarcir o denunciante pelo valor citado e pelas verbas de sucumbência. Condeno, ainda, o réu a pagar as custas judiciais e honorários advocatícios que fixo em 15% sobre o valor da condenação.". Quando o autor é vencido, o juiz deve dizer: "julgo improcedente o pedido, restando prejudicada a apreciação do pedido de denunciação da lide".

Sobre o tema em comento, o Código de Processo Civil dispõe que:

Art. 125. É admissível a denunciação da lide, promovida por qualquer das partes: I – ao *alienante imediato*, no processo relativo à coisa cujo domínio foi transferido ao denunciante, a fim de que possa exercer os direitos que da evicção lhe resultam; II – àquele que estiver *obrigado, por lei ou pelo contrato, a indenizar, em ação regressiva*, o prejuízo de quem for vencido no processo. § 1º O *direito regressivo será exercido por ação autônoma quando a denunciação da lide for indeferida, deixar de ser promovida ou não for permitida*. § 2º Admite-se *uma única denunciação sucessiva, promovida pelo denunciado, contra seu antecessor imediato na cadeia dominial ou quem seja responsável por indenizá-lo, não podendo o denunciado sucessivo promover nova denunciação, hipótese em que eventual direito de regresso será exercido por ação autônoma*.

Art. 126. A citação do denunciado será requerida na petição inicial, se o denunciante for autor, ou na contestação, se o denunciante for réu, devendo ser realizada na forma e nos prazos previstos no art. 131.

Art. 127. Feita a denunciação pelo autor, o *denunciado poderá assumir a posição de litisconsorte do denunciante* e acrescentar novos argumentos à petição inicial, procedendo-se em seguida à citação do réu.

Art. 128. Feita a denunciação pelo réu: I – se o denunciado contestar o pedido formulado pelo autor, o processo prosseguirá tendo, na ação principal, em litisconsórcio, denunciante e denunciado; II – se o denunciado for revel, o denunciante pode deixar de prosseguir com sua defesa, eventualmente oferecida, e abster-se de recorrer, restringindo sua atuação à ação regressiva; III – se o denunciado confessar os fatos alegados pelo autor na ação principal, o denunciante poderá prosseguir com sua defesa ou, aderindo a tal reconhecimento, pedir apenas a procedência da ação de regresso. Parágrafo único. *Procedente o pedido da ação principal, pode o autor, se for o caso, requerer o cumprimento da sentença também contra o denunciado, nos limites da condenação deste na ação regressiva.*

Art. 129. Se o denunciante for vencido na ação principal, o juiz passará ao julgamento da denunciação da lide. Parágrafo único. Se o denunciante for vencedor, a ação de denunciação não terá o seu pedido examinado, sem prejuízo da condenação do denunciante ao pagamento das verbas de sucumbência em favor do denunciado.

c) *Chamamento ao processo*

- Se procedente a ação, deve-se condenar todos os réus (chamante e chamado), já que são litisconsortes passivos solidariamente responsáveis pelo cumprimento da obrigação.

2.4.3.1 Estruturação do dispositivo

1ª Parte: definir pela procedência, parcial procedência ou improcedência do(s) pedido(s) e definir pelo julgamento com ou sem resolução de mérito. Deve-se, pois, verificar se a hipótese se insere no art. 485 (julgamento sem resolução de mérito) ou no art. 487 do CPC (julgamento com resolução do mérito), indicando tais artigos na prova.

Ex.:

2º Parte: especificar cada provimento jurisdicional.

- Identificar qual será o provimento jurisdicional levando em consideração o pedido. Provimento condenatório, declaratório ou (des)constitutivo.

- Separar cada provimento jurisdicional, conforme a espécie (condenação, constituição/desconstituição, mera declaração) e o objeto (ex.: condenação em indenização por danos morais, condenação em indenização por danos materiais).

Ex.: *Condenar* o Réu a pagar indenização por danos materiais no valor de *R$ 5.000,00* (cinco mil reais), atualizado monetariamente, desde o efetivo prejuízo, pelo INPC e acrescido de juros moratórios de 1% ao mês (art. 406 do CC c/c art. 161, § 1º, do CTN), desde o evento danoso. *Condenar* o Réu a pagar indenização por danos morais no valor de *R$ 2.000,00* (dois mil reais), em valor atual, atualizado monetariamente pelo INPC a contar da data de hoje até a data do efetivo pagamento e acrescido de juros moratórios de 1% ao mês (art. 406 do CC c/c art. 161, § 1º, do CTN), desde o evento danoso.

- *Outras partes do dispositivo:* atribuir o pagamento dos honorários advocatícios e das custas processuais, bem como determinar outras providências que se fizerem necessárias conforme o caso (ex.: expedição de ofício a algum órgão público, traslado de cópia da sentença etc.).

Ex.: *Condeno* o Réu a pagar honorários ao advogado do Autor, no valor correspondente a 10% sobre o valor total da condenação, com fundamento no art. 85, § 2º, do CPC. Condeno, ainda, o Réu a pagar as custas processuais.

Última parte: determinar publicação e registro da sentença e intimação das partes.

Ex.:

Publique-se. Registre-se. Intimem-se.

Local, data.

Juiz (a) de Direito.

- *Exemplos básicos/estruturais de Dispositivos:*

a) *Total procedência do pedido*

- Ante o exposto, *julgo procedente* o pedido, com resolução de mérito, nos termos do art. 487, I, do CPC, para: (a) condenar/declarar/anular...;
- Fixação dos honorários;
- Providências especiais se for o caso (oficie-se...);
- Art. 523;
- Arquivamento dos autos;
- PRI.

b) *Parcial procedência do pedido*

- Ante o exposto, *julgo parcialmente procedente* o pedido e resolvo o mérito nos termos do artigo 487, I, do Código de Processo Civil para:
- Fixação dos honorários;
- Providências especiais se for o caso (oficie-se...);
- Art. 523;
- Arquivamento dos autos;
- PRI.

c) *Improcedência do pedido*

- Ante o exposto, *julgo improcedente* o pedido e resolvo o mérito nos termos do artigo 487, I, do Código de Processo Civil.
- Fixação dos honorários;
- Providências especiais se for o caso (oficie-se...);
- Art. 523;
- Arquivamento dos autos;
- PRI.

Importante!!! – Correção monetária e juros de mora (no caso de sentença condenatória – obrigação de pagar).

- A questão referente aos juros e à correção deve constar apenas do dispositivo, salvo se for objeto de controvérsia ou pedido específico das partes.
- Em regra, trata-se de um pedido implícito, ou seja, o juiz deve fixá-los independentemente de requerimento da parte.

JUROS DE MORA			
MODALIDADE	TERMO INICIAL	MONTANTE	FUNDAMENTO
Responsabilidade Contratual	• Citação – se não houver outro marco capaz de constituir o devedor em mora.	• Antes do CC/2002 (10.1.2003) = 0,5% ao mês. • Após o CC/2002 (10.1.2003) = 1% ao mês	• Art. 405, CC.
Responsabilidade Extracontratual	• Data do Fato / Evento Danoso	Antes do CC/2002 (10.1.2003) = 0,5% ao mês. Após o CC/2002 (10.1.2003) = 1% ao mês	• Art. 398, CC. • Súm. 54, STJ.

CORREÇÃO MONETÁRIA			
MODALIDADE	TERMO INICIAL	ÍNDICE	FUNDAMENTO
Responsabilidade Contratual	• Data da configuração da mora (quando há termo para vencimento – inadimplemento) ou ajuizamento da demanda.	• INPC • Tabela de Cálculos do Tribunal • Analisar o tribunal respectivo.	• Art. 398, CC.
Responsabilidade Extracontratual	• Data do Fato / Efetivo Prejuízo.	IDEM	• Súm. 43, STJ.

CORREÇÃO MONETÁRIA			
MODALIDADE	**TERMO INICIAL**	**ÍNDICE**	**FUNDAMENTO**
Dano Moral	• Data do Arbitramento do Valor	IDEM	• Súm. 362, STJ.
Débito Alimentar	• Data do Pagamento da Parcela	IDEM	• Jurisprudência do STJ.

Ex.: "Ante o exposto *julgo procedente* o pedido, resolvendo o mérito do processo, nos termos do art. 487, I do CPC, para condenar o réu ao pagamento de R$ 10.000,00 (dez mil reais), com juros legais (ou de 1% ao mês) a partir da citação e correção monetária pelo INPC a partir do ajuizamento da ação".

Sucumbência:

- Fixação dos honorários: arts. 82 e seguintes do NCPC.
    1. *Provimento Condenatório:* Condena-se em 10 a 20% do *valor da condenação* (CPC, art. 85, § 2º).
    2. *Provimento Declaratório ou (Des)Constitutivo; causas de pequeno valor, de valor inestimável, execução e causas em que for vencida a Fazenda Pública:* Seguir os parágrafos do art. 85 do NCPC.
    3. *Sucumbência Recíproca:* Art. 86 do CPC e vedação da compensação de honorários (art. 85, § 14, CPC).
    4. *Sucumbência Mínima:* Art. 86, parágrafo único, do CPC: "Se um litigante decair de parte mínima do pedido, o outro responderá, por inteiro, pelas despesas e honorários".
    5. *Dano Moral:* Atenção para o *enunciado da Súmula 326 do STJ:* "Na ação de indenização por dano moral, a condenação em montante inferior ao postulado na inicial não implica sucumbência recíproca.".
    6. *Litisconsortes:* Art. 87 do CPC: "Não há condenação solidária entre os litisconsortes na verba honorária, sendo que cada um responderá na proporção da quota de condenação."
    7. *Gratuidade de Justiça:* No caso de gratuidade de justiça (Lei 1.060/1950, artigos 98 e seguintes do NCPC, Juizado Especial e Estatuto da Cidade – usucapião constitucional), o beneficiário que foi sucumbente será condenado ao pagamento das despesas processuais e dos honorários advocatícios. Nesse caso, deve-se fazer uma ressalva quanto ao disposto no art. 12 da Lei 1.060/1950 e artigo 98, §§ 2º, 3º e 4º do NCPC.

        Ex.: "Custas e honorários pelo Réu, os últimos fixados em *percentual sobre o valor da condenação ou em valor fixo* (de acordo com a explicação acima), observando-se o disposto no art. 12 da Lei 1.060/1950 e 12 da Lei 1.060/1950 e artigo 98, §§ 2º, 3º e 4º do NCPC".

- *obs.: Artigo 523 do CPC.*

Quando houver condenação (obrigações pecuniárias), deve-se acrescentar um parágrafo após a fixação dos honorários advocatícios para abordar a questão relativa ao art. 523.

Ex.: "Transitada em julgado, intime-se o autor (ou o réu – quem for sucumbente), na pessoa de seu patrono, para cumprimento voluntário da obrigação no prazo de 15 (quinze) dias, sob pena de multa de 10% sobre o débito, nos termos do artigo 523 do CPC. Posteriormente, não havendo outros requerimentos, dê-se baixa e arquivem-se os autos.

Publique-se. Registre-se. Intimem-se.

Local, data.

Juiz de Direito.

Se não houver tempo disponível na prova, redija da seguinte forma:

Sentença sujeita ao regime do artigo 523 do Código de Processo Civil.

Publique-se. Registre-se. Intimem-se.

Local, data.

Juiz (a) de Direito.

3. ORIENTAÇÕES FINAIS

Por fim, tendo em vista que este capítulo se destina, exclusivamente, ao concurseiro, apartando-se, portanto, critérios formais e técnicos, seguem algumas orientações finais, assim como algumas sugestões de temas.

Primeiramente, tratando-se de sentença cível, recomenda-se que o candidato e aspirante à magistratura, possua um conhecimento não muito analítico, mas também não muito sintético acerca dos assuntos mais estimados pelas bancas: Direito das Personalidades, Responsabilidade Civil, Possessórias, Consumidor (plano de saúde, construção civil e demais variáveis afetas ao CDC, Improbidade Administrativa, Direito de Família. Exemplo: A apresentação antecipada de cheque pós-datado, Locações e, por fim e não menos importante, temas processuais que, geralmente, caem como coadjuvantes.

Em segundo lugar, cumpre mais uma vez ressaltar que a linguagem coloquial, ou seja, aquela usada no dia a dia, não deve compor fundamentação da sentença, salvo ao transcrever partes de depoimentos das partes. De modo geral, adota-se uma linguagem técnica e objetiva, evitando-se gírias ou termos que comprometam a explanação dos argumentos.

Neste ponto, válido ressaltar: o excesso da linguagem técnica pode comprometer a compreensão das partes, eis que elas são as destinatárias da decisão final. Portanto, o texto dissertativo da sentença, ao mesmo tempo que possui um viés técnico-jurídico, deve atentar-se as peculiaridades de seus destinatários: às partes.

Por derradeiro, sabe-se que escreve bem aquele que é um bom leitor, portanto, reserve dez minutos por dia e faça uma leitura, pode ser jornal, revista, computador, doutrinas o que estiver ao alcance, mas esses minutos de contato com o texto e com a leitura precisam acontecer, dessa forma irá ampliar o horizonte do leitor, enriquecendo sua forma de se comunicar e de se expressar por meio da escrita. Ademais, saiba que a melhor técnica de escrita é a prática, para tanto, pratique-a.

Capítulo III
A Prolação da Sentença na Prática da Magistratura

> **Sumário:** 1. Caso concreto – 1.1 Exteriorização do raciocínio jurídico – 1.2 Prolação da sentença. 2. Exteriorização do raciocínio e análise do caso concreto – 2.1 Casos concretos.

Neste segmento, pretende-se, partindo-se de situações hipotéticas, demonstrar os passos básicos para a elaboração da sentença cível por magistrados.

1. CASO CONCRETO

PETIÇÃO INICIAL

Excelentíssimo Senhor Doutor Juiz de Direito da Vara Cível Comarca de ...

JOÃO OSÓRIO, brasileiro, casado, pedreiro, residente e domiciliado na Rua XV de Novembro, 444, em São José (PR), vem à presença de Vossa Excelência ajuizar a presente AÇÃO DE DESPEJO POR DENÚNCIA VAZIA contra Luiz Francisco de Oliveira Estrada –, brasileiro, casado, comerciante, residente na Rua Passa Quatro, no bairro da Boa Vista, em São José (PR), pelas razões de fato e de direito que passa a expor.

É proprietário do imóvel localizado na Rua Ubaldino do Amaral, 888, o qual se encontra locado ao requerido, pelo valor do aluguel mensal de R$ 480,00, mais os encargos contratuais, taxas, imposto predial, seguro, água, condomínio, luz etc.

A locação tem o caráter não residencial, conforme consta do contrato.

Inexiste interesse na continuidade da referida locação, tendo, em consequência, havido a notificação premonitória extrajudicial, concedendo ao requerido o prazo de 30 dias para a desocupação do imóvel, de acordo com o artigo 57 da Lei 8.245/91, vencendo-se o prazo em 25.03.19.

Esgotado o prazo, o requerido não devolveu voluntariamente o imóvel, não restando ao requerente outra alternativa senão a de buscar a tutela jurisdicional indispensável para a obtenção do despejo por denúncia vazia.

Pelo exposto, requer a citação do requerido para, querendo, contestar a ação, sob pena de revelia, e no final decretar o despejo do réu, consignando-se prazo para a desocupação voluntária, pena de expedição de mandado. Requer ainda a condenação do réu no pagamento das custas e honorários de advogado, além da notificação dos fiadores Fernando Aroeira e Gilda Aroeira. Pretende a produção de prova testemunhal, documental, pericial, juntada de novos documentos.

Dá-se à ação o valor de R$ 5.800,00.

Termos em que pede e espera deferimento.

Local, data.

Advogado

Resumo de dados:

Inicial (fls.)

Documentos: a) contrato de locação comercial (fl.), procuração (fl.)

b) notificação premonitória (fl.)

Diligências do ofício cível:

Citação do réu: em 24.09.97 (fl.).

Intimação dos fiadores: em 24.09.97 (fl.)

RESPOSTA DO RÉU (fls.)

Excelentíssimo Doutor Juiz de Direito da Vara Cível da Comarca de .....

LUIZ FRANCISCO DE OLIVEIRA ESTRADA, já qualificado na inicial, por seus advogados infra-assinados, vem à presença de Vossa Excelência apresentar CONTESTAÇÃO em face da AÇÃO DE DESPEJO POR DENÚNCIA VAZIA, autos 111/17, aforada por LUIZ OSÓRIO, nos seguintes termos.

Pretende o Autor a decretação de despejo do locatário de imóvel que lhe fora locado, sob o fundamento de que não mais lhe convém a manutenção da locação, a qual vige por prazo indeterminado.

Esclarece, inicialmente, que a locação foi pactuada em 03.06.16, de natureza comercial, cuja nua propriedade pertence a Maria do Rocio Guarda e o usufruto ao Autor. A locação inicial foi formalizada por escrito, com sucessivos reajustes locatícios, sendo que o último instrumento foi pactuado em 01.05.10, com vigência de 01.05.10 a 30.04.11, de acordo com os contratos anexos.

O requerido, com vistas à manutenção da locação, ingressou com Ação Renovatória de contrato de locação comercial, junto à 3ª Vara Cível da Capital. Posteriormente, nova Ação Renovatória foi ajuizada, no mesmo Juízo, com vistas à renovação do contrato, eis que na iminência de se completar cinco anos, a qual foi extinta sem julgamento do mérito.

No entanto, a ação de despejo não pode prosperar, eis que o R. está pagando regularmente os alugueres, conservando e mantendo o imóvel, sendo a exploração do local como empreendimento comercial o ganha pão de sua família, ainda que tenha caído o movimento do local. Se for despejado do imóvel, seus filhos passarão fome e deixarão a escola particular com resultados danosos para a formação física e psicológica dos mesmos.

Foi ainda proposta ação revisional de alugueres, com vistas à adequação do aluguel, mas sem êxito.

Ademais, foram realizadas benfeitorias no imóvel, não entendendo o R. os motivos do pedido de despejo, senão o de obter outros valores locatícios em locação a terceiros, para auferir maiores lucros.

O imóvel foi recebido em precárias condições de uso, tendo de realizar várias benfeitorias para adequá-lo à atividade comercial. Foram realizadas pinturas nas paredes, substituição do forro em madeira, substituição de instalações elétricas, substituição de vaso sanitário e descarga, aumento de área de estacionamento coberta, substituição de telhado e pintura, recuperação do pavimento do estacionamento, substituição do portão de entrada, sendo elas úteis e necessárias, de acordo com o artigo 63, § 3º, da Lei do Inquilinato, devendo ser indenizado por elas (art. 35, Lei 8.245/91), bem assim reter o imóvel até a satisfação das despesas realizadas.

Considerando o exposto, requer a improcedência da ação, devido à falta de sinceridade do pedido, com a condenação do A. nos ônus de sucumbência, bem assim a retenção do imóvel como garantia das benfeitorias necessárias ou a indenização das benfeitorias úteis e necessárias. Requer a produção de prova testemunhal e depoimento pessoal do autor.

Pede e espera deferimento.

Local, data.

Advogado:

Documento: procuração (fl.).

IMPUGNAÇÃO (fls.)

Excelentíssimo Senhor Doutor Juiz de Direito da Vara Cível da Comarca de ...

JOÃO OSÓRIO, já qualificado nos autos 111/17, de Ação de Despejo por Denúncia Vazia, proposta contra LUIZ FRANCISCO DE OLIVEIRA ESTRADA, vem apresentar sua IMPUGNAÇÃO a todos os fatos e fundamentos trazidos em contestação pelo requerido.

Cabe destacar inicialmente que as condições da ação exigidas no artigo 57 da Lei 8.245/91 encontram-se presentes nos autos, sendo a denúncia vazia desprovida de motivação.

As razões trazidas pelo R. são irrelevantes, pois é incabível indagar-se acerca da sinceridade, ou não, do despejo formulado.

O R. está constituído em mora, em face de contrato vigente por prazo indeterminado, considerando o desinteresse na continuidade locatícia, sendo irrelevantes as razões de estarem sendo pagos pontualmente os valores do aluguel ou mesmo a manutenção do imóvel em boas condições de uso.

As renovatórias ajuizadas pelo R. foram todas julgadas improcedentes, com trânsito em julgado.

Quanto às benfeitorias, não assiste qualquer razão ao R. do direito de retenção do imóvel, eis que consta de cláusula contratual não ter direito o locatário a qualquer indenização, nem direito de retenção (cláusula 6ª).

Ademais, nenhuma comprovação foi feita da realização das benfeitorias ou de sua valoração, além de não ter sido apresentado o consentimento do A, como exige a cláusula 6ª do contrato de locação.

Por fim, pede a procedência do pedido de despejo, antecipando-se o julgamento do mérito, por se apresentar a matéria como de direito, nos termos do artigo 355, inciso I, do CPC.

Pede deferimento,

Local, data.

Advogado:

Esclarecimento necessário:

O processo foi concluso para ser prolatada a decisão. Explica-se o julgamento antecipado, embora houvesse fatos a serem provados (a realização das benfeitorias pelo requerido), em face da dispensa da produção de provas, pela existência de cláusula contratual, prevendo a exclusão da indenização.

1.1 EXTERIORIZAÇÃO DO RACIOCÍNIO JURÍDICO

I – Fase preliminar

Como observado, os autos foram conclusos ao julgador para prolatar a sentença, considerando a desnecessidade da produção de provas.

Note-se, porque importante, que, antes de qualquer coisa, devem ser examinadas as condições da ação (legitimidade para a demanda e o interesse de agir) e os pressupostos processuais de existência (jurisdição, representação do autor, petição inicial, citação) e de validade (juiz competente, imparcialidade, capacidade e legitimidade processual, petição inicial válida e citação válida), porque o processo não foi saneado.

Superada esta fase, passa-se para o exame da matéria de mérito.

II – Fase do mérito

O processo de aplicação jurídica do direito inicia-se com a valoração provisória dos fatos e na individualização da norma.

Na sequência, entrecruzam-se as apreciações fáticas e normativas, já que os fatos são entendidos e considerados a partir de sua referência legal, sendo a lei interpretada no contexto das situações fáticas.

Da inicial:

Fato: relação locatícia não residencial;

Pretensão: despejo (retomada do imóvel);

Causa de pedir: denúncia vazia – ausência de vontade de continuar a relação locatícia; norma aplicável: artigo 57 da Lei 8.245/91 e disposições contratuais; requisitos para o pedido: contrato por prazo indeterminado e notificação premonitória, por escrito, com prazo de 30 dias para o locatário deixar o imóvel.

Da contestação

Fato: reconhecimento pelo locatário da relação contratual, por prazo indeterminado; existência de ação renovatória da locação comercial, antes da ação de despejo, sem êxito; os alugueres estão sendo pagos pontualmente; inexistência de motivação para o despejo, pois os alugueres estão sendo pagos pontualmente; que a exploração do imóvel é o ganha pão de sua família e seus filhos poderão passar fome e deixarão a escola particular; existência de benfeitorias úteis e necessárias, devendo ser indenizado e retido o imóvel, de acordo com o artigo 35 da Lei do Inquilinato.

Da impugnação à contestação

Causa de pedir: desnecessidade de motivar o pedido, sendo descabido o exame da sinceridade, pois o que importa é o desinteresse na continuidade da locação;

Fato: o locatário não devolveu o imóvel, as renovatórias foram julgadas improcedentes;

Retenção do imóvel: incabível a retenção ou a indenização das benfeitorias, em face de disposição contratual (cláusula 6ª).

Norma que ampara o direito do autor

"Art. 57 – O contrato de locação por prazo indeterminado pode ser denunciado por escrito, pelo locador, concedidos ao locatário trinta dias para a desocupação."

Norma que ampara o direito de retenção do imóvel:

"Art. 35 – Salvo expressa disposição contratual em contrário, as benfeitorias necessárias introduzidas pelo locatário, ainda que não autorizadas pelo locador, bem como as úteis, desde que autorizadas, serão indenizáveis, e permitem o exercício do direito de retenção."

Cláusula contratual específica (excludente do direito de indenização ou de retenção do imóvel comercial):

"Quaisquer benfeitorias, reformas, acessões ou modificações, somente poderão ser realizadas no imóvel e seus pertences, mediante prévio consentimento por escrito do locador e quando autorizadas serão de exclusiva responsabilidade do locatário e por sua conta os gastos correspondentes, ficando incorporadas ao imóvel, revertendo em benefício do locador, quando finda ou rescindida a locação, sem que isso dê direito ao locatário a qualquer reembolso ou indenização e nem direitos à retenção do imóvel."

Raciocínio lógico (direito do autor):

A é locador de imóvel comercial de B, por prazo indeterminado (v);

A notificou B, por escrito, para a desocupação do imóvel, no prazo de 30 dias (v);

Ora, se B não desocupou o imóvel (v);

Logo, A tem o direito de pedir o despejo de B (v).

Raciocínio lógico (matéria de defesa):

B locatário de A realizou benfeitorias necessárias e úteis no imóvel (v);

B tem direito de indenização ou de retenção do imóvel, desde que não haja disposição contrária (v);

Ora, se A não indenizar B (v);

Logo, B pode reter o imóvel, embora exista disposição contrária (falso).

Raciocínio lógico conclusivo:

A é locador de imóvel comercial de B, por prazo indeterminado (v);

A notificou B para desocupar o imóvel, no prazo de 30 dias (v);

Ora, A não desocupou o imóvel e não provou a existência de contrato por prazo determinado (renovatórias improcedentes) (v);

Logo, é procedente o pedido de despejo (v).

Observação: o locatário argumenta, nos termos da defesa, que se for despejado deixará de ter pão na mesa para sua família, seus filhos passarão fome e sairão da escola particular. Trata-se de uma falácia, não formal, argumento terrorista, com vistas a levar o julgador à decisão não racional, mas emocional.

Realizado o exame dos fatos e das normas aplicáveis, exterioriza-se o juízo conclusivo, pelo acolhimento total ou parcial da pretensão do autor ou pela improcedência. Pode ser motivada a decisão com o apoio de doutrina e jurisprudência, que devem ser selecionadas e examinadas, desde que cabíveis no caso sob julgamento.

1.2 PROLAÇÃO DA SENTENÇA

a) cabeçalho (não obrigatório);

b) relatório (obrigatório);

c) fundamentação (obrigatório);

d) dispositivo (obrigatório);

e) fecho (obrigatório).

PODER JUDICIÁRIO DO ESTADO DO PARANÁ

COMARCA DE ...

Vara Cível

Autos n. ...

Autor: João Osório.

Réu: Luiz Francisco de Oliveira Estrada

Natureza do pedido: decretação de despejo por denúncia vazia

I – RELATÓRIO: (nome das partes, síntese da pretensão e fundamentos da inicial, referir-se aos documentos que embasaram o pedido, citação do réu; contestação resumida e reconvenção, impugnação, incidentes, fatos impeditivos, saneador, deferimento de provas, perícia, audiência, tentativa de conciliação, alegações finais) – ordem cronológica dos atos processuais

JOÃO OSÓRIO ajuizou a presente AÇÃO DE DESPEJO POR DENÚNCIA VAZIA contra LUIZ FRANCISCO DE OLIVEIRA ESTRADA, ambos qualificados à fl., alegando para tanto que locou o imóvel de sua propriedade, para fins não residenciais, localizado na Rua Ubaldino do Amaral, 888, pelo valor mensal de R$ 480,00, mais encargos contratuais (fatos que definem a relação jurídica de locação – fato gerador da incidência da norma constitutiva do direito). Assim, por não mais interessar ao Autor a continuidade da relação locatícia (causa de pedir/ fundamentos do pedido) notificou o R. para a desocupação voluntária do imóvel, no prazo de 30 dias, na forma do artigo 57 da Lei 8.245/91, sem, contudo, ter sido atendido. No final, pediu a procedência da ação para ser decretado o despejo do réu do imóvel (pedido), bem assim a condenação nos ônus de sucumbência. Requereu a citação e a produção de provas. Fez a juntada de documentos (fls.).

O réu foi citado (pressuposto processual de validade) (fl.), por mandado, e ofereceu resposta (fls.), sob forma de contestação, contra argumentando (i) que ajuizou ação renovatória de contrato de locação junto à 13ª Vara Cível, sendo o negócio sustento de sua família; (ii) que o pedido é insincero e desmotivado; (iii) que tem direito à retenção do imóvel, porque realizou benfeitorias úteis e necessárias; (iv) que tem direito à indenização em face das benfeitorias. No final, pediu a improcedência do pedido.

O autor manifestou-se em impugnação (fls.), argumentando que na rescisão contratual, por denúncia vazia, descabe motivação ou avaliar-se a sinceridade, ou não, do pedido, sendo necessária apenas a notificação premonitória, para a desocupação, em caso de contrato por prazo indeterminado, além de que as ações renovatórias de contrato de locação foram julgadas improcedentes. Quanto às benfeitorias somente poderiam ter sido realizadas com anuência do locador e que as mesmas, depois de realizadas, incorporam-se ao imóvel, sem direito à indenização ou direito de retenção, de acordo com a cláusula 6ª da avença. No mais, não comprovou a realização das benfeitorias e os respectivos valores. No final, pediu a procedência do pedido de despejo, antecipando-se o julgamento, em conformidade com o artigo 355, I, do CPC.

Contados e preparados (pagamento de custas), vieram-me conclusos.

É o relatório, em resumo. DECIDO.

II – FUNDAMENTAÇÃO: (ordem lógica – referir-se à espécie de ação/pedido, do julgamento antecipado do pedido, condições da ação, pressupostos processuais, exame das preliminares, questões prejudiciais, passando-se ao exame do mérito, examinando os requisitos do pedido, análise e valoração das provas do autor, depois as do réu e ambas em conjunto, analisar os fatos e extrair conclusão apta ao julgamento, citando-se doutrina e jurisprudência, se couber; conclusão lógica e aplicação do direito).

Pretende o autor o decreto de despejo do Réu, por denúncia vazia, do imóvel locado para fins comerciais, com prazo indeterminado, pois lhe falta interesse na continuidade da locação (pretensão a ser tutelada).

O processo está em ordem, nada havendo para ser saneado, concorrendo as condições da ação (possibilidade jurídica do pedido, interesse de agir e legitimidade das partes) e os pressupostos processuais (de existência e de validade).

O feito comporta julgamento antecipado, nos termos do artigo 355, inciso I, do Código de Processo Civil.

A relação de direito material está comprovada pela juntada do contrato de locação comercial, que se iniciou em 03.06.06, renovado anualmente até 30.04.2011, passando, daí, a prazo indeterminado, bem assim pela notificação prévia (fl.), onde foi concedido o prazo de 30 dias para a desocupação voluntária do imóvel.

A pretensão do A. está amparada no artigo 57 da Lei do Inquilinato:

"O contrato de locação por prazo indeterminado pode ser denunciado por escrito, pelo locador, concedidos ao locatário trinta dias para a desocupação."

Embora o R. alegue o sucessivo ajuizamento de ações renovatórias (sem comprová-las), certo é que elas foram julgadas improcedentes, conforme esclarecimento do próprio requerido, confirmado pelo autor, em réplica. Portanto, a locação continua por prazo indeterminado (requisito para o exercício do despejo por denúncia vazia).

O R. alega que o pedido é insincero. No entanto, para o exercício do direito descabe motivação, daí porque caracterizar-se de "denúncia vazia", bastando, para tanto, o ato de vontade do locador.

Quanto ao direito de retenção do imóvel e da indenização pela realização de benfeitorias úteis e necessárias, descritas na contestação, contraria a previsão contida na cláusula 6ª do contrato, assim descrita:

"Quaisquer benfeitorias, reformas, acessões ou modificações, somente poderão ser realizadas no imóvel e seus pertences, mediante prévio consentimento por escrito do locador e quando autorizadas serão de exclusiva responsabilidade do locatário e por sua conta os gastos correspondentes, ficando incorporadas ao imóvel, revertendo em benefício do locador, quando finda ou rescindida a locação, sem que isso dê direito ao locatário a qualquer reembolso ou indenização e nem direitos à retenção do imóvel."

Assim, anuindo o R. à cláusula excludente do direito, sem que tivesse sido questionada em contestação a sua validade, inexiste amparo para o exercício do direito de indenização e de retenção, como previsto no artigo 35 da Lei do Inquilinato.

Veja-se o Enunciado da Súmula 335 do STJ:

"Nos contratos de locação, é válida a cláusula de renúncia à indenização das benfeitorias e ao direito de retenção" (Súmula 335, terceira seção, julgado em 25.04.2007, DJ 07.05.2007, p. 456).

Quanto aos argumentos de que os valores da locação estão sendo pagos pontualmente e que o imóvel está sendo cuidado são irrelevantes para contrapor-se ao pedido de despejo por denúncia vazia, não se tratando de motivação por inadimplemento contratual.

Comprovadas as exigências para o exercício do direito de despejo por denúncia vazia (locação comercial por prazo indeterminado e notificação premonitória) e não havendo direito contraposto, razoável é concluir-se pela procedência do pedido formulado pelo A, nos termos do artigo 57 da Lei do Inquilinato.

III – DISPOSITIVO: (ordem de prioridade – relação processual descendo de importância até as questões administrativas – forma analítica e direta).

Pelos fundamentos expostos, com fulcro no artigo 487, inciso I, do CPC, JULGO PROCEDENTE o pedido formulado por JOÃO OSÓRIO para decretar o despejo de FRANCISCO DE OLIVEIRA ESTRADA, do imóvel localizado na Rua Ubaldino do Amaral, 888, em Curitiba (PR), concedendo-lhe o prazo de 15 dias para a desocupação voluntária (art. 63, § 1º, "b", da L.I.).

Sucumbente, o Réu pagará as despesas processuais e honorárias de advogado do Autor, estes arbitrados em 10% (dez por cento) sobre o valor da condenação, nos termos do art. 85, § 2º, do Código de Processo Civil, levando em conta o grau de zelo do advogado, o lugar de prestação do serviço, a natureza e a importância da causa e o trabalho realizado pelo advogado e o tempo exigido para o seu serviço.

Oportunamente, expeça-se mandado de notificação para que o réu desocupe o imóvel voluntariamente, pena de expedição de mandado de despejo.

Publique-se. Registre-se. Intimem-se.

Local, data.

Juiz de Direito

2. EXTERIORIZAÇÃO DO RACIOCÍNIO E ANÁLISE DO CASO CONCRETO

Na sequência, de forma objetiva, apresentaremos 3 (três) casos práticos, diferentemente do caso acima ilustrado, o qual foi retratado e abordado de forma analítica, desde a inicial até a conclusão para sentença. Estes, por sua vez, se traduzem em um raciocínio mais direto. Apenas pelo resumo exposto, o candidato observará as etapas, tais quais foram apresentadas no primeiro caso, porém, de forma objetiva, evitando repetições desnecessárias.

2.1 Casos concretos

Caso 1

Corre perante a 1ª Vara Cível de Curitiba, nos autos sob n. 2040-37.2016.8.16.0130, ação indenizatória proposta por JOANA DA SILVA GOMES em face de JC SUPLEMENTOS LTDA., por *inclusão indevida em seu nome nos cadastros de restrição de crédito*. A parte autora alega que nunca teve seu nome incluído nos cadastros de inadimplentes e antes mesmo do ajuizamento da ação indenizatória, havia notificado a Ré para retirar seu nome, por ausência de negócio que justificasse a inclusão indevida e a mesma quedou-se inerte. Desta forma, a autora requer a condenação por danos morais sofridos em decorrência da restrição em seu nome, que impossibilitou de realizar um financiamento estudantil para seu filho Maurício. A empresa ré, em sua contestação, alega que a autora já possuía inscrições devidas em seu nome e que ela não procurou a ré para possíveis negociações da dívida.

No decorrer da fase instrutória, as tentativas de conciliação restaram infrutíferas.

Apresentadas as alegações finais a empresa autora nada requereu. Por sua vez, a ré, em alegações finis, demonstrou que a requerente só teve uma outra inscrição lícita de seu nome no SERASA no período e, além disto, não ficou demonstrado nos autos que a inscrição em si, feita pela empresa Ré, tenha causado mácula ao bom nome da Autora.

Os autos vieram conclusos para prolação de sentença.

Observações que devem constar na sentença: Na sentença determinou-se a incidência da correção monetária sobre o valor fixado da indenização a partir da data da fixação e os juros de mora a partir da inclusão. A autora nunca tinha tido seu nome incluído nos cadastros de inadimplentes.

I – Fase preliminar
Como observado, os autos foram conclusos ao julgador para prolatar a sentença, considerando a desnecessidade da produção de provas.

Note-se, porque importante, que, antes de qualquer coisa, devem ser examinadas as condições da ação (legitimidade para a demanda e o interesse de agir) e os pressupostos processuais de existência (jurisdição, representação do autor, petição inicial, citação) e de validade (juiz competente, imparcialidade, capacidade e legitimidade processual, petição inicial válida e citação válida), porque o processo não foi saneado.

Superada esta fase, passa-se para o exame da matéria de mérito.

II – Fase do mérito
O processo de aplicação jurídica do direito inicia-se com a valoração provisória dos fatos e na individualização da norma.

Na sequência, entrecruzam-se as apreciações fáticas e normativas, já que os fatos são entendidos e considerados a partir de sua referência legal, sendo a lei interpretada no contexto das situações fáticas.

III – Do direito do autor:
Art. 186 e 927, parágrafo único, do CCB/02, bem como
Aplicação do art. 14, do CDC.
IV – Da alegação/defesa do réu:
Aduzir que a parte autora já possuía inscrições em seu nome e que a mesma não a procurou para resolver este problema.

Com vista no caso supra, bem como a exteriorização jurídica do caso, proceda-se a elaboração da minuta de sentença.

SENTENÇA

I – Relatório

Trata-se de *ação declaratória de inexistência de débito c/c indenização por danos morais* proposta por JOANA DA SILVA GOMES em face do JC SUPLEMENTOS LTDA.

Alega a parte autora que teve seu nome inscrito nos cadastros de restrição ao crédito, contudo, afirma não ter nenhuma relação jurídica com a requerida, desconhecendo o débito existente. Pleiteando assim, a declaração de inexistência de relação jurídica, com a consequente retirada de seu nome da lista de restrição de crédito e indenização por danos morais.

Em defesa, em síntese, a reclamada alega que a parte autora realizou a compra de suplementos no mês de abril de 2021 e não quitou a dívida, portanto, a cobrança é devida. Negou qualquer tipo de dano ao requerente pugnando pela improcedência da ação.

Por fim, vieram conclusos.

É o relato do necessário. Decido.

II – Fundamentação
Do mérito

Estão presentes os pressupostos processuais e as condições da ação.

Não há nulidades a serem reconhecidas de ofício, nem irregularidades a serem sanadas.

Quanto ao mérito, observa-se que o pedido inicial merece prosperar. Explico.

Inicialmente, cumpre ressaltar que embora tenha inexistido negócio jurídico entre as partes, a autora foi vítima de ato praticado pela empresa ré, sendo, portanto, consumidora equiparada, por força do art. 17 do Código de Defesa do Consumidor. Assim, se a relação é de consumo, aplica-se, ao caso, a responsabilidade objetiva da requerida, prevista pelo art. 14 do Código Consumerista.

E, por se tratar de relação jurídica consumerista sujeita ao regramento do Código de Defesa do Consumidor (art. 6º, inciso VIII), sendo perfeitamente cabível a inversão do ônus da prova, face a hipossuficiência do autor em relação ao réu.

O Código de Processo Civil (Lei 13.105/2015) também prevê, em seu artigo 373, inciso II, incumbir à parte ré a produção da prova dos fatos impeditivos, modificativos ou extintivos do direito do demandante, haja vista ser impossível impor ônus probatório à parte autora quanto a fato negativo.

Conforme se verifica no documento acostado aos autos, a autora teve seu nome inscrito nos órgãos de proteção ao crédito. Acontece que a parte requerente alegou que não possui qualquer dívida junto a ré.

A requerida não se desincumbiu satisfatoriamente de seu ônus probatório. Cabia a ré demonstrar fato modificativo, impeditivo ou extintivo do direito do autor, no entanto não demonstrou qualquer nota promissória, notificações de cobranças, ou mesmo qualquer indício de que a inscrição fosse legítima, tecendo apenas alegações superficiais, não produzindo meio idôneo de prova.

> Recurso inominado. Declaratória de inexistência de débito c/c danos morais. Consumidor. Inscrição indevida no cadastro de proteção ao crédito. Boletim de ocorrência que denuncia a perda de documentos pessoais da autora. Fraude. Teoria do risco. Falha na prestação de serviços. Dever de conferência da real identidade da contratante. Dano moral *in re ipsa* configurado. Quantum indenizatório reduzido de r$ 6.000,00 (seis mil reais) para R$ 1.500,00 (mil e quinhentos reais) pelas diversas indenizações já percebidas em decorrência da perda dos documentos e consequência inscrição do nome da autora em órgão de devedores. Deram parcial provimento ao recurso (Recurso Cível 71005392428, Quarta Turma Recursal Cível, Turmas Recursais, Relator: Roberto Behrensdorf Gomes da Silva, Julgado em 31/07/2015). (TJ-RS – Recurso Cível: 71005392428 RS, Relator: Roberto Behrensdorf Gomes da Silva, Data de Julgamento: 31.07.2015, Quarta Turma Recursal Cível, Data de Publicação: Diário da Justiça do dia 05.08.2015).

Nesse passo, o conjunto probatório dos autos torna inarredável a conclusão de que o autor não tem nenhuma relação jurídica com a requerida, restando demonstrada, pois, a falha na prestação do serviço por parte da empresa ré que agiu com absoluto descaso e desrespeito ao consumidor.

Assim, não havendo sido demonstrado pela requerida, pois, a existência de fatos impeditivos, modificativos ou extintivos (CPC, art. 373, II), bem como comprovada a ausência do fato constitutivo do direito alegado na inicial (CPC, art. 373, I), dada a inversão do ônus da prova (CDC, art. 6º, VIII), conclui-se que deve ser declarada a inexistência do da relação jurídica e indevida a inscrição nos órgãos de proteção ao crédito.

É de notório conhecimento que a responsabilidade civil tem por objetivo o dever de indenizar os prejuízos causados a outrem em razão da prática de ato ilícito, ou seja, a conduta (ação ou omissão) em desacordo com o dever geral da cautela previsto no ordenamento jurídico. Assim prescreve o art. 927 do CC: "aquele que, por ato ilícito (art. 186 e 187), causar dano a outrem, fica obrigado a repará-lo".

Logo, a responsabilidade oriunda da relação de consumo é objetiva, implicando tão somente na identificação do nexo causal entre o fato lesivo e o dano provocado.

Destarte, ao analisar os autos, fica evidente que a requerente não realizou negócios com a requerida, ou, se o fez, esteve inadimplente, e que, mesmo assim, foi cobrada por uma dívida inexistente, ficando demonstrado a culpa do demandado, bem como o nexo causal entre a conduta e o resultado danoso.

Assim, no que alude ao pedido de indenização por danos morais, a Constituição inseriu no artigo 5º, a plena reparação do dano moral, entretanto, para configuração deste há de se reconhecer, no caso concreto, desgastes atentatórios à psique do indivíduo, que fogem à normalidade da vida em sociedade, acarretando desrespeito à dignidade da pessoa humana.

Sobre o instituto do dano moral, entendo que este deve ser utilizado com parcimônia, não podendo abarcar indenizações vultosas por quaisquer incômodos que o consumidor tenha em seu cotidiano, a fim de que a indenização não se torne fonte de enriquecimento sem causa.

Com efeito, o dano moral cuja indenização a lei prevê é aquele que ultrapassa, pela sua intensidade, repercussão e duração, aquilo que o homem médio, com estrutura psicológica normal, estaria obrigado a suportar.

Na lição de Sérgio Cavalieri, só se caracteriza como dano moral:

> (...) a dor, vexame, sofrimento ou humilhação que, fugindo à normalidade, interfira intensamente no comportamento psicológico do indivíduo, causando-lhe aflições, angústia e desequilíbrio em seu bem-estar. Mero dissabor, aborrecimento, mágoa, irritação ou sensibilidade exacerbada estão fora da órbita do dano moral, porquanto, além de fazerem parte da normalidade do nosso dia a dia, no trabalho, no trânsito, entre os amigos e até no ambiente familiar, tais situações não são intensas e duradouras, a ponto de romper o equilíbrio psicológico do indivíduo (*Programa de responsabilidade civil*, 2. ed. São Paulo: Malheiros, 1998, p. 78, apud Carlos Roberto Gonçalves, Responsabilidade Civil, 8ª edição, SP: Saraiva, 2003, p. 549-550).

Com base em tais premissas, conclui-se que há elementos que configurem o dano moral no presente caso, eis que, pelo fato de possuir uma negativação indevida em seu nome, a autora foi impossibilitada de realizar um financiamento estudantil pata seu filho.

Por conseguinte, a condenação deve, de um lado, contemplar a compensação pelo abalo sofrido, e, de outro, representar uma punição ao causador do dano, além de buscar a sempre almejada função preventiva.

Com base nesses parâmetros, bem como os precedentes deste Tribunal de Justiça em casos análogos, sobretudo levando em conta os caracteres ressarcitório, punitivo, e pedagógico (preventivo) da condenação em dano moral, considerando, ainda, que a condenação em valor ínfimo não causaria a requerida nenhum abalo capaz de compeli-la a observar as normas, tornando sem efeito o caráter pedagógico desta decisão, arbitro o quantum indenizatório em R$ 4.000,00 (quatro mil reais), tendo em vista ao lapso de tempo entre a inscrição e a descoberta do autor, assim como, no caso, a questão referir-se mais a possível falta de cautela da requerida, do que autêntica má-fé, sendo que a reparação no importe arbitrado é suficiente à extensão do dano narrado, não caracterizando enriquecimento sem causa.

III – Dispositivo

Ante o exposto, na forma do art. 487, I, do CPC/2015, *julgo procedente* a pretensão inicial, confirmando a liminar outrora concedida, para o fim de *determinar* o cancelamento da inscrição indevida efetivados pela Reclamada em nome do Reclamante, sob pena de multa diária no valor de R$ 50,00, limitada a R$ 10.000,00 e, ato contínuo, *condenar* a reclamada a satisfazer indenização por danos morais à reclamante, que arbitro em R$ 2.000,00 (dois mil reais) e consequentemente *declarar* a inexigibilidade dos débitos apontados.

Sem condenação em custas e honorários advocatícios, nos termos do art. 55, *caput*, primeira parte, da Lei 9.099/95.

Publique-se. Registre-se. Intimem-se. Cumpra-se.

O prazo para recurso terá início com a intimação das partes do teor da presente sentença.

Transitada em julgado, arquivem-se com as baixas necessárias.

Cumpra-se o Código de Normas da Egrégia Corregedoria-Geral da Justiça do Paraná.

Caso 2

Tramita na 2ª Vara Cível de Paranavaí ação de indenização por danos morais, nos autos 0000756-45.2018.8.16.0130, proposta por VIAÇÃO JESUS CRISTO SALVA LTDA. em face da empresa AUTO ELÉTRICA SOUZA CRUZ LTDA. No qual se pleiteia indenização por danos morais no valor de R$ 100.000,00, pelo fato de a empresa Ré ter incluído o nome da empresa Autora no SERASA sob a premissa de falta de pagamento dos serviços de reparação elétrica do ônibus de transporte escolar da empresa Autora, que custaram R$ 12.000,00.

A autora alega que os serviços prestados não foram realizados como o pactuado e que por este motivo não realizou o pagamento.

Por sua vez, a ré alega que não o débito não decorreu da reparação elétrica, mas sim da manutenção dos ônibus em períodos pretéritos, alegando que não foi a responsável pela inclusão referente a prestação de serviços na parte elétrica.

As tentativas de conciliação restaram infrutíferas.

Em alegações finais, a empresa ré pugno pelo afastamento da incidência do CDC, haja vista que a relação de consumo não restou demonstrada.

I – Fase preliminar

Como observado, os autos foram conclusos ao julgador para prolatar a sentença, considerando a desnecessidade da produção de provas.

Note-se, porque importante, que, antes de qualquer coisa, devem ser examinadas as condições da ação (legitimidade para a demanda e o interesse de agir) e os pressupostos processuais de existência (jurisdição, representação do autor, petição inicial, citação) e de validade (juiz competente, imparcialidade, capacidade e legitimidade processual, petição inicial válida e citação válida), porque o processo não foi saneado.

No caso em tela, temos uma preliminar, a qual vai ser apreciada na sentença. Atente-se.

Superada esta fase, passa-se para o exame da matéria de mérito.

II – Fase do mérito

O processo de aplicação jurídica do direito inicia-se com a valoração provisória dos fatos e na individualização da norma.

Na sequência, entrecruzam-se as apreciações fáticas e normativas, já que os fatos são entendidos e considerados a partir de sua referência legal, sendo a lei interpretada no contexto das situações fáticas.

III – Do direito do autor
Arts. 186 e 927, parágrafo único, do CCB/02, bem como
Aplicação do art. 14, do CDC.

IV – Da alegação/defesa do réu

Aduzir pelo afastamento da incidência do CDC, haja vista que a relação de consumo não restou demonstrada.

Com vista no caso supra, bem como a exteriorização jurídica do caso, proceda-se a elaboração da minuta de sentença.

SENTENÇA

Relatório

Trata-se de ação de indenização por danos morais ajuizada por VIAÇÃO JESUS CRISTO SALVA LTDA. em face de AUTO ELÉTRICA SOUZA CRUZ LTDA. em que a autora relata, em síntese, que pelo fato de a empresa Ré ter incluído o nome da empresa Autora no SERASA sob a premissa de falta de pagamento dos serviços de reparação elétrica do ônibus de transporte escolar da empresa Autora. Diante disso, requereu a declaração de inexistência da relação jurídica e o pagamento de indenização por danos morais. Por fim, pugnou pela aplicação do Código de Defesa do Consumidor e pela inversão do ônus da prova.

Em defesa, a requerida aduz, preliminarmente: a) a incompetência do Juizado Especial Cível para processamento e julgamento da presente demanda e no mérito sustentou que os descontos são devidos, pois os serviços foram devidamente contratados, razão pela qual os pedidos devem ser julgados totalmente improcedentes. Ainda, ao argumento de que as afirmações feitas na inicial são inverídicas, requereu a condenação da autora e seu patrono em litigância de má-fé.

A parte autora apresentou impugnação rechaçando todos os argumentos suscitados na contestação. Quanto ao mérito, aduz que o contrato apresentado pelo réu é fraudulento e pode ser facilmente adulterado, pois a assinatura aposta trata-se de uma digital.

É o relato do necessário. *Decido.*

Fundamentação

Previamente a análise dos pedidos é valido mencionar que o feito comporta julgamento antecipado, haja vista que se trata de questão de direito, calcada em fatos já comprovados documentalmente. Além disso, inexistem outras provas a serem produzidas. Aplica-se ao caso, então, o disposto no art. 355, inc. I, do CPC.

Preliminares

– Da preliminar de incompetência do juizado especial cível

O requerido sustentou em sua defesa que para solução da presente controvérsia faz-se imprescindível a produção de prova pericial e, portanto, o Juizado Especial Cível não é competente, por envolver matéria probatória complexa, sob pena de afronta aos princípios preconizados na Lei 9.099/95.

A preliminar de incompetência absoluta não prospera, pois, a mera afirmação sobre a necessidade de realização de prova pericial, por si só, não afasta a competência dos Juizados Especiais Cível para processar e julgar a demanda, mormente quando existem provas suficientes para o convencimento do julgador. No caso dos autos, os documentos apresentados com a contestação e o depoimento pessoal da autora são suficientes para a solução da controvérsia, o que supera a necessidade de realização de prova pericial.

Neste sentido, é o entendimento jurisprudencial:

> Recurso inominado. Ação declaratória de inexigibilidade do débito c/c indenização por danos morais. Telefonia. Alegada queda de sinal e falhas na prestação de serviço. Sentença de extinção do processo sem a análise do mérito. Incompetência dos juizados especiais afastada. Matéria que não se mostra complexa. Prova pericial. Desnecessidade. Aplicação dos enunciados 54 do Fonaje e 13.6. Das turmas recursais do estado do paraná. Sentença anulada. Determinação do retorno dos autos à origem para regular prosseguimento do feito. Sentença anulada. Recurso conhecido e provido. (TJPR – 3ª Turma Recursal dos Juizados Especiais – 0013328-22.2017.8.16.0182 – Curitiba – Rel.: Leo Henrique Furtado Araújo – J. 07.12.2017)
>
> Recurso inominado. Serviços de telecomunicação. Telefonia móvel. Alegação de indisponibilidade dos serviços. Incompetência dos juizados especiais cíveis para julgar a causa. Necessidade de perícia. Não verificada. Enunciado 13.6 das TRS/PR. Incompetência afastada. Retorno dos autos à origem. Sentença anulada. Recurso conhecido e provido.
>
> 1. A incompetência dos Juizados Especiais Cíveis somente se verifica quando a prova pericial é o único meio disponível para o deslinde do feito, o que não é o caso dos autos.
>
> 2. Enunciado 13.6 TRs/PR: Complexidade da causa: Simples afirmação da necessidade de realizar prova complexa não afasta a competência do Juizado Especial, mormente
>
> quando não exauridos os instrumentos de investigação abarcados pela Lei 9.099/95.
>
> 3. No caso em apreço, a parte autora alega a indisponibilidade dos serviços de telefonia móvel, formulando reclamação através da Anatel e, portanto, a prova a ser produzida é simples, não se tratando de prova complexa a afastar a competência da Lei 9.099/95.
>
> (TJPR – 3ª Turma Recursal dos Juizados Especiais – 0033583-08.2017.8.16.0018 – Maringá – rel.: Fernanda de Quadros Jorgensen Geronasso – j. 09.03.2018).

Diante disso afasto a preliminar de incompetência suscitada na defesa.

Mérito

A autora alega que embora seja descontado cliente da empresa ré, jamais celebrou referido contrato com o requerido e nem consentiu com referida contratação, sustentando a necessidade de ser declarada inexistente a relação jurídica entre as partes e ser devida a indenização pelos danos morais sofridos, a declaração de nulidade do ajuste e que a repetição do indébito em dobro. Em contrapartida, a empresa demandada aduz que houve contratação dos serviços elétricos e que os reparos foram feitos no mesmo dia.

Inicialmente, destaco que o presente caso é uma típica relação de consumo, pois as partes enquadram-se nos conceitos de consumidor e fornecedor constantes nos artigos 2º e 3º do Código de Defesa do Consumidor. Assim, a presente relação jurídica se situa sob a égide das disposições contidas na referida legislação.

Apesar do requerimento inicial de aplicação do art. 6º, VIII, do CDC, entendo que a determinação de inversão do ônus da prova é irrelevante neste momento, posto que, além de ser regra de instrução e, portanto, referido pedido deveria ter sido apreciado quando da realização da audiência de instrução, no caso específico dos autos, atendendo ao disposto no art. 373, II, do CPC, a empresa demandada produziu provas capazes de extinguir o direito da autora, o que satisfaz a pretensão inicial para que o ônus probatório recaísse sobre o réu.

A nota promissória juntada aos autos, referente a prestação de serviços em pare elétrica comprova a realização da prestação de serviços e o negócio jurídico entre as partes, fato que até então era negado pela autora. No instrumento contratual foi preenchido o campo destinado à assinatura da autora com a aposição de uma impressão digital. Em que pese a requerente tenha defendido em sua réplica que o contrato supostamente seria fraudulento, pois pode ter sido facilmente adulterado, visto que a assinatura aponta trata-se de uma digital, não se manifestou especificamente sobre os documentos que acompanharam a contratação. Em nenhum momento houve sequer a alegação de que a autora em algum momento perdeu seus documentos pessoais ou mesmo que os documentos apresentados pela parte ré não coincidiam com os originais.

Logo, conclui-se que o requerido comprovou os fatos extintivos do direito da autora e, portanto, não há razão para se declarar a inexistência da relação jurídica entre as partes, vez que esta restou satisfatoriamente comprovada nos autos. Da mesma forma, inexistindo ato ilícito praticado pelo banco, não há como responsabilizá-lo por eventuais danos materiais e morais sofridos pela autora.

Oportuno dizer que em casos semelhantes ao em análise o Tribunal de Justiça do Estado do Paraná compartilha do mesmo entendimento deste Juízo, senão vejamos:

> Apelação cível. Ação declaratória de inexistência de relação jurídica. Sentença de improcedência. Manutenção. Contrato apresentado, devidamente assinado pela autora. Assinatura não impugnada especificamente. Inversão do ônus da prova que se mostra irrelevante no caso concreto. Prova da contratação e de crédito do valor emprestado em conta corrente de titularidade da autora. Tese autoral devidamente desconstituída. Inverdade da afirmação de que a autora é idosa. Ausência de plausibilidade nas genéricas alegações de dolo e coação. Improcedência mantida. Honorários majorados, consoante § 11 do art. 85 do CPC. Recurso conhecido e desprovido (TJPR – 14ª C. Cível – 0004379-46.2016.8.16.0084 – Goioerê – rel.: Desembargadora Themis de Almeida Furquim – j. 07.03.2018).

> Apelação cível – Ação declaratória de inexistência de contrato c/c pedido de indenização por dano moral – Sentença de improcedência – Recurso da parte autora. Alegação de inexistência de contratação de empréstimo mediante saque no cartão de crédito – Tese afastada – "Termo de adesão às condições gerais de emissão e utilização do cartão de crédito consignado e solicitação de saque" e "autorização de saque via cartão de crédito consignado" devidamente assinados pelo apelante – empréstimo no valor de R$ 2.166,90 – Depósito efetuado na conta corrente do autor devidamente comprovado – Legitimidade dos descontos efetuados no benefício previdenciário para amortização dos débitos relativos ao empréstimo consignado mediante saque no cartão de crédito – Modalidade contratada autorizada pelo conselho nacional de previdência social – CNPS e regulamentada pela Lei Federal 13.172/2015 – Inexistência de ato ilícito indenizável – Inocorrência, por consequência de dano moral – Pretensão afastada – Recurso desprovido (TJPR – 14ª C. Cível – AC – 1652222-2 – Curitiba – rel.: Fernando Antonio Prazeres – Unânime – J. 07.06.2017).

Desse modo, os pedidos iniciais devem ser julgados improcedentes.

Dispositivo

Ante o exposto, e tudo mais que dos autos consta, nos termos do artigo 487, I, do CPC, *Julgo improcedentes os pedidos iniciais.*

Sem condenação em custas e honorários advocatícios, nos termos do art. 55, *caput*, primeira parte, da Lei 9.099/95.

Cumpra-se o Código de Normas da Egrégia Corregedoria-Geral da Justiça do Paraná.

Publique-se. Registre-se. Intimem-se. Cumpra-se.

Caso 3

Tramita na 2ª Vara Cível de Londrina, sob os autos 0089-89-2020.8.18.0462, ação indenizatória proposta por LUCIANA MORAIS em face de NOVA SORRISO LTDA. A autora realizou implante de prótese dentária, bem como realização de outros procedimentos odontológicos, no valor de R$ 4.983,84 (quatro mil novecentos e oitenta e três reais e oitenta e quatro centavos). Alega que ao realizar o procedimento odontológico, um pedaço do dente da frente caiu, motivo pelo qual retornou diversas vezes ao estabelecimento objetivando o conserto do procedimento falho. Por sua vez, em contestação, a requerida pugnou pela improcedência do pedido alegando o cumprimento de todas as obrigações assumidas em contrato.

I – Fase preliminar

Como observado, os autos foram conclusos ao julgador para prolatar a sentença, considerando a desnecessidade da produção de provas.

Note-se, porque importante, que, antes de qualquer coisa, devem ser examinadas as condições da ação (legitimidade para a demanda e o interesse de agir) e os pressupostos processuais de existência (jurisdição, representação do autor, petição inicial, citação) e de validade (juiz competente, imparcialidade, capacidade e legitimidade processual, petição inicial válida e citação válida), porque o processo não foi saneado.

Superada esta fase, passa-se para o exame da matéria de mérito.

II – Fase do mérito

O processo de aplicação jurídica do direito inicia-se com a valoração provisória dos fatos e na individualização da norma.

Na sequência, entrecruzam-se as apreciações fáticas e normativas, já que os fatos são entendidos e considerados a partir de sua referência legal, sendo a lei interpretada no contexto das situações fáticas.

III – Do direito do autor
Art. 186 e 927, parágrafo único, do CCB/02, bem como
Aplicação do art. 14, do CDC.
IV – Da alegação/defesa do réu
Aduz pela improcedência dos pedidos, haja vista afirmar que cumpriu todas as obrigações assumidas em contrato.

Com vista no caso supra, bem como a exteriorização jurídica do caso, proceda-se a elaboração da minuta de sentença.

I – Relatório
Trata-se de ação de danos materiais e morais em virtude de suposto erro em tratamento odontológico, ajuizada por LUCIANA MORAIS em face de NOVA SORRISO LTDA.

A requerente alega que em agosto de 2016, começou um tratamento dentário na Clínica Odontológica – Nova Sorriso, que consistia na implantação de prótese dentária, bem como realização de outros procedimentos odontológicos, no valor de R$ 4.983,84 (quatro mil novecentos e oitenta e três reais e oitenta e quatro centavos).

Aduz que no percorrer do tratamento, um pedaço do dente da frente da Autora caiu, motivo que a levou a voltar diversas vezes ao estabelecimento objetivando o conserto do procedimento falho.

Alega ainda que, diante da inercia da parte em proceder o conserto do dente teve que procurar ajuda de outro profissional para realizar o procedimento.

Em contestação a requerida requerendo a improcedência do pedido alegando o cumprimento de todas as obrigações assumidas em contrato junto a Autora.

Audiência de Instrução realizada, foi tomado o depoimento pessoal da parte autora e uma testemunha da requerida.

É o relatório. Passo a decidir.

II – Fundamentação

É inegável a aplicabilidade do Código de Defesa do Consumidor ao caso em julgamento, na medida em que a autora se enquadra no conceito de "destinatário final" dos serviços prestados pela ré.

A relação jurídica em questão se classifica como de consumo, o que a situa sob a égide das disposições contidas no Código de Defesa do Consumidor e, consequentemente, do art. 6º, VIII, do CDC, o que culmina a inversão do ônus da prova, motivada pela hipossuficiência da parte requerente, esta materializada na fragilidade do Autor diante da empresa ré.

Nesse diapasão, leciona Silvio Rodrigues:

> O código de defesa do Consumidor regula todas as relações contratuais entre pessoas que adquirirem um produto e um serviço como destinatário final (art. 2º) e um fornecedor, que é todo aquele que fornece um produto ou um serviço mediante remuneração. Ora entre o cirurgião e paciente se estabelece um contrato tácito em que o cirurgião se propõe a realizar uma cirurgia na pessoa do paciente mediante remuneração e se obriga a usar toda a sua habilidade para alcançar o resultado almejado. Trata-se de um contrato de prestação de serviço, pois esse contrato na linguagem daquele código é toda atividade fornecida no mercado mediante remuneração (art. 3º, § 2º). Aliás, o Código do consumidor contempla a espécie de serviço fornecido pelos profissionais, tais como médicos, dentistas etc. ao declarar no § 4º do art. 14 que "a responsabilidade pessoal dos profissionais liberais será apurada mediante a verificação da culpa.

Assim, de acordo com o disposto no art. 14 do Código de Defesa do Consumidor, a responsabilidade da Clínica por danos causados ao consumidor é objetiva:

> Art. 14. O fornecedor de serviços responde, independentemente da existência de culpa, pela reparação dos danos causados aos consumidores por defeitos relativos à prestação dos serviços, bem como por informações insuficientes ou inadequadas sobre sua fruição e riscos.

Por sua vez, o artigo 6º, inciso VIII, da legislação consumerista, preconiza a facilitação dos meios de defesa do consumidor, com a possibilidade da inversão do ônus da prova, quando se figure o consumidor como hipossuficiente técnico, ou as suas alegações sejam verossímeis.

Portanto, a relação jurídica em questão se classifica como de consumo, o que a situa sob a Égide das disposições contidas no Código de Defesa do Consumidor e, consequentemente, do art. 6º, VIII, do CDC, o que culmina a inversão do ônus da prova, motivada pela hipossuficiência da parte requerente, esta materializada na fragilidade do Autor diante da empresa ré.

Pois bem. Verificar-se a hipossuficiência técnica das autoras não necessita maiores percalços, na medida em que, cingindo-se a lide responsabilidade civil por erro médico, o réu encontra-se em melhores condições (se não únicas) para demonstrar o que de fato aconteceu no momento da cirurgia realizada. De mais a mais, a matéria da medicina é de notável complexidade, figurando a grande maioria dos brasileiros como leiga na disciplina.

A questão controversa trazida nos autos refere-se aos danos morais e materiais, alegadamente sofridos pela parte autora, em razão de suposta falha na prestação de serviços da clínica ré.

Segundo a parte autora, após realizar um tratamento odontológico falho, buscou, por diversas vezes na clínica o conserto do procedimento, sem, contudo, que houvesse a realização de procedimento adequado que visse a trazer o conserto do problema.

Pois bem. Pelos documentos trazidos nos autos, bem como pelas afirmações feitas em audiência, o autor pagou pelo tratamento, sem que este fosse realizado de maneira adequada. A irresignação do paciente, desta forma, deu-se em razão das diversas tentativas em sanar a falha na prestação do serviço.

De acordo com os depoimentos não resta dúvidas que o pedido realizado nos autos não se refere a colocação da prótese, que, conforme foi informada pela própria requerente foi cancelado, mas sim relacionado ao tratamento realizado nos dentes frontais.

Conforme se observa da análise do contrato juntado nos autos, fica claro que a prestação de serviço não se deu exclusivamente em relação à prótese, mas sim incluindo outros tratamentos odontológicos. Deste modo não merece prosperar a alegação da parte requerida ausência de responsabilidade pela desistência ou cancelamento da realização da prótese.

Assim sendo, tendo em vista a realização de procedimentos odontológicos na autora, a empresa ré somente será responsabilizada por danos quando ficar demonstrada a ocorrência de culpa para o resultado lesivo.

Ou seja, a responsabilidade da clínica dentária depende da análise da conduta culposa do profissional dentista a ela vinculado, cabendo a parte autora comprovar o ato ilícito ocorrido por culpa do odontólogo, o nexo de causalidade e o dano sofrido.

In casu, restou comprovado que a atitude da requerida contribuiu para o insucesso do tratamento, visto que restou demonstrado a má prestação do serviço, haja vista que a parte teve que recorrer a outro profissional que realizou o procedimento necessário de restauração.

A parte autora é enfática ao mencionar que a própria dentista que lhe atendeu disse que os adesivos utilizados eram de má qualidade, por isso as inconstantes quedas das restaurações. Ressalta-se ainda o fato de que na última vez que a requerente esteve no consultório odontológico a foi-lhe dito que, diante das continuas quedas da restauração, não haveria meio de consertar o dente.

Assim diante das contundentes alegações da parte demandante, a requerente não se desincumbiu, de forma eficaz, de seu ônus probatório, deixando de apresentar a existência de fatos impeditivos, modificativos ou extintivos do direito da autora (CPC, art. 373, II) restando, portanto, caracterizado o dever de indenizar.

> Apelação cível. Responsabilidade civil. Ação de indenização por danos materiais e morais. Sentença que julgou procedentes os pedidos iniciais. 1. Código de processo civil de 1973. Aplicabilidade. 2. Mérito. Falha na prestação de serviço odontológico. Implante dentário. Obrigação de resultado. Laudo pericial que materializa o fato constitutivo do direito pleiteado na inicial. Ausência de prova das excludentes de responsabilidade, previstas no § 3º, do artigo 14, do Código de Defesa do Consumidor. 3. Danos materiais. Limitação dos valores aos serviços e/ou produtos que serão refeitos ou que não serão reutilizados na continuidade do apelação cível 1.602.497-4 2 tratamento em outra clínica. Apuração em sede de liquidação de sentença. 4. *Danos morais configurados. Abalo sofrido que foge à normalidade, a ponto de romper o equilíbrio psicológico do indivíduo. Quantum indenizatório. Minoração. Possibilidade. Análise do caso concreto. Observância dos parâmetros de proporcionalidade e de razoabilidade. Quantia que melhor atende à tríplice função da indenização.* 5. Sentença parcialmente reformada. Sucumbência mantida. Recurso conhecido e parcialmente provido. (TJ-PR – APL: 16024974 PR 1602497-4 (Acórdão), Relator: Luís Sérgio Swiech, Data de Julgamento: 30.03.2017, 8ª Câmara Cível, Data de Publicação: DJ: 2013 20.04.2017) Grifei.

No que alude ao pedido de indenização por danos morais, a Constituição inseriu no artigo 5º, a plena reparação do dano moral, entretanto, para configuração deste há de se reconhecer, no caso concreto, desgastes atentatórios à psique do indivíduo, que fogem à normalidade da vida em sociedade, acarretando desrespeito à dignidade da pessoa humana.

Sobre o instituto do dano moral, entendo que este deve ser utilizado com parcimônia, não podendo abarcar indenizações vultosas por quaisquer incômodos que o consumidor tenha em seu cotidiano, a fim de que a indenização não se torne fonte de enriquecimento sem causa.

Com efeito, o dano moral cuja indenização a lei prevê é aquele que ultrapassa, pela sua intensidade, repercussão e duração, aquilo que o homem médio, com estrutura psicológica normal, estaria obrigado a suportar.

Na lição de Sérgio Cavalieri, só se caracteriza como dano moral:

> a dor, vexame, sofrimento ou humilhação que, fugindo à normalidade, interfira intensamente no comportamento psicológico do indivíduo, causando-lhe aflições, angústia e desequilíbrio em seu bem-estar. Mero dissabor, aborrecimento, mágoa, irritação ou sensibilidade exacerbada estão fora da órbita do dano moral, porquanto, além de fazerem parte da normalidade do nosso dia a dia, no trabalho, no trânsito, entre os amigos e até no ambiente familiar, tais situações não são intensas e duradouras, a ponto de romper o equilíbrio psicológico do indivíduo" (*Programa de responsabilidade civil*, 2. ed. São Paulo: Malheiros, 1998, p. 78, apud Carlos Roberto Gonçalves, Responsabilidade Civil, 8ª edição, SP: Saraiva, 2003, p. 549-550).

Com base em tais premissas, conclui-se que há elementos que configurem o dano moral no presente caso.

Por conseguinte, a condenação deve, de um lado, contemplar a compensação pelo abalo sofrido, e, de outro, representar uma punição ao causador do dano, além de buscar a sempre almejada função preventiva.

Com base nesses parâmetros, os danos morais restaram excepcionalmente configurados no caso em tela diante da deficiente prestação dos serviços por parte da ré, bem como pela demora no tratamento e as inúmeras vezes em que a autora precisou retornar ao consultório da demandada para efetuar reparos, motivo pelo qual arbitro o quantum indenizatório em R$ 2.000,00 (dois mil reais).

Já quanto a aplicação de dos danos materiais, este não restou evidenciado. Muito embora alegue que foi efetuado o pagamento da quantia de R$ 415,32 (quatrocentos e quinze reais e trinta e dois centavos) referentes às diversas ao procedimento de colagem do dente da frente, ela não junta qualquer documento capaz de demonstrar tais gastos, não merecendo seu arbitramento. Nesse sentido:

> Recursos inominados. Ação de indenização por anos materiais e morais. Cobrança vexatória e constrangedora. Dano moral comprovado. Dano material não comprovado. Sentença mantida por seus próprios fundamentos. Recursos conhecidos e desprovidos. Ante o exposto, esta 1ª Turma Recursal resolve, por unanimidade dos votos, em relação ao recurso de Anadir Raesk, julgar pelo (a) Com Resolução do Mérito – Não Provimento, em relação ao recurso de Global COB Serviços de Cobrança, julgar pelo (a) Com Resolução do Mérito – Não Provimento nos exatos termos do voto (TJPR – 1ª Turma Recursal – 0020697-72.2014.8.16.0182/0 – Curitiba – Rel.: Fernanda de Quadros Jorgensen Geronasso – j. 16.03.2017).

III – Dispositivo

Diante do exposto, e tudo mais que dos autos consta, nos termos do artigo 487, inciso I, do Código de Processo Civil, *julgo parcialmente procedente* o pedido contido na inicial para condenar a reclamada a: *indenização* por danos morais no valor de R$ 2.000,00 (dois mil reais), corrigidos monetariamente pelo INPC a partir da presente data (súmula 362 do STJ) e, acrescidos de juros de mora de 1% ao mês a partir do evento danoso (súmula 54 do STJ).

Sem condenação em custas e honorários advocatícios, nos termos do art. 55, *caput*, primeira parte, da Lei 9.099/95.

Publique-se. Registre-se. Intimem-se.

Capítulo IV
Sentenças Cíveis
em Concursos Públicos

> **Sumário**: 1. Magistratura Estadual – TJ/PA – Ano: 2020 – Banca: CESPE – 2. Magistratura Estadual – TJ/SP – Ano: 2019 – Banca: VUNESP – 3. Magistratura Estadual – TJ/PR – Ano: 2019 – Banca: CESPE – 4. Magistratura Estadual – TJ/MT – Ano: 2019 – Banca: VUNESP – 5. Magistratura Estadual – TJ/BA – Ano: 2019 – Banca: CESPE – 6. Magistratura Estadual – TJ/CE – Ano: 2018 – Banca: CESPE – 7. Magistratura Estadual – TJ/SP – Ano: 2017 – Banca: VUNESP.

No presente capítulo, contando com a participação de Maria Eduarda Pereira Borges[1] e Joni Bonfim Aguiar[2], traremos um acervo de sentenças cíveis cobradas em concursos públicos da magistratura com respectivos espelhos. Todas as sentenças trazidas à obra já se baseiam no CPC/15.

1. MAGISTRATURA ESTADUAL – TJ/PA – ANO: 2020 – BANCA: CESPE

A empresa GAMA Serviços Ltda. ajuizou, por meio de advogado constituído, ação submetida ao procedimento comum, em desfavor do Banco BETA S.A., com o objetivo de condená-lo ao pagamento de indenização por danos morais, no montante de R$ 100 mil. Para tanto, alega ter sofrido dano moral em decorrência do cumprimento de mandado de busca e apreensão de veículo objeto de litígio, expedido em razão de requerimento do banco, bem como da presença de representante do réu na ocasião, o que abalou a reputação da empresa. Para a autora, a indenização é devida na medida em que o comparecimento de representante do réu tornou arbitrário o ato, do qual deveria participar apenas o oficial de justiça. Além disso, como o ato ocorrera em horário comercial, ou seja, no pleno funcionamento das atividades da empresa, os funcionários e clientes presenciaram o representante do banco dizendo "estou aqui para pegar o que é meu". Na ação, a empresa pede a aplicação de multa ao réu por litigância de má-fé, alegando que ele procedera de modo temerário ao enviar representante para comparecer ao cumprimento do referido mandado. Em contestação, o réu pugnou pela improcedência do pedido da autora, alegando que a realização de busca e apreensão se deu por ordem judicial, em razão de descumprimento de obrigação de entregar o veículo, e que, ainda que possa ter sido constrangedora, não seria apta a gerar dano moral apenas por ter sido efetivada com

---

1. Estagiária de Direito no Tribunal de Justiça do Estado do Paraná-TJ-PR, Acadêmica em Direito pela UNIPAR-Universidade Paranaense.
2. Estagiário de Direito no Tribunal de Justiça do Estado do Paraná-TJ-PR, Acadêmico em Direito pela UNIPAR-Universidade Paranaense.

acompanhamento de representante do réu e na presença de funcionários e clientes. Em audiência de instrução e julgamento, as duas testemunhas arroladas pela parte autora confirmaram que representante do réu esteve no momento da execução do mandado de busca e apreensão e que ele realmente havia proferido a citada frase à autora diante dos presentes na ocasião. Considerando os fatos acima relatados, redija a sentença, dando solução ao caso. Analise toda a matéria de direito processual e material pertinente para o julgamento, fundamente suas explanações, dispense o relatório e não crie fatos novos.

Resposta: DO MÉRITO REPARAÇÃO DE DANOS. ATO ILÍCITO. REQUISITOS A reparação de danos, de acordo com o sistema jurídico pátrio, tem como fundamento a ocorrência de ato ilícito, com amparo no art. 186 do Código Civil, ou de ato-fato indenizatório, com base no art. 927, parágrafo único, do Código Civil. A hipótese trazida a exame se amolda à ocorrência de ato ilícito, sendo certo que o pedido indenizatório encontra amparo no art. 186, em composição com o art. 927, caput, ambos do Código Civil. Os arts. 186 e 927, caput, disciplinam o dever de indenizar a partir de ação ou omissão voluntária, negligência ou imprudência que causar dano a outrem, devendo-se, nessa hipótese, verificar a ocorrência de nexo causal entre o evento lesivo e a conduta do causador do dano. No âmbito do ilícito civil, prevalece a teoria da causalidade adequada (art. 403 do Código Civil), segundo a qual somente se considera existente o nexo causal caracterizador da responsabilidade civil quando a conduta do agente for determinante à ocorrência do dano. Código Civil Art. 186. Aquele que, por ação ou omissão voluntária, negligência ou imprudência, violar direito e causar dano a outrem, ainda que exclusivamente moral, comete ato ilícito. (...) Art. 403. Ainda que a inexecução resulte de dolo do devedor, as perdas e danos só incluem os prejuízos efetivos e os lucros cessantes por efeito dela direto e imediato, sem prejuízo do disposto na lei processual. (...) Art. 927. Aquele que, por ato ilícito (arts. 186 e 187), causar dano a outrem, fica obrigado a repará-lo. DANOS MORAIS. PESSOA JURÍDICA. HONRA OBJETIVA. COMPROVAÇÃO. Embora a mera existência de ato ilícito, em caráter isolado, não seja suficiente para gerar automaticamente a obrigação de indenizar eventuais danos morais, geralmente o dano moral é reconhecido, em tese, sem a necessidade de demonstração das consequências da conduta ilícita, o que não é o caso dos autos, principalmente por envolver pessoa jurídica. No caso do dano moral, há ofensa a direito da personalidade, o que abrange a dignidade da pessoa humana, seu íntimo, sua honra, sua reputação, seus sentimentos de afeto, conforme art. 12 do Código Civil. Contudo, em se tratando de pessoa jurídica, a extensão dos direitos da personalidade não é ampla e irrestrita, como decorre da própria dicção legal do art. 52 do Código Civil: "Aplica-se às pessoas jurídicas, no que couber, a proteção dos direitos da personalidade". A pessoa jurídica, assim como a pessoa física, será considerada vítima de lesão de natureza moral desde que a ofensa atinja a sua honra objetiva, ou seja, desde que a violação atinja a sua reputação, de modo a macular o seu nome, sua credibilidade perante a sociedade onde atua, segundo entendimento firmado pelo colendo STJ na Súmula 227. Portanto, para que seja caracterizado o dano moral à pessoa jurídica, é imprescindível a comprovação dos danos causados a sua imagem e a seu bom nome comercial. Dessa forma, a indenização por dano moral à pessoa jurídica apenas merece deferimento diante de provas concretas que evidenciem que a sua honra objetiva tenha sofrido graves danos, posto que, ao contrário do que ocorre com a pessoa humana, não se pode presumir o dano moral em prol da pessoa jurídica. (...) 3. Com base em todas essas ponderações e mais uma vez adotando a teoria da causalidade adequada (Código Civil/2002, art. 403) – segundo a qual somente se considera existente o nexo causal a caracterizar a responsabilidade civil quando a conduta do agente for determinante à ocorrência do dano –, concluo que o rompimento do contrato de financiamento decorreu do inadimplemento recíproco dos contratantes, já que ambos, tanto por ações como por omissões, deram causa à impossibilidade de cumprimento da finalidade a que se destinava a avença. (REsp 1615977/DF, Rel. Ministro Marco Aurélio Bellizze, Terceira Turma, julgado em 27.09.2016, DJe 07.10.2016) (...) 5. A Súmula 227 do STJ enuncia que a pessoa jurídica, assim como a pessoa física, é capaz de sofrer lesão de natureza moral, sendo necessário, em tais casos, que a ofensa atinja a sua honra objetiva, ou seja, que a violação atinja a sua reputação ou o seu nome no meio comercial em que atue. (REsp 1726984/SP, Rel. Ministro Herman Benjamin, Segunda Turma, julgado em 08.05.2018, DJe 19.11.2018) Agravo regimental no agravo em recurso especial. Contrato de distribuição. Rompimento. Unilateral. Danos morais. Honra objetiva. Ofensa. Não ocorrência. Súmula 7/STJ. 1. A possibilidade de a pessoa jurídica sofrer dano moral depende da demonstração de abalo à sua honra objetiva. Precedentes. 2. Na hipótese dos autos, o Tribunal de origem entendeu inexistir prova de que a recorrente, com a rescisão unilateral do contrato de distribuição, sofreu abalo na sua boa fama junto aos clientes. Rever esse entendimento para acolher a alegação de que é devido o pagamento de danos morais dependeria de reexame de fatos e provas, o que atrai a incidência da Súmula 7/STJ. 3. Agravo regimental não provido. (AgRg no AREsp 454.848/RS, Rel. Ministro Ricardo Villas Bôas Cueva, Terceira Turma, julgado em 1º.04.2019, DJe 10.04.2019) Quando se trata de pessoa jurídica, o tema da ofensa à honra propõe uma distinção inicial: a honra subjetiva, inerente à pessoa física, que está no psiquismo de cada um e pode ser ofendida com atos que atinjam a sua dignidade, respeito próprio, autoestima etc., causadores de dor, humilhação, vexame; a honra objetiva, externa ao sujeito, que consiste no respeito, admiração, apreço, consideração que os outros dispensam à pessoa. Por isso se diz ser a injúria um ataque à honra subjetiva, à dignidade da pessoa, enquanto que a difamação é ofensa à reputação que o ofendido goza no âmbito social onde vive. A pessoa jurídica, criação da ordem legal, não tem capacidade de sentir emoção e dor, estando por isso desprovida de honra subjetiva e imune à injúria. Pode padecer, porém, de ataque à honra objetiva, pois goza de uma reputação junto a terceiros, passível de ficar abalada por atos que afetam o seu bom nome no mundo civil ou comercial onde atua. (STJ, 4ª Turma, REsp 60.033-2-MG, rel. Min. Ruy Rosado de Aguiar, julgado em 09.08.1995, DJ 27.11.1995) Súmula STJ 227 – A pessoa jurídica pode sofrer dano moral. Código Civil Art. 927. Aquele que, por ato ilícito (arts. 186 e 187), causar dano a outrem, fica obrigado a repará-lo. Parágrafo único. Haverá obrigação de reparar o dano, independentemente de culpa, nos casos especificados em lei, ou quando a atividade normalmente desenvolvida pelo autor do dano implicar, por sua natureza, risco para os direitos de outrem. ÔNUS DA PROVA As provas coligidas aos autos não demonstram que a honra objetiva da autora (pessoa jurídica) tenha sido abalada, pois não há indicação de que houve conduta capaz de macular o seu nome ou a sua credibilidade perante a sociedade. A autora não demonstrou que a efetivação da busca e apreensão foi capaz de macular o nome ou a credibilidade dela perante a sociedade, limitando-se a relatar o constrangimento sofrido, bem como a discussão havida entre os representantes das pessoas jurídicas. As testemunhas apenas confirmaram que o oficial de justiça compareceu na companhia de representante do réu, o qual falou à autora que estava lá para "pegar" o que era seu. De acordo com o inciso I do art. 373 do Código de Processo Civil (CPC), incumbe ao autor o dever de provar os fatos constitutivos de seu direito, ônus do qual a autora não se desincumbiu. Código de Processo Civil Art. 373. O ônus da prova incumbe: I – ao autor, quanto ao fato constitutivo de seu direito; LEGITIMIDADE DA BUSCA E APREENSÃO Convém destacar que a mera presença de representante do réu na realização de busca e apreensão diante de funcionários e clientes não é apta a gerar abalo à honra objetiva da autora. De fato, o réu tinha legítima pretensão à utilização da medida, que foi emanada de autoridade judicial competente. Como se vê, no caso dos autos, a autora não demonstrou conduta capaz de macular seu nome ou sua credibilidade perante a sociedade em virtude da efetivação da busca e apreensão, limitando-se a relatar o constrangimento sofrido. Código de Processo Civil Art. 538. Não cumprida a obrigação de entregar coisa no prazo estabelecido na sentença, será expedido mandado de busca e apreensão ou de imissão na posse em favor do credor, conforme se tratar de coisa móvel ou imóvel. AUSÊNCIA DE LITIGÂNCIA DE MÁ-FÉ A expedição de mandado de busca e apreensão é medida disposta no CPC para os casos de descumprimento de obrigação de entregar coisa no prazo estabelecido na sentença, de forma que não houve procedimento temerário, não havendo que falar, assim, em condenação por litigância de má-fé. Código de Processo Civil Art. 79. Responde por perdas e danos aquele que litigar de má-fé como autor, réu ou interveniente. Art. 80. Considera-se litigante de má-fé aquele que: (...) V – proceder de modo temerário em qualquer incidente ou ato do processo; DISPOSITIVO Ante o exposto, julgo improcedente o pedido, extinguindo o processo com resolução de mérito, nos termos do inciso I do art. 487 do CPC, e condeno a autora ao pagamento de honorários advocatícios no percentual de (10% a 20%) do valor da causa, nos termos dos §§ 2º e 6º do art. 85 do CPC ("Art. 85. A sentença condenará o vencido a pagar honorários ao advogado do vencedor. § 1º São devidos honorários advocatícios na reconvenção, no cumprimento de sentença, provisório ou definitivo, na execução, resistida ou não, e nos recursos interpostos, cumulativamente. § 2º Os honorários serão fixados entre o mínimo de dez e o máximo de vinte por cento sobre o valor da condenação, do proveito econômico obtido ou, não sendo possível mensurá-lo, sobre o valor atualizado da causa, atendidos: I – o grau de zelo do profissional; II – o lugar de prestação do serviço; III – a natureza e a importância da causa; IV – o trabalho realizado pelo advogado e o tempo exigido para o seu serviço. (...) § 6º Os limites e critérios previstos nos §§ 2º e 3º aplicam-se independentemente de qual seja o conteúdo da decisão, inclusive aos casos de improcedência ou de sentença sem resolução de mérito. (...) Art. 487. Haverá resolução de mérito quando o juiz: I – acolher ou rejeitar o pedido formulado na ação ou na reconvenção"). P.R.I. local, data assinatura Quesito 2.1.1 0 – Não abordou o tema no âmbito do direito civil. 1 – Limitou-se a indicar que a reparação de danos tem como fundamento apenas a ocorrência de ato ilícito, com amparo no art. 186 do Código Civil. 2 – Afirmou apenas que a reparação de danos tem como fundamento a ocorrência de ato ilícito, com amparo no art. 186 do Código Civil, ou de ato-fato indenizatório, com base no art. 927, parágrafo único, do Código Civil. 3 – Afirmou apenas que a reparação de danos tem como fundamento a ocorrência de ato ilícito, com amparo no art. 186 do Código Civil, ou de ato-fato indenizatório, com base no art. 927, parágrafo único, do Código Civil, e que é necessário verificar a ocorrência de nexo causal entre o evento lesivo e a conduta do causador do dano. 4 – Afirmou que a reparação de danos tem como fundamento a ocorrência de ato ilícito, com amparo no art. 186 do Código Civil, ou de ato-fato indenizatório, com base no art. 927, parágrafo único, do Código Civil e que é necessário verificar a ocorrência de nexo causal entre o evento lesivo e a conduta do causador do dano, mas apenas mencionou que prevalece a teoria da causalidade adequada (art. 403 do Código Civil), sem explicá-la. 5 – Afirmou que a reparação de danos tem como fundamento a ocorrência de ato ilícito, com amparo no art. 186 do Código Civil, ou de ato-fato indenizatório, com base no art. 927, parágrafo único, do Código Civil, que é necessário verificar a ocorrência de nexo causal entre o evento lesivo e a conduta do causador do dano e que prevalece a teoria da causalidade adequada (art. 403 do Código Civil), explicando-a. Quesito 2.1.2 0 – Não discorreu sobre o dano moral ou afirmou que pessoa jurídica não é passível de sofrer lesão moral. 1 – Limitou-se a indicar que a pessoa jurídica, assim como a pessoa física, é passível de sofrer lesão de natureza moral. 2 – Afirmou que a pessoa jurídica, assim como a pessoa física, é passível de sofrer lesão de natureza moral, mas indicou apenas a necessidade de que a ofensa atinja a honra objetiva, sem especificar esse conceito. 3 – Afirmou que a pessoa jurídica, assim como a pessoa física, é passível de sofrer lesão de natureza moral e indicou a necessidade de que a ofensa atinja a honra objetiva, explicando esse conceito, mas sem tratar da imagem e(ou) do bom nome comercial. 4 – Afirmou que a pessoa jurídica, assim como a pessoa física, é passível de sofrer lesão de natureza moral, e indicou a necessidade de que a ofensa atinja a honra objetiva, explicando esse conceito, sobretudo quanto à imagem e ao bom nome comercial, mas não abordou a inexistência de presunção de dano moral em prol de pessoa jurídica. 5 – Afirmou que a pessoa jurídica, assim como a pessoa física, é passível de sofrer lesão de natureza moral, indicou a necessidade de que a ofensa atinja a honra objetiva, explicando esse conceito, sobretudo quanto à imagem e ao bom nome comercial, e abordou a inexistência de presunção de dano moral em prol de pessoa jurídica, mas não discorreu sobre a extensão dos direitos da personalidade. 6 – Afirmou que a pessoa jurídica, assim como a pessoa física, é passível de sofrer lesão de natureza moral, indicou a necessidade de que a ofensa atinja a honra objetiva, explicando esse conceito, sobretudo quanto à imagem e ao bom nome comercial, abordou a inexistência de presunção de dano moral em prol de pessoa jurídica e indicou que a extensão dos direitos da personalidade não é ampla e irrestrita. Quesito 2.1.3 0 – Não discorreu sobre o ônus da prova. 1 – Limitou-se a indicar que incumbe ao autor da ação indenizatória o dever de provar os fatos constitutivos de seu direito, sem abordar os aspectos do caso narrado ou identificando que, no caso narrado, a medida de busca e apreensão foi capaz de macular o nome e(ou) a credibilidade da empresa perante a sociedade. 2 – Afirmou, com o devido fundamento, que incumbe ao autor da ação indenizatória o dever de provar os fatos constitutivos de seu direito e que a autora não demonstrou que a medida de busca e apreensão foi capaz de macular seu nome ou sua credibilidade perante a sociedade, mas não indicou o mero relato do constrangimento sofrido. 3 – Afirmou, com o devido fundamento, que incumbe ao autor o dever de provar os fatos constitutivos de seu direito e que a autora não demonstrou que a medida de busca e apreensão foi capaz de macular seu nome ou sua credibilidade perante a sociedade, indicando o mero relato do constrangimento sofrido. Quesito 2.1.4 0 – Não indicou a legitimidade da busca e apreensão ou afirmou que a medida foi ilegítima. 1 – Limitou-se a indicar que o réu tinha legítima pretensão à utilização da medida de busca e apreensão. 2 – Afirmou que o réu tinha legítima pretensão à utilização da medida de busca e apreensão, indicando que esta foi emanada de autoridade judicial competente, mas não discorreu que a realização de busca e apreensão não é apta a gerar abalo à honra objetiva da autora. 3 – Afirmou que o réu tinha legítima pretensão à utilização da medida de busca e apreensão, indicando que esta foi emanada de autoridade judicial competente, bem como discorreu que a realização de busca e apreensão não é apta a gerar abalo à honra objetiva da autora. Quesito 2.1.5 0 – Não abordou a litigância de má-fé ou afirmou que houve litigância de má-fé. 1 – Limitou-se a indicar que responde por perdas e danos aquele que litigar de má-fé como autor, réu ou interveniente. 2 – Indicou que responde por perdas e danos aquele que litigar de má-fé como autor, réu ou interveniente, e afirmou que o réu não procedeu de modo temerário, mas não apresentou justificativa. 3 – Indicou que responde por perdas e danos aquele que litigar de má-fé como autor, réu ou interveniente, e afirmou que o réu não procedeu de modo temerário, mas abordou na justificativa apenas o aspecto relativo à presença do representante do banco no ato de busca e apreensão ou o aspecto da pertinência da expedição de mandado de busca e apreensão no caso. 4 – Indicou que responde por perdas e danos aquele que litigar de má-fé como autor, réu ou interveniente, e afirmou que o réu não procedeu de modo temerário, abordando na justificativa tanto a questão da presença do representante do banco no ato de busca e apreensão quanto da pertinência da expedição de mandado de busca e apreensão no caso. Quesito 2.2 0 – Não redigiu o dispositivo ou julgou procedente o pedido. 1 – Limitou-se a redigir que julga improcedente o pedido. 2 – Registrou que julga improcedente o pedido e que extingue o processo com resolução de mérito, mas não condena a autora. Caso o candidato julgue procedente, ou parcialmente procedente o pedido, fará jus à pontuação referente à extinção do processo com resolução de mérito. 3 – Registrou que julga improcedente o pedido, que extingue o processo com resolução de mérito e que condena a autora ao pagamento de honorários advocatícios, mas indica percentual dissonante com o disposto dos §§ 2º e 6º do art. 85 do CPC. 4 – Registrou que julga improcedente o pedido, que extingue o processo com resolução de mérito e que condena a autora ao pagamento de honorários advocatícios no percentual previsto no CPC (10% a 20% do valor da causa), mas não insere o fechamento da sentença. Caso o candidato julgue procedente, ou parcialmente procedente o pedido, fará jus à pontuação referente à extinção do processo com resolução de mérito e ao fechamento. 5 – Registrou que julga improcedente o pedido, que extingue o processo com resolução de mérito e que condena a autora ao pagamento de honorários advocatícios no percentual previsto no CPC (10% a 20% do valor da causa), mas inseriu fechamento com apenas um dos elementos obrigatórios (PRI, local, data ou assinatura). Caso o candidato julgue procedente, ou parcialmente procedente o pedido, fará jus à pontuação referente à extinção do processo com resolução de mérito e ao fechamento, com apenas um dos elementos obrigatórios (PRI, local, data ou assinatura). 6 – Registrou que julga improcedente o pedido, que extingue o processo com resolução de mérito e que condena a autora ao pagamento de honorários advocatícios no percentual previsto no CPC (10% a 20% do valor da causa), mas inseriu fechamento com apenas dois dos elementos obrigatórios (PRI, local, data e(ou) assinatura). Caso o candidato julgue procedente, ou parcialmente procedente o pedido, fará jus à pontuação referente à extinção do processo com resolução de mérito e ao fechamento, com apenas dois dos elementos obrigatórios (PRI, local, data ou assinatura). 7 – Registrou que julga improcedente o pedido, que extingue o processo com resolução de mérito e que condena a autora ao pagamento de honorários advocatícios no percentual previsto no CPC (10% a 20% do valor da causa), mas inseriu fechamento com apenas três dos elementos obrigatórios (PRI, local, data e(ou) assinatura). Caso o candidato julgue procedente, ou parcialmente procedente o pedido, fará jus à pontuação referente à extinção do processo com resolução de mérito e ao fechamento, com apenas três dos elementos obrigatórios (PRI, local, data ou assinatura). 8 – Registrou que julga improcedente o pedido, que extingue o processo com resolução de mérito e que condena a autora ao pagamento de honorários advocatícios no percentual previsto no CPC (10% a 20% do valor da causa), e inseriu fechamento completo, com PRI, local, data e assinatura. Caso o candidato julgue procedente, ou parcialmente procedente o pedido, fará jus à pontuação referente à extinção do processo com resolução de mérito e ao fechamento completo.

2. MAGISTRATURA ESTADUAL – TJ/SP – ANO: 2019 – BANCA: VUNESP

João X move ação reivindicatória contra Antônio Y, cujo objeto é um prédio rústico de 30 ha, que se acha na posse do réu, e do qual fora proprietário Pedro K, já falecido, pedindo, também, indenização pelos frutos naturais e civis percebidos, desde a invasão, e dos que o forem no curso do processo. Juntou procuração, certidão de óbito de Pedro K, seu testamento público, cujo cumprimento foi devidamente ordenado, certidão de objeto e pé dos autos do inventário e matrícula do imóvel reivindicado, em que Pedro K figura no registro como dele proprietário. Afirma o autor que é herdeiro testamentário de Pedro K, sendo a sua deixa correspondente a 25% da herança, dentro, portanto, do disponível do testador, que deixou três filhos, os quais divergem entre si, motivo pelo qual foi nomeado inventariante dativo, mas o inventário não terminou. Prossegue dizendo que o réu se encontra na posse de referido imóvel há cerca de quatro anos, sem exibir qualquer título que o legitime, explorando-o economicamente e recusando-se a desocupá-lo. Citado em 16.04.2018 (segunda-feira), e o mandado cumprido juntado no dia seguinte, o réu contestou em 09.05.2018 (quarta-feira), arguindo em preliminar que o autor, sendo casado, conforme se qualificou na procuração, necessitava de autorização de seu cônjuge para mover essa ação, esclarecendo, igualmente, que ele, réu, é divorciado; além disso, já fora demandado pelo espólio de Pedro K, representado por Roberto K, à época inventariante, em ação de reintegração de posse, julgada improcedente, porque não configurado esbulho, pois o imóvel se encontrava abandonado quando nele adentrou e, sendo idêntica a finalidade de ambas as ações, a pretensão deduzida encontra óbice na coisa julgada, ou, ao menos, o autor sofre os efeitos da eficácia natural daquela sentença; também, atualmente, no inventário, há inventariante dativo a quem toca a representação do espólio, cabendo-lhe promover a intimação dos herdeiros, acerca de ação ajuizada, conforme os artigos 618, I, e 75, § 1º, do CPC, ou seja, a legitimidade é do espólio e não de eventual herdeiro testamentário. Argui, também, falta de interesse processual, porque, não tendo sido concluído o inventário, ao autor ainda não foi atribuído o imóvel na partilha, devendo, pelo menos, ocorrer a suspensão do processo na forma do artigo 313, V, "a", do CPC, quando, então, se poderia confirmar a atribuição total ou parcial do imóvel ao autor. No mérito, o réu suscitou que é possuidor de boa-fé, porque desconhecia obstáculo que o impede de adquirir aquele imóvel encontrado em estado de abandono (art. 1201 do CC), dele não podendo ser desalojado, eis que não cumpria sua função social, tendo, também, o titular perdido a propriedade por abandono, porque naquele estado se encontrava o imóvel havia três anos, entendendo, por isso, não ser injusta a sua posse, e que a procedência da ação reivindicatória exige que o possuidor injustamente detenha a coisa, invocando os artigos 1228 e § 1º, e 1275, III, do CC. Comprovou documentalmente que explora o imóvel com fins econômicos, onde existem árvores frutíferas em parte dele, e a outra parte arrenda, recebendo R$ 500,00 mensalmente, pagos no último dia de cada mês, e que, após a citação, colheu os frutos pendentes, tencionando também colher os que sobrevierem, tanto os naturais como os civis. Intimado a se manifestar sobre a contestação, o autor juntou certidão de casamento, tendo o matrimônio se realizado seis meses após a esposa viuvar de suas primeiras núpcias, alegou que o primeiro marido tinha vida modesta, não deixando bens, e que a esposa era inexperiente em negócios e não se dispunha a participar de um litígio do qual nenhum proveito lhe adviria, em razão do regime de bens do seu atual casamento. Não se manifestou sobre as consequências legais ou a qualificação jurídica dos demais fatos alegados pelo réu, reconhecendo serem verdadeiros, exceto o abandono do imóvel, porque consta dos bens a serem partilhados, confiando na máxima *iura novit curia*. Intimado o réu dos novos documentos juntados, nada alegou. As partes desistiram expressamente da produção de outras provas. É o relatório. Elabore sentença, enfrentando todos os argumentos das partes, expondo os fundamentos que alicerçarem sua conclusão. Fica dispensado o relatório.

Resposta: Abordagem esperada: 1 – Desacolher as preliminares de: a) ilegitimidade ativa, em razão da qualidade de herdeiro; b) necessidade de autorização do cônjuge para o autor propor a ação, em virtude do regime de separação obrigatória de bens; c) coisa julgada, porque a outra ação era de reintegração de posse e entre ela e a ação reivindicatória não há identidade dos três elementos da ação; d) prejudicialidade entre inventário e reivindicatória, não sendo cabível a suspensão desta. 2 – Fundamentos: a) o espólio não é o único legitimado para propor a ação, sendo, também, legitimado o herdeiro testamentário, em virtude do disposto nos artigos 1314, 1784, 1791 e parágrafo único do Código Civil; b) na ação reivindicatória não se cogita da boa-fé do possuidor, salvo no tocante ao direito de percepção dos frutos; c) para efeitos de ação reivindicatória, posse injusta é aquela destituída de causa jurídica, diversamente do que se entende em matéria possessória (que não seja, na origem, violenta, clandestina ou precária). A posse do réu é injusta; d) inocorrência de abandono, que, se ocorrente, também não beneficiaria o réu, mas a União; e) tem o autor direito à restituição ou indenização dos frutos, desde que cessada a boa-fé, ou seja, na data da citação na ação reivindicatória. Quanto aos frutos pendentes ou colhidos por antecipação devem ser indenizados com a dedução das despesas e os demais após a citação, responderá o réu por todos frutos também deduzidas as despesas. Os frutos naturais reputam-se percebidos logo que colhidos e os civis, dia por dia. 3 – Dispositivo: a) procedente o pedido reivindicatório, concedendo-se prazo para desocupação voluntária e, não ocorrendo, coercitivamente; b) parcialmente procedente quanto à indenização dos frutos. Os pedidos são parcialmente procedentes. 4 – Fixação dos ônus sucumbenciais, sem compensação de honorários.

3. MAGISTRATURA ESTADUAL – TJ/PR – ANO: 2019 – BANCA: CESPE

O prefeito do município de Pasárgada, João da Silva, durante seu último mandato – segunda gestão, ocorrida nos anos de 2009 a 2012 –, tornou pública, em 1.º.01.2012, a abertura de processo licitatório, na modalidade tomada de preço, do tipo menor preço, para a construção de uma estrada rural com a extensão de 30 km, com o objetivo de ligar o centro da cidade à área rural de Pompeia. Entre os itens previstos no edital de licitação, constava a obrigatoriedade de o contratado possuir sede no município e estar constituído por mais de 20 anos. Homologada a licitação, sagrou-se vencedora a empresa Vulcan Construções Ltda., que firmou o contrato público no valor de R$ 1.000.000, tendo se comprometido a dar início às obras em 1.º.03.2012. Durante a execução das obras, tomou-se conhecimento, por meio de denúncia dos próprios munícipes, de que o sócio administrador da empresa Vulcan Construções Ltda., Lucius Petrus Mérvio, era irmão do secretário de obras do município, César Túlio Mérvio, que até mesmo integrou a comissão de licitação. Foi descoberto, ainda, que a realização da obra pública visava beneficiar o prefeito de Pasárgada, visto que a estrada que estava sendo construída chegaria diretamente a uma de suas fazendas. Nesse cenário, foi aberto, pelo Ministério Público local, um inquérito civil em razão das denúncias recebidas, tendo sido constados indícios de irregularidade na licitação. Assim, o parquet propôs a consequente ação civil pública por ato de improbidade administrativa. A referida ação foi proposta em 1.º.07.2017 em desfavor de João da Silva, César Túlio Mérvio, Lucius Petrus Mérvio, Vulcan Construções Ltda. e Antônio Gomes, procurador do município, e continha os seguintes pedidos: i) a decretação, por medida liminar, da indisponibilidade de bens dos requeridos, solidariamente, com o objetivo de assegurar a reparação de eventual dano aos cofres públicos, no caso de futura condenação; ii) a declaração da nulidade do processo de licitação de tomada de preços e de todos os atos dele decorrentes, tais como: os contratos, as ordens de pagamento e os próprios pagamentos; iii) a condenação dos requeridos, solidariamente, à devolução do valor pago indevidamente pelo município de Pasárgada e ao ressarcimento dos demais prejuízos causados ao erário, acrescidos de correção monetária e juros legais; iv) a condenação dos requeridos, com base no art. 10, inciso VIII, às sanções previstas no art. 12, inciso II, ambos da Lei 8.429/1992; v) a condenação dos requeridos ao pagamento de danos morais coletivos. Foi deferido o pedido liminar, que determinou a indisponibilidade dos bens, ante a presença dos requisitos do fumus boni iuris e do periculum in mora. Na mesma decisão, foi determinada a notificação dos requeridos para apresentar manifestação acerca da petição inicial antes do seu recebimento, nos termos do art. 17, § 7º da Lei 8.429/1992. Todos os requeridos apresentaram defesa, refutando as alegações do Ministério Público local. Posteriormente, sobreveio decisão interlocutória, que recebeu a inicial e determinou a notificação do município de Pasárgada para integrar a lide, com fundamento no art. 17, § 3º da Lei 8.429/1992, e a citação dos requeridos. Apesar de devidamente notificado, o município de Pasárgada manteve-se inerte. Em sede de contestação, especificamente, o prefeito à época dos fatos, João da Silva, alegou preliminar de ilegitimidade passiva, com base no argumento de que, por ser ele agente político, não estaria sujeito à Lei de Improbidade Administrativa. Afirmou, ainda, a ocorrência da prescrição. Quanto ao mérito, asseverou que não teve interesse em ser privilegiado com a construção de uma estrada rural que dava à sua fazenda, porque, na realidade, a construção atendia aos interesses do município. Aduziu que não tinha conhecimento do vínculo de parentesco entre o sócio da empresa vencedora da licitação e o secretário de obras. Asseverou a inexistência de dolo ou de erro grosseiro, que justificasse a sua responsabilização, de acordo com o art. 22 e o art. 28 da Lei de Introdução às Normas do Direito Brasileiro. Por sua vez, o secretário de obras, César Túlio Mérvio, aduziu que fora escolhido pelo procurador do município para integrar a comissão de licitação e que era do procurador a obrigação de analisar o vínculo de parentesco dele com o sócio da empresa vencedora. Alegou, ainda, que não teve intenção de privilegiar seu irmão, proprietário da empresa, porque o procedimento licitatório havia sido legal e que todos os requisitos necessários foram observados. Já Antônio Gomes, o procurador do município, afirmou que a praxe da municipalidade era a de que os contratos de licitação fossem geridos pelo prefeito municipal e que cabia ao procurador somente a análise dos requisitos da licitação para garantir a lisura do certame. Assim, seu parecer jurídico, por ser meramente opinativo, não lhe geraria responsabilização. Aduziu que, ao emitir o referido parecer, não havia identificado nenhuma irregularidade, até porque os fatos foram descobertos quando já tinha sido dado início às obras. Lucius Petrus Mérvio e sua empresa Vulcan Construções Ltda. alegaram, em preliminar, a ilegitimidade passiva, mormente porque não se enquadrariam na categoria de agentes públicos e, por esse motivo, não estariam sujeitos à disciplina da Lei de Improbidade Administrativa. No mérito, aduziram que Lucius não tinha relação próxima com o secretário de obras, ainda que fossem irmãos, e que, por isso, não havia nenhum vício na licitação. Afirmaram, ainda, que não tinham conhecimento de que a estrada rural beneficiaria o prefeito à época. Assim, com os fundamentos apresentados, os réus requereram a improcedência dos pedidos deduzidos na ação proposta pelo Ministério Público local. Na decisão de saneamento do processo, foi deferida a produção de prova testemunhal requerida pelo Ministério Público e pelos réus. Na audiência de instrução e julgamento, foram arroladas e ouvidas as seguintes testemunhas. Pelo Ministério Público: • Jacinta de Souza – técnica administrativa da prefeitura, disse que, na prefeitura, todos sabiam da intenção do prefeito de construir uma estrada rural que chegasse à fazenda dele e que ele até tinha feito várias exigências ao secretário de obras de como deveria ser a obra. E, por isso, concluiu a servidora, o secretário de obras achou melhor direcionar a licitação para a empresa do seu irmão, porque, assim, conseguiria cumprir as determinações feitas pelo prefeito. • Orfeu da Costa – servidor da procuradoria local, afirmou o mesmo que Jacinta de Souza e acrescentou que Antônio Gomes não fazia parte do esquema fraudulento, porque apenas elaborou um parecer jurídico opinativo. Afirmou, ainda, que Antônio sequer sabia da relação de parentesco entre o sócio da empresa vencedora e o secretário de obras. Por João da Silva, então prefeito do município de Pasárgada: • Cleusa Castro da Silva – esposa do prefeito, disse que seu marido é um ótimo gestor municipal e que nunca faria algo ilícito porque é um homem correto. Afirmou que vão à fazenda somente aos fins de semana e que nem precisariam da estrada rural que iria ser construída porque, com a caminhonete, conseguiriam transitar tranquilamente pela estrada de chão. Pelos demais réus, não foram arroladas testemunhas. Ao final da instrução processual, foi procedida a oitiva dos requeridos, que refutaram as alegações do Ministério Público. As partes apresentaram alegações finais, oportunidade em que o Ministério Público requereu a absolvição do réu Antônio Gomes e a condenação dos demais requeridos às sanções descritas na inicial. Os réus, por sua vez, pleitearam a absolvição. Os autos foram conclusos para sentença. Considerando os fatos relatados anteriormente, redija sentença cível, dando solução ao caso. Analise toda a matéria de direito processual e material pertinente ao julgamento, fundamentando suas explanações. Dispense o relatório e não acrescente fatos novos.

Resposta: 1. A solução do caso deverá ser lançada em forma de sentença, com os elementos indicados no Código de Processo Civil (artigo 203, § 1º, e artigo 489), com ou sem resolução do mérito (artigo 485 e artigo 487), conforme entenda-se devido. 2. O texto, como um todo, deve ser apresentado de forma bem estruturada, com introdução, desenvolvimento e conclusão em cada tópico, com objetividade e clareza, de fácil leitura (grafia), sem rasuras, respeitando margens, parágrafos e linhas disponibilizadas no caderno de provas, observando as regras de gramática (acentuação, grafia e pontuação), respeitando a terminologia técnica e jurídica. Na apresentação serão consideradas ainda estrutura do texto, organização das ideias e domínio da língua portuguesa, além da ordem estrutural dos tópicos ou capítulos da sentença. Avaliação insatisfatória resultará na dedução de até 10% do valor da questão. 3. Dispensado o relatório. 4. FUNDAMENTAÇÃO. O candidato deverá apresentar os fundamentos, a motivação em que analisará as questões de fato e de direito (artigo 489, inciso II, CPC), observando, tanto quanto possível, os requisitos indicados no §1º e §2º, do mesmo dispositivo. É vedado ao candidato criar fatos ou hipóteses não contempladas no enunciado da questão. 5. PRELI-MINARES. O candidato deverá iniciar pela análise das questões preliminares de ilegitimidade passiva. Os réus JOÃO DA SILVA (ex-Prefeito), LUCIUS PETRUS MÉRVIO (sócio administrador da empresa) e VULCAN CONSTRUÇÕES LTDA. alegaram em preliminar as suas ilegitimidades passivas. Tais alegações devem ser refutadas com base no artigo 2º e 3º da Lei de Improbidade Administrativa e entendimento dos Tribunais Superiores sobre o tema. a) Em relação ao ex-Prefeito JOÃO DA SILVA: O candidato deverá citar que existe, segundo entendimento dos tribunais superiores, um regime de dupla responsabilização dos prefeitos, pelos crimes de responsabilidade na forma do Decreto-Lei 201/67, e pela Lei de improbidade administrativa – Lei 8429/1992. É exigida ainda do candidato a citação expressa do artigo 2º da Lei de Improbidade Administrativa, explicando que os agentes políticos se enquadram no conceito de agente público daquele dispositivo e, por isso, submetem-se às punições por ato de improbidade administrativa. b) Quanto aos réus LUCIUS PETRUS MÉRVIO (sócio administrador da empresa) e VULCAN CONSTRUÇÕES LTDA.: O candidato deverá mencionar que, apesar de não serem agentes públicos, também são alcançados pela norma de extensão prevista no artigo 3º, da Lei 8429/1992. Assim, as preliminares de ilegitimidade passiva devem ser rejeitadas. Pontuação: 0,0 a 0,5 6. PREJUDICIAL DE MÉRITO. PRESCRIÇÃO: JOÃO DA SILVA (ex-Prefeito) alegou prescrição na sua contestação. Essa tese deverá ser rejeitada, pois, segundo o artigo 23, inciso I, da Lei 8429/1992 as ações de responsabilidade por ato de improbidade administrativa podem ser propostas em até cinco anos após o término do exercício de mandato, de cargo em comissão ou de função de confiança. E, considerando que no caso em tela o término do mandato do prefeito ocorreu no ano final de 2012 e a ação foi proposta em julho de 2017, não há o que se falar na ocorrência da prescrição porque o prazo quinquenal não transcorreu. O candidato também deverá se referir ao entendimento vinculante do Supremo Tribunal Federal (RE 852.475) pela imprescritibilidade das ações de ressarcimento por dano ao erário, decorrente de atos dolosos de improbidade administrativa. Assim, a prejudicial de prescrição deverá ser rejeitada. Pontuação: 0,0 a 0,5 7. MÉRITO. Analisadas as questões prejudiciais e preliminares, o candidato deverá passar à análise do mérito em si, quanto aos fatos e a pretensão trazida na petição inicial. De maneira introdutória, o candidato deverá fazer uma análise dos dispositivos violados pelos réus, passando pelo artigo 37 da Constituição Federal que dispõe sobre os princípios que norteiam a Administração Pública, seguindo para a Lei de Improbidade Administrativa (Lei 8492/1992), que regulamentou o disposto no artigo 37, § 4º, da Constituição Federal, objetivando impor sanções aos agentes públicos que, por ação ou omissão, incorram em atos ímprobos, notadamente: a. Atos de Improbidade Administrativa que Importam Enriquecimento Ilícito (artigo 9º); b. Atos de Improbidade Administrativa que Causam Prejuízo ao Erário (artigo 10); c. Atos de Improbidade Administrativa Decorrentes de Concessão ou Aplicação Indevida de Benefício Financeiro ou Tributário (artigo 10-A) e; d. Atos de Improbidade Administrativa que Atentam Contra os Princípios da Administração Pública (artigo 11). E, ainda deverá discorrer sobre a Lei das Licitações (Lei 8666/93) e princípios que regem a matéria. Em seguida, o candidato deverá fundamentar o enquadramento das condutas dos réus JOÃO DA SILVA, CÉSAR TÚLIO MÉRVIO, LUCIUS PETRUS MÉRVIO e VULCAN CONSTRUÇÕES LTDA. com base nos documentos apresentados pelo Ministério Público na inicial e nos depoimentos testemunhais que demonstraram a ocorrência do ato ímprobo doloso, restando comprovado este em todos os seus elementos sujeito passivo, sujeito ativo, ato danoso e elemento subjetivo (dolo) –, porquanto teriam fraudado processo licitatório visando direcioná-lo a fim de atingir a consecução de objetivo ilícito almejado pelo então prefeito João da Silva, restando configurado o ato de improbidade descrito no artigo 10, inciso VIII (1ª parte) da LIA. Cumpre ao candidato fundamentar que houve dano ao erário no presente caso, uma vez que foi pago o valor de R$ 1.000.000,00 (um milhão de reais) à empresa vencedora em licitação viciada por direcionamento, e que a construção da estrada rural era para atender interesse não condizente com o público. Deverá enquadrar o réu ANTÔNIO GOMES (Procurador do Município) no mesmo dispositivo legal, em face do cometimento de erro grosseiro (equivalente à culpa grave conforme interpretação atual da LINDB), por ter aprovado o edital de licitação contendo duas exigências manifestamente ilegais que apontavam claramente o direcionamento do certame (ter a empresa sede no Município, e estar constituída há mais de 20 anos). Quanto ao pedido de indenização dos danos morais coletivos: deverá ser rejeitado de forma fundamentada. O Ministério Público formulou o pedido de indenização do dano moral coletivo, contudo não restou comprovado nos autos o excepcional abalo moral aos munícipes ou sofrimento coletivo intenso. Isso porque não basta a ocorrência de ato de improbidade administrativa para configurar semelhante dano, exigindo-se que o ato provoque significativa repercussão no meio social, sendo insuficientes as alegações de insatisfação da coletividade com a atividade administrativa (tudo considerando o enunciado da questão). Pontuação: a) Enquadramento das condutas dos réus: 0,0 a 1,00 b) Mérito propriamente dito: 0,0 a 2,50 c) Danos morais coletivos: 0,0 a 1,00 8. DISPOSITIVO. A sentença, neste item, deve apontar a solução do caso concreto, dispondo: 8.1. Julgar com fulcro no artigo 487, inciso I, do CPC parcialmente procedentes os pedidos iniciais, para o fim de: a. Declarar a nulidade da licitação e do contrato, ressalvando os pagamentos por serviços efetivamente prestados. b. Julgar improcedente/rejeitar o pedido de indenização por danos morais coletivos. c. Condenar os réus JOÃO DA SILVA, CÉSAR TÚLIO MÉRVIO, ANTONIO GOMES, LUCIUS PETRUS MÉRVIO e VULCAN CONSTRUÇÕES LTDA. pela prática do ato improbo descrito no artigo 10, VIII, da LIA, sujeitando-os às penas previstas no artigo 12, II, da mesma lei. d. Deve ser confirmada a liminar de indisponibilidade de bens. Pontuação: 0,0 a 2,00 9. PENALIDADES. Quanto às penalidades a serem aplicadas, devem obedecer aos critérios de razoabilidade e proporcionalidade, podendo ser cumuladas ou não, e a fixação deverá condizer com o grau de reprovabilidade da conduta, exemplaridade da pena aplicada, consecução dos interesses públicos e ao elemento volitivo do agente. O candidato deve individualizar cada penalidade, com motivação adequada à conduta e participação de cada réu no ato de improbidade. As penas deverão ser fixadas dentre aquelas previstas no inciso II do artigo 12 da LIA, devendo o ressarcimento do dano ao erário ser imposto de forma solidária aos réus. No caso de aplicação da suspensão dos direitos políticos, deve ser motivada. A pena de perda da função pública não é considerada adequada ao caso, pois o enunciado da questão aponta que o prefeito JOÃO DA SILVA não possui cargo e sim mandato já encerrado, estando afastado da administração pública, o mesmo se denotando do Secretário CÉSAR TULIO MÉRVIO, considerando o enunciado da questão (que não dispõe em sentido contrário). Também não cabe aos réus particulares nem ao procurador do Município, pois este agiu apenas com culpa. A multa civil é adequada e deve ser pessoal, com fundamentação distinta conforme a participação e funções que cada um dos réus desenvolveu para a consecução do ato ímprobo. A proibição de contratar ou com o Poder Público ou receber benefícios ou incentivos fiscais ou creditícios, direta ou indiretamente, ainda que por intermédio de pessoa jurídica da qual seja sócio majoritário, só é considerada adequada para a empresa VULCAN CONSTRUÇÕES LTDA e seu sócio LUCIUS PETRUS MÉRVIO, pois os demais réus não contratam com a Administração. Cumpre observar, ainda, que não consta do enunciado que qualquer dos réus tenha valores acrescidos ilicitamente ao seu patrimônio. Pontuação: 0,0 a 2,00 10. SUCUMBÊNCIA. Em razão da sucumbência recíproca (o pedido de indenização pelo dano moral coletivo foi rejeitado), devem os réus ser condenados em 90% das custas e despesas processuais, ou pode ser reconhecida sucumbência mínima do Ministério Público, o que é mais adequado. Não cabe condenação em honorários advocatícios sucumbenciais, em razão de que o autor da ação é o Ministério Público, em face do que dispõe o artigo 128, § 5º, inciso II, alínea a, da Constituição Federal e da aplicação, por simetria de tratamento, das disposições do artigo 18 da Lei 7.347/1985, não se podendo fazer incidir, na espécie, o disposto no parágrafo único do artigo 13 da referida Lei. Pontuação: 0,0 a 0,5.

4. MAGISTRATURA ESTADUAL – TJ/MT – ANO: 2019 – BANCA: VUNESP

ANNA LAURA ingressou com ação de indenização por cobrança indevida com repetição de indébito em face das empresas VMR BRASIL CONSULTORIA DE IMÓVEIS S/A e SATI ASSESSORIA IMOBILIÁRIA LTDA., pessoas jurídicas de direito privado. A autora adquiriu um imóvel na planta, sendo atendida por corretor de imóveis da VMR, no stand de vendas, onde teve acesso à maquete e à apresentação do apartamento modelo decorado. No ato efetuou o Pedido de Reserva que acabaria futuramente culminando no fechamento do Contrato de Compromisso de Venda e Compra. Entretanto, no momento da assinatura do referido Contrato de Venda e Compra, a autora foi surpreendida. Isso porque as Requeridas condicionaram a realização do negócio ao pagamento de cobrança de um "Serviço de Assessoria Técnico Imobiliária (SATI)", o que correspondeu a 0,88% do valor do bem adquirido, totalizando valor de R$ 3.722,00 (três mil setecentos e vinte e dois reais). Não obstante as indagações da autora quanto à legalidade da cobrança da taxa de um serviço que sequer havia sido prestado efetivamente, o corretor informou que a contratação do suposto serviço (SATI) seria condição *sine qua non* à concretização da compra do imóvel e que sem esse pagamento a venda não ocorreria, sendo a referida unidade disponibilizada a outros interessados. Pressionada e com receio de não conseguir garantir a sua unidade, mesmo indignada por ter que arcar com tal serviço que sequer havia sido prestado, a autora emitiu em favor da Ré SATI ASSESSORIA IMOBILIÁRIA LTDA. dois cheques (o de no 000473 e o de no 00474) no valor de R$ 1.861,00 (um mil, oitocentos e sessenta e um reais) cada, totalizando o valor de R$ R$ 3.722,00 (três mil setecentos e vinte e dois reais) a título da indigitada e ilegal taxa SATI. A própria Ré, SATI ASSESSORIA IMOBILIÁRIA LTDA., assumiu ter recebido os referidos cheques a esse título, nos termos da declaração ora anexa. Assim, a autora ingressou com a demanda sob o fundamento de que houve uma uma falsa assistência realizada por advogados e consultores indicados pelas imobiliárias e empresas de incorporação e vendas. Além disso, houve a denominada "venda casada", ao passo que em nenhum momento foi facultado à autora a possibilidade de contratar outros profissionais. Pelo contrário, tratou-se de cobrança imposta à realização do negócio. A ação foi proposta no domicílio da autora, por tratar-se de ação que discute relação de consumo, de acordo com o disposto no art. 101 do Código de Defesa do Consumidor, a saber: "Art. 101. Na ação de responsabilidade civil do fornecedor de produtos e serviços, sem prejuízo no disposto nos Capítulos I e II deste título, serão observadas as seguintes normas: I – a ação pode ser proposta no domicílio do autor". Outros fundamentos de direito constam da inicial, como o arts. 2º, 3º e 6º, inciso III, 39, inciso I, art. 42, parágrafo único, todos do Código de Defesa do Consumidor, arts. 186 e 940 do Código Civil. Foi requerida, a inversão do ônus da prova, a aplicação do Código de Defesa do Consumidor e a TOTAL PROCEDÊNCIA da ação, reconhecendo-se a prática abusiva de venda casada, declarando-se a inexigibilidade do pagamento da SATI e consequentemente condenando-se as Requeridas a restituírem em dobro o valor cobrado indevidamente, perfazendo a quantia de R$ 7.444,00 (sete mil quatrocentos e quarenta e quatro reais), devidamente corrigidos e acrescidos de juros e correção monetária desde a data do desembolso até a data da efetiva devolução, bem ainda ao pagamento de custas processuais, honorários advocatícios e demais cominações legais. Dá-se à causa o valor de R$ 7.444,00 (sete mil quatrocentos e quarenta e quatro reais). Em contestação foi arguida a ilegitimidade da ré VMR BRASIL CONSULTORIA DE IMÓVEIS S/A, pois não cobrou ou recebeu o valor questionado, sendo que apenas pertence ao mesmo grupo econômico. Alegou, ainda a legalidade da cobrança, vez que necessária a assessoria técnica da empresa para aquisição do imóvel. Em contestação, a ré SATI Ltda., preliminarmente, arguiu a incompetência relativa do juízo, pois a ação foi proposta no domicílio da autora. Alegou, no mérito, a legalidade da cobrança. Ainda, indicou a autonomia da vontade como pressuposto contratual e que a autora, no momento da contratação, sequer questionou o fato. Houve réplica e as partes não requereram provas a produzir. Com base nessas informações, elabore a sentença civil, nos termos do CPC, observando as exigências processuais e a aplicação de súmulas e entendimento jurisprudencial dominante nos Tribunais Superiores, pertinentes ao caso. Como a prova não deve ser identificada pelo candidato, a sentença deve ser assinada pelo Dr. Hiperião Gaia, Juiz de Direito.

Resposta: Sentença Vistos estes autos 0000000000, de ação ordinária de indenização por cobrança indevida de serviço de assessoria, com repetição de indébito, proposta por ANNA LAURA em face das sociedades empresárias VMR – BRASIL CONSULTORIA DE IMÓVEIS S.A. e SATI – ASSESSORIA IMOBILIÁRIA LTDA. Alega a autora, em síntese, que prometeu comprar uma unidade autônoma em edifício por construir (ainda na planta), sendo atendida na ocasião dessa avença por corretor de imóveis da corré VMR, presente no *stand* de vendas; e, na assinatura do Compromisso de Venda e Compra, foi surpreendida com a cobrança de um "Serviço de Assessoria Técnico Imobiliária (SATI)", o qual correspondeu a 0,88% do valor do bem compromissado, totalizando R$ 3.722,00. Mas, com receio de perder o negócio, viu-se forçada a efetuar o pagamento indevido. Em contestação, preliminarmente, arguiu-se a incompetência relativa do juízo, pois a ação foi interposta no domicílio da autora. Arguiu-se, também, a ilegitimidade passiva da ré VMR – Brasil Consultoria de Imóveis S.A., porque esta não cobrou ou recebeu o valor questionado, sendo que apenas pertence ao mesmo grupo econômico da outra corré. Alegou, em sequência, a legalidade da cobrança, uma vez que é necessária a assessoria técnica da empresa para aquisição do imóvel. Ademais, sustentou a autonomia da vontade como pressuposto contratual e que, no momento da celebração da avença, a autora não questionou sequer tal exigência. Sobreveio réplica da autora, rebatendo as duas questões preliminares. Feito o relatório, passo a conhecer do pedido, porque não há necessidade de produção de outras provas (CPC, arts. 355, I, 370, parte final, e 139, II, combinados; CDC, art. 6º, VIII). Inicialmente, rejeito a preliminar de incompetência do juízo, porquanto no caso em tela deve ter-se em conta domicílio da autora, como dispõem os arts. 6º, VIII, 51, XV, e 101, I, combinados, todos do Código de Defesa do Consumidor (cf. STJ, 3ª T., REsp 488.274/MG, rel. Min. Nancy Andrighi, RSTJ, 178/268). Por outro lado, reconheço a ilegitimidade passiva da corré VMR – Brasil Consultoria de Imóveis S.A. nesta relação processual, posto que a cobrança de serviço de assessoria objeto do litígio beneficiou tão somente a corré SATI – Assessoria Imobiliária Ltda. Em consequência, declaro extinto o processo em relação àquela parte, sem resolução de mérito, com fundamento nos arts. 17, 203, § 1º, e 485, VI, todos do Código de Processo Civil. Ressalvo, porém, que tal ilegitimidade de parte (ora reconhecida) não impossibilitará que, se for o caso, venha a ter seu patrimônio atingido, por pertencer ao mesmo grupo econômico, na hipótese de a corré SATI não possuir bens que suportem a execução (CDC, art. 28, *caput* e § 2º; STJ, 4ª T., REsp 1.021.987/RN, rel. Min. Fernando Gonçalves, DJe, 09.02.2009). Como muito bem demonstrou a autora, a celebração de contrato de prestação de serviço técnico imobiliário, atrelado a contrato de compromisso de venda e compra de imóvel, por grandes construtoras, nada mais é do que uma "venda casada", nula de pleno direito, por colocar o consumidor em desvantagem exagerada em face do fornecedor (CDC, art. 51, IV; CC, art. 422). Para o festejado Arruda Alvim, "No inciso IV, procura-se atribuir equilíbrio a contrato que envolva relação de consumo, destituído desse equilíbrio, pois se dispõe serem nulas de pleno direito as cláusulas que estabeleçam obrigações iníquas, abusivas, ou que coloquem o consumidor em desvantagem exagerada, assim como aquelas incompatíveis com a boa-fé e a equidade" (cf. *Código de Consumidor Comentado*, RT, 1991, p. 114, in fine). Com efeito, o colendo Superior Tribunal de Justiça vem reconhecendo a "1.2. Abusividade da cobrança pelo promitente-vendedor do serviço de assessoria técnico-imobiliária (SATI), ou atividade congênere, vinculado à celebração de promessa de compra e venda de imóvel" (cf., p. ex., 2ª Seção, REsp 1.599.511/SP, rel. Min. Paulo de Tarso Sanseverino, DJe, 06.09.2016; 3ª T., AgInt – REsp 1.583.412/SP, rel. Min. Ricardo Villas Bôas Cueva, DJe, 28.03.2017; 4ª T., AgInt – AREsp 903.601/

SP, rel. Min. Luís Felipe Salomão, DJe, 21.09.2018). Ressalto que o serviço que seria de assessoria técnico-imobiliária, tal como se vê de fl. 59 da contestação, é, tão só, o serviço de ampla informação a que possui direito o consumidor quando da celebração do contrato principal, até porque se trata a corré SATI – Assessoria Imobiliária Ltda. de empresa escolhida pela própria construtora, promitente vendedora do imóvel, para esclarecer os pretensos adquirentes acerca do contrato que será celebrado, inexistindo, por óbvio, atuação, visando a defesa do consumidor, contra os interesses daquela que a escolhe. Ou seja, tal como sempre acontece e é de conhecimento comum a qualquer pessoa, para celebração do compromisso de venda e compra de bem imóvel, deve o adquirente celebrar outro, secundário, de prestação de serviços de assessoria, o qual, nada mais é do que a transferência de obrigação da remuneração da pessoa jurídica que faz a venda/assessoria pela construtora em detrimento do consumidor, sendo, portanto, nula de pleno direito a contratação, por ser, tal como denominou a autora, verdadeira "venda casada". Nessa esteira, impera o art. 186 do Código Civil que dita: "Art. 186. Aquele que, por ação ou omissão voluntária, negligência ou imprudência, violar direito e causar dano a outrem, ainda que exclusivamente moral, comete ato ilícito". Considerando tal situação, é caso de restituição em dobro do valor indevido, por entender presentes os requisitos do art. 42, parágrafo único, do Código de Defesa do Consumidor. Sem dúvida, "I. Admite-se a repetição do indébito de valores pagos em virtude de cláusulas ilegais, em razão do princípio que veda o enriquecimento injustificado do credor" (cf. STJ, 4ª T., REsp 453.782/RS, rel. Min. Aldir Passarinho, DJ, 24.02.2003, pág. 246). Imperiosa também a lição do art. 940 do Código Civil. Subsistem as demais cláusulas do compromisso de venda e compra objeto desta demanda, em respeito ao princípio da autonomia da vontade das partes (CC, art. 421). Ante o exposto e por tudo mais que dos autos consta, (i) rejeitada a preliminar de incompetência do Juízo e (ii) extinto o processo, sem resolução do mérito, em relação à corré VMR – Brasil Consultoria de Imóveis S.A., (iii) julgo procedente, em parte, o pedido para condenar a corré SATI – Assessoria Imobiliária Ltda. ao pagamento de R$ 7.444,00, a ser corrigido pela tabela do Tribunal de Justiça, desde a data do desembolso, acrescido de juros de mora de 1% ao mês desde a citação. Arcará a corré vencida integralmente com as custas e despesas processuais, mais honorários advocatícios no valor de R$ 1.000,00, com fundamento no art. 85, § 8º, do Código de Processo Civil. Publique-se, registre-se e intimem-se. Local e Data Dr. Hiperião Gaia Juiz de Direito Número da Parte Descrição Pontuação máxima N1 Partes 0,5 N2 Situação 0,5 N3 Preliminar 1,0 N4 Análise 2,0 N5 Mérito 3,0 N6 Decisum 3,0 N7 Descontos (item 5.17 do Edital 02/2019/CMAG) -2 Total 10,0 Observações: Utilização de dados ou hipóteses conflitantes = pontuação zero referente ao critério correspondente. Foram considerados o conhecimento do candidato sobre o tema, o domínio da técnica jurídica, a aplicação e enquadramento da legislação ao caso, a utilização correta do idioma oficial e a sua capacidade de exposição. Rasuras e letra ilegível reverteram em prejuízo do candidato. Não foram considerados trechos de prova que se identificavam como meras reproduções, no todo ou em parte, de textos de lei ou atos normativos.

5. MAGISTRATURA ESTADUAL – TJ/BA – ANO: 2019 – BANCA: CESPE

Daniel, de 25 anos de idade, solteiro e desempregado, conduzia automóvel de propriedade de Carla, de 42 anos de idade, solteira e servidora pública, quando atropelou Pedro, de 10 anos de idade, que morreu no local do acidente. Os pais da vítima, Marcos e Diana, ambos com 30 anos de idade e casados, ajuizaram, em desfavor de Daniel e de Carla, ação de reparação por danos causados ao filho do casal. Os autores da ação alegaram que: (i) a causa do acidente foi a conduta imprudente de Daniel, que dirigia em alta velocidade na via quando atropelou Pedro, que faleceu em decorrência da colisão, conforme laudo anexado aos autos; (ii) Daniel não parou o veículo para prestar socorro à vítima, como comprova um arquivo de vídeo anexado aos autos; (iii) o réu não tinha carteira de habilitação e, mesmo assim, Carla emprestou o veículo para ele conduzi-lo. Por essas razões, requereram a condenação de ambos ao pagamento de danos morais e de pensão mensal. Em defesa, o réu alegou que: (i) o atropelamento se deu por negligência dos pais do menino, já que o acidente só aconteceu porque Pedro tentou atravessar a rua enquanto brincava sozinho e desvigiado em frente de sua casa; (ii) inexistia nos autos prova pericial que constatasse a velocidade excessiva do veículo que ele dirigia. Concluiu, então, que os pedidos autorais deveriam ser julgados totalmente improcedentes, em razão da culpa exclusiva dos pais da criança, autores da ação, ou que a indenização fosse fixada considerando-se a culpa concorrente dos pais. Por sua vez, a ré alegou sua ilegitimidade passiva, sob o fundamento de que não havia nexo de causalidade entre a sua conduta de emprestar o veículo e a morte do menor, mesmo que ela soubesse que Daniel não possuía habilitação, e que o atropelamento ocorreu por culpa exclusiva dos pais do menino. Ao final, pediu a sua exclusão da lide e a improcedência do pedido, em razão da culpa exclusiva apontada, e, subsidiariamente, que a fixação dos danos considerasse a culpa concorrente dos pais. Os réus não arrolaram testemunhas. A testemunha arrolada pelos autores declarou que Pedro brincava com outra criança e, ao atravessar a rua para buscar uma bola, foi atropelado por um veículo em alta velocidade, não tendo o motorista parado para prestar socorro à vítima. Afirmou, ainda, que a rua era tranquila e que era habitual a presença de crianças brincando nas calçadas. O laudo da perícia realizada no veículo atestou que houve colisão entre o automóvel e um corpo flácido, possivelmente humano. Concluída a instrução probatória, foram os autos conclusos para sentença. Considerando os fatos acima relatados, redija a sentença cível, dando solução ao caso. Analise toda a matéria de direito processual e material pertinente para o julgamento, fundamente suas explanações, dispense a narrativa dos fatos e não crie fatos novos.

Resposta: 2.1 PRELIMINAR. LEGITIMIDADE PASSIVA. PROPRIETÁRIA DO VEÍCULO. A legitimidade *ad causam* consiste na pertinência subjetiva da demanda, devendo ser aferida conforme a narrativa contida na inicial, nos termos da Teoria da Asserção. O fato de a ré ser a proprietária do veículo causador do ato ilícito caracteriza a sua legitimidade para compor o polo passivo da causa, em consonância com o conjunto probatório apresentado. Nos termos da jurisprudência do Superior Tribunal de

Justiça (AgInt no REsp 1651138/MG, Rel. Ministro Ricardo Villas Bôas Cueva, Terceira Turma, julgado em 23/10/2018, DJe 26/10/2018), as condições da ação, aí incluída a legitimidade para a causa, devem ser aferidas com base na Teoria da Asserção, isto é, à luz das afirmações deduzidas na petição inicial. Destarte, rejeito a preliminar aventada. Quesito 2.1 [valor: 1,00 ponto] 0 – Não abordou nenhum aspecto OU indicou a parte como ilegítima. [0,00 ponto]. 1 – Indicou a legitimidade passiva da ré por ser proprietária do veículo que causou o acidente, MAS não tratou da Teoria da Asserção. [0,50 ponto]. 2 – Indicou a legitimidade passiva da ré por ser proprietária do veículo que causou o acidente E tratou da Teoria da Asserção, explicando-a. [0,50 ponto]. 2.2 DO MÉRITO. 2.2.1 CULPA CONCORRENTE DOS PAIS INEXISTENTE. ÔNUS DA PROVA DOS RÉUS. Não há que se falar em culpa concorrente dos pais do menor falecido, uma vez que a causa determinante do acidente foi a conduta imprudente do motorista, que, de fato, adentrou a via em alta velocidade, atingindo o filho menor dos autores. Assim, tão somente a ausência dos pais no momento do trágico acidente não é suficiente para configurar a culpa deles, especialmente porque a testemunha que estava presente no local narrou que o motorista de fato estava em alta velocidade e que era comum que crianças brincassem naquela rua, que costuma ser calma. Veja-se, ademais, que os réus não se desincumbiram do ônus da prova do alegado, posto que não lograram êxito em demonstrar a ausência do dever de vigilância dos pais, conforme impõe o art. 336 do CPC: "Incumbe ao réu alegar, na contestação, toda a matéria de defesa, expondo as razões de fato e de direito com que impugna o pedido do autor e especificando as provas que pretende produzir." Assim, conclui-se pela inexistência de culpa concorrente dos pais do menor e se afasta a possibilidade de redução do valor da indenização com esse fundamento. Quesito 2.2.1 [valor: 1,00 ponto]. 0 – Não abordou nenhum dos aspectos OU indicou haver culpa concorrente dos pais. [0,00 ponto]. 1 – Indicou não haver culpa concorrente dos pais, MAS não explicou o motivo: causa determinante do acidente foi a conduta imprudente do motorista. Não tratou do ônus da prova dos réus NEM fez referência à prova testemunhal. [0,25 ponto]. 2 – Indicou não haver culpa concorrente dos pais E explicou o motivo: causa determinante do acidente foi a conduta imprudente do motorista. MAS não tratou do ônus da prova dos réus OU não fez referência à prova testemunhal. [0,75 ponto]. 3 – Indicou não haver culpa concorrente dos pais E explicou o motivo: causa determinante do acidente foi a conduta imprudente do motorista, E tratou do ônus da prova dos réus E fez referência à prova testemunhal. [1,00 ponto]. 2.2.2 DEVER DE INDENIZAR. ARTS. 186 E 927 DO CÓDIGO CIVIL. Ficou demonstrado o nexo de causalidade entre a conduta do réu e a morte do filho dos autores da ação. Nos termos do que estabelecem os arts. 186 e 927 do Código Civil, respectivamente, "aquele que, por ação ou omissão voluntária, negligência ou imprudência, violar direito e causar dano a outrem, ainda que exclusivamente moral, comete ato ilícito" e, consequentemente, "aquele que, por ato ilícito, causar dano a outrem, fica obrigado a repará-lo". O conjunto probatório demonstra que, apesar de não ter sido efetivada a prova pericial para estabelecer como se deu o evento e determinar a velocidade real do veículo, até mesmo porque o réu fugiu sem sequer prestar socorro à vítima, foi violado o dever de cautela imposto ao motorista de veículo, uma vez que a prática de dirigir em alta velocidade em rua onde há transeuntes, especialmente crianças, pode causar atropelamentos que vitimem fatalmente pessoas, como ocorreu no presente caso.

Assim, a causa do acidente foi a conduta imprudente do réu, que ingressou em alta velocidade na via e atingiu o filho dos autores, o que configura ato ilícito cujos danos decorrentes devem ser ressarcidos. Quesito 2.2.2 [valor: 1,50 ponto]. 0 – Não abordou nenhum aspecto OU indicou a inexistência do dever de indenizar. [0,00 ponto]. 1 – Indicou a existência de nexo de causalidade entre a conduta do motorista e a morte do menor, MAS não apresentou a fundamentação cível da indenização (arts. 186 e 927) E não citou a violação do dever de cautela do motorista NEM abordou o fato de que a ausência de prova pericial não afasta a culpa do réu. [0,25 ponto]. 2 – Indicou a existência de nexo de causalidade entre a conduta do motorista e a morte do menor E apresentou a fundamentação cível da indenização (arts. 186 e 927), MAS não citou a violação do dever de cautela do motorista NEM abordou o fato de que a ausência de prova pericial não afasta a culpa do réu. [0,75 ponto]. 3 – Indicou a existência de nexo de causalidade entre a conduta do motorista e a morte do menor E apresentou a fundamentação cível da indenização (arts. 186 e 927), MAS não citou a violação do dever de cautela do motorista OU não abordou o fato de que a ausência de prova pericial não afasta a culpa do réu. [1,00 ponto]. 4 – Indicou a existência de nexo de causalidade entre a conduta do motorista e a morte do menor E apresentou a fundamentação cível da indenização (arts. 186 e 927) E citou a violação do dever de cautela do motorista E abordou o fato de que a ausência de prova pericial não afasta a culpa do réu. [1,50 ponto]. 2.2.3 RESPONSABILIDADE DA PROPRIETÁRIA DO VEÍCULO. Quanto à ré, não há que se falar em necessidade de comprovação da sua culpa, porquanto a responsabilidade entre a proprietária do veículo e o terceiro condutor a quem emprestara o automóvel e que causou o acidente é solidária e prescinde de demonstração de culpa da ré no evento danoso. De fato, a proprietária do veículo responde objetiva e solidariamente pelos atos culposos do terceiro que conduzia o automóvel emprestado e que provocou o acidente de trânsito, uma vez que, tendo a ré feito a escolha impertinente de emprestar o carro a motorista que não possuía carteira de habilitação, o uso indevido do veículo atraiu a responsabilidade por eventuais danos causados a terceiros. Nesse sentido, segue jurisprudência do STJ: Agravo regimental. Recurso especial. Acidente de veículo. Responsabilidade civil. Solidariedade. Proprietário do veículo. Pensionamento. Termo final. Decisão agravada mantida. 1. Em matéria de acidente automobilístico, o proprietário do veículo responde objetiva e solidariamente pelos atos culposos de terceiro que o conduz e que provoca o acidente, pouco importando que o motorista não seja seu empregado ou preposto, ou que o transporte seja gratuito ou oneroso, uma vez que sendo o automóvel um veículo perigoso, o seu mau uso cria a responsabilidade pelos danos causados a terceiros. Provada a responsabilidade do condutor, o proprietário do veículo fica solidariamente responsável pela reparação do dano, como criador do risco para os seus semelhantes. Recurso especial provido (REsp 577902/DF, Rel. Ministro Antônio de Pádua Ribeiro, Rel. p/ Acórdão Ministra Nancy Andrighi, Terceira Turma, julgado em 13/6/2006, DJ 28/08/2006, p. 279) 2. O estabelecimento do termo final do pensionamento deve considerar a longevidade provável de vítima fatal, para efeito de fixação do tempo de pensionamento, deve ser apurada em consonância com a tabela de sobrevida adotada pela Previdência Social, de acordo com cálculos elaborados pelo IBGE. (REsp 268265/SP, Rel. Ministro Aldir Passarinho Junior, Quarta Turma, julgado em 4/4/2002, DJ 17/6/2002, p. 268 RNDJ vol. 31, p. 129) 3. Agravo regimental não provido. (AgRg no REsp 1401180/SP, Rel. Ministro Luis Felipe Salomão, Quarta Turma, julgado em 9/10/2018, DJe 15/10/2018) Quesito 2.2.3 [valor: 1,50 ponto]. 0 – Não abordou nenhum dos aspectos OU indicou que a proprietária do veículo não tem responsabilidade. [0,00 ponto]. 1 – Indicou que a proprietária tem responsabilidade, MAS não indicou que a sua responsabilização não exige a comprovação de sua culpa E que essa responsabilidade é solidária E objetiva. [0,25 ponto]. 2 – Indicou que a proprietária tem responsabilidade E indicou que a sua responsabilização não exige a comprovação de sua culpa, MAS não indicou que essa responsabilidade é solidária E objetiva. [0,75 ponto]. 3- Indicou que a proprietária tem responsabilidade E que a sua responsabilização não exige a comprovação de sua culpa, MAS indicou essa responsabilidade APENAS como solidária OU objetiva. [1,25 ponto]. 4 – Indicou que a proprietária tem responsabilidade, E que a sua responsabilização não exige a comprovação de sua culpa E que essa responsabilidade é solidária E objetiva. [1,50 ponto]. 2.2.2 VALOR DA INDENIZAÇÃO. RAZOABILIDADE. PROPORCIONALIDADE. MÉTODO BIFÁSICO. INDENIZAÇÃO MENSAL PELA MORTE DO MENOR. Haja vista a existência da responsabilidade dos réus que enseja o dever de indenizar, a fixação da indenização por danos morais deve levar em conta os princípios da razoabilidade e da proporcionalidade. Como se sabe, o dano moral advém de dor, angústia, sofrimento, sensações experimentadas singularmente por cada pessoa, envolvendo elevado grau de subjetivismo. Em se tratando de morte, presume-se a dor decorrente da perda do ente querido. A jurisprudência do Superior Tribunal de Justiça considera válida a adoção do critério bifásico para o arbitramento equitativo da indenização. Na primeira fase, haja vista o interesse jurídico lesado e os precedentes oriundos de casos semelhantes, estabelece-se um valor básico para a indenização. Na segunda fase, ponderam-se as circunstâncias em concreto, com vistas aos princípios da razoabilidade e da proporcionalidade, ao caráter compensatório da indenização, à natureza da ofensa e à gravidade do ilícito, de forma que o valor se mostre suficiente para restaurar aos pais da vítima o bem-estar, sem acarretar seu enriquecimento sem causa: Nesse sentido, segue jurisprudência do STJ: Recurso especial. Responsabilidade civil. Morte de menor por afogamento. Responsabilidade do clube pela falha no serviço. Dano moral. *Quantum* indenizatório. Critérios de arbitramento equitativo. Método bifásico. Núcleo familiar sujeito do dano. Necessidade de individualização da indenização. Pensão mensal devida. 1. O clube recreativo que possui em sua estrutura piscinas e lagoas é responsável pelo afogamento e óbito de criança em suas dependências, quando comprovada falha na prestação do serviço, configurada pela não adoção de medidas preventivas adequadas ao risco de sua fruição: segurança dos banhistas, salva-vidas, boias para a indicação da parte funda da rasa do lago, profissional médico, aparelho de respiração artificial. 2. O Superior Tribunal de Justiça, quando requisitado a se manifestar sobre o arbitramento de valores devidos pelo sofrimento de dano moral, deve interferir somente diante de situações especialíssimas, para aferir a razoabilidade do *quantum* determinado para amenizar o abalo ocasionado pela ofensa. 3. O método bifásico, como parâmetro para a aferição da indenização por danos morais, atende às exigências de um arbitramento equitativo, pois, além de minimizar eventuais arbitrariedades, evitando a adoção de critérios unicamente subjetivos pelo julgador, afasta a tarifação do dano. Traz um ponto de equilíbrio, pois se alcançará uma razoável correspondência entre o valor da indenização e o interesse jurídico lesado, além do fato de estabelecer montante que melhor corresponda às peculiaridades do caso. 4. Na primeira fase, o valor básico ou inicial da indenização é arbitrado tendo-se em conta o interesse jurídico lesado, em conformidade com os precedentes jurisprudenciais acerca da matéria (grupo de casos). 5. Na segunda fase, ajusta-se o valor às peculiaridades do caso, com base nas suas circunstâncias (gravidade do fato em si, culpabilidade do agente, culpa concorrente da vítima, condição econômica das partes), procedendo-se à fixação definitiva da indenização, por meio de arbitramento equitativo pelo juiz. 6. Ainda na segunda fase de fixação, tendo em vista tratar-se de um núcleo familiar como titular da indenização, há que se ponderar acerca da individualização do dano, uma vez que um evento danoso capaz de abalar o núcleo familiar deve ser individualmente considerado em relação a cada um de seus membros. (EREsp 1127913/RS, Rel. Ministro Napoleão Nunes Maia Filho, Corte Especial, DJe 05.08.2014). 7. Conforme a jurisprudência do STJ, a indenização pela morte de filho menor, que não exerça atividade remunerada, deve ser fixada na forma de pensão mensal de 2/3 do salário mínimo até 25 (vinte e cinco) anos, e a partir daí, reduzida para 1/3 do salário até a idade em que a vítima completaria 65 (sessenta e cinco) anos. 8. Recurso especial parcialmente provido. (REsp 1332366/MS, Rel. Ministro Luis Felipe Salomão, Quarta Turma, julgado em 10.11.2016, DJe 07.12.2016). No caso, o valor da indenização por danos morais, arbitrado em R$ 100.000,00 (cem mil reais), nem é exorbitante nem desproporcional aos danos sofridos pela agravada, tendo em vista a morte de seu filho recém-nascido por infecção hospitalar. 6. Agravo interno não provido. (AgInt no AREsp 747.320/DF, Rel. Ministro Lázaro Guimarães (Desembargador convocado do TRF 5.ª Região), Quarta Turma, julgado em 14.08.2018, DJe 22.08.2018). Assim, no presente caso, considerando-se que, em um primeiro momento, o interesse jurídico lesado foi o bem maior da vida, a indenização deve ser arbitrada no patamar de R$ 75.000,00 (setenta e cinco mil reais), haja vista, ainda, a realidade econômica da parte ré. Em um segundo momento, em razão da negligência do motorista que transitava em alta velocidade, o fato de ele não ter carteira de habilitação, e por ser a vítima uma criança, essa monta deve ser majorada, também à luz dos princípios da razoabilidade e da proporcionalidade, para o total de R$ 100.000,00 (cem mil reais), que devem ser pagos para ambos os autores da ação. Por fim, quanto à indenização mensal pela morte do menor que não exercia atividade renumerada, determino que seja pago aos autores da ação o valor de 2/3 do salário mínimo até o ano em que a vítima completaria vinte e cinco anos de idade, e, a partir daí, que seja reduzida para 1/3 do salário mínimo até quando a vítima completaria sessenta e cinco anos de idade. Quesito 2.2.4 [valor: 1,50 ponto]. 0 – Não abordou nenhum dos aspectos OU não arbitrou indenização e pensão por morte. [0,00 ponto]. 1 – Determinou o pagamento de indenização com base nos princípios da razoabilidade e da proporcionalidade, MAS não tratou do modelo bifásico E não arbitrou pensão mensal por morte. [0,25 ponto]. 2 – Determinou o pagamento de indenização com base nos princípios da razoabilidade e da proporcionalidade E tratou do modelo bifásico, MAS não arbitrou pensão mensal por morte. [0,75 ponto]. 3 – Determinou o pagamento de indenização com base nos princípios da razoabilidade e da proporcionalidade E tratou do modelo bifásico E arbitrou pensão mensal por morte, MAS não indicou os critérios corretos estabelecidos pelo STJ. [1,25 ponto]. 4 – Determinou o pagamento de indenização com base nos princípios da razoabilidade e da proporcionalidade, E tratou do modelo bifásico, E arbitrou pensão mensal por morte, indicando os critérios corretos estabelecidos pelo STJ. [1,50 ponto]. 2.3 DISPOSITIVO. Ante o exposto, julgo integralmente procedentes os pedidos dos autores da ação, extinguindo o processo com resolução de mérito, nos termos do art. 487, I, do CPC, para: a) rejeitar a preliminar de ilegitimidade passiva; b) condenar os réus ao pagamento aos autores de R$ 100.000,00 (cem mil reais), corrigidos monetariamente e acrescidos de juros de mora nos termos do art. 406 do Código Civil, a contar do evento danoso (Súmula 54 do STJ); c) condenar os réus ao pagamento de indenização mensal pela morte do menor, no importe de 2/3 do salário mínimo até o ano em que a vítima completaria vinte e cinco anos de idade e, a partir daí, 1/3 do salário mínimo até quando a vítima completaria sessenta e cinco anos de idade. d) condenar os réus ao pagamento das custas e despesas processuais e dos honorários advocatícios fixados em 15% sobre o valor da condenação, nos termos do art. 85, § 2º, do CPC. Publique-se. Registre-se. Intimem-se. Juiz de Direito Substituto local, data Quesito 2.3 [valor: 3,00 pontos]. 0 – Não abordou nenhum dos aspectos OU não elaborou o dispositivo da sentença OU julgou a ação improcedente. [0,00 ponto]. 1 – Julgou integralmente procedente os pedidos dos autores da ação e extinguiu o processo com resolução de mérito, MAS não detalhou os pedidos. [0,50 ponto]. 2 – Julgou integralmente procedente os pedidos dos autores da ação e extinguiu o processo com resolução de mérito, MAS, entre os pedidos, detalhou somente a rejeição da preliminar. [0,75 ponto]. 3 – Julgou integralmente procedente os pedidos dos autores da ação e extinguiu o processo com resolução de mérito, MAS, entre os pedidos, detalhou somente a rejeição da preliminar e a condenação dos réus ao pagamento do dano moral, partindo do método bifásico, em monta próxima à indicada, com a incidência da Súmula 54 do STJ. [1,25 ponto]. 4 – Julgou integralmente procedente os pedidos dos autores, E extinguiu o processo com resolução de mérito, MAS detalhou somente a rejeição da preliminar, a condenação dos réus ao pagamento do dano moral, partindo do método bifásico, em monta próxima à indicada, com a incidência da Súmula 54 do STJ, e a condenação dos réus ao pagamento de indenização mensal pela morte do menor, MAS não condenou os réus ao pagamento das custas e despesas processuais e dos honorários advocatícios à luz do art. 85, § 2º, do CPC. [2,25 pontos]. 5 – Julgou integralmente procedente os pedidos dos autores, E extinguiu o processo com resolução de mérito, E detalhou a rejeição da preliminar, a condenação dos réus ao pagamento do dano moral, partindo do método bifásico, em monta próxima à indicada, com a incidência da Súmula 54 do STJ, e a condenação dos réus ao pagamento de indenização mensal pela morte do menor, E condenou os réus ao pagamento das custas e despesas processuais e dos honorários advocatícios à luz do art. 85, § 2º, do CPC, MAS não finalizou a sentença com determinação de "Publique-se. Registre-se. Intimem-se", assinatura, local e data. [2,75 pontos]. 6 – Julgou integralmente procedente os pedidos dos autores, E extinguiu o processo com resolução de mérito, E detalhou a rejeição da preliminar, a condenação dos réus ao pagamento do dano moral, partindo do método bifásico, em monta próxima à indicada, com a incidência da Súmula 54 do STJ, E condenou os réus ao pagamento de indenização mensal pela morte do menor E ao pagamento das custas e despesas processuais e dos honorários advocatícios, à luz do 85, § 2º, do CPC, E finalizou a sentença com determinação de "Publique-se. Registre-se. Intimem-se", assinatura, local e data. [3,00 pontos].

6. MAGISTRATURA ESTADUAL – TJ/CE – ANO: 2018 – BANCA: CESPE

A empresa Alimentos & Derivados Ltda. buscava adquirir, em 2015, maquinário para aumento de sua produção mercantil. Para isso, formalizou contrato de cédula de crédito bancário com determinada instituição financeira, com a qual não detinha relação negocial anterior. O empréstimo foi concluído e houve a correspondente autorização e liberação do crédito contratado. Ficou ajustado que a obrigação seria liquidada em 24 parcelas mensais e sucessivas, nelas incluídos os juros capitalizados e os encargos, conforme previsto nas cláusulas contratuais. Maria, sócia da empresa à época da contratação do referido empréstimo, participou na condição de avalista, porém omitiu no ato da assinatura do contrato, o fato de ser casada. Posteriormente, em função de incompatibilidades com os demais sócios, Maria se retirou do quadro societário da empresa. As prestações advindas da cédula bancária deixaram de ser adimplidas, caracterizando-se, assim, a mora. Em razão dessa inadimplência, a instituição financeira ingressou com uma ação executiva, de n. 001-2017, cujo trâmite se deu por meio físico. A empresa Alimentos e Derivados Ltda. E de Maria nos cadastros de proteção ao crédito. A distribuição dos embargos se deu por dependência ao processo executivo. RELATÓRIO – A empresa Alimentos & Derivados Ltda. e Maria, partes qualificadas nos autos, opuseram embargos à execução. Em sua inicial, as embargantes pugnam pela nulidade do processo executivo, sob o fundamento de que o título que o embasou é ilegal, pois ficou evidenciada a prática do anatocismo. Nesse ponto, elas aduzem que a capitalização de juros é considerada uma pratica ilegal que coloca o usuário em posição de extrema desvantagem, tratando-se de uma medida flagrantemente abusiva, estando, pois, ausente os requisitos da liquidez e da certeza. Suscitam, preliminarmente, a ilegitimidade passiva da segunda embargante, Maria, uma vez que havia sido firmada termo de aval sem anuência expressa de seu cônjuge, além de ela não mais ser sócia da empresa Alimentos e Derivados Ltda., razões pelas quais o aval operado não deveria produzir efeitos. No mérito, manifestaram-se nos seguintes termos: a) fora cobrada indevidamente uma tarifa de cadastro no valor de R$ 400,00 (quatrocentos reais); b) exigem a reparação por danos morais no importe de R$ 10.000,00 (dez mil reais), para cada uma das embargantes, uma vez que os seus nomes foram de R$ 10.000,00 (dez mil reais), para cada uma das embargantes, uma vez que os seus nomes foram negativados. E c) os valores cobrados são altos e desproporcionais, configurando-se excesso na cobrança. Em conclusão, solicitaram a suspensão liminar da execução e o acolhimento dos pedidos, assim como que fosse declarado nulo o título executivo, com a consequente extinção do feito executório. Pedem, subsidiariamente, a readequação dos valores com a exclusão dos juros capitalizados e dos encargos indevidamente cobrados. Juntaram à inicial as respectivas procurações e o ato constitutivo da empresa Alimentos & Derivados Ltda., além do comprovante de recolhimento das custas processuais e a cópia do processo executivo. A decisão interlocutória (de fls. XXX) determinou liminarmente a suspensão do processo executivo até o julgamento final desses embargos. Citada, a instituição financeira embargada deixou transcorrer o prazo para resposta. As embargantes, em petição, solicitaram o reconhecimento dos efeitos da revelia. Instadas a especificarem provas, as partes não se pronunciaram. Vieram os autos conclusos. Decido. Considerando exclusivamente os dados do caso proposto e do relatório apresentado, profira, na condição de juiz de direito substituto, sentença cível devidamente fundamentada e embasada na legislação pátria, na doutrina e na jurisprudência prevalente dos tribunais superiores. Analise toda a matéria pertinente ao julgamento e fundamente suas conclusões de forma adequada. Não elabore novo relatório, nem acrescente fatos novos.

Resposta: DO JULGAMENTO ANTECIPADO. O feito comporta julgamento no estado em que se encontra, sendo desnecessária a produção de outras provas, nos termos do art. 355, inciso I, do Código de Processo Civil. Se, nas alegações finais, as partes se mantiveram inertes ou não requereram nenhuma diligência, conclui-se, então, que consentiram com o julgamento imediato do feito (Raimundo Silvino da Costa Neto e Rodrigo Cordeiro de Souza Rodrigues. *Sentença cível*. 2. ed. São Paulo: Ed. Método, 2016, p. 53). DA NÃO CARACTERIZAÇÃO DA REVELIA. Com efeito, partindo-se do pressuposto de que a parte embargada não apresentou nenhum tipo de resposta, estaria, a princípio, configurado o instituto da revelia. Contudo, vale destacar que esse fenômeno só tem incidência sobre os pressupostos fáticos e não acarreta a automática procedência da pretensão. Ademais, o STJ firmou o entendimento de que a ausência de impugnação dos embargos do devedor não implica revelia, visto que, no processo de execução, o direito do credor encontra-se consubstanciado no próprio título, que se reveste da presunção de veracidade, cabendo ao embargante-executado o ônus quanto à desconstituição de sua eficácia (AgRg no AREsp 578.740/MS, Quarta Turma, Rel. Min. Luis Felipe Salomão). DA NULIDADE DA EXECUÇÃO. Com referência à alegação de nulidade do feito executório, vale destacar que a análise dos pressupostos da execução (liquidez e certeza) constitui uma verdadeira questão de mérito, razão pela qual será avaliada em campo próprio, ao ser examinada toda a conjuntura do caso proposto. Aqui, também urge observar que, a rigor, no ato de recebimento da execução, foi feita uma análise dos seus requisitos, de modo que existe, portanto, uma presunção da sua observância. DA PRELIMINAR DE ILEGITIMIDADE PASSIVA. No que diz respeito à preliminar aventada quanto à ilegitimidade passiva da segunda embargante (Maria), é preciso reconhecer a incidência da teoria da asserção, que, por sua vez, estabelece que os pressupostos e as condições da ação devam ser analisados à luz dos elementos fornecidos pelas partes. Assim, a procedência ou não dos pedidos formulados contra ela constitui questão de mérito a ser apreciada sob o crivo do contraditório e da ampla defesa, embasada em cognição mais aprofundada. E, mesmo que houvesse o enfrentamento direto dessa questão preliminar, em conformidade com o Código Civil, a decretação de invalidade desse aval só poderia ser demandada pelo cônjuge prejudicado (art. 1.650). Portanto, não poderiam as próprias embargantes questionar esse aval. Destarte, rejeito a preliminar aventada. DO EXCESSO NA EXECUÇÃO. Nos termos do art. 917, parágrafo terceiro, do Código de Processo Civil, impõe-se ao embargante o dever de apontar especificamente o valor tido como devido, no caso de alegação de excesso de execução. Vê-se que, com a inicial, não foi juntado o demonstrativo discriminado e atualizado dos cálculos que as embargantes compreenderiam como adequados, concluindo-se, dessa forma, que não se desincumbiram do seu ônus processual. Portanto, a apreciação dos embargos à execução prosseguirá apenas no que diz respeito aos seus demais fundamentos, restando prejudicada a alegação do excesso de execução (art. 917, parágrafo quarto, II, CPC). DO MÉRITO. Inicialmente, cabe reconhecer que, em regra, o aval prestado sem a devida outorga uxória não possui validade (art. 1.647, II, do Código Civil). Contudo, tal regra comporta temperamentos à luz da boa-fé objetiva. No caso dos autos, a avalista (segunda embargante) omitiu seu estado civil ao conceder a garantia, descumprindo, pois, o dever de informação essencial para que o credor pudesse ou não concordar com o aval. Nessa condição, não se pode menosprezar a máxima de que "a ninguém é dado se valer de sua própria torpeza", reconhecendo- se a validez do aval. O que poderia ser feito nessa situação é a preservação da meação do cônjuge que não anuiu à contratação da referida garantia, com relação a eventuais constrições sobre o patrimônio do casal, em consonância com o princípio da conservação dos negócios jurídicos. O aval é ato cambiário pelo qual o avalista se compromete a adimplir obrigação estampada em título de crédito, consubstanciando-se, pois, em garantia pessoal à satisfação do crédito. Essa garantia havia se aperfeiçoado com a assinatura do termo pela garantidora, havendo, por consequência, a vinculação da responsabilidade pelo pagamento desse título, não se alterando o aval pelo fato de a sócia não mais compor a sociedade empresarial beneficiada pelo contrato de cédula bancária, permanecendo o instrumento hígido, produzindo todos os seus efeitos. O avalista, por expressa disposição legal, equipara-se ao devedor principal (art. 899, Código Civil). Também não se vislumbra nenhuma ilegalidade no tocante à capitalização de juros. Em Recurso Repetitivo (REsp 973.827/RS), o STJ pacificou o entendimento de ser permitida a capitalização de juros com periodicidade inferior a um ano em contratos celebrados após 31.03.2000, data da publicação da Medida Provisória 1.963-17/2000, reeditada sob o n. 2.170-36/2001, desde que expressamente pactuada. Há mesmo uma súmula editada nesse sentido (Súmula 539, STJ). No caso específico da cédula de crédito, existe previsão na lei que a regulamenta, admitindo-se textualmente a possibilidade da capitalização de juros, incidência de encargos e pactuação da sua periodicidade (art. 28, parágrafo primeiro, I, Lei 10.931/2004). Portanto, na hipótese de cédula de crédito bancário, já vigorava a compreensão acerca da possibilidade da capitalização dos juros, independentemente do entendimento do STJ. É necessário, ainda, frisar que consta nos autos o indicativo de que essa capitalização de juros estava prevista em cláusula contratual. Quanto à suposta abusividade pela cobrança da tarifa de cadastro, no montante de R$ 400,00, a jurisprudência tem compreendido que é legítima, não sendo ilegal essa exigência, que tem a finalidade de remunerar o serviço de pesquisa em serviços de proteção ao crédito, bases de dados e informações cadastrais, podendo ser cobrada no início do relacionamento entre o consumidor e a instituição financeira. Segundo o exposto nos autos, essa é a primeira relação negocial entre as partes, tornando-se forçoso reconhecer, desse modo, que é válida a exigência dessa tarifa de cadastro. Sobre a tarifa de cadastro, decidiu o Superior Tribunal de Justiça que "permanece válida a Tarifa de Cadastro expressamente tipificada em ato normativo padronizador da autoridade monetária, a qual somente pode ser cobrada no início do relacionamento entre o consumidor e a instituição financeira" (REsp 1.251.331/RS, 2ª Seção, rel. Min. Maria Isabel Gallotti). Diante de todas essas considerações, observa-se que as razões expendidas pelas embargantes são insubsistentes, revelando-se legítima a cobrança operada na execução ora questionada. Vê- se, portanto, que as inscrições negativas nos órgãos de proteção ao crédito se deram com base em crédito constituído legalmente, razão pela qual se conclui que o banco agiu dentro do seu exercício regular de direito, não havendo dano moral a ser reparado, em função da inexistência de ato ilícito perpetrado pela instituição financeira. DISPOSITIVO. Ante o exposto, JULGO IMPROCEDENTES os pedidos deduzidos nos embargos à execução, resolvendo o mérito, nos termos do art. 487, I, do CPC. Com base nos fundamentos anteriormente expostos, revogo a liminar concedida e determino a retomada do trâmite do feito executório em referência. Em razão da sua sucumbência, condeno as embargantes a arcarem com custas e despesas processuais. Considerando que a parte embargada não se manifestou nos presentes autos, deixo de condenar as embargantes em honorários advocatícios. Traslade-se cópia dessa sentença para os autos do Processo Executivo 0001/2017. Oportunamente, dê-se baixa na distribuição, com a adoção das providências de estilo. P. R. I. Juiz de Direito Substituto.

 NOTAS DE ESCLARECIMENTO PARA A CORREÇÃO DO ESPELHO E ATRIBUIÇÃO DA PONTUAÇÃO: Quesito 2.1 DO JULGAMENTO ANTECIPADO. 0,50 ponto – É preciso que o candidato mencione que é desnecessária a produção de maiores elementos/provas e que as partes nada requereram em sede de especificação de provas, indicando o art. 355, I, do Código de Processo Civil. DA NÃO CARACTERIZAÇÃO DA REVELIA. 0,50 ponto – O candidato deve pontuar que esse fenômeno só tem incidência sobre os pressupostos fáticos e não implica a automática procedência da pretensão; além disso, é importante que demonstre o conhecimento do posicionamento do STJ de que a ausência de impugnação dos embargos à execução não acarreta revelia (AgRg no AREsp 578.740/MS, Quarta Turma, Rel. Min. Luis Felipe Salomão). DA NULIDADE DA EXECUÇÃO. 0,50 ponto – Asseverar que, a rigor, no ato de recebimento da execução, foi feita uma análise dos seus requisitos (liquidez e certeza), bem como que a validade desse título executivo será apreciada no mérito. Aqui, caso o candidato opte por examinar os requisitos do título executivo e concluir que estão presentes, também deverá ser atribuída tal pontuação. DA PRELIMINAR DE ILEGITIMIDADE PASSIVA. 0,50 ponto – Reconhecer a incidência da teoria da asserção, aduzindo que a legitimidade desse aval será apreciada no mérito, indicando que, mesmo que houvesse o enfrentamento direto dessa questão preliminar, em conformidade com o Código Civil, a decretação de invalidade desse aval só poderia ser demandada pelo cônjuge prejudicado (art. 1.650). É importante que o candidato "rejeite" ou "rechace" essa preliminar. Tecnicamente, não é correto apenas "afastar" ou "deixar de conhecer" a preliminar. DO EXCESSO NA EXECUÇÃO. 1,00 ponto – O candidato deve abordar o disposto no art. 917, § 3º, do Código de Processo Civil, consignando que, com a inicial, não foi juntado o demonstrativo discriminado e atualizado dos cálculos que as embargantes compreenderiam como adequados, não tendo elas, assim, se desincumbido do seu ônus processual. Portanto, a apreciação dos embargos à execução prosseguirá apenas no que diz respeito aos seus demais fundamentos, restando prejudicada a alegação do excesso de execução (art. 917, parágrafo quarto, II, CPC). DO MÉRITO. VALIDADE E LEGITIMIDADE DO AVAL – 1,00 ponto – É necessário que o candidato aborde os seguintes aspectos: 1º) em regra, o aval prestado sem a devida outorga uxória não possui validade (art. 1.647, II, do Código Civil); no entanto, a segunda embargante omitiu seu estado civil, sendo vedado esse comportamento contraditório (*venire contra factum proprium*), conforme reconhece a jurisprudência; 2º) a retirada da sócia em nada altera o aval, tratando-se este de uma garantia pessoal para a satisfação do crédito e que já houvera se aperfeiçoado; e 3º) o avalista se equipara ao devedor principal (art. 899, Código Civil). POSSIBILIDADE DA CAPITALIZAÇÃO DE JUROS. – 1,00 ponto. Deve o candidato, de forma conclusiva, reconhecer a possibilidade da capitalização dos juros (anatocismo). É preciso, ainda, que demonstre conhecimento acerca da posição do STJ, que, por sua vez, já reconheceu em sede de recurso repetitivo e de súmula a viabilidade dos juros compostos ou capitalizados (REsp 973.827/RS; Súmula 539, STJ). No caso específico da cédula de crédito, existe previsão na lei que a regulamenta, admitindo-se textualmente a possibilidade da capitalização de juros, incidência de encargos e pactuação da sua periodicidade (art. 28, § 1º, I, Lei 10.931/2004). LEGALIDADE NA COBRANÇA DA TARIFA DE CADASTRO. – 1,00 ponto Pontuar que a jurisprudência tem compreendido como legítima e que não é ilegal a sua exigência, possuindo a jurisprudência a finalidade de remunerar o serviço de pesquisa em serviços de proteção ao crédito, bases de dados e informações cadastrais, podendo ser cobrada no início do relacionamento entre o consumidor e a instituição financeira (REsp 1.251.331/RS, Segunda Seção, rel. Min. Maria Isabel Gallotti). Urge, ainda, consignar que, segundo informação dos autos, essa é a primeira relação negocial entre as partes, tornando-se forçoso reconhecer que é válida a cobrança dessa tarifa. NÃO CONFIGURAÇÃO DE DANOS MORAIS. – 0,50 ponto A conclusão é no sentido de que as inscrições negativas nos órgãos de proteção ao crédito se deram com base em crédito constituído regularmente, razão pela qual se conclui que o banco agiu dentro do seu exercício regular de direito, não havendo dano moral a ser reparado, em função da inexistência de ato ilícito perpetrado pela instituição financeira. DISPOSITIVO. CONCLUSÃO PELA IMPROCEDÊNCIA E JULGAMENTO COM RESOLUÇÃO DE MÉRITO. – 1,00 ponto. Ante o exposto, JULGO IMPROCEDENTES os pedidos deduzidos nos embargos à execução, resolvendo o mérito, nos termos do art. 487, I, do CPC. REVOGAÇÃO DA MEDIDA LIMINAR DE SUSPENSÃO DA EXECUÇÃO E TRASLADO DA CÓPIA DA SENTENÇA. – 1,00 ponto. Com base nos fundamentos anteriormente expostos, revogo a liminar concedida e determino a retomada do trâmite do feito executório em referência. Traslade-se cópia desta sentença para os autos do Processo Executivo 0001/2017. CONDENAÇÃO DAS EMBARGANTES NOS ENCARGOS SUCUMBENCIAIS, SEM HONORÁRIOS ADVOCATÍCIOS, E FECHAMENTO DA SENTENÇA (BAIXA NA DISTRIBUIÇÃO, P. R. I.) – 1,00 ponto. Em razão da sua sucumbência, condeno as embargantes a arcarem com custas e despesas processuais. Considerando que a parte embargada não se manifestou nos presentes autos, deixo de condenar as embargantes em honorários advocatícios. Oportunamente, dê-se baixa na distribuição, com a adoção das providências de estilo. P. R. I. Juiz de Direito Substituto.

7. MAGISTRATURA ESTADUAL – TJ/SP – ANO: 2017 – BANCA: VUNESP

Após sentir-se mal, José da Silva, 45 anos de idade, físico nuclear, com título de doutorado pela Universidade de Harvard, é internado em hospital particular, em 9 de outubro de 2005, com dores abdominais. Passa por atendimento médico e é submetido a cirurgia de estômago no dia seguinte, tendo os custos sido integralmente cobertos pelo plano de saúde. Obtém alta em 15 de outubro de 2005 e retoma suas atividades sociais e profissionais. Em janeiro de 2010, José da Silva rescinde o contrato com a administradora do plano de saúde. Em março de 2011, após sentir dores na região abdominal, realiza exames clínicos e descobre a existência de uma agulha cirúrgica no interior de seu estômago, deixada provavelmente durante a intervenção ocorrida em 10 de outubro de 2005, já que foi única a que se submeteu durante toda sua vida. Por conta disso, submete-se a cirurgia particular, não coberta por plano de saúde, em 10 de abril de 2011, para retirada da agulha. Depois de longo período de convalescença, durante o qual ficou afastado do trabalho e recebeu auxílio-doença pago pelo INSS, propõe, em 10 de agosto de 2014, ação de indenização por danos materiais e morais contra o médico que realizou a cirurgia em 10 de outubro de 2005 e também contra o plano de saúde e o hospital particular no qual ocorreu o ato cirúrgico. O autor da ação obtém o deferimento do pedido de justiça gratuita por decisão judicial não impugnada. Alega o autor que houve falha nos serviços prestados pelo médico, pelo plano de saúde e pelo hospital na cirurgia realizada em 10 de outubro de 2005, motivo pelo qual todos eles são responsáveis pela reparação dos danos. Instruindo a petição inicial com documentação pertinente, pede a condenação dos réus ao pagamento de indenização por danos materiais correspondentes às despesas no valor total de R$ 500.000,00 (quinhentos mil reais) com a cirurgia realizada em 10 de abril de 2011 e aos salários mensais de R$ 10.000,00 (dez mil reais) que deixou de receber durante o período de convalescença (maio de 2011 a julho de 2012). Com fundamento na "teoria da perda de uma chance", e alegando que em fevereiro de 2011 havia iniciado participação em processo seletivo para concorrer a posto de trabalho na NASA, Estados Unidos, no qual receberia, durante 1 (um) ano, a partir de setembro de 2012, salário mensal equivalente a R$ 30.000,00 (trinta mil reais), pede a condenação dos réus também ao pagamento da quantia de R$ 360.000,00 (trezentos e sessenta mil reais), correspondente ao total dos salários durante o período, uma vez que ficou impossibilitado de continuar participando do processo seletivo. Por fim, pede a condenação dos réus ao pagamento de indenização por danos morais no valor de R$ 500.000,00 (quinhentos mil reais). Os réus, cada qual representado por um advogado, apresentam contestações arguindo preliminares de ilegitimidade passiva do plano de saúde e do hospital particular. No mérito, alegam que a pretensão do autor foi atingida pela prescrição, cujo termo inicial é a data da primeira cirurgia, 10 de outubro de 2005, ou a data da segunda cirurgia, 10 de abril de 2011. Ainda no mérito, alegam que não houve erro médico ou falha na prestação do serviço. Afirmam também que não é exigível a indenização por danos materiais, que o pedido de indenização fundado na "teoria da perda de uma chance" não comporta acolhimento, que eventual indenização a ser paga deverá sofrer dedução da quantia recebida pelo autor do INSS a título de auxílio-doença durante o período de afastamento do trabalho, e que não é exigível também a indenização por danos morais, além de ser excessivo o valor a tal título pleiteado pelo autor. O juízo de primeiro grau profere decisão de saneamento, contra a qual não houve interposição de recurso, observando que há necessidade de se obterem provas para se examinarem as preliminares de ilegitimidade passiva e para se dirimir a controvérsia referente à prescrição, e que, portanto, tais matérias serão apreciadas na sentença. Na fase de instrução, é produzida prova pericial na qual se conclui que a agulha foi deixada no estômago do autor durante a cirurgia ocorrida em 10 de outubro de 2005. Dispensado o relatório, mas obedecendo-se aos demais requisitos do artigo 489 do Código de Processo Civil, proferir sentença com base nos dados aqui fornecidos, levando em conta as alegações formuladas na petição inicial e nas contestações, bem como as provas trazidas ao processo. Deverá ser observado também que: 1) o contrato do plano de saúde cujos serviços foram utilizados pelo autor na cirurgia realizada em 10 de outubro de 2005 previa cobertura para todos os procedimentos médicos e hospitalares, sem a necessidade de o paciente efetuar os pagamentos e depois pedir reembolso; 2) o médico não era integrante do corpo clínico do hospital particular no qual foi realizada a cirurgia em 10 de outubro de 2005; 3) o hospital era integrante da rede credenciada do plano de saúde por ocasião da cirurgia; e 4) o médico integrava a rede de profissionais credenciados pelo plano de saúde e foi livremente escolhido pelo autor.

Resposta: 1 – A preliminar de ilegitimidade passiva do plano de saúde e do hospital deve ser rejeitada. A resposta deve fazer alusão aos artigos 17, 337, inciso XI e 485, inciso VI, todos do Código de Processo Civil, examinando a natureza da relação jurídica existente entre o autor da ação e os réus, bem como a participação de cada um destes. 2 – A prescrição (5 anos) deve ser rejeitada. A resposta deve fazer distinção entre os prazos do artigo 206, § 3º, inciso V, do Código Civil (3 anos) e do artigo 27 do Código de Defesa do Consumidor (5 anos), e também abordar o princípio da "actio nata" (artigo 189 do Código Civil), mencionando o momento em que o autor da ação tomou conhecimento da violação a seu direito. 3 – A ação deve ser julgada parcialmente procedente em relação ao médico e ao plano de saúde (responsabilidade concorrente e solidária), e improcedente em relação ao hospital (o médico não pertence ao corpo clínico do hospital e não há alegação ou notícia de falha na prestação do serviço dentro da atividade típica do hospital). A resposta deve mencionar que o caso comporta análise pelas regras do Código Civil e do Código de Defesa do Consumidor Deve abordar as modalidades de responsabilidade do médico (subjetiva) e do plano de saúde e do hospital (objetiva). Quanto ao médico, discorrer acerca da conduta culposa prevista nos artigos 951 do Código Civil e 14, § 4º, do Código de Defesa do Consumidor (imprudência, imperícia ou negligência) e observar que a obrigação a ele adstrita é de meio e não de resultado. Quanto ao plano de saúde, discorrer acerca da relação contratual mantida com o autor e com o hospital, da qualidade do serviço prestado e de sua responsabilização decorrente do erro médico. Observar também que o Código de Defesa do Consumidor se aplica aos contratos de planos de saúde (Súmula 469 do Superior Tribunal de Justiça). Quanto ao hospital, examinar a relação jurídica com o autor e com o plano de saúde, a qualidade do serviço prestado e sua responsabilização decorrente do erro médico. Abordar a circunstância de o médico não ser integrante do corpo clínico e distinguir, para o caso concreto, as atividades típicas do hospital. 4 – Devem ser acolhidos o pedido de indenização por danos emergentes e lucros cessantes, condenando-se o médico e o plano de saúde a ressarcir as quantias correspondentes às despesas com a cirurgia realizada em 10 de abril de 2011 (R$ 500.000,00) e ao total do salário mensal de R$ 10.000,00 (dez mil reais) que o autor deixou de receber durante o período de convalescença (maio de 2011 a julho de 2012). A quantia de R$ 500.000,00 deve ser atualizada desde o desembolso e acrescida de juros a partir da citação. As parcelas referentes à indenização por lucros cessantes devem ser atualizadas desde cada mês vencido e acrescidas de juros a partir da citação. Deve ser acolhido também o pedido de indenização por danos morais, mas com arbitramento em torno de R$ 50.000,00 (cinquenta mil reais), considerando a jurisprudência dominante. Atualização a partir do arbitramento (Súmula 362 do Superior Tribunal de Justiça) e juros a partir da citação. A resposta deve abordar o conceito de dano moral "in re ipsa" e fundamentar o critério de quantificação da indenização. 5 – Deve ser rejeitado o pedido fundado na "teoria da perda de uma chance" por se tratar de dano hipotético. 6 – As quantias recebidas pelo autor a título de benefício previdenciário (auxílio-doença) não são dedutíveis do valor da indenização por danos materiais emergentes ou por lucros cessantes, já que as verbas têm origens diversas. 7 – A ação é parcialmente procedente em relação ao médico e ao plano de saúde, ficando estes, porém, condenados ao pagamento dos encargos de sucumbência por ter o autor sido derrotado em parte mínima. O autor deve ser condenado ao pagamento dos encargos de sucumbência em relação ao hospital. A redação deve obedecer ao padrão culto da língua portuguesa, sem erros de ortografia ou concordância, com raciocínio lógico e linguagem clara e objetiva.

Capítulo V
Modelos

> **Sumário:** 1. Proposta de modelo (padrão) formal da sentença (procedimento comum) – 2. Exemplos de sentenças – 2.1 Ação indenizatória de danos morais – 2.2 Ação de Cumprimento de sentença – Extinção – Ausência de pressupostos de constituição e de desenvolvimento válido e regular do processo – 2.3 Tutela de Urgência – Embargos de terceiros – Impenhorabilidade de bem imóvel residencial urbano – Bem de família – Concordância da parte com o levantamento da penhora – Improcedência – 2.4 Ação anulatória de negócio jurídico – Ilegitimidade ativa – Nulidade compra e venda – Herança – Julgamento sem resolução do mérito – 2.5 Ação Declaratória de inexistência de débito com nulidade contratual c/c repetição de indébito e indenização por danos morais – 2.6 Ação de indenização por danos materiais e danos morais – 2.7 Ação de usucapião rural – Improcedência.

Os modelos a apresentados neste capítulo, também redigido com a participação de Maria Eduarda Pereira Borges[1] e Joni Bonfim Aguiar[2], têm por objetivo facilitar a elaboração formal da sentença, sendo indicadas várias amostras de sentenças completas, que foram selecionadas por retratarem a resolução de várias questões processuais e de mérito. Salienta-se que este capítulo também foi escrito em coautoria com.

1. **PROPOSTA DE MODELO (PADRÃO) FORMAL DA SENTENÇA (PROCEDIMENTO COMUM)**

PODER JUDICIÁRIO DO ESTADO DO PARANÁ
COMARCA DE CURITIBA
QUARTA VARA CÍVEL

Autos n.:
Autor(es):
Requerido(s):
Natureza: *(ação de indenização, de despejo, declaração de nulidade etc.)*

---

1. Estagiária de Direito no Tribunal de Justiça do Estado do Paraná-TJ-PR, Acadêmica em Direito pela UNIPAR – Universidade Paranaense.
2. Estagiário de Direito no Tribunal de Justiça do Estado do Paraná-TJ-PR, Acadêmico em Direito pela UNIPAR-Universidade Paranaense.

SENTENÇA

I. RELATÓRIO:

1. O (s) autor (es) _____ (identificar, tantos quantos forem as pessoas) ajuizou(aram) a presente AÇÃO DE _____, em face de _____ (identificar a parte ré, tantas quantas forem as pessoas) alegando, em resumo _____ (1. fatos que definem a relação jurídica – fato gerador da incidência da norma constitutiva do direito, por exemplo: que locou o imóvel para Tício, mediante o pagamento de alugueres mensais, no valor de R$ 120,00; 2. fundamentos do pedido – causa de pedir, por exemplo: que o locatário deixou de pagar os alugueres relativos aos meses de jan./jun., estando em mora); 3. pedido: decretação do despejo por falta de pagamento; 4. condenação nos ônus de sucumbência; 5. requerimentos; 6. juntada de documentos).

I.1 – Hipótese de réu citado [por oficial (mandado)/correio/edital/carta] e oferecendo resposta completa (preliminar, mérito, reconvenção)

1. O (s) réu(s) foi(ram) citado(s), à fl., por mandado (pressuposto processual de validade), e apresentaram resposta, sob forma de contestação, alegando: a) preliminarmente _____ _____ (por exemplo: ilegitimidade ativa "ad causam", considerando que o autor não é o titular do direito, mas sim o espólio, eis que o mesmo é falecido, e já foi requerido o processamento do inventário (exceções materiais e processuais, art. 337 do CPC); b) no mérito _____ (por exemplo, que não deve nenhum mês de aluguel, considerando que foram depositados na conta bancária (fatos modificativos, extintivos ou impeditivos, nulidade da citação etc.). No final, pediu(ram) a extinção do processo, em face da preliminar ____ _____, e no mérito, se vencida a preliminar, pugnou pela improcedência do pedido _____, bem assim a condenação do (s) autor (es) no pagamento das custas processuais e dos honorários de advogado (art. 85 do CPC). Juntou (aram) documentos. Ademais, apresentou (aram); c) reconvenção (fl.) alegando _____, por exemplo, que o(s) autor(es) cobrou-lhe(aram-lhes) valores maiores que eram devidos, por força contratual (art. 343 do CPC – deverá haver conexão entre as duas causas ou com o fundamento da defesa – observar os requisitos da inicial, art. 319, CPC). No final, pediu(ram) a procedência do pedido para condenar o(s) autor (es)-reconvindo(s) a restituir-lhe a importância de R$ _____, a partir do mês de _____, acrescida de correção monetária e juros moratórios, bem assim a condenação do autor (es)-reconvindos, nos ônus de sucumbência.

2. O(s) autor (es)-reconvindo(s) foi(ram) intimado(s) (fl.) e ofereceu(ram) resposta sob forma de contestação alegando (toda matéria dos arts. 337, 304, 300 e 303, CPC).

3. O(s) autor (es) manifestou-se (aram-se) em réplica acerca da contestação argumentando _____ (art. 350, CPC).

Observação: se a matéria for exclusivamente de direito ou de direito e de fato e não houver necessidade de produção de provas em audiência, não serão realizados os atos a seguir, cabendo o julgamento antecipado (art. 355, I, CPC).

4. Designada audiência de conciliação e de "saneamento" do processo (fl.), a qual foi realizada (fl.) não se obtendo êxito. Foi saneado o processo, com afastamento da preliminar (se for arguida), fixados os pontos controvertidos, deferida a produção de provas _____ _____ (pericial, testemunhal, depoimentos pessoais etc.) e designada audiência de instrução e julgamento para o dia_____, às _____ horas.

5. O perito judicial apresentou o laudo (fl.), bem assim os assistentes técnicos (fl.), tendo as partes se manifestado (fl.).

6. (Em audiência de instrução e julgamento, foi rejeitada a proposta de conciliação, tendo sido tomados os depoimentos pessoais e inquiridas quatro testemunhas etc.).

7. Em alegações finais, por escrito, o autor (es) pediu(ram) a procedência do pedido de _____ (fl.), bem assim a improcedência do pedido reconvencional, enquanto que o(s) réu (s) pediu(ram) a improcedência do pedido de _____ e a procedência da reconvenção (fl.).

É o relatório, em resumo.

I.2 – hipótese de o(s) réu(s) ser(em) citado(s) por mandado e não contestar(em)

1. O(s) réu(s) foi(ram) citado(s), por mandado, à fl.___ e deixou(aram) de apresentar resposta (certidão às fl.), tendo sido declarado(s) revel(is) (arts. 344 e 345, CPC), considerando versar o litígio sobre bens disponíveis (essa hipótese leva o pedido a julgamento antecipado, art. 355, II, CPC).

É o relatório, em resumo.

I.3 – hipótese de o(s) réu(s) ser(em) citado(s) por edital ou por hora certa e não contestar(em)

1. O(s) réu(s) foi(ram) citado(s) por edital (fl.___) e deixou(aram) de apresentar resposta.

2. Foi nomeado curador especial, de acordo com o artigo 72, II, do CPC, o qual apresentou resposta, sob forma de contestação, alegando: a) preliminarmente_____; b) no mérito _____. No final, pediu a improcedência do pedido _____. Juntou documentos (fl.___).

3. O autor manifestou-se sobre a contestação argumentando _____ (fl.).

4. Designada audiência de conciliação e saneamento do processo (fl.), a qual foi realizada (fl.), não sendo obtido êxito. Foi saneado o processo, com o afastamento da preliminar (se for arguida), fixados os pontos controvertidos, deferida a produção de provas (pericial, testemunhal, documental, depoimentos pessoais etc.) e designada audiência de instrução e julgamento.

5. O perito judicial apresentou o laudo (fl.), bem assim os assistentes técnicos (fl.), tendo as partes se manifestado (fl.).

6. Em audiência de instrução e julgamento, foi rejeitada a proposta de conciliação, seguindo-se a tomada de depoimentos pessoais (fl.) e inquiridas quatro testemunhas (fl.).

7. Em alegações finais, a parte autora pediu a procedência do pedido (fl.), bem assim a improcedência do pedido de reconvenção (se for o caso) (fl.), enquanto que a parte ré pediu a improcedência do pedido de___ e a procedência da reconvenção (fl.).

É o relatório, em resumo.

II – FUNDAMENTAÇÃO:

(De que se trata?)

1. Trata-se de pedido _____ (de despejo, de condenação, declaração de nulidade de títulos etc.) ajuizado por _____ em face de _____, com o fundamento (pelo motivo) _____.

II.1 – hipótese de julgamento antecipado da lide (art. 355, II, CPC)

1. O processo está em ordem, nada havendo para ser regularizado, estando presentes as condições da ação (possibilidade jurídica do pedido, interesse de agir e legitimidade das partes) e os pressupostos processuais (de existência e validade).

2. O pedido comporta julgamento antecipado, de acordo com o artigo 355, II, do CPC, eis que o réu devidamente citado deixou de oferecer resposta, ocorrendo a revelia, presumindo-se como verdadeiro o fato alegado pelo autor relativamente ao inadimplemento.

3. A relação de direito material de compra e venda está comprovada (fl.), tendo sido entregues as mercadorias para o requerido (fl.).

4. Não resta qualquer dúvida de que o autor é credor do réu no valor de R$ 2.345,00.

II.2 – hipótese de julgamento antecipado da lide (art. 355, I, CPC), com matéria preliminar a ser examinada e acolhida

1. Preliminarmente, deve ser examinada a ilegitimidade passiva "ad causam", em face da alegação do réu de que não é proprietário do veículo e o condutor não é seu preposto.

Com razão o réu, considerando que os documentos juntados às fls. _____ comprovam que o veículo tinha sido vendido, no dia _____, há mais de seis meses da data do acidente, para _____.

Portanto, não havendo relação de propriedade entre o veículo (coisa) e o requerido, a ilegitimidade para responder pelos prejuízos é evidente, nos termos do artigo 17 do CPC.

II.3 – hipótese de julgamento antecipado (art. 355, I, CPC), com matéria preliminar a ser examinada e rejeitada

1. Preliminarmente, é de ser examinada a ilegitimidade passiva "ad causam", alegada na resposta do réu, com o fundamento de que, embora tivesse avalizado a nota promissória, é o emitente quem está obrigado ao pagamento, sendo o aval dado de "favor", para cumprir mera formalidade.

Sem razão o requerido, considerando que o avalista é devedor solidário (art. 32 da Lei Uniforme de Genebra, reproduzida em nosso ordenamento jurídico pelo Decreto 57.663, de 24 de janeiro de 1966), podendo a cobrança ser destinada a qualquer deles, de acordo com o artigo 904 do Código Civil.

Pelos fundamentos expostos, rejeito a preliminar arguida.

2. Examina-se, na sequência, se for o caso, as questões prejudiciais.

3. No mérito_____ (exame dos fatos e a individualização da norma: encaixe dos fatos deduzidos e a norma, considerando-se que os fatos são entendidos e considerados a partir da referência legal). Por exemplo, em caso de despejo: A relação de direito material está comprovada pelo contrato de locação, firmado entre as partes (fl.), a qual se iniciou no dia _____, estando em plena vigência, visto que o termo está fixado para _____. O réu deixou de pagar os alugueres, relativamente aos meses de _____, estando inadimplente no valor de R$_____. A pretensão do autor está amparada no artigo _____ da Lei _____.

Quanto às alegações do réu, de retenção do imóvel por benfeitorias úteis e necessárias (examinar).

Posteriormente ao exame do direito do autor, confrontando-se com as alegações do réu, diante das provas produzidas, chega-se à conclusão lógica. Pode-se utilizar de jurisprudência e lições doutrinárias.

Assim, comprovada a falta de pagamento dos alugueres, caracterizando o inadimplemento do requerido, conclui-se que é procedente o pedido de despejo, não fazendo jus ao direito de retenção.

II.4 – hipótese de julgamento após a instrução do processo

(Em princípio, não existirão preliminares para serem examinadas, porque se parte do pressuposto que o processo já foi saneado e organizado, nos moldes do artigo 357, CPC).

1. No mérito_____ (exame dos fatos e a individualização da norma: encaixe dos fatos deduzidos e a norma, considerando-se que os fatos são entendidos e considerados a partir da referência legal: alegações do autor e contra-argumentos do réu).

III – DISPOSITIVO:

1.1 Hipóteses

III.1 – sem resolução do mérito

Pelo exposto, em razão da ausência de legitimidade ativa, nos termos do artigo 17 do CPC, *julgo extinto* o processo, sem resolução do mérito, com amparo no artigo 485, inciso VI, do CPC. Ante o princípio da causalidade, condeno o autor ao pagamento das custas e dos honorários advocatícios de sucumbência, os quais fixo em 10% do valor atualizado da causa, o que faço nos moldes do artigo 85, § 2º, do Código de Processo Civil, levando-se em consideração o grau de zelo e dedicação do advogado para com a condução da causa.

III.2 – com resolução do mérito

III.2.1:

Pelos fundamentos expostos, nos moldes do artigo 487, inciso I, do CPC, *julgo procedente*(s) o(s) pedido(s) do autor _____ para decretar o despejo do requerido _____, por falta de pagamentos dos alugueres, no período de _____, com amparo no artigo ____, da Lei ____. Ante o princípio da causalidade, condeno o requerido ao pagamento das custas e dos honorários advocatícios de sucumbência, os quais fixo em 10% sobre o valor da condenação, o que faço nos moldes do artigo 85, § 2º, do Código de Processo Civil, levando-se em consideração o grau de zelo e dedicação do advogado para com a condução da causa.

III.2.2:

Pelos fundamentos expostos, nos moldes do artigo 487, inciso I, do CPC, *julgo procedente* o pedido do autor _____ para, com amparo nos artigos 186 e 927, ambos do Código Civil, condenar o réu _____ ao pagamento da indenização por danos materiais (responsabilidade extracontratual) no valor de R$ _____, a ser corrigido monetariamente, de acordo com a tabela prática deste Egrégio Tribunal de Justiça, desde o evento danoso, e acrescido de juros de mora de 1% ao mês desde a citação. Ante o princípio da causalidade, condeno o requerido ao pagamento das custas e dos honorários advocatícios de sucumbência, os quais fixo em 10% sobre o valor da condenação, o que faço nos moldes do artigo 85, § 2º, do Código de Processo Civil, levando-se em consideração o grau de zelo e dedicação do advogado para com a condução da causa.

III.2.3:

Pelos fundamentos expostos, nos moldes do artigo 487, inciso I, do CPC, *julgo improcedente* o pedido do autor _____, de indenização, considerando que não provou os fatos constitutivos de seu direito, de acordo com o artigo 373, inciso I, do CPC. Ante o princípio da causalidade, condeno o autor ao pagamento das custas e dos honorários advocatícios de sucumbência, os quais fixo em 10% sobre o valor atualizado da causa, o que faço nos moldes do artigo 85, § 2º, do Código de Processo Civil, levando-se em consideração o grau de zelo e dedicação do advogado para com a condução da causa.

III.2.4:

Pelos fundamentos expostos, nos moldes do artigo 487, inciso I, do CPC, *julgo parcialmente procedentes* os pedidos do autor _____, para o efeito de condenar o réu _____ ao pagamento da indenização decorrente de acidente de veículos no valor de R$ _____, nos artigos 186 e 927, ambos do Código Civil, a ser corrigido monetariamente, de acordo com a tabela prática deste Egrégio Tribunal de Justiça, desde o evento danoso, e acrescido de juros de mora de 1% ao mês desde a citação, ficando excluído o valor de _____, relativo aos danos _____ (fl.), os quais não decorreram da colisão. Sendo ambas as partes sucumbentes, reputo verificada a sucumbência recíproca nos termos do artigo 86 do CPC, na proporção de 50% para o autor e de 50% ao réu. Ante o princípio da causalidade, condeno as partes ao pagamento de custas e despesas processuais na razão da distribuição do ônus sucumbencial (50% para o autor e 50% para o requerido), bem como arbitro os honorários advocatícios no importe de 10% do valor da condenação para o patrono do réu e 10% do valor da condenação para o patrono da autora, o que faço nos moldes do artigo 85, § 2º, do Código de Processo Civil, levando em consideração o grau de zelo e dedicação dos advogados para com a condução da causa, bem como a distribuição do ônus sucumbencial.

Publique-se. Registre-se. Intimem-se.

III.3 – hipóteses de providências administrativas

III.3.1: "expeça-se mandado de despejo, oportunamente";

III.3.2: "expeça-se mandado de registro para o CRI";

III.3.3: "expeça-se mandado de reintegração de posse";

III.3.4: "oficie-se ao DETRAN/PR para a transferência do veículo";

III.3.5: "extraiam-se cópias dos autos e remetam-se ao r. do Ministério Público, considerando indícios de crime, para que adote as providências que entender cabíveis";

III.3.6: "extraiam-se cópias dos autos e requisite-se a instauração de inquérito policial".

III. 4 – providências finais

Publique-se. Registre-se. Intimem-se.

Cumpram-se as disposições do Código de Normas da Egrégia Corregedoria-Geral da Justiça, procedendo-se às anotações e comunicações que se fizerem necessárias.

Oportunamente, arquivem-se.

Local, data.
Juiz de Direito

2. EXEMPLOS DE SENTENÇAS[3]

2.1 AÇÃO INDENIZATÓRIA DE DANOS MORAIS

VARA CÍVEL
COMARCA DE NOVA LONDRINA/PR

Autos 0000064-53.2019.8.16.0121
Autora: Deassis Fermino Felix
Ré: Companhia Melhoramentos Norte de Brasil.
Prolatada em: 23.01.2021.

---

3. Extraídas do *site* www.tjpr.jus.br. – Sentença Digital.

SENTENÇA

I – DO RELATÓRIO

Trata-se de ação indenizatória movida por DEASSIS FERMINO FELIX em face de COMPANHIA MELHORAMENTOS NORTE DE BRASIL.

Na decisão de seq. 9.1, foram concedidos os benefícios da assistência judiciária gratuita, determinando a citação do requerido.

Devidamente citada (seq. 11.1), a parte requerida apresentou contestação na seq. 12.1 rechaçando os argumentos trazidos pela parte autora.

Impugnação à contestação apresentada na seq. 17.1.

Intimada as partes sobre a especificação de provas, a autora requereu a produção de prova testemunhal (seq. 23.1) e a requerida a produção de prova testemunhal e pericial (seq. 24.1).

Na decisão saneadora de seq. 26.1 foi deferida a prova testemunhal com postergação da prova pericial.

Na audiência de instrução (seq. 45.5), foram ouvidas as testemunhas do autor (Sr. Larson e Sr. Denilson), a testemunha do réu (Sr. Murilo) e o depoimento pessoal do autor. E, ainda, foi determinada a prova pericial, conforme requerimento da parte ré.

Após, foi declarada preclusa a produção de prova pericial pleiteada pelos autores fronte a inércia destes em promover a remuneração do expert nomeado (seq. 229.1).

O laudo foi apresentado na seq. 149.1, sendo as partes devidamente intimadas, com manifestação apenas da parte requerida (seq. 154.1).

Encerrada a instrução processual, as partes foram intimadas para apresentarem alegações finais (seqs. 164.1 e 167.1).

Os autos vieram conclusos.

É o relatório. Decido.

II – DA FUNDAMENTAÇÃO

Trata-se de ação indenizatória movida por DEASSIS FERMINO FELIX em face de COMPANHIA MELHORAMENTOS NORTE DE BRASIL.

Alegou a parte autora, em síntese, que sofreu danos em seu terreno, por conta da aplicação de veneno-agrotóxico em seu terreno pela CMNP. Tal aplicação teria causado danos em seu terreno, de forma que pugna pela procedência da demanda para (i) pagamento de indenização por danos materiais, no valor de R$ 37.200,00 (trinta e sete mil e duzentos reais); (ii) pagamento de indenização por danos morais, no valor de R$ 10.000,00 (dez mil reais); (iii) imputação de obrigação de fazer, consistente em observar os procedimentos técnicos de pulverização do produto químico, a fim de evitar nova contaminação, sob pena de multa.

O artigo 927 do Código Civil refere expressamente que "aquele que, por ato ilícito (arts. 186 e 187), causar dano a outrem, fica obrigado a repará-lo". Ainda nesse sentido, o artigo 186 do referido diploma legal estatui que "aquele que, por ação ou omissão voluntária, negligência ou imprudência, violar direito e causar dano a outrem, ainda que exclusivamente moral, comete ato ilícito".

De início, firmo que a responsabilidade, em se tratando de dano ambiental, é objetiva, bastando a comprovação de ocorrência do dano para que surja o dever de reparar, nos termos do art. 225, § 3º, da CF, e do art. 14, § 1º da Lei 6.938/81:

> Art. 225. Todos têm direito ao meio ambiente ecologicamente equilibrado, bem de uso comum do povo e essencial à sadia qualidade de vida, impondo-se ao Poder Público e à coletividade o dever de defendê-lo e preservá-lo para as presentes e futuras gerações.

§ 3º As condutas e atividades consideradas lesivas ao meio ambiente sujeitarão os infratores, pessoas físicas ou jurídicas, a sanções penais e administrativas, independentemente da obrigação de reparar os danos causados.

Art. 14 – Sem prejuízo das penalidades definidas pela legislação federal, estadual e municipal, o não cumprimento das medidas necessárias à preservação ou correção dos inconvenientes e danos causados pela degradação da qualidade ambiental sujeitará os transgressores:

§ 1º. Sem obstar a aplicação das penalidades previstas neste artigo, é o poluidor obrigado, independentemente da existência de culpa, a indenizar ou reparar os danos causados ao meio ambiente e a terceiros, afetados por sua atividade. O Ministério Público da União e dos Estados terá legitimidade para propor ação de responsabilidade civil e criminal, por danos causados ao meio ambiente.

A responsabilidade objetiva, entretanto, não dispensa a parte autora de provar o prejuízo sofrido e o nexo de causalidade.

No caso dos autos, persiste a regra estampada no art. 373, I, da Lei 13.105/15 (Código de Processo Civil – CPC), segundo a qual incumbe ao autor o ônus de comprovar os fatos constitutivos de seu direito, a fim de responsabilizar a parte ré.

Assim, para que o pedido de indenizações pretendidas pela parte autora seja julgada procedente, imprescindível a demonstração do nexo causal entre a conduta praticada pelo réu e o dano.

Importante ressaltar que o Código de Defesa do Consumidor não é aplicável ao caso em comento, por tratar-se de relações do direito privado. Logo, é impossível a inversão do ônus da prova com base nas disposições da lei consumerista.

Por todo o exposto, persiste ao autor o ônus de comprovar o fato constitutivo de seu direito. Nesse sentido junto o entendimento doutrinário:

> cabe ao autor o ônus de provas os fatos constitutivos de seu direito, ou seja, deve provar a matéria fática que traz em sua petição inicial e que serve como origem da relação jurídica deduzida em juízo. Em relação ao réu, também o ordenamento processual dispõe sobre o ônus probatórios, mas não concernentes aos fatos constitutivos do direito do autor. Naturalmente, se desejar, poderá tentar demonstrar a inverdade das alegações de fato feitas pelo autor por meio de produção probatória, mas, caso não o faça, não será colocado em situação de desvantagem, a não ser que o autor comprove a veracidade de tais fatos. Nesse caso, entretanto, a situação prejudicial não se dará em consequência da ausência de produção de prova pelo réu, mas sim pela produção de prova pelo autor. (...) O ônus da prova carreado ao réu pelo art. 373, II, do Novo CPC só passa a ser exigido no caso concreto na hipótese de o autor ter se desincumbido de seu ônus probatório, porque o juiz só passa a ter interesse na existência ou não de um fato impeditivo, modificativo ou extintivo do direito do autor, após se convencer da existência do fato constitutivo desse direito do autor. Significa dizer que, se nenhuma das partes se desincumbir de seus ônus no caso concreto e o juiz tiver que decidir com fundamento na regra do ônus da prova, o pedido do autor será julgado improcedente (NEVES, Daniel Amorim Assumpção – Manual de direito processual civil – Volume único – 8. ed. – Salvador: Ed. JusPodivm, 2016 – p. 657).

Depreende-se, portanto, que um dos requisitos essenciais para a procedência da demanda, qual seja, a constatação de que a aplicação de veneno-agrotóxico em seu terreno pela CMNP causou danos no terreno do autor, fato este que não ocorreu, razão pela qual não há que se falar em direito subjetivo à indenização.

Isto porque o laudo pericial concluiu que (seq. 149.1):

6 – CONCLUSÕES

Não é possível afirmar que as injúrias identificadas pelo autor, em sua lavoura em dezembro de 2018, são decorrentes da pulverização realizada pela CMNP, por falta de provas que sustentem os fatos alegados no processo.

Não existem subsídios para direcionar a real causa das injúrias.

A primeira medida que deve ser adotada após acontecimentos do gênero é acionar a Agência de Defesa Agropecuária do Paraná– ADAPAR, esse acionamento geraria uma denúncia e posteriormente uma visita de um técnico ou Engenheiro Agrônomo para constatação da real situação e dos motivos que levaram o surgimento dos sintomas de queima e/ou seca na lavoura, o que comprovaria os acontecimentos.

Da detida análise do laudo pericial, verifica-se que o documento atesta que não foi possível averiguar que "as injúrias identificadas pelo autor, em sua lavoura em dezembro de 2018, são decorrentes da pulverização realizada pela CMNP por falta de provas que sustentem os fatos alegados no processo".

Embora a prova dos autos demonstre a aplicação de agrotóxico pela parte ré, não restou comprovado os fatos constitutivos do direito alegado, ou seja, a contaminação por agrotóxico da propriedade da parte autora.

Isto porque, realizada perícia técnica sobre o terreno objeto da controvérsia, reitero as respostas do Sr. Perito aos quesitos relacionados, especificamente, a este assunto:

5 – RESPOSTAS AOS QUESITOS

5.1 Quesitos parte autora

1. Houve dano ambiental no local periciado decorrente da pulverização?

Segundo Édis Milaré (2011, p. 1119) "(...) dano ambiental é a lesão aos recursos ambientais, com consequente degradação- alteração adversa ou in pejus – do equilíbrio ecológico e da qualidade de vida".

Não houve dano ambiental no local periciado, após perceber que as folhas de sua produção apresentavam sintomas de queima e coloração amarela o autor replantou mudas de mandioca provenientes de seus vizinhos no local onde alega dano e as mesmas se desenvolveram normalmente. Em caso de dano ambiental isso não seria possível, pois o dano alteraria o meio e as plantas não se estabeleceriam.

E em caso de verdadeira a afirmação de que a pulverização realizada em dezembro de 2018 ocasionou injúrias na lavoura de mandioca e de milho do autor os danos se enquadrariam em danos do tipo econômico e não ambiental.

2. Qual produto fora utilizado?

De acordo com a ordem de serviço 6283 da CMNP (Companhia de Melhoramentos Norte do Paraná) referente ao mês de dezembro de 2018 o produto utilizado na aplicação aérea foi o fertilizante mineral, NAVEIA PLUS – 28% de nitrogênio, da empresa Forquímica.

3. Irá afetar as produções futuras?

A aplicação que ocorreu em dezembro de 2018 proveniente da ordem de serviço 6283 realizada pela CMNP *não afetará as futuras produções do autor, visto que após perceber injúrias em sua lavoura o mesmo replantou novas mudas de mandioca que se desenvolveram no local onde alega ter ocorrido o dano.*

4. Seria possível depois de todo esse tempo afirmar que o dano causado a lavoura do autor (se é que houve dano) foi ocasionado pela aplicação aérea? Se sim, quais critérios afirmam tal hipótese?

> Não é possível afirmar que o dano causado a lavoura do autor é decorrente da aplicação realizada pela ré. (grifei)

Verifico que o perito não constatou que o dano causado a lavoura do autor é em decorrência da pulverização do fertilizante mineral da parte ré. E, ainda, que tal conduta não afetará futuras produções do autor, considerando ainda que o autor replantou novas mudas de mandioca que estas se desenvolveram no local onde alega ter ocorrido o dano.

Nesse sentido:

> Apelação cível. Responsabilidade civil objetiva. Dano ambiental. *Pulverização de agrotóxico por meio de aviação agrícola. Ausência de prova mínima dos fatos constitutivos. Não comprovação do nexo causal e do dano sofrido.* Hipótese em que o conjunto probatório coligido evidenciou aplicação de produtos por outras empresas de aviação, havendo, ainda, a hipótese de que a redução da produtividade da safra da parte autora decorra de eventos climáticos e/ou outros produtos químicos indicados pelas empresas fumageiras. Além disso, não foi produzida prova técnica específica na propriedade da parte autora que indique a alegada contaminação do fumo e, sobretudo, a efetiva causa da perda na produção. Nem mesmo os danos reclamados na inicial restaram demonstrados, uma vez que o próprio subscritor do laudo juntado pela parte demandante informou que não inspecionou pessoalmente todas as propriedades atingidas, além de informar que os laudos indicaram perdas possíveis e estimadas e que algumas lavouras foram recuperadas, não havendo prejuízo. Sentença de improcedência mantida. Recurso desprovido (TJ-RS – AC: 70069549558 RS, Relator: Tasso Caubi Soares Delabary, Data de Julgamento: 13.07.2016, Nona Câmara Cível, Data de Publicação: Diário da Justiça do dia 15.07.2016).

> Ação de reparação de danos materiais. *Alegação de que a aplicação de herbicida pela requerida ocasionou prejuízos irreparáveis na plantação de tomates e pimentões do requerente. Pretensão de recebimento de indenização. Improcedência do pedido inicial.* Insurgência do requerente. Inadmissibilidade. Laudo inconclusivo, diante da impossibilidade de se realizar exames laboratoriais nos produtos para demonstração dos fatos alegados na exordial. *Ausência de comprovação de que os danos nos pimentões e tomates decorreram de deriva de herbicida utilizado na plantação vizinha. Ônus que competia ao requerente. Inteligência do art. 373, I, do CPC.* Decisão preservada. Apelação desprovida (TJ-SP – AC: 10004641920168260334 SP 1000464-19.2016.8.26.0334, Relator: Marcos Gozzo, Data de Julgamento: 28.09.2018, 27ª Câmara de Direito Privado, Data de Publicação: 28.09.2018).

Portanto, não comprovada a existência de nexo causal entre os danos suportados pela parte autora e a conduta da parte ré, considerando que o autor deixou de comprovar fato constitutivo de seu direito, no caso, tem-se que a autora não se desincumbiu do ônus probatório que lhe incumbia, desatendendo ao que dispõe o art. 373, I, do CPC, razão pela qual a improcedência da ação é medida que se impõe.

III – DO DISPOSITIVO

Ante ao exposto, *julgo improcedente* a pretensão formulada inicial, o que faço com fundamento no artigo 487, inciso I, do Código de Processo Civil.

Condeno a parte requerente ao pagamento integral das custas processuais e dos honorários advocatícios, que dada à relativa complexidade da causa e à ausência de instrução, fixo em 10% sobre o valor atualizado da causa, nos termos do art. 85, § 2º, do Código de Processo Civil, suspensa em razão do benefício da assistência judiciaria gratuita, nos termos do art. 98, § 3º do CPC.

Expeça-se alvará de pagamento do pagamento de honorários periciais, acaso tal diligência ainda não tenha sido realizada.

Cumpram-se, no que forem aplicáveis, as disposições do Código de Normas da Egrégia Corregedoria de Justiça do Paraná.

Publique-se. Registre-se. Intimem-se. Oportunamente, arquivem-se.

Nova Londrina, datado e assinado digitalmente.

Juiz de Direito

2.2 AÇÃO DE CUMPRIMENTO DE SENTENÇA– EXTINÇÃO – AUSÊNCIA DE PRESSUPOSTOS DE CONSTITUIÇÃO E DE DESENVOLVIMENTO VÁLIDO E REGULAR DO PROCESSO

VARA CÍVEL
COMARCA DE NOVA LONDRINA/PR

Autos n. 0000100-32.2018.8.16.0121

Autora: Ministério Público.

Ré: Ympactus Comercial S/A

Prolatada em: 01.04.2021.

SENTENÇA

Trata-se de cumprimento de sentença em face de YMPACTUS COMERCIAL S/A, com fundamento na sentença proferida em 16 de setembro de 2015, pelo Juízo da 2ª Vara Cível da Comarca de Rio Branco, Estado do Acre, nos autos de Ação Civil Pública 0800224-44.2013.8.01.0001, proposta pelo Ministério Público do Estado do Acre em face da empresa Ympactus Comercial Ltda.

O exequente, no mov. 51.1, informou que foi decretada a falência da empresa requerida, juntando cópia da sentença proferida nos autos 0021350-12.2019.8.08.0024, proferida pela 1ª Vara Cível de Vitória-ES.

A parte autora requereu o cumprimento da sentença nos termos do art. 523 do CPC (mov. 78.1). Pois bem.

No caso dos autos, verifica-se que se trata de créditos concursais, já liquidados, motivo pelo qual deverá ser expedida certidão de dívida e extinto o presente processo, tendo em vista que a execução não poderá ser realizada neste Juízo.

Nesse sentido:

> Habilitação do credito em recuperação judicial. OI S/A. Em se tratando de crédito concursal devidamente liquidado, impõe-se a expedição da respectiva certidão de crédito e da extinção do processo, devendo o credor concursal se habilitar nos autos da recuperação judicial, com o crédito respectivo a ser pago na forma do Plano de Recuperação Judicial, restando vedada, pois, a prática de quaisquer atos de constrição pelo Juízo de origem. Decisão de extinção da execução que vai mantida. *Apelo desprovido.* (Apelação Cível 70080214919, Décima Sexta Câmara Cível, Tribunal de Justiça do RS, Relator: Deborah Coleto Assumpção de Moraes, Julgado em 21.03.2019).

Desta forma, *julgo extinto* o processo, com fundamento no art. 485, IV do Código de Processo Civil, ante a incompetência deste Juízo para realizar o cumprimento da sentença.

Determino seja a parte autora intimada para, no prazo de 15 (quinze) dias, apresentar planilha do cálculo atualizada.

Apresentada a planilha, expeça-se certidão de dívida, para habilitação, pela parte exequente, no Juízo Universal da Falência

Oportunamente, arquive-se.

Nova Londrina, datado e assinado digitalmente.

Juiz de Direito

2.3 TUTELA DE URGÊNCIA – EMBARGOS DE TERCEIRO – IMPENHORABILIDADE DE BEM IMÓVEL RESIDENCIAL URBANO – BEM DE FAMÍLIA – CONCORDÂNCIA DA PARTE COM O LEVANTAMENTO DA PENHORA – IMPROCEDÊNCIA

VARA CÍVEL

COMARCA DE NOVA LONDRINA/PR

Autos n. 0001622-26.2020.8.16.0121
Autora: Inacia Mendes Meneguetti
Ré: Cooperativa de Crédito Rural com Interação Solidária Pioneira – Cresol Pioneira
Prolatada em: 06.04.2021.

SENTENÇA

I – RELATÓRIO

Trata-se de embargos de terceiro proposto por Inacia Mendes Meneguetti contra Cooperativa de Crédito Rural com Interação Solidária Pioneira – Cresol Pioneira, alegando, em síntese, a impenhorabilidade do bem imóvel residencial urbano objeto da Matrícula 7.145 do CRI de Nova Londrina-PR, consubstanciado pelo Lote de terras n. 16 da Quadra 83, com área de 600,0 m², sito à Rua Santa Terezinha, n. 820, na cidade de Marilena-PR, Comarca de Nova Londrina-PR, constrito na execução, sob o fundamento de ser bem de família.

A ação foi recebida no mov. 13.1, oportunidade em que foi deferida a suspensão dos atos constritivos.

Em contestação, a embargada impugnou a concessão da gratuidade de justiça e o valor da causa.

No mérito, não se opôs ao levantamento da penhora que recaiu sobre o imóvel de matrícula 7.145, com registro no Cartório de Registro de Imóveis de Nova Londrina/PR, Lote de terras n. 16 da Quadra 83, com área de 600,00m² e sustentou que o regime de comunhão universal de bens (art. 1667, CC) entre a embargante e o devedor/executado imporia a comunicação das respectivas frações do patrimônio entre o casal, e isso estenderia à embargante a responsabilidade ou a obrigação pelo pagamento da dívida do esposo (art. 1.671), e que, portanto, a causalidade da demanda seria da própria embargante.

A embargante apresentou impugnação a contestação, rechaçando os argumentos levantados pela parte. Por fim, foi anunciado o julgamento antecipado e os autos vieram conclusos.

II – FUNDAMENTAÇÃO

Preliminares

Justiça gratuita.

A finalidade da concessão da gratuidade de justiça é a de facilitar e possibilitar o acesso de todos à justiça, direito de todos os cidadãos.

Consoante se infere desta lei, a parte gozará dos benefícios da assistência judiciária, mediante simples afirmação de que não está em condições de pagar às custas do processo e os honorários de advogado, sem prejuízo próprio e de sua família.

Assim, presume-se pobre, até prova em contrário, quem afirmar essa condição.

Porém a lei estabeleceu limites, restringindo sua concessão, tanto que o Juiz poderá, de ofício, indeferir o benefício ou revogá-lo, a qualquer tempo, desde que munido de elementos suficientes.

Na hipótese, entendo que a presunção indicada na petição inicial de que o impugnado é parte hipossuficiente para estar em juízo sem prejuízo de suportar seu próprio sustento subsiste, ante a falta de comprovação das alegações iniciais.

Realmente não trouxe, o impugnante, indicativo das condições econômicas da impugnada, para arcar com as despesas processuais.

O pedido veio desacompanhado de qualquer tipo de prova de suas alegações, vez que apresentou somente os documentos que foram juntados pela própria parte impugnada quando do ajuizamento da ação principal.

Ou seja, os documentos trazidos pelo impugnante já foram analisados quando do deferimento da justiça gratuita nos autos principais, não trazendo ele qualquer documento novo que comprove as condições econômicas do impugnado. Sendo assim, rejeito a impugnação ora apresentada.

Valor da causa: Sustenta o apelante que a parte autora visa, ao pleitear a impenhorabilidade do bem, deixar de pagar a dívida objeto da execução.

Aduz que o valor da causa deve corresponder à totalidade da dívida, caso seja inferior ao valor do imóvel. Contudo, sem razão.

Isso porque, nas ações declaratórias, o valor da causa deve corresponder ao proveito econômico pretendido, que, no presente caso, corresponde ao valor do imóvel que se almeja o reconhecimento da impenhorabilidade. Nesse sentido:

> Processual civil. Agravo interno no recurso especial. Impugnação ao valor da causa. Ação declaratória. Proveito econômico pretendido. Agravo interno da fazenda nacional a que se nega provimento. 1. Com efeito, o entendimento consagrado no acórdão recorrido encontra-se em conformidade com a jurisprudência desta Corte Superior no sentido de que o valor dado à causa deve ser fixado de acordo com o conteúdo econômico a ser obtido no feito, conforme disposto nos arts. 258 e 259 do Código de Processo Civil (AgRg no REsp 1.338.053/DF, Rel. Min. Marco Buzzi, DJe 1º.04.2014). Precedentes: REsp 1.296.728/MG, Rel. Min. Humberto Martins, DJe 27.2.2012; AgRg no AREsp 162.074/RJ, Rel. Min. Benedito Gonçalves, DJe 18.06.2012[...] (AgInt no REsp 1445635/AL, Rel. Ministro Napoleão Nunes Maia Filho, Primeira Turma, julgado em 13.03.2018, DJe 26.03.2018).

> Agravo interno no recurso especial. Ação declaratória. Valor da causa. Valor econômico da pretensão. Reexame do conjunto fático-probatório. Súmula 7/STJ. Recurso improvido. 1.

Nos termos da jurisprudência do Superior Tribunal de Justiça, "nas ações declaratórias, o valor da causa deve corresponder ao do interesse econômico em discussão" (AgRg no Ag 744.932/MG, Rel. Ministro Sidnei Beneti, Terceira Turma, DJe d 1º.07.2008). 2. Limitando-se o Tribunal de origem a afirmar que, no caso, a atribuição do valor da causa "guarda sim correlação com o valor da causa e do proveito econômico pretendido pelo manejo da ação, embora, a princípio, tais valores guardem propósito de estimativa", a desconstituição do julgado demandaria o reexame do conteúdo fático-probatório, inviável em sede de recurso especial (Súmula 7/STJ). 3. Agravo interno improvido (AgInt no REsp 1254620/ES, Rel. Ministro Lázaro Guimarães (Desembargador Convocado do TRF 5ª Região), Quarta Turma, julgado em 06.03.2018, DJe 09.03.2018).

Logo, rejeita-se a impugnação ao valor da causa.

Mérito

A parte embargante sustentou a impenhorabilidade do bem objeto de constrição.

A embargada, por sua vez, informou que não se opor ao levantamento da penhora que recaiu sobre o imóvel de matrícula 7.145, com registro no Cartório de Registro de Imóveis de Nova Londrina/PR, Lote de terras n. 16 da Quadra 83, com área de 600,00m², pugnando pela a extinção e/ou improcedência dos embargos, vez que o embargante e o executado e seu cônjuge, Sr. Antonio de Jesus Meneguetti, possui regime de comunhão universal de bens, sendo que a dívida pode ser abrangida pelo patrimônio do casal, não havendo qualquer ilegalidade na penhora realizada.

A embargante, por sua vez, manifestou-se contrariamente aos argumentos apresentados pela embargada, preiteando a procedência dos presentes Embargos de Terceiro, condenando a demandada nas verbas de estilo. Pois bem. Em uma análise sumária sobre o tema é crível, de plano, entender pela possibilidade da penhora de bens do cônjuge da parte executada.

Isso porque há em nosso ordenamento jurídico dispositivos legais que versam sobre a situação em discussão.

O diploma Civil, quando trata da administração dos bens comuns, expõe que estes ficam obrigados por dívidas realizadas em proveito da entidade familiar:

Art. 1.663. A administração do patrimônio comum compete a qualquer dos cônjuges.

§ 1º As dívidas contraídas no exercício da administração obrigam os bens comuns e particulares do cônjuge que os administra, e os do outro na razão do proveito que houver auferido.

Art. 1.664. Os bens da comunhão respondem pelas obrigações contraídas pelo marido ou pela mulher para atender aos encargos da família, às despesas de administração e às decorrentes de imposição legal.

Art. 1.667. O regime de comunhão universal importa a comunicação de todos os bens presentes e futuros dos cônjuges e suas dívidas passivas, com as exceções do artigo seguinte.

Art. 1.668. São excluídos da comunhão:

I – os bens doados ou herdados com a cláusula de incomunicabilidade e os sub-rogados em seu lugar;

II – os bens gravados de fideicomisso e o direito do herdeiro fideicomissário, antes de realizada a condição suspensiva;

III – as dívidas anteriores ao casamento, salvo se provierem de despesas com seus aprestos, ou reverterem em proveito comum;

IV – as doações antenupciais feitas por um dos cônjuges ao outro com a cláusula de incomunicabilidade;

V – Os bens referidos nos incisos V a VII do art. 1.659.

O Código de Processo Civil, por sua vez, em seu artigo 790, IV, traz expressamente a possibilidade de sujeição dos bens do cônjuge ou companheiro que não é parte no processo à execução:

Art. 790. São sujeitos à execução os bens:

IV – do cônjuge ou companheiro, nos casos em que seus bens próprios ou de sua meação respondem pela dívida;

Assim, tem-se, da análise das normas expostas, que Código Civil e o Código de Processo Civil, a possibilidade de penhora dos bens do cônjuge, mesmo não sendo parte no processo executivo.

No mesmo sentido, segue o entendimento jurisprudencial, sendo a ora embargante e o executado casados pelo regime de comunhão universal, os bens de um cônjuge respondem pelas dívidas do outro, a não ser que reste cabalmente comprovado que estas não reverteram em benefício da família. Portanto, pela análise dos supracitados artigos, tem-se que as dívidas contraídas durante a constância do casamento sob o regime da comunhão universal de bens presumem-se em benefício da família, de forma que a solidariedade somente pode ser afastada mediante prova em contrário, conforme jurisprudência pacificada do Superior Tribunal de Justiça, "tratando-se de dívida contraída por um dos cônjuges, a regra geral é a de que cabe ao meeiro o ônus da prova de que a dívida não beneficiou a família, haja vista a solidariedade entre o casal" (AgRg no AREsp 427.980/PR, Relator Ministro Luis Felipe Salomão, 4ª Turma, julgado em 18.02.2014, DJe 25.02.2014).

Veja que é ônus da embargante provar que não se beneficiou da dívida assumida por seu marido – pois corresponde ao fato constitutivo do seu direito (art. 373, I, do CPC) – e não tendo trazido qualquer elemento probatório nesse sentido, presume-se que a dívida tenha sido contraída em benefício da entidade familiar formada à época da sua assunção.

A respeito do ônus da prova em casos semelhantes ao em tela, cito os seguintes precedentes jurisprudenciais:

Apelação cível. Ação de embargos de terceiro. Penhora imóvel. Meação da mulher. Dívida contraída pelo marido. Ônus da prova da embargante. Majoração da verba honorária. 1 – A embargante responde com sua meação, pela dívida contraída pelo marido, por ser casada sob o regime de casamento é universal de bens, não tendo comprovado que a dívida não foi contraída em benefício da família, merecendo ser mantida a integralidade da penhora realizada sobre os bens. 2 – Merece ser majorada a verba honorária, quando ocorrer a hipótese prevista pelo § 11 do art. 85 do CPC, cuja exigibilidade ficará suspensa, por ser a apelante beneficiária da assistência judiciária gratuita (art. 98, § 3º do CPC).Apelação desprovida. (TJ-GO – Apelação (CPC): 01347324420158090137, Relator: Delintro Belo de Almeida Filho, Data de Julgamento: 02.05.2018, 4ª Câmara Cível, Data de Publicação: DJ de 02.05.2018) Apelação cível. Embargos de terceiro. Locação. Meação. Ônus da prova. Nos embargos de terceiro ajuizados pelo cônjuge que pretenda isentar da constrição judicial a sua meação, ausente a prova de que a dívida não senha sido contraída em proveito da família, e na presença de regime de comunhão universal de bens, tem-se estabelecido a presunção juris tantum quanto à destinação do numerário em favor da família. Prova no sentido contrário, a cargo de quem alega, não produzida, no caso em concreto. Negaram provimento ao recurso. Unânime (Apelação Cível 70075341099, Décima Quinta Câmara Cível, Tribunal de Justiça do RS, Relator: Otávio Augusto de Freitas Barcellos, Julgado em 06.12.2017).

Apelação cível. Embargos de terceiro. Defesa de meação. Dívida contraída apenas por um dos cônjuges. Benefício em favor da entidade familiar. Prova em sentido contrário. Ausência. Ônus da embargante. Honorários advocatícios. Art. 20, § 3º e § 4º, do CPC. Observância. Manutenção. 1. "A mulher casada responde com sua meação, pela dívida contraída exclusivamente pelo marido, desde que em benefício da família. – Compete ao cônjuge do executado, para excluir da penhora a meação, provar que a dívida não foi contraída em benefício da família" (AgR-AgR-AG 594.642/MG, Rel. Min. Humberto Gomes de Barros, DJU de 08.05.2006). 2. Mantêm-se os honorários advocatícios fixados pelo juiz com observância do art. 20, § 3º, do Código de Processo Civil. 3. Apelação cível conhecida e não provida" (TJ-PR – APL: 12223364 PR 1222336-4 (Acórdão), Relator: Luiz Carlos Gabardo, Data de Julgamento: 17.12.2014, 15ª Câmara Cível, Data de Publicação: DJ: 1490 21.01.2015).

Processual civil. Agravo regimental. Aval prestado pelo cônjuge. Meação da esposa. Ausência. Comprovação. Benefício da família. Revisão. Súmula 7/STJ. Súmula 83/STJ. 1. O acórdão recorrido assentou expressamente que nenhuma prova de que a dívida não trouxe benefícios à família foi produzida. Neste contexto, é inviável o conhecimento de recurso especial quando a análise da controvérsia demanda o reexame de elementos fático probatórios, a teor da Súmula 7 do Superior Tribunal de Justiça. 2. Se o aval foi prestado pelo marido em garantia de dívida da sociedade de que faz parte, cabe à mulher que opõe embargos de terceiro o ônus da prova de que disso não resultou benefício para a família (REsp 148719/SP, Rel. Ministro Ari Pargendler, Terceira Turma, julgado em 27.03.2001, DJ 30.04.2001 p. 130) 3. Agravo regimental a que se nega provimento (AgRg no Ag 702.569/RS, Rel. Ministro Vasco Della Giustina (Desembargador Convocado do TJRS), Terceira Turma, julgado em 25.08.2009, DJe 09.09.2009).

Embargos de terceiro. Mulher casada. Aval prestado pelo marido. Ônus da prova. – Constitui ônus do cônjuge provar que as dívidas contraídas pelo outro não reverteram em benefício da família. Em caso de aval, é de presumir-se o prejuízo. Sendo o cônjuge executado, entretanto, sócio da empresa avalizada, não prevalece a presunção, fazendo-se necessária aquela prova. Orientação do STJ que se firmou no mesmo sentido da decisão recorrida (Súmula 83-STJ). – A exclusão da meação do cônjuge deve ser considerada em cada bem do casal e não na indiscriminada totalidade do patrimônio (REsp 200.251-SP). Recurso especial não conhecido (REsp 434.681/RS, Rel. Ministro Barros Monteiro, Quarta Turma, julgado em 17.10.2002, DJ 24.02.2003 p. 242).

Na demanda, constata-se que a cédula de crédito bancário é originária de custeio agrícola para lavoura de mandioca.

Assim, como se trata de custeio para lavoura, presume-se que foi utilizado em prol da família, devendo a embargante demonstrar o contrário, o que não ocorreu no caso dos autos, o que não foi feito.

Acrescente-se que a existência de eventuais dívidas incidentes sobre o imóvel não é suficiente para excluir a responsabilidade da embargante pelo pagamento da dívida contraída para a manutenção e valorização do patrimônio familiar.

Portanto, sendo a dívida originária de custeio agrícola e se tratando de comunhão universal de bens, fica, desta forma, materializada a presunção de que os valores contratados pelo cônjuge foram revertidos em favor da entidade familiar.

Nestes termos, é plenamente cabível a penhora do bem comum, cuja origem remete a dívida presumidamente revertida em benefício da unidade familiar, que, como já referido, caberia à parte embargante a prova do não aproveitamento, ou seja, de que os valores contratados não se reverteram em favor da família, ônus do qual não se desincumbiu à embargante.

Deste modo, fica bem caracterizada a possibilidade de penhora do bem, motivo pelo qual deve ser julgado improcedente os presentes embargos.

Todavia, como a parte embargada não se opôs ao levantamento da contrição que recaiu sobre o imóvel de matrícula 7.145, com registro no Cartório de Registro de Imóveis de Nova Londrina/PR, Lote de terras n. 16 da Quadra 83, com área de 600,00m².

Quanto a este ponto, tem-se que a execução deve se realizar apenas no interesse do credor. Em outras palavras, por força do título executivo, o credor é o titular do direito de executar seu crédito em face de seu devedor.

Com isso, de acordo com o princípio da Disponibilidade da Execução é assegurado ao exequente o direito de dispor, de desistir voluntariamente da execução ou de algumas de suas medidas executórias, a qualquer tempo sem precisar da autorização do seu executado.

Deste modo, mesmo diante pautado no princípio da Disponibilidade da Execução, mesmo diante da improcedência dos argumentos levantados pela embargante, deverá ser procedido o levantamento da penhora.

III – DISPOSITIVO

Ante o exposto, com fundamento no art. 487, I do CPC, *julgo improcedente* a pretensão dos presentes embargos de terceiro, consistente na impenhorabilidade do bem, contudo, ante a pronta concordância da parte com o levantamento da penhora, pautado no princípio da Disponibilidade da Execução, determino o imediato levantamento da penhora que recai sobre o imóvel de matrícula 7.145, com registro no Cartório de Registro de Imóveis de Nova Londrina/PR, Lote de terras n. 16 da Quadra 83, com área de 600,00m², na forma da fundamentação acima.

Proceda-se o levantamento da penhora. Condeno o requerente ao pagamento de custas e despesas processuais, bem como de honorários advocatícios que fixo no valor de 10 % sobre o valor da causa, nos termos do art. 85, § 3º, do Código de Processo Civil, tendo em vista a baixa complexidade da causa e o trâmite expedito do feito, observadas as hipóteses de concessão de benefício da assistência judiciária gratuita.

Cumpram-se, no mais, as determinações preconizadas pelo Código de Normas da Corregedoria-Geral de Justiça do Estado. Publique-se.

Registre-se. Intimem-se. Oportunamente, arquivem-se.

Transitada em julgado, arquivem-se com as baixas necessárias.

Cumpra-se o Código de Normas da Egrégia Corregedoria-Geral da Justiça do Paraná.

Nova Londrina, datado e assinado digitalmente.

Juiz de Direito.

2.4 AÇÃO ANULATÓRIA DE NEGÓCIO JURÍDICO – ILEGITIMIDADE ATIVA – NULIDADE COMPRA E VENDA – HERANÇA – JULGAMENTO SEM RESOLUÇÃO DO MÉRITO

VARA CÍVEL
COMARCA DE NOVA LONDRINA/PR

Autos n. 0000265-11.2020.8.16.0121

Autora: Dhennyfer da Silva Cevila representada por sua genitora Lucimar Augusta Marques da Silva

Réu: Alteir Cevila e outros.

Prolatada em: 09.04.2021.

SENTENÇA

I – DO RELATÓRIO

Trata-se de ação anulatória de negócio jurídico ajuizada por DHENNYFER DA SILVA CEVILA representada por sua genitora LUCIMAR AUGUSTA MARQUES DA SILVA em face de ALTEIR CEVILA e outros.

A requerente alega que é filha de Marcos Vinicius Cevila falecido em 17.08.2017. O genitor falecido era filho de Ademar Cevila, e este, por sua vez era filho de Tomaz Cevila. Sendo que o senhor Tomaz Cevila em vida era proprietário de um imóvel rural de 19,38h, constituídos pelos lotes 15 e 16, sendo subdivisão do lote n. 17, da gleba 12, colônia Paranavaí, município e Comarca de Nova Londrina/PR, cadastrado no Incra sob o número 716146003794/7.

Na data de 06 de maio de 1983 houve a transferência do referido imóvel para o senhor Altevir Cevila e sua esposa Antônia Ricardo Cevila, sendo que o mesmo é filho do senhor Tomaz Cevila, sendo que a referida transferência foi realizada sem qualquer anuência dos demais filhos, inclusive do bisavô da requerente.

Pugnando pela declaração de nulidade da compra e venda, com pedido liminar de indisponibilidade do imóvel.

A liminar foi indeferida (mov. 34.4), com concessão do benefício da justiça gratuita e determinação de citação dos requeridos.

Foi apresentada contestação pelos réus Altevir Civila e Antonina Ricardo Civila (mov. 34.8), com pedido de tramitação prioritária, pois são pessoas idosas; preliminarmente a alegação de incompetência; da prescrição e decadência; da ilegitimidade ativa; pela improcedência dos pedidos, considerando a anuência dos demais herdeiros; bem como pela concessão da justiça gratuita.

Os réus Hélio Oriani Júnior e Simone Zavatini Oriani apresentaram contestação no mov. 34.11 alegando, preliminarmente, a incompetência absoluta e a prescrição e, no mérito, a impossibilidade jurídica do pedido e a boa-fé dos adquirentes, bem como a usucapião como forma aquisitiva da propriedade, com a consequente improcedência dos pedidos.

No mov. 34.18 os réus Jorge Luiz Bandolim, Márcia Regina Pernomian, Renato Bandolin e Gisleidi Abreu de Oliveira Bandolin apresentaram contestação, com alegação de preliminar de mérito, da incompetência absoluta; da prescrição e ilegitimidade ativa, no mérito, pela improcedência dos pedidos realizados na inicial.

A parte autora apresentou impugnação à contestação no mov. 34.24.

As partes foram intimadas a especificar provas (mov. 34.25) e, em seguida, houve decisão de declínio de competência para esta Comarca de Nova Londrina (mov. 34.30).

Em continuidade ao feito, com aproveitamento dos atos processuais as partes foram intimadas a apontar as questões de fato e de direito que entendem pertinentes ao julgamento da lide, bem como especificar as provas que pretendem produzir (mov. 64.1).

Os réus Altevir Civila e Antonina Ricardo Civila pugnaram pela designação de audiência de instrução, e arrolaram testemunhas (mov. 83.1). Já os réus Jorge Luiz Bandolim, Marcia Regina Pernomian, Renato Bandolin e Gisleidi Abreu de Oliveira Bandolin requereram o julgamento antecipado do feito (mov. 84.1).

Intimado o Órgão Ministerial pugnou pela realização de audiência de instrução (mov. 90.1).

Vieram os autos conclusos. Decido.

II - DA FUNDAMENTAÇÃO

Tendo em vista que os requeridos Altevir Civila e Antonina Ricardo Civila em sua contestação (mov. 34.8) realizaram pedido de tramitação prioritária, pois são pessoas idosas, conforme se observa do registro geral de mov. 34.5, fl. 3, em que o Sr. Altevir nasceu em 27.10.1951, atualmente com 69 anos e a Sra. Antonina (documento no mov. 34.9, fl. 3), nasceu em 06/10/1955, atualmente com 65 anos de idade.

Portanto possuem assegurada prioridade na tramitação dos processos, determino a Secretaria que proceda a averbação nos autos, nos termos do artigo art. 1.048, inciso I do CPC.

Das preliminares

Registro, inicialmente, quanto as preliminares apresentadas pelos requeridos:

– Altevir Civila e Antonina Ricardo Civila (mov. 34.8): alegação de incompetência; da prescrição e decadência; da ilegitimidade ativa.

– Hélio Oriani Júnior e Simone Zavatini Oriani (mov. 34.11): incompetência absoluta e a prescrição.

– Jorge Luiz Bandolim, Márcia Regina Pernomian, Renato Bandolin e Gisleidi Abreu De Oliveira Bandolin (mov. 34.18): da incompetência absoluta; da prescrição e ilegitimidade ativa.

No tocante a preliminar de incompetência absoluta já foi devidamente analisada (mov. 34.30), passo à análise das demais preliminares/prejudiciais de mérito.

Da ilegitimidade ativa

Os requeridos Altevir Civila e Antonina Ricardo Civila (mov. 34.8) e Jorge Luiz Bandolim, Márcia Regina Pernomian, Renato Bandolin e Gisleidi Abreu de Oliveira Bandolin (mov. 34.18), alegaram a ilegitimidade ativa da parte autora, sob o fundamento que a abertura da sucessão se dá com a morte do autor da herança, sendo que Tomas faleceu em 16/09/1983 e Isabel 12.04.2006 (bisavôs da autora) e Ademar em 17.08.2007 (avô da requerente). Devendo, portanto, considerar as respectivas datas a abertura da sucessão. Todavia a autora apenas nasceu em 23/09/2009, não havendo em falar em legitimidade, nos termos do art. 1.798 do CC.

No caso, portanto, está clara a ilegitimidade ativa da autora, pois o fundamento de sua pretensão ora deduzida não está baseado em seu direito próprio, mas de seu avô, herdeiro necessário de Tomás (bisavô da autora). Senão vejamos.

A legitimidade *ad causam*, consoante lição de Alexandre De Freitas Câmara, consiste em regra processual "segundo a qual será legitimado a atuar em juízo tão-somente o titular do interesse levado a juízo pela demanda".

A propósito, a lição de Humberto Theodoro Júnior:

> legitimados ao processo são os sujeitos da lide, isto é, os titulares dos interesses em conflito. A legitimação ativa caberá ao titular do interesse afirmado na pretensão, e a passiva ao titular do interesse que se opõe ou resiste à pretensão (...) Em síntese: como as demais condições da ação, o conceito da *legitimatio ad causam* só deve ser procurado com relação ao próprio direito de ação, de sorte que 'a legitimidade não pode ser senão a titularidade da ação'. E, para chegar-se a ela, de um ponto de vista amplo e geral, não há um critério único, sendo necessário pesquisá-la diante da situação concreta em que se achar a parte em face da lide e do direito positivo" (in Curso de Direito Processual Civil, v. l. p. 58).

De acordo com o artigo 1.798 e 1.799:

> Art. 1.798. *Legitimam-se a suceder as pessoas nascidas ou já concebidas no momento da abertura da sucessão.*
>
> Art. 1.799. Na sucessão testamentária podem ainda ser chamados a suceder:
>
> I – os filhos, ainda não concebidos, de pessoas indicadas pelo testador, *desde que vivas estas*

ao abrir-se a sucessão;

II – as pessoas jurídicas;

III – as pessoas jurídicas, cuja organização for determinada pelo testador sob a forma de fundação.

Tal artigo indica que além dos herdeiros legítimos, outras pessoas são capazes de suceder, como herdeiros testamentários que podem ser os filhos, ainda não concebidos, mas vivos quando aberta a sucessão, sendo esta por disposição da última vontade do de cujus.

O inciso I do referido artigo diz respeito ao instituto da prole eventual, onde o de cujus, *por via testamento*, dispõe da sua herança em favor de filho ainda não gerado da pessoa que ele indicou, sendo que o filho esperado por ele, deverá ser concebido no prazo de dois anos, previsão esta contida no art. 1.800 e seus parágrafos.

No caso dos autos não foi apresentado qualquer testamento, razão pela qual descartarei referida hipótese.

Conforme previsto no art. 1.833 do Código Civil, os descendentes de grau mais próximo excluem os mais remotos, decorrendo daí que, havendo descendente necessário, restam excluídos os netos e bisnetos.

Portanto, o direito de exigir a colação dos bens recebidos a título de doação em vida do "de cujus" é privativo dos herdeiros necessários, pois a finalidade do instituto é resguardar a igualdade das suas legítimas.

No caso, quando do falecimento de Tomas, bisavô da autora, em 1983 (mov. 1.1, fl. 17) o avô da autora, Sr. Ademar, era parte legítima para contestar as doações/compra e venda.

Por tudo isso, não pode a autora, por si, questionar qual seria a legítima de seu avô, agindo em nome desse para reclamar por eventual prejuízo sofrido em virtude das doações feitas pelo bisavô.

Assim, somente o avô da requerente, Sr. Ademar Cevila, juntamente com seus irmãos, detêm legitimidade para questionar em juízo a validade das escrituras de doação, sendo, portanto, um direito personalíssimo, transmitido apenas a seus herdeiros acaso este já tivesse ingressado com a ação.

Nesse sentido:

> Apelação cível – Ação anulatória – Preliminar de ofício – Ilegitimidade ativa – Doações inoficiosas – Pretensão deduzida por netos não herdeiros da doadora – Extinção sem julgamento do mérito – Art. 485, VI, do CPC.
>
> I – A doação inoficiosa consiste em todas as liberalidades que ultrapassem a metade disponível do doador ao tempo de liberalidade, sendo que qualquer alienação gratuita que alcance metade disponível dos herdeiros necessários será passível de nulificação por esses interessados – descendentes, ascendentes e cônjuge –, eis que eles detêm de pleno direito à legítima, nos termos dos arts. 1.789 e 1.846 do CC.
>
> II – Não sendo os autores herdeiros necessários da doadora, nem por direito de representação – já que seu pai era vivo quando feitas as doações e aberta a sucessão –, não possuem legitimidade ativa para a propositura da ação declaratória de nulidade das supostas doações feitas.
>
> (TJ-MG – AC: 10261170168312001 MG, Relator: João Cancio, Data de Julgamento: 01.09.2020, Data de Publicação: 08.09.2020)
>
> Apelação cível – Ação anulatória – Preliminar de ofício – Ilegitimidade ativa – Doações inoficiosas – Pretensão deduzida por netos não herdeiros da doadora – Extinção sem julgamento do mérito – Art. 485, VI do CPC. I – A doação inoficiosa consiste em todas as libera-

lidades que ultrapassem a metade disponível do doador ao tempo de liberalidade, sendo que qualquer alienação gratuita que alcance metade disponível dos herdeiros necessários será passível de nulificação por esses interessados – descendentes, ascendentes e cônjuge –, eis que eles detêm de pleno direito à legítima, nos termos dos arts. 1.789 e 1.846 do CC. *II – Não sendo os autores herdeiros necessários da doadora, nem por direito de representação – já que seu pai era vivo quando feitas as doações e aberta a sucessão -, não possuem legitimidade ativa para a propositura da ação declaratória de nulidade das supostas doações feitas* (TJ-MG – AC: 10261170168312001 MG, Relator: João Cancio, Data de Julgamento: 01.09.2020, Data de Publicação: 08.09.2020).

Ainda:

Trata-se de agravo contra decisão que inadmitiu o recurso especial interposto por Manuela Macário Pinto Fornellos e Outros. O apelo extremo, fundamentado no artigo 105, III, alínea a, da Constituição Federal, desafia acórdão proferido pelo Tribunal de Justiça do Estado de Pernambuco assim ementado: "Direito civil. Apelação cível. Ação anulatória de escritura pública de doação. Preliminar de *ilegitimidade passiva do autor que não era nascido à época da doação. Acolhimento.* Prejudicial de mérito. Prescrição. Rejeitada. Aplicação do prazo de prescrição decenal. Art. 205 do Código Civil. Doação feita a herdeiro necessário. Bens doados pelos pais ao filho. Ausência de indícios de que a doação, no momento da liberalidade, excedeu a parte disponível do doador. Inexistência de doação inoficiosa. 1. *O menor não possui legitimidade ativa para requerer a anulação, eis que à época da doação ocorrida em 23.02.1996 não figurava como herdeiro necessário, considerando que a parte nasceu em 04.02.2002.* 2. O prazo prescricional a ser aplicado no caso em tela deve ser regido pelas disposições do Novo Código Civil, eis que, consoante regra de direito intertemporal, prevista pelo art. 2028 do Código Civil de 2002, não houve o transcurso de mais da metade do tempo estabelecido na lei revogada, posto que o prazo estava suspenso. 3. Comprovado que o imóvel doado não era o único bem do doador no momento da doação, aliado aos indícios de que o acervo patrimonial comportava a liberalidade, cumpre afastar o reconhecimento de inoficiosidade da doação. 4. Provimento dos recursos interpostos pelos réus" (e-STJ fl. 286). Os embargos de declaração opostos foram rejeitados. No especial, os recorrentes alegam violação do artigo 333, II, do Código de Processo Civil de 1973. Sustentam que a perícia seria o único modo de atestar que a doação realizada em favor do recorrido corresponderia a menos da metade de sua legítima, afigurando-se insuficiente entender pela existência de indícios de que o doador possuía outros bens. Afirmam ser ônus do recorrido o requerimento de prova pericial, a qual, contudo, não foi pedida, concordando o réu, inclusive, com o julgamento antecipado da lide. Após a apresentação das contrarrazões (e-STJ fls. 361-378), o recurso foi inadmitido na origem, sobrevindo daí o presente agravo. É o relatório. *Decido.* Ultrapassados os requisitos de admissibilidade do agravo, passa-se ao exame do recurso especial. A presente irresignação não merece amparo. Trata-se, na origem, de ação sob o rito ordinário postulando a anulação de escritura pública de doação com reserva de usufruto vitalício dos genitores da parte ora recorrida. Dessume-se dos autos que Manoel Pinto Fornellos e Geni de Souza Lima, à época casados, fizeram doação de toda a propriedade denominada Fazenda Santa Luzia para o filho do casal, ora recorrido. Sustentam os recorrentes que referida doação não resguardou os seus direitos, filhos do Sr. Manoel. O Tribunal de origem, reformando a sentença de primeiro grau que julgou o pedido parcialmente procedente, entendeu que os autores, ora recorrentes, não se desincumbiram do ônus probatório que lhes competiam, estando, ao revés, provado nos autos que o imóvel doado não era o único bem do doador no momento da doação, conforme se observa da leitura do voto condutor do acórdão na parte que interessa: "(...) No caso em tela, observo que as autoras, ora apeladas, não se desincumbiram do ônus de provar fato constitutivo de seu direito, requerendo, inclusive o julgamento antecipado da lide (fl. 178), deixando de comprovar que o bem doado excedia metade do patrimônio do doador, anexando aos autos a escritura pública de doação, certidão de nascimento, e a ação de divórcio ajuizada em 2009 em que se verificam indícios de que o doador possuía outros bens (casas e terrenos em Bonito/PE, apartamento em Recife/PE). (...) O réu, por sua vez, em sua contestação, juntou documentos comprovando que o percentual da fazenda doado corresponde a menos que metade de sua legítima, conforme se observa às fls. 117-121. Ante todo o exposto, comprovado que o imóvel doado não era o único bem do doador no momento da doação, aliado aos indícios de que o acervo patrimonial comportava a liberalidade *dou provimento* para afastar o reconhecimento de inoficiosidade da doação" (e-STJ fls. 294 e 296, grifou-se). Como se vê, o aresto recorrido partiu da premissa de que o recorrido, ao contrário dos recorrentes, demonstrou o fato constitutivo de seu direito, de modo que descabe a esta Corte Superior alterar tal entendimento, nos termos da Súmula 7/STJ. (...) Ante o exposto, conheço do agravo para não conhecer do recurso especial. Publique-se. Intimem-se. Brasília (DF), 26 de janeiro de 2017. Ministro Ricardo Villas Bôas Cueva relator (STJ – AREsp: 1034459 PE 2016/0331799-1, Relator: Ministro Ricardo Villas Bôas Cueva, Data de Publicação: DJ 24.02.2017).

In casu, os negócios jurídicos ora impugnados foram feitos em benefício do filho do bisavô da autora (Sr. Altevir), em suposto detrimento dos demais filhos, incluindo o avô da autora.

Portanto, o avô da autora, o Sr. Ademar, e os outros herdeiros necessários que poderiam ser prejudicados, sendo que o Sr. Ademar faleceu somente em 2007, conforme certidão de mov. 1.1, fl. 20, era vivo, portanto, quando foram realizados os negócios ora questionados e quando falecido de seu pai, Sr. Tomás Civila Pablos, em 16/09/1983 (mov. 1.1, fl. 17).

Diante do exposto, acolho a preliminar de ilegitimidade passiva para julgar extinto o processo, sem julgamento do mérito, na forma do art. 485, VI do CPC.

III – DO DISPOSITIVO

Diante o exposto, em face da ausência de legitimidade da autora, encerro o feito, sem julgamento de mérito, nos termos do artigo 485, inciso VI, do Código de Processo Civil.

Condeno a requerente ao pagamento integral das custas processuais e dos honorários advocatícios, que dada à relativa complexidade da causa e à ausência de instrução, fixo em 10% sobre o valor atualizado da causa, nos termos do art. 85, § 2º, do Código de Processo Civil.

Suspensa em razão do benefício da assistência judiciária gratuita, nos termos do artigo 98, § 3º do CPC.

Decorrido o prazo recursal e efetuadas as necessárias anotações e comunicações, observadas as cautelas exigidas no Código de Normas da Corregedoria-Geral de Justiça, arquivem-se os autos.

Publique-se. Registre-se. Intimem-se.

Nova Londrina, datado e assinado digitalmente.
Juiz de Direito

2.5 AÇÃO DECLARATÓRIA DE INEXISTÊNCIA DE DÉBITO COM NULIDADE CONTRATUAL C/C REPETIÇÃO DE INDÉBITO E INDENIZAÇÃO POR DANOS MORAIS

VARA CÍVEL
COMARCA DE NOVA LONDRINA/PR

Autos n. 0000064-53.2019.8.16.0121
Autora: Maria Lopes da Silva Sanga
Réu: Banco BMG S/A.
Prolatada em: 23.04.2021.

SENTENÇA

I – DO RELATÓRIO

Trata-se de ação declaratória de inexistência de débito com nulidade contratual c/c repetição de indébito e indenização por danos morais ajuizada por MARIA LOPES DA SILVA SANGA em face de BANCO BMG S/A.

A requerente relata a parte autora sustenta ter sido induzida em erro, haja vista que a intenção era firmar contrato de empréstimo consignado e não na modalidade contratada e, por consequência, requerer a restituição, em dobro, dos valores indevidamente descontados, bem como a compensação por danos morais pelo ilícito praticado pela ré.

Recebida a inicial, com concessão o benefício da assistência judiciária gratuita, determinando a citação da requerida (mov. 16.1).

Em defesa (mov. 15.1), sustenta a parte ré preliminarmente a prescrição, e no mérito, não haver qualquer irregularidade na contratação havida entre as partes, haja vista estar devidamente previsto em contrato a modalidade do empréstimo por Cartão de Crédito e autorização para desconto em folha.

Insurgiu-se ainda a ré contra a tese de restituição de valores alegando que os descontos de deram nos termos do contrato, agindo no exercício regular do direito. Refutou os pedidos de compensação por danos morais. Juntou aos autos o contrato (mov. 15.4), extrato do cartão de crédito (mov. 15.5/15.6), além da TED de transferência dos valores do empréstimo em favor da requerente (mov. 15.7/15.8).

A parte autora apresentou impugnação rechaçando todos seus argumentos (mov. 33.1).

As partes foram intimadas para especificar provas, ocasião em que ambas pugnaram pelo julgamento conforme o estado que se encontra o processo (mov. 40.1 e 42.1). Foi invertido o ônus da prova (mov. 53.1).

Por fim, vieram conclusos.

É o relato do necessário. DECIDO.

II – DA FUNDAMENTAÇÃO

Preliminarmente

A parte requerida alegou a ocorrência da prescrição, vez que o contrato foi firmado em novembro/2015 com o ingresso da ação em setembro/2020.

Conforme leciona Pablo Stolze: A prescrição é a perda da pretensão de reparação do direito violado, em virtude da inércia do seu titular, no prazo previsto pela lei. GAGLIANO, Pablo Stolze; FILHO PAMPLONA, Rodolfo. Novo curso de direito civil, volume 1: parte geral – 21. ed. – São Paulo: Saraiva Educação, 2019.

Ao contrário do que pretende a parte requerida, assinalo a inaplicabilidade do disposto no artigo 206, § 3º, inciso V, do CC, ao estipular prazo de três anos para "a pretensão de reparação civil". Veja-se que não se pretende o reconhecimento de vício na prestação de serviço, nem, somente, cobrança de juros.

Os pedidos iniciais projetam-se, de modo geral, à revisão do negócio jurídico encetado entre as partes.

Nesse caso, os pedidos iniciais projetam-se, de modo geral, à revisão do negócio jurídico encetado entre as partes e, portanto, é de direito pessoal que segue o prazo prescricional geral de 10 anos previsto no art. 205 do Código Civil, ou de 20 anos, na hipótese de incidência do art. 177 do Código Civil de 1916, seguindo a regra de transição do art. 2.028 do Código Civil.

Nesse sentido, convém colacionar, de forma ilustrativa, o seguinte aresto, do Superior Tribunal de Justiça:

> Agravo regimental no agravo em recurso especial. Ação de revisão de contrato bancário extinto pelo pagamento. Possibilidade. Súmula 286/STJ. Prescrição decenal. Agravo regimental a que se nega provimento. 1. "A renegociação de contrato bancário ou a confissão da dívida não impede a possibilidade de discussão sobre eventuais ilegalidades dos contratos anteriores" consoante dicção da Súmula 286/STJ, notadamente quando, na renegociação da dívida, não houve modificações substanciais nas condições contratuais formalizadas anteriormente. 2. O prazo prescricional para as ações revisionais de contrato bancário, nas quais se pede o reconhecimento da existência de cláusulas contratuais abusivas e a consequente restituição das quantias pagas a maior, é vintenário (sob a égide do Código Civil de 1916) ou decenal (na vigência do novo Codex) pois fundadas em direito pessoal. 3. Agravo regimental a que se nega provimento.(AgRg no AREsp 426.951/PR, Rel. Ministro Luis Felipe Salomão, Quarta Turma, julgado em 03.12.2013, DJe 10.12.2013).

Ademais, o termo inicial é o vencimento da última parcela, e não da realização do contrato, assim, certifico que não houve o implemento da prescrição da pretensão inicialmente deduzida.

Nesse sentido:

> Apelação cível. Ação revisional de contrato de financiamento com repetição de indébito. Prescrição decenal. Art. 205 do Código Civil. 1. Em se tratando de ação revisional de contrato findo pelo adimplemento, o prazo prescricional, que, nos termos do art. 205 do Código Civil, é de dez (10) anos, tem como termo inicial o vencimento da última parcela. 2. Não tendo transcorrido, entre a data do vencimento da última parcela do contrato e a da propositura da ação, lapso de tempo superior a dez (10) anos, inviável acolher-se a tese de que o direito de ação do autor encontrar-se-ia prescrito. Capitalização mensal de juros. Taxa de juros anual que supera o duodécuplo da taxa mensal. Previsão expressa. Tese firmada no julgamento do recurso especial repetitivo 973.827/RS. "A previsão no contrato bancário de taxa de juros anual superior ao duodécuplo da mensal é suficiente para permitir a cobrança da taxa efetiva anual contratada" (REsp Repetitivo 973.827/RS). Rejeição da tese de que pretensão do autor encontrar-se-ia prescrita. Recurso provido. (TJPR – 13ª C. Cível – AC – 1188608-5 – Pato Branco – Rel.: Eduardo Sarrão – Unânime – J. 28.01.2015) (TJ-PR – APL: 11886085 PR 1188608-5 (Acórdão), Relator: Eduardo Sarrão, Data de Julgamento: 28.01.2015, 13ª Câmara Cível, Data de Publicação: DJ: 1512 24.02.2015).

Dessa forma, não há o que se falar em prescrição *do mérito* A controvérsia em questão se classifica como relação de consumo, o que a situa sob a égide das disposições contidas na Lei 8.078/90 (Código de Defesa do Consumidor – CDC) e, consequentemente, do art. 6º, VIII, do CDC, o que culmina a inversão do ônus da prova, motivada pela hipossuficiência da parte requerente, esta materializada na sua fragilidade técnica e econômica diante da empresa ré.

Em que pese o contrato juntado aos autos tenha sido realmente assinado pela requerente e lá constar que o empréstimo consignado foi celebrado na modalidade de cartão de crédito, isto não transforma, como pretende a parte adversa, a obrigação existente em incontestável judicialmente.

A vulnerabilidade do consumidor faz com que não baste que, formalmente, haja a avença, mas que essa efetivamente reflita a realidade do intencionado. Como parâmetro do direito à informação, colaciono a ementa de Recurso Especial no qual o Superior Tribunal de Justiça traçou as linhas mestras de uma teoria sobre a informação no Código de Defesa do Consumidor:

> Direito do consumidor. Administrativo. Normas de proteção e defesa do consumidor. Ordem pública e interesse social. Princípio da vulnerabilidade do consumidor. Princípio da transparência. Princípio da boa-fé objetiva. Princípio da confiança. Obrigação de segurança. Direito à informação. Dever positivo do fornecedor de informar, adequada e claramente, sobre riscos de produtos e serviços. Distinção entre informação-conteúdo e informação-advertência. Rotulagem. Proteção de consumidores hipervulneráveis. Campo de aplicação da lei do glúten (Lei 8.543/92 ab-rogada pela Lei 10.674/2003) e eventual antinomia com o art. 31 do código de defesa do consumidor. Mandado de segurança preventivo. Justo receio da impetrante de ofensa à sua livre iniciativa e à comercialização de seus produtos. Sanções administrativas por deixar de advertir sobre os riscos do glúten aos doentes celíacos. Inexistência de direito líquido e certo. Denegação da segurança. 1. Mandado de Segurança Preventivo fundado em justo receio de sofrer ameaça na comercialização de produtos alimentícios fabricados por empresas que integram a Associação Brasileira das Indústrias da Alimentação – ABIA, ora impetrante, e ajuizado em face da instauração de procedimentos administrativos pelo Procon-MG, em resposta ao descumprimento do dever de advertir sobre os riscos que o glúten, presente na composição de certos alimentos industrializados, apresenta à saúde e à segurança de uma categoria de consumidores – os portadores de doença celíaca. 2. A superveniência da Lei 10.674/2003, que ab-rogou a Lei 8.543/92, não esvazia o objeto do *mandamus*, pois, a despeito de disciplinar a matéria em maior amplitude, não invalida a necessidade de, por força do art. 31 do Código de Defesa do Consumidor – CDC, complementar a expressão "contém glúten" com a advertência dos riscos que causa à saúde e segurança dos portadores da doença celíaca. É concreto o justo receio das empresas de alimentos em sofrer efetiva lesão no seu alegado direito líquido e certo de livremente exercer suas atividades e comercializar os produtos que fabricam. 3. As normas de proteção e defesa do consumidor têm índole de "ordem pública e interesse social". São, portanto, indisponíveis e inafastáveis, pois resguardam valores básicos e fundamentais da ordem jurídica do Estado Social, daí a impossibilidade de o consumidor delas abrir mão *ex ante* e no atacado. 4. O ponto de partida do CDC é a afirmação do Princípio da Vulnerabilidade do Consumidor, mecanismo que visa a garantir igualdade formal-material aos sujeitos da relação jurídica de consumo, o que não quer dizer compactuar com exageros que, sem utilidade real, obstem o progresso tecnológico, a circulação dos bens de consumo e a própria lucratividade dos negócios. 5. O direito à informação, abrigado expressamente pelo art. 5º, XIV, da Constituição Federal, é uma das formas de expressão concreta do Princípio da Transparência, sendo também corolário do Princípio da Boa-fé Objetiva e do Princípio da Confiança, todos abraçados pelo CDC. 6. No âmbito da proteção à vida e saúde do consumidor, o direito à informação é manifestação autônoma da obrigação de segurança. 7. Entre os direitos básicos do consumidor, previstos

no CDC, inclui-se exatamente a "informação adequada e clara sobre os diferentes produtos e serviços, com especificação correta de quantidade, características, composição, qualidade e preço, bem como sobre os riscos que apresentem" (art. 6º, III). 8. Informação adequada, nos termos do art. 6º, III, do CDC, é aquela que se apresenta simultaneamente completa, gratuita e útil, vedada, neste último caso, a diluição da comunicação efetivamente relevante pelo uso de informações soltas, redundantes ou destituídas de qualquer serventia para o consumidor. 9. Nas práticas comerciais, instrumento que por excelência viabiliza a circulação de bens de consumo, "a oferta e apresentação de produtos ou serviços devem assegurar informações corretas, claras, precisas, ostensivas e em língua portuguesa sobre suas características, qualidades, quantidade, composição, preço, garantia, prazos de validade e origem, entre outros dados, bem como sobre os riscos que apresentam à saúde e segurança dos consumidores" (art. 31 do CDC). 10. A informação deve ser correta (= verdadeira), clara (= de fácil entendimento), precisa (= não prolixa ou escassa), ostensiva (= de fácil constatação ou percepção) e, por óbvio, em língua portuguesa. 11. A obrigação de informação é desdobrada pelo art. 31 do CDC, em quatro categorias principais, imbricadas entre si: a) informação-conteúdo (= características intrínsecas do produto e serviço), b) informação-utilização (= como se usa o produto ou serviço), c) informação-preço (= custo, formas e condições de pagamento), e d) informação-advertência (= riscos do produto ou serviço). 12. A obrigação de informação exige comportamento positivo, pois o CDC rejeita tanto a regra do *caveat emptor* como a subinformação, o que transmuda o silêncio total ou parcial do fornecedor em patologia repreensível, relevante apenas em desfavor do profissional, inclusive como oferta e publicidade enganosa por omissão. 13. Inexistência de antinomia entre a Lei 10.674/2003, que surgiu para proteger a saúde (imediatamente) e a vida (mediatamente) dos portadores da doença celíaca, e o art. 31 do CDC, que prevê sejam os consumidores informados sobre o "conteúdo" e alertados sobre os "riscos" dos produtos ou serviços à saúde e à segurança 14. Complementaridade entre os dois textos legais. Distinção, na análise das duas leis, que se deve fazer entre obrigação geral de informação e obrigação especial de informação, bem como entre informação-conteúdo e informação-advertência. 15. O CDC estatui uma obrigação geral de informação (= comum, ordinária ou primária), enquanto outras leis, específicas para certos setores (como a Lei 10.674/03), dispõem sobre obrigação especial de informação (= secundária, derivada ou tópica). Esta, por ter um caráter mínimo, não isenta os profissionais de cumprirem aquela. 16. Embora toda advertência seja informação, nem toda informação é advertência. Quem informa nem sempre adverte. 17. No campo da saúde e da segurança do consumidor (e com maior razão quanto a alimentos e medicamentos), em que as normas de proteção devem ser interpretadas com maior rigor, por conta dos bens jurídicos em questão, seria um despropósito falar em dever de informar baseado no *homo medius* ou na generalidade dos consumidores, o que levaria a informação a não atingir quem mais dela precisa, pois os que padecem de enfermidades ou de necessidades especiais são frequentemente a minoria no amplo universo dos consumidores. 18. Ao Estado Social importam não apenas os vulneráveis, mas sobretudo os hipervulneráveis, pois são esses que, exatamente por serem minoritários e amiúde discriminados ou ignorados, mais sofrem com a massificação do consumo e a "pasteurização" das diferenças que caracterizam e enriquecem a sociedade moderna. 19. Ser diferente ou minoria, por doença ou qualquer outra razão, não é ser menos consumidor, nem menos cidadão, tampouco merecer direitos de segunda classe ou proteção apenas retórica do legislador. 20. O fornecedor tem o dever de informar que o produto ou serviço pode causar malefícios a um grupo de pessoas, embora não seja prejudicial à generalidade da população, pois o que o ordenamento pretende resguardar não é somente a vida de muitos, mas também a vida de poucos. 21. Existência de lacuna na Lei 10.674/2003, que tratou apenas da informação-conteúdo, o que leva à aplicação do art. 31 do CDC, em processo de integração jurídica, de forma a obrigar o fornecedor a estabelecer e divulgar, clara e inequivocamente, a conexão entre a presença de glúten e os doentes celíacos. 22. Recurso Especial parcialmente conhecido e, nessa parte, provido (REsp 586.316/MG, Rel. Ministro Herman Benjamin, Segunda Turma, julgado em 17.04.2007, DJe 19.03.2009).

Partindo das premissas acima, bem como da dinâmica contratual demonstrada no caso concreto, tenho que a parte ré deixou de demonstrar que a informação prestada foi adequada.

Como se percebe do contrato, ele muito superficialmente indica o produto contratado. Tampouco, quando apresenta a opção de saque, informa que o valor total deveria ser pago no mês seguinte em sua totalidade, sob pena de rolamento mensal da dívida a juros altos.

É evidente que a contratação – que apresenta mais informações sobre o saque do que sobre qualquer outra coisa – evidencia que a finalidade precípua era exatamente esta, qual seja, o mútuo, e não a relação creditícia afirmada.

Aliás, nem se nota que houve o uso ou mesmo entrega do cartão de crédito em questão para além do empréstimo realizado.

Não há, ainda, suficiente informação considerando que houve a liberação de pagamento mínimo em desconto em folha de pagamento, tampouco que, com o tempo, a opção por este formato, em verdade, significa tornar a dívida inicial (claramente a única finalidade real do contrato) em montante impagável.

Seria dever da parte ré informar, de forma cristalina, que o pagamento mínimo não implica em parcela fixa do mútuo e que o desconto de valor mensal, fixo e certo, como se parcela fosse, no benefício da parte requerente não serviria à efetiva quitação do débito global.

Se assim o é, resta evidente que não haveria razão para que a requerente optasse em contratar um empréstimo que nem sequer tem um prazo para ser quitado, além de possuir juros superiores a operações de empréstimos consignados, ou seja, juros aplicáveis às operações de cartão de crédito, demonstrando claramente a ausência de informações ao consumidor quando da contratação, o que ofende claramente o disposto nos incisos III e IV do art. 6º do CDC.

Indene de dúvida que houve vício de consentimento da parte requerente quando aderiu ao contrato em questão, acreditando que estava contratando um empréstimo consignado.

Carece de lógica a própria contratação em si da forma como ela foi realizada, na qual alguém com parcos recursos buscaria a contratação de valores os quais teria que devolver de forma imediata.

É certo que a ré, a qual possui entre seus produtos diversas formas de empréstimo em dinheiro, não providenciou informação adequada ao consumidor, pois irracional a contratação nesta modalidade daquele que já estava endividado a ponto de não conseguir completar os demais empréstimos que realizara.

O caso revela erro substancial decorrente do pacto em si, pois determinante na manifestação de vontade (art. 138 e 139 do Código Civil) ante a falsa percepção sobre o objeto contratado, elemento essencial.

Assim, o negócio é anulável. Se a parte ré tivesse prestado todas as informações e consequências do contrato firmado com a parte autora, certamente não o teria firmado, inexistindo outra solução senão reconhecer a violação ao dever de informação e que realmente o requerente foi induzido em erro quando da contratação do empréstimo.

Como se percebe dos extratos juntados, não houve qualquer utilização do afirmado cartão de crédito. Neste sentido:

> Recurso inominado. Ação declaratória de inexigibilidade de débito c/c indenização por danos materiais e morais. Intenção de contratação de empréstimo bancário por aposentado. Emissão de cartão de crédito. Desconto referente ao valor mínimo da fatura no benefício previdenciário. Prática abusiva. Violação ao dever de informação (Art. 6º, III, e art. 31 do

CDC). Dívida inexigível. Danos materiais. Repetição conforme art. 42, parágrafo único, CDC. Dano moral configurado. Quantum que não comporta minoração por ser adequado às peculiaridades do caso. Sentença mantida. Recurso conhecido e desprovido (TJPR – 2ª Turma Recursal – DM92 – 0011832-23.2013.8.16.0044 – Apucarana – Rel.: Rafael Luis Brasileiro Kanayama – J. 12.06.2017).

Recurso inominado ação declaratória de inexistência de débito c/c repetição de indébito e indenização por danos morais. Contrato de empréstimo consignado. Desconto em folha. Contrato de cartão de crédito. Envio do cartão não demonstrado. Descontos RMC. Intenção de contratar empréstimo consignado. Extratos não juntados pelo requerido. Cobrança indevida. Vício no consentimento da vontade que causou desequilíbrio na declaração da vontade tornando nulo o negócio jurídico – art. 139, I do Código Civil. Restituição devida. Restituição em dobro. Dano moral configurado. Arbitrado quantum em R$ 5.000,00 (cinco mil reais) não comporta literação. Sentença mantida por seus próprios fundamentos. Aplicação do art. 46 da lei 9.099/95. JPR – 2ª Turma Recursal – DM92 – 0001955-96.2016.8.16.0127 – Paraíso do Norte – Rel.: Siderlei Ostrufka Cordeiro – J. 08.06.2017).

Sendo assim, não há outra solução senão declarar a rescisão contratual entre as partes, retornando as partes ao status quo ante, nos termos do art. 182 do Código Civil.

Restituição dos Valores

No que tange ao pedido autoral de restituição, em dobro, do valor descontado em seu benefício, igualmente com razão a parte autora. Reconhecido o vício na formação do contrato por violação dolosa do dever de informação, é certo que verificada a hipótese do art. 42, parágrafo único do CDC.

Nos termos da legislação consumerista, a única exceção para a devolução é o engano justificável do cobrador, sendo que cabe ao fornecedor provar que seu engano na cobrança, no caso concreto, foi justificado. Como acima assinalado, a origem da cobrança é inválida, uma vez que a parte ré violou o dever de informação. Considerando que não se trata de caso pontual, mas revelador de efetiva postura no mercado de consumo, não pode ser classificado como justificável.

Do Dano Moral

Ultrapassado tal ponto, há que se verificar se a narrativa da requerente se identifica os elementos suficientes para a configuração de dano moral.

E, no caso em apreço, restou claramente demonstrada a falha na prestação de serviços da ré, que violou a boa-fé objetiva com prática comercial predatória, que sujeita a parte autora à intensa angústia, pois atinge diretamente seu patrimônio em pagamentos consignados, dos quais não consegue se livrar se não pela busca ao Judiciário, ficando vinculada a um contrato oneroso, sem qualquer poder de ação frente a ré.

Da falha na prestação do serviço pela empresa ré surge o dever de indenizar, na forma do art. 14 do Código de Defesa do Consumidor, que trata da responsabilidade objetiva do fornecedor de serviço.

> Art. 14. O fornecedor de serviço responde, independentemente da existência de culpa, pela reparação dos danos causados aos consumidores por defeitos relativos à prestação dos serviços, bem como por informações insuficientes ou inadequadas sobre a sua fruição e riscos.

Portanto, referido artigo funda-se na teoria do risco do empreendimento, segundo a qual todo aquele que se dispõe a exercer alguma atividade no campo do fornecimento de bens e serviços, tem o dever de responder pelos fatos e vícios resultantes do empreendimento independentemente de culpa.

Desse modo, provado o ato ilícito, resta cristalino o dever de indenizar por parte da ré, responsabilidade esta de índole objetiva, independente da extensão da culpa, sendo sua excludente a inexistência da falha ou culpa exclusiva do usuário ou do terceiro, o que não ocorre no caso em tela.

Desta feita, a lesão de ordem moral é clarividente e merece compensação, pois exorbita o mero aborrecimento a invasão do patrimônio de pessoa humilde, após venda de produto de forma enganosa.

Assim, demonstrada a ocorrência do dano moral, bem como a presença de todos os demais requisitos ensejadores da responsabilidade civil, passa-se à sua quantificação.

Inicialmente, deve-se esclarecer que a fixação do valor da indenização por dano moral não pode ser por outra forma que não o arbitramento judicial, levando-se em consideração as consequências do ato, a extensão do dano, o grau da culpa ou dolo do ofensor e a condição econômica das partes.

No caso tem-se que a conduta da ré é severamente reprovável, já que não demonstrou atenção aos ditames consumerista (direito de informação), acabando por infringir o princípio da confiança entre as partes, da boa-fé objetiva e transparência.

Feitas estas ponderações, considerando a situação dos autos, evitando-se, sobretudo, o enriquecimento sem causa, é justo e razoável que seja a indenização arbitrada em R$ 1.000,00 (mil reais), quantia esta que atenderá ao duplo objetivo da condenação por dano moral (compensação e punição).

O valor devido requerente à Instituição Financeira deverá ser compensado com os valores da condenação da ré em danos morais, valores estes que serão apurados em cumprimento de sentença, por simples cálculo aritmético.

III – DO DISPOSITIVO

Ante o exposto, e tudo mais que o auto consta, *julgo procedentes* os pedidos iniciais, resolvendo o mérito da demanda, nos termos do art. 487, inciso I, do CPC/15, para o fim de:

a) declarar a rescisão contratual, retornando as partes ao status quo ante, devendo a ré se abster de realizar descontos no benefício da autora de valores referentes a tal contrato;

b) determinar a devolução em dobro dos valores descontados diretamente do salário da parte autora, nos termos do art. 42 do CDC.

c) condenar a ré ao pagamento do valor de R$ 1.000,00 (mil reais), a título de danos morais, corrigido monetariamente pelo INPC + IGP-DI, a partir da decisão condenatória e juros de mora de 1% ao mês, a partir da citação.

d) determinar que os valores devidos pela Instituição Financeira à requerente face a restituição em dobro e os danos morais, corrigidos monetariamente e com juros de mora, deverão ser compensados dos valores devidos pela parte autora à instituição financeira pelo empréstimo realizado, valores que serão apurados em cumprimento de sentença, por simples cálculo aritmético.

Condeno o réu ao pagamento das custas processuais e honorários advocatícios, que, considerando o grau de complexidade da causa e o lugar da prestação do serviço, fixo em 10% (dez por cento) sobre o valor da condenação corrigida, nos termos do artigo 85, § 2º, do Código de Processo Civil.

Oportunamente, arquivem-se, observadas as disposições do Código de Normas da Corregedoria-Geral da Justiça.

Publique-se. Registre-se. Intimem-se.

Nova Londrina, datado e assinado digitalmente.

Juiz de Direito

2.6 AÇÃO DE INDENIZAÇÃO POR DANOS MATERIAIS E DANOS MORAIS – PROCEDÊNCIA

VARA CÍVEL
COMARCA DE NOVA LONDRINA/PR

Autos n. 0000013-76.2018.8.16.0121

Autora: Avelino Jorge da Silva Martins

Réus: Administradora de Consórcios Sicredi Ltda e Cooperativa de Crédito, Poupança e Investimento Rio Paraná – Sicredi Rio Paraná PR/SP

Prolatada em: 21.07.2021.

SENTENÇA

I – DO RELATÓRIO

Trata-se de ação de indenização por danos materiais e danos morais proposta por AVELINO JORGE DA SILVA MARTINS em face de ADMINISTRADORA DE CONSÓRCIOS SICREDI LTDA e COOPERATIVA DE CRÉDITO, POUPANÇA E INVESTIMENTO RIO PARANÁ – SICREDI RIO PARANÁ PR/SP, alegando, em síntese, que no ano de 2016, procurou obter informações sobre linhas de crédito junto a cooperativa de crédito Sicredi, visando a reforma de seu restaurante e a aquisição de novos equipamentos, uma vez que não possuía dinheiro naquela ocasião. Narra que os colaboradores da cooperativa ofertaram cartas de créditos, afirmando que a compra de equipamento e a reforma poderiam ser realizadas, através do pagamento das prestações mensais dos consórcios, o que foi aceito por ele. Afirma que adquiriu cinco cotas de consórcio junto à Ré Administradora de Consórcio, efetuando o pagamento mensal e ofertando lances para que aquelas fossem contempladas, enquanto dava início às negociações dos produtos e dos profissionais para o projeto da reforma, conforme informações fornecidas. Sustenta que levou o projeto para os colaboradores da Cooperativa, questionando se estaria de acordo com as políticas adotadas. Diante disso, alega que compareceu na loja RR Equipamentos e negociou os produtos que precisava, dando início à reforma e solicitando que o proprietário da loja entrasse em contato. Alega que após adquirido os bens, a cooperativa requerida informou que não poderia liberar o crédito para a reforma, sob o argumento de que tais produtos não serviriam como garantia. Aduz a ocorrência de falha na prestação de serviços das Rés, uma vez que contraiu dois empréstimos: um no valor de R$ 84.608,00 (oitenta e quatro mil, seiscentos e oito reais) e outro de R$ 35.000,00 (trinta e cinco mil reais) realizado em nome da empresa RR Equipamentos. Por fim, pugna pela restituição dos juros contraídos com os empréstimos, bem como pela indenização por danos morais.

A ação foi recebida por decisão de mov. 21.1, com a concessão da justiça gratuita à parte autora.

Citadas, as requeridas apresentaram contestação nos movs. 25.1 e 29.1. A requerida ADMINISTRADORA DE CONSÓRCIOS SICREDI LTDA alegou a prejudicial de decadência e, no mérito, a improcedência dos pedidos. A Cooperativa, em sua peça de defesa, pugnou pela improcedência dos pedidos formulados pela requerente.

Impugnação à contestação foi juntada no mov. 36.1 e 43.1, rebatendo os argumentos traçados na defesa.

Intimados para especificação de provas, a parte autora pugnou pela prova testemunhal (mov. 103) e a parte requerida deixou de se manifestar no prazo legal (mov. 101.0 e 102.0).

O feito foi saneado no mov. 66.1, com determinação da aplicação do CDC invertendo o ônus da prova, afastando a preliminar de decadência, coma fixação dos seguintes pontos controvertidos: a) a responsabilidade das requeridas pelos fatos narrados na inicial; b) a existência de dano material e sua extensão; c) a existência de dano moral e sua extensão; d) o termo inicial para aplicação dos juros moratórios e correção monetária; com deferimento da prova testemunhal.

A audiência de instrução foi realizada no dia 14.04.2021 (movs. 200/201).

Com apresentação das alegações finais nos movs. 208/210.

Vieram os autos conclusos.

II – DA FUNDAMENTAÇÃO

Trata-se de ação indenizatória em que a parte autora pretende o reconhecimento da ocorrência de falha na prestação de serviços pelas rés, resultando na contratação de 2 empréstimos, nos valores de R$ 84.608,00 e R$ 35.000,00, para aquisição dos equipamentos e reforma do seu estabelecimento, vez que obteve anteriormente cinco cotas de consórcio junto à Ré Administradora de Consórcio, efetuando o pagamento mensal e ofertando lances para que aquelas fossem contempladas, enquanto dava início às negociações dos produtos e dos profissionais para o projeto da reforma, conforme informações fornecidas, e que após levar o projeto para a Cooperativa para averiguar se estava de acordo e obter a resposta positiva deu início à reforma e aquisição dos bens, vindo posteriormente a requerida informar que não poderia liberar o crédito, o que resultou da contratação dos empréstimos acima citados. Assim, pugna pela restituição dos juros contraídos pelos empréstimos (R$ 61.516,16), bem como pela indenização por danos morais.

Inicialmente, ressalto que não há dúvidas acerca da incidência das disposições previstas no Código de Defesa do Consumidor, uma vez que a autora é destinatária final dos serviços bancários (art. 2º, Lei 8.078 – CDC).

Dentre os direitos básicos do consumidor está o de modificar as cláusulas contratuais que estabelecem prestações desproporcionais ou revisá-las em razão de fatos supervenientes que as tornem excessivamente onerosas (art. 6º, inc. V, do CDC).

Assim, havendo qualquer situação que deixe o consumidor em desvantagem perante as instituições financeiras, não só pode como deve o Poder Judiciário intervir nessa relação, anulando as cláusulas tidas por abusivas, desde que, por óbvio, a parte tenha se insurgido em relação ao contrato (art. 51, IV, do CDC), pois a existência de pactuação severamente desproporcional viola o Código de Defesa do Consumidor.

Em síntese, ainda que o consumidor tenha manifestado a vontade de forma livre quando contratou com a instituição financeira, é possível a revisão dos termos contratados, inexistindo a alegada ofensa ao ato jurídico perfeito, à função social do contrato e ao princípio do pacta sunt servanda, tampouco quebra de dever de boa-fé contratual.

Convém destacar que os princípios da autonomia da vontade e da liberdade de contratar devem ser analisados conjuntamente com os princípios da boa-fé objetiva e a função social do contrato, nos termos dos artigos 421 e 2.035 do Código Civil:

> Art. 421. A liberdade de contratar será exercida em razão e nos limites da função social do contrato.
>
> Art. 2.035. (...) Parágrafo único. Nenhuma convenção prevalecerá se contrariar preceitos de ordem pública, tais como os estabelecidos por este Código para assegurar a função social da propriedade e dos contratos.

Ademais, além do Código Civil, o Código de Defesa do Consumidor, conforme já analisado acima, autoriza a relativização da força obrigatória dos contratos, na medida em que é fundado em normas de ordem pública e de interesse social, que assegura o restabelecimento da justiça no contrato, mediante a recomposição do equilíbrio contratual.

Logo, a teoria da boa-fé objetiva nas relações de consumo deve ser utilizada para proteger o vulnerável da relação, ou seja, o consumidor, não podendo implicar na supressão de seu direito material.

Preza o Código de Defesa do Consumidor prevê em seu artigo 6º os direitos básicos do consumidor, sendo que alguns de seus incisos estabelecem:

> III – a *informação adequada* e clara sobre os diferentes produtos e serviços, com especificação correta de quantidade, características, composição, qualidade, tributos incidentes e preço, bem como sobre os riscos que apresentem
>
> IV – a proteção contra a publicidade enganosa e abusiva, *métodos comerciais coercitivos ou desleais*, bem como contra práticas e cláusulas abusivas ou impostas no fornecimento de produtos e serviços". (grifei)

Assim, é indubitável a má prestação de serviço da requerida, principalmente no que se concerne na *prestação de informações*, ficando clara em todo atendimento prestado a parte autora, isto porque, este se locomoveu até a Cooperativa informando que precisava de dinheiro para aquisição dos equipamentos e reforma do seu estabelecimento, sendo então prestado a indicação para que a parte autora adquirisse cinco cotas de consórcio, a fim de satisfazer o objetivo almejado.

Ocorre que durante as tratativas, foi negado o crédito, sob o fundamento de que as garantias apresentadas (bens) estavam em desacordo com a legislação e condições contratuais. Todavia, o autor desde o início informou o motivo que estava precisando do dinheiro, isto é, para aquisição dos equipamentos e reforma do seu estabelecimento, e somente após a assinatura do consórcio e aquisição dos bens, foi lhe informado sob a impossibilidade de concluir o negócio.

Portanto, ao contrário do sustentado pelas requeridas, restou patente a mácula na contratação, nos termos do artigo 6º, incisos III e IV, e artigo 37, § 1º do CDC, eis que a empresa não forneceu ao consumidor informação adequada correta e clara, garantindo-lhe a proteção determinada em lei para evitar ofertas que pudessem induzir a erro e práticas comerciais desleais.

Aliás, tais princípios pretendem evitar a aquisição pelo consumidor de serviço ou produto que não contrataria, caso tivesse sido esclarecido devidamente quanto às condições do negócio.

Assim sendo, ainda que as informações prestadas pela parte requerida contrariassem o teor do contrato, as falsas promessas violaram o dever de informação clara, estabelecido pelo CDC, devendo ser ressaltada a necessidade de atenção e respeito – tanto na conclusão do contrato, quanto na respectiva execução ao contido nos princípios da probidade e boa-fé, nos termos do artigo 422 do CC.

Nesse sentido:

> Recurso inominado. Indenização por danos materiais e morais. Consórcio de veículo. Contemplação por lance. *Negativa de liberação da carta de crédito. Suposta ausência de demonstração de renda compatível. Alegação genérica. Não comprovação. Recusa de pagamento injustificada. Falha na prestação do serviço. Infração aos deveres de informação e transparência.* Dano moral caracterizado, no caso concreto. Consumidora que se viu obrigada a transferir a cota para o nome da filha para concluir a compra do veículo. Dano material. Despesa com a transferência não comprovada. Recurso parcialmente provido. (TJ-PR – RI: 00140981620158160075 PR 0014098-16.2015.8.16.0075 (Acórdão), Relator: Juiz Helder Luis Henrique Taguchi, Data de Julgamento: 23.10.2018, 2ª Turma Recursal, Data de Publicação: 24.10.2018)

Com efeito, a adesão do autor ao consórcio administrado pela requerida ocorreu em razão da falha no dever de informar, viciando a validade da declaração de vontade do consumidor.

Dentro desse quadro, razoável e justa a resolução do contrato, com o consequente retorno das partes ao "status quo ante", com a devolução dos valores à título de juros recebidos pela requerida.

Do Dano Moral

Ultrapassado tal ponto, há que se verificar se a narrativa da requerente se identifica os elementos suficientes para a configuração de dano moral.

E, no caso em apreço, restou claramente demonstrada a falha na prestação de serviços da ré, que violou a boa-fé objetiva com prática comercial predatória, que sujeita a parte autora à intensa angústia, pois atinge diretamente seu patrimônio em pagamentos consignados, dos quais não consegue se livrar se não pela busca ao Judiciário, ficando vinculada a um contrato oneroso, sem qualquer poder de ação frente a ré.

Da falha na prestação do serviço pela empresa ré surge o dever de indenizar, na forma do art. 14 do Código de Defesa do Consumidor, que trata da responsabilidade objetiva do fornecedor de serviço.

> Art. 14. O fornecedor de serviço responde, independentemente da existência de culpa, pela reparação dos danos causados aos consumidores por defeitos relativos à prestação dos serviços, bem como por informações insuficientes ou inadequadas sobre a sua fruição e riscos.

Portanto, referido artigo funda-se na teoria do risco do empreendimento, segundo a qual todo aquele que se dispõe a exercer alguma atividade no campo do fornecimento de bens e serviços, tem o dever de responder pelos fatos e vícios resultantes do empreendimento independentemente de culpa.

Desse modo, provado o ato ilícito, resta cristalino o dever de indenizar por parte da ré, responsabilidade esta de índole objetiva, independente da extensão da culpa, sendo sua excludente a inexistência da falha ou culpa exclusiva do usuário ou do terceiro, o que não ocorre no caso em tela. Nesse sentido:

> Direito processual civil e defesa do consumidor. Apelações simultâneas. Contrato. Consórcio de veículo. Consorciado contemplado. Pagamento de lance. *Negativa de liberação da carta de crédito*. Perda da chance de concretizar a compra do imóvel. Dever de pagar o valor da carta de crédito. *Dano moral configurado*. Quantum indenizatório. Em consonância com os princípios da razoabilidade e da proporcionalidade. Manutenção da sentença. I – Evidenciado que o consorciado foi contemplado e efetuou o pagamento do lance e encaminhou a documentação exigida pelo Consórcio, este faz jus ao recebimento do valor da carta de crédito. II – A omissão do Consórcio em analisar a documentação do consorciado e negativa de liberação da carta de crédito inviabilizou a concretização da compra do imóvel com terceiro, implicando em prejuízos indenizáveis, na forma de reparação por danos morais, os quais são presumíveis, prescindindo de prova objetiva. III – No que tange à restituição do valor pago, tem-se que a devolução deve ser realizada na forma simples, eis que não se trata de hipótese prevista no parágrafo único do art. 42 do CDC, ante a inexistência de prova de má fé. IV – A fixação da verba reparatória do dano moral deve atender à dupla finalidade de proporcionar razoável dissabor educativo ao causador do dano e de compensar a vítima pelos prejuízos e dissabores sofridos, razão pela qual o arbitramento em R$ 23.000,00, encontra-se em sintonia com os princípios da razoabilidade e da proporcionalidade, evitando, ainda, o enriquecimento sem causa. V – Impossibilidade de ser oficiado o Detran, determinando o afastamento da multa de trânsito, vez que o referido órgão não faz parte da relação processual. VI – Os honorários advocatícios, no importe de 10% sobre o valor da condenação, encontram-se em sintonia com o art. 85, § 2º do CPC/2015. Recursos conhecidos e improvidos. (TJ-BA – APL: 05161249020178050001, Relator: Baltazar Miranda Saraiva, Quinta Câmara Cível, Data de Publicação: 04.10.2018).

Desta feita, a lesão de ordem moral é clarividente e merece compensação, pois exorbita o mero aborrecimento a invasão do patrimônio de pessoa humilde, após venda de produto de forma enganosa.

Assim, demonstrada a ocorrência do dano moral, bem como a presença de todos os demais requisitos ensejadores da responsabilidade civil, passa-se à sua quantificação.

Inicialmente, deve-se esclarecer que a fixação do valor da indenização por dano moral não pode ser por outra forma que não o arbitramento judicial, levando-se em consideração as consequências do ato, a extensão do dano, o grau da culpa ou dolo do ofensor e a condição econômica das partes.

No caso tem-se que a conduta da ré é severamente reprovável, já que não demonstrou atenção aos ditames consumerista (direito de informação), acabando por infringir o princípio da confiança entre as partes, da boa-fé objetiva e transparência.

Feitas estas ponderações, considerando a situação dos autos, evitando-se, sobretudo, o enriquecimento sem causa, é justo e razoável que seja a indenização arbitrada em R$ 2.000,00 (dois reais), quantia esta que atenderá ao duplo objetivo da condenação por dano moral (compensação e punição).

O valor devido requerente à Instituição Financeira deverá ser compensado com os valores da condenação da ré em danos morais, valores estes que serão apurados em cumprimento de sentença.

III – DO DISPOSITIVO

Ante o exposto, e tudo mais que o auto consta, *Julgo Procedentes* os pedidos iniciais, resolvendo o mérito da demanda, nos termos do art. 487, inciso I, do CPC/15, para o fim de:

a) declarar a rescisão contratual, com a devolução dos juros cobrados pela parte requerida.

b) condenar a ré ao pagamento do valor de R$ 2.000,00 (dois reais), a título de danos morais, corrigido monetariamente pelo INPC + IGP-DI, a partir da decisão condenatória e juros de mora de 1% ao mês, a partir da citação.

c) determinar que os valores devidos pela Instituição Financeira à requerente face a restituição e os danos morais, corrigidos monetariamente e com juros de mora, deverão ser compensados dos valores devidos pela parte autora à instituição financeira pelo empréstimo realizado, valores que serão apurados em cumprimento de sentença.

Condeno o réu ao pagamento das custas processuais e honorários advocatícios, que, considerando o grau de complexidade da causa e o lugar da prestação do serviço, fixo em 10% (dez por cento) sobre o valor da condenação corrigida, nos termos do artigo 85, § 2º, do Código de Processo Civil.

Oportunamente, arquivem-se, observadas as disposições do Código de Normas da Corregedoria-Geral da Justiça.

Publique-se. Registre-se. Intimem-se.

Nova Londrina, datado e assinado digitalmente.
Juiz de Direito

2.7 AÇÃO DE USUCAPIÃO RURAL – IMPROCEDÊNCIA

VARA CÍVEL
COMARCA DE NOVA LONDRINA/PR

Autos n. 0000361-36.2014.8.16.0121.
Autora: Marilda França Ramos e sua filha Daniele França Ramos.
Prolatada em: 01.09.2021.

SENTENÇA

I – DO RELATÓRIO

Trata-se de ação de usucapião proposta por MARILDA FRANÇA RAMOS e sua filha DANIELE FRANÇA RAMOS sobre o imóvel rural transcrito Lote 84-C, destacado do Lote 84, Gleba 1-B, 4ª Parte, 2ª Secção da Colônia de Paranavaí, com área de Área: 60,500 há ou 25 Alqueires Paulistas, sustentando que desde o ano de 1988, mantém a posse mansa, pacífica e ininterrupta, portanto, há mais de 25 (vinte e cinco) anos com "animus domini" do imóvel.

Expedidas as citações (movs. 34 a 43), cumpridas nos movs. 56, 64, 66, 73, 74 e 229.

O Ministério Público manifestou desinteresse no feito (mov. 67.1).

Contestação no mov. 137.1, alegando que a posse é a título precário e não com animus domini, diferentemente do alegado pelas autoras, motivo pelo qual não restam preenchidos os requisitos da medida pleiteada. Sustentam, ainda, a ausência de posse mansa e pacífica, haja vista que houve solicitação para desocupação o imóvel. Diante disso, dentre outros argumentos, requerem a improcedência total dos pedidos.

Impugnação à contestação apresentada no mov. 163.1.

O Município, o Estado do Paraná e a União manifestaram desinteresse no presente feito (movs. 70.1, 98.1 e 174.1).

No mov. 257.1, foi apresentada contestação por negativa geral.

Na decisão saneadora de mov. 288 foi determinada a prova testemunhal.

No mov. 360, Ademir Luiz Rosinski e Nilce Rodrigues Neves Rosinski pleitearam o pedido de prova emprestada dos autos 848-06.2014.

A audiência de instrução foi realizada no mov. 362, com a oitiva das autoras, réu e testemunhas.

Foram apresentadas alegações finais (mov. 337, 378, 381 e 382).

Na sequência, vieram os autos conclusos.

É o relatório. *Decido.*

II – DA FUNDAMENTAÇÃO

O ponto central posto em discussão cinge-se em verificar a presença dos requisitos que autorizam o reconhecimento da prescrição aquisitiva sobre o imóvel objeto da lide.

Segundo consta na petição inicial dos autos da ação de usucapião, as autoras pretendem o reconhecimento da aquisição da propriedade pela usucapião de uma área rural de 60,500 há ou 25 Alqueires Paulistas, localizada no Lote 84-C, destacado do Lote 84, Gleba 1-B, 4ª Parte, 2ª Secção da Colônia de Paranavaí, ao argumento de estar na posse do bem há aproximadamente 25 anos. Afirmam que não possuem nenhum outro imóvel.

Primeiramente, deve-se destacar que, em se tratando de usucapião especial de imóvel rural, dispõe o art. 191, caput, da CF/88, *verbis*:

Art. 191. Aquele que, não sendo proprietário de imóvel rural ou urbano, possua como seu, por cinco anos ininterruptos, sem oposição, área de terra, em zona rural, não superior a cinquenta hectares, tornando-a produtiva por seu trabalho ou de sua família, tendo nela sua moradia, adquirir-lhe-á a propriedade.

O Código Civil de 2002 reproduziu a norma constitucional, de forma quase idêntica, fixando prazo para aquisição da propriedade, veja-se:

Art. 1.239. Aquele que, não sendo proprietário de imóvel rural ou urbano, possua como sua, por cinco anos ininterruptos, sem oposição, área de terra em zona rural não superior a cinquenta hectares, tornando-a produtiva por seu trabalho ou de sua família, tendo nela sua moradia, adquirir-lhe-á a propriedade.

De acordo com os citados dispositivos, para obter a aquisição da propriedade rural por meio da usucapião especial, imprescindível o preenchimento dos seguintes requisitos: a) posse *ad usucapionem*, isto é, ininterrupta, sem oposição e com *animus domini*, pelo prazo de 05 (cinco) anos; b) que o imóvel rural seja de no máximo cinquenta hectares; c) que seja explorado para sustento da família, servindo de moradia ao possuidor; d) que não seja o possuidor proprietário de outro imóvel, rural ou urbano.

Com efeito, a usucapião especial de imóvel rural tem por finalidade social tornar área rural produtiva pelo trabalho do usucapiente ou de sua família, tendo nela sua moradia.

A autora Daniele narrou em audiência que é filha de Marilda (outra autora da demanda), que os pais entraram para trabalhar no sítio e que passavam o dinheiro das vacas que cuidavam para o Sr. Ademir, sendo que após um período o Sr. Ademir vendeu as vacas e eles continuaram na posse do imóvel, até que o genitor da autora faleceu em 2014, sendo que depois de 2014 o Sr. Ademir apareceu e pediu para que saíssem do sítio deste.

A Sra. Marilda afirmou que o seu marido foi chamado para trabalhar, trabalhou tirando leite, e depois ficaram no imóvel, que não se sentiram dono do imóvel, que apenas moravam lá.

O Sr. Ademir narrou que em 1988/1989 que fez um contrato de aluguel com o Sr. Elzio, esposo/genitor das autoras, por um ano, e que esse um ano passou para 20 anos, que não continuou pagando aluguel, mas que não pediu de volta todo esse tempo, pois se tirasse o falecido teria que colocar outra pessoa. Que no começo o Sr. Elzio não fazia nada, mas depois cuidava das vacas, sempre cuidando do que o Sr. Ademir adquirisse, que nunca abandonou o lugar e que faz arrendamento de sua propriedade para várias pessoas, já que é comerciante e não consegue ir diariamente cuidar da sua propriedade. Que não lembra quando pediu para as autoras saírem do imóvel, mas que só saíram após a ação de reintegração de posse e faz uns 2/3 anos que elas saíram da propriedade. Não há qualquer delimitação da área.

Assim, conforme dispõe o art. 1.208 do CC, verifica-se que as autoras apenas estavam na propriedade por ato de mera permissão ou tolerância do proprietário do imóvel rural não induzindo em posse, resultando no não preenchimento dos requisitos impostos pela lei para aquisição da propriedade pela usucapião.

> Apelação cível. Posse. Bens imóveis. Ação de reintegração de posse. Exceção de usucapião. Mera permissão ou tolerância do proprietário do imóvel não induz posse. Exceção de usucapião. Ausência de ***animus domini***. Art. 1.208 do Código Civil. Para que seja reconhecida a usucapião é necessária a existência da posse, que perdure, ininterruptamente, de forma

mansa e pacífica, com a intenção do possuidor de tê-la como sua. A mera permissão de uso não induz à posse com animus domini, a teor do disposto no art. 1.208 do Código Civil. Circunstâncias dos autos em que a prova produzida demonstrou que o tio do autor residia na área em discussão por mera permissão do autor, inexistindo desdobramento da posse, razão pela qual caracterizado está o esbulho possessório. Sentença de procedência da ação de reintegração de posse mantida. Apelação desprovida (TJ-RS – AC: 70073698300 RS, Relator: Marta Borges Ortiz, Data de Julgamento: 29.06.2017, Décima Sétima Câmara Cível, Data de Publicação: Diário da Justiça do dia 12.07.2017).

No caso ora submetido à apreciação judicial, as provas produzidas durante a instrução deixam claro que as requerentes não atenderam os requisitos elencados pela legislação pátria.

III – DO DISPOSITIVO

Diante o exposto, com fundamento no artigo 1.238, do Código Civil e artigo 487, inciso I, do Código de Processo Civil, *julgo improcedente* o pedido inicial.

Condeno as requerentes ao pagamento integral das custas processuais e dos honorários advocatícios, que dada à relativa complexidade da causa e à ausência de instrução, fixo em 10% sobre o valor atualizado da causa, nos termos do art. 85, § 2º, do Código de Processo Civil, suspensa em razão do benefício da assistência judiciaria gratuita, nos termos do art. 98, § 3º do CPC.

Cumpram-se, no que aplicáveis, as disposições contidas no Código de Normas da Corregedoria-Geral da Justiça do Tribunal de Justiça do Estado do Paraná.

Publique-se. Registre-se. Intimem-se. Oportunamente, arquivem-se.

Nova Londrina, datado e assinado digitalmente.
Juiz de Direito

Referências

ALVES, L. A. *A causa petendi nas ações de separação judicial e de dissolução da união estável*. São Paulo: Ed. RT, 1999.

ALVIM, José Maria Arruda. *Manual de direito processual civil* – processo de conhecimento. 7. ed. São Paulo: Ed. RT, 2001. v. I e II.

ARAGÃO, Egas Dirceu Moniz de. Sentença e coisa julgada. Rio de Janeiro: Aide, 1992.

ASSIS, Araken de. *Cumulação de ações*. São Paulo: Ed. RT, 1998.

AZEVEDO, Plauto Faraco de. *Aplicação do direito e contexto social*. 2. ed. São Paulo: Ed. RT, 1998.

BEDAQUE, José Roberto dos Santos. Os elementos objetivos da demanda examinados à luz do contraditório: causa de pedir e pedido no processo civil. In: TUCCI, J. R. C.; BEDAQUE, J. R. dos S. (Coord.). São Paulo: Ed. RT, 2002.

BITTENCOURT, José de Moura. *O juiz*. São Paulo: Editora Jurídica e Universitária, 1966.

BRASIL. Código de Processo Civil – Lei 13.105, de 16 de março de 2015. Disponível em: http://www.planalto.gov.br/ccivil_03/_ato2015-2018/2015/lei/l13105.htm. Acesso em: 23 mar. 2019.

BRASIL. Constituição (1988). Constituição da República Federativa do Brasil: promulgada em 5 de outubro de 1988. Disponível em: http://www.planalto.gov.br/ccivil_03/constituicao/constituicao.htm. Acesso em: 22 mar. 2019.

BUENO, Cassio Scarpinella. *Curso sistematizado de direito processual civil*: procedimento comum: ordinário e sumário. São Paulo: Saraiva, 2007. v. 2. t. I.

BUENO, Cassio Scarpinella. *Novo Código de Processo Civil anotado*. 3. ed. São Paulo: Saraiva, 2017.

CÂMARA, Alexandre Freitas. *O novo processo civil brasileiro*. 3. ed. São Paulo: Atlas, 2017.

CÂMARA JR., Mattoso. *Manual de expressão oral e escrita*. São Paulo: Vozes, 1978.

CARNEIRO, Athos Gusmão. Sentença mal fundamentada e sentença não fundamentada – conceitos – nulidade. *Revista Jurídica*. n. 216. out. 1995.

CARNEIRO, Athos Gusmão. *Cumprimento da sentença cível*. Rio de Janeiro: Forense, 2007.

CARVALHO, Milton Paulo de. *O pedido no processo civil*. Porto Alegre: Sérgio Fabris, 1992.

CHIOVENDA, Giuseppe. *Instituições de direito processual civil*: a relação processual ordinária de cognição. Campinas: Bookseller Editora, 1998. v. III.

CINTRA, Antônio Carlos de Araújo; GRINOVER, Ada Pelegrini; DINAMARCO, Cândido Rangel. *Teoria geral do processo*. 23. ed. São Paulo: Malheiros, 2007.

DIDIER JR., Fredie; BRAGA, Paula Sarno; OLIVEIRA, Rafael Alexandria de. *Curso de direito processual civil*: direito probatório, decisão judicial, cumprimento e liquidação da sentença e coisa julgada. Salvador: Edições JusPodivm, 2007. v. 2.

DINAMARCO, Cândido Rangel. *A reforma da reforma*. 2. ed. São Paulo: Malheiros Editores Ltda., 2002.

DINAMARCO, Cândido Rangel. *Instituições de direito processual civil*. 2. ed. São Paulo: Malheiros Editores, 2002. v. II e III.

DINAMARCO, Cândido Rangel. *Capítulos de sentença*. São Paulo: Ed. RT, 2002.

DINAMARCO, Cândido Rangel. *Instrumentalidade do processo*. 9. ed. São Paulo: Malheiros Editores, 2001.

DONIZETTI, Elpídio. *Curso didático de direito processual civil*. 20. ed. São Paulo: Atlas, 2017.

DONIZETTI, Elpídio. *Redigindo a sentença cível*. 8. ed. São Paulo: Atlas, 2017.

FABRÍCIO, Adroaldo Furtado. *Comentários ao código de processo civil*. Rio de Janeiro: Forense, 1988. t. II.

FERNANDES, Antônio Scarance. *Prejudicial*. São Paulo: Ed. RT, 1988.

FERREIRA, Aurélio Buarque de Holanda. *Novo dicionário da língua portuguesa*. São Paulo: Editora Nova Fronteira, 1981.

FIGUEIRA, Elizeu. *Renovação do sistema de direito privado*. Lisboa: Editora Caminho S.A., 1989.

FIGUEIRA JUNIOR, J. D. *Comentários ao Código de Processo Civil*. São Paulo: Ed. RT, 2000. t. II.

GOLDSCHMIDT, James. *Princípios generales del proceso*. Buenos Aires: EJEA, 1961.

GOLDSCHMIDT, James. *Derecho procesal civil*. Barcelona: 1936.

GOMES FILHO, Antonio Magalhães. *A motivação das decisões penais*. São Paulo: Ed. RT, 2001.

GONÇALVES, Marcus Vinicius Rios. *Novo curso de direito processual civil*. 4. ed. São Paulo: Saraiva, 2008. v. 2: processo de conhecimento (2ª parte) e procedimentos especiais.

GONÇALVES, Marcus Vinicius Rios. *Direito Processual Civil Esquematizado*. 8. ed. São Paulo: Saraiva, 2017.

GONZAGA, Lierte Garcia. *Sentenças cíveis para concurso*. Editora de Direito, 1997.

GRAU, Eros Roberto. *Ensaio e discurso sobre a interpretação e aplicação do direito*. 4. ed. São Paulo: Malheiros Editores, 2006.

GRECO FILHO, Vicente. Liquidação e interpretação da sentença. In: WAMBIER ALVIM, Teresa Arruda (Coord.). *Repertório de jurisprudência e doutrina – atualidades sobre liquidação de sentença*. São Paulo: Ed. RT, 1997.

GRECO FILHO, Vicente. *O novo processo civil brasileiro*. São Paulo: Saraiva, 1998.

GRINOVER, Ada Pellegrini. Tutela jurisdicional nas obrigações de fazer e não fazer. *Revista de Processo*. n. 79.

LIEBMAN, Enrico Tulio. *Manuale di diritto processuale civile*. 4. ed. Milano: Giuffré, 1984.

MACEDO, Sílvio. *Curso de lógica judicial*. Rio de Janeiro: Forense, 1984.

MALET, Estêvão. Breves notas sobre a interpretação das decisões judiciais. *Revista do TRT da 9ª Região*. n. 60. a. 33. Curitiba: jan.-jun. 2008.

MARINONI, Luiz Guilherme. *Tutela específica (art. 461, CPC e 84, CDC)*. São Paulo: Ed. RT, 2000.

MARINONI, Luiz Guilherme. *Novas linhas do processo civil*. 3. ed. São Paulo: Malheiros Editores, 1999.

MARINONI, Luiz Guilherme; ARENHART, Sérgio Cruz. *Manual do processo de conhecimento*. 4. ed. São Paulo: Ed. RT, 2005.

MARQUES, José Frederico. *Instituições de direito processual civil*. Rio de Janeiro: Forense, 1989. v. III.

MIRANDA, José Cavalcanti Pontes de. *Comentários ao Código de Processo Civil.* Rio de Janeiro: Forense, 1979. t. IV.

MIRANDA, Francisco Cavalcanti Pontes de. *Comentários ao Código de Processo Civil.* Rio de Janeiro: Forense, 1974.

MIRANDA, Francisco Cavalcanti Pontes de. *Comentários ao Código de Processo Civil.* Rio de Janeiro: Forense, 1948. v. III.

MOREIRA, José Carlos Barbosa. *Direito processual civil*: questões prejudiciais e questões preliminares. Rio de Janeiro: Borsoi, 1971.

MOREIRA, José Carlos Barbosa. *Temas de direito processual* – 8ª série. São Paulo: Saraiva, 2004.

MOREIRA, José Carlos Barbosa. A tutela específica do credor nas obrigações negativas. Temas de direito processual – 2ª série. São Paulo: Saraiva, 2004.

MOREIRA, José Carlos Barbosa. *Considerações sobre a causa de pedir na ação rescisória.* Temas de direito processual – 4ª série. São Paulo: Saraiva, 1989.

MOREIRA, José Carlos Barbosa. *O novo processo civil brasileiro*: exposição sistemática do procedimento. Rio de Janeiro: Forense, 1996.

NALINI, José Renato (Coord.). *Curso de deontologia da magistratura.* São Paulo: Saraiva, 1992.

NASCIMENTO, Edmundo Dantès. *Lógica aplicada à advocacia: técnica de persuasão.* 4. ed. São Paulo: Saraiva, 1991.

NERY JR, Nélson. *Novo Código Civil e legislação extravagante anotados.* São Paulo: Ed. RT, 2002, nota 1, p. 719.

NERY JR, Nélson; NERY, Rosa Maria de Andrade. *Código de Processo Civil comentado e legislação processual extravagante em vigor.* 6. ed. São Paulo: Ed. RT, 2002.

NEVES, Daniel Amorim Assumpção. *Manual de direito processual civil* – Volume único. 10. ed. Salvador: Ed. JusPodivm, 2018.

OLIVEIRA, Carlos Alberto Álvaro. *O formalismo no processo civil.* São Paulo: 1997. p. 176.

PASSOS, José Joaquim Calmon de. *Comentários ao Código de Processo Civil.* 6. ed. Rio de Janeiro: Forense, 1989. v. III.

PIMENTEL, W. M. *Comentários ao Código de Processo Civil.* São Paulo: Ed. RT, 1979.

PORTANOVA, Ruy. *Princípios do processo civil.* 4. ed. Porto Alegre: Livraria do Advogado, 2001.

PORTO, S. G. *Comentários ao Código de Processo Civil.* São Paulo: Ed. RT, 2000. v. 6.

SANTOS, J. M. C. *Código Civil brasileiro interpretado.* 4. ed. Rio de Janeiro: Livraria Freitas Bastos, 1950.

SANTOS, Moacyr Amaral dos. *Primeiras linhas de direito processual civil.* São Paulo: Saraiva, 2000. v. 2 e 3.

SICHES, Luís Recaséns. *Nuova filosofia de la interpretación del derecho.* México: Fondo de Cultura Económica, 1956.

SILVA, De Plácido e. *Vocabulário jurídico.* 7. ed. Rio de Janeiro: Forense, 1982.

SILVA, Jorge Vicente. *Manual da sentença penal condenatória*: requisitos e nulidades. Curitiba: Juruá, 2003.

SILVA, Ovídio A. Batista da. *Curso de processo civil*: processo de conhecimento. 5. ed. São Paulo: Ed. RT, 2000.

SIMARDI, Cláudia. Execução de sentença proferida em ação possessória. In: WAMBIER, T. A. A. (Coord.). *Processo de execução e assuntos afins*. São Paulo: Ed. RT, 1998.

TALAMINI, Eduardo. *Tutela relativa aos deveres de fazer e de não fazer*: CPC art. 461; CDC, art. 84. São Paulo: Ed. Rt, 2001.

THEODORO JUNIOR, Humberto. *Curso de direito processual civil*: Teoria geral do direito processual civil e processo de conhecimento. Rio de Janeiro: Forense, 2009. v. 1.

THEODORO JUNIOR, Humberto. *Curso de Direito Processual Civil*: Teoria geral do direito processual civil, processo de conhecimento e procedimento comum. 56. ed. Rio de Janeiro: Forense, 2015. v. I.

THEODORO JUNIOR, Humberto. *Curso de Direito Processual Civil*: Teoria geral do direito processual civil, processo de conhecimento e procedimento comum. 58. ed. Rio de Janeiro: Forense, 2017. v. I.

TJADER, Ricardo Luiz da Costa. *Cumulação eventual de pedidos*. Porto Alegre: Livraria do Advogado, 1998.

TUCCI, José Roberto Cruz e. *A causa petendi no processo civil*. São Paulo: Ed. RT, 2001.

TUCCI, José Rogério Cruz e. *A causa petendi no direito processual civil brasileiro*. São Paulo: Ed. RT, 2001.

WAMBIER, L. R; ALMEIDA, F. R. C. de; TALAMINI, E. *Curso avançado de processo civil*: Teoria geral do processo de conhecimento. 8. ed. São Paulo: Ed. RT, 2006. v. 1.

WAMBIER, L. R. *Liquidação de sentença*. 2. ed. São Paulo: Ed. RTais, 2000.

WAMBIER, Teresa Arruda Alvim. *Controle das decisões judiciais*. São Paulo: Ed. RT, 2001.

WAMBIER, Teresa Arruda Alvim. Da liberdade do juiz na concessão de liminares e a tutela antecipatória. *Aspectos polêmicos da antecipação de tutela*. São Paulo: Ed. RT, 1997.

WAMBIER, Teresa Arruda Alvim. *Nulidades do processo e da sentença*. 5. ed. São Paulo: Ed. RT, 2004.

WAMBIER, Teresa Arruda Alvim. *Nulidades da sentença*. 3. ed. São Paulo: Ed. RT, 1993.

WATANABE, Kazuo. *Da cognição no processo civil*. Campinas: Bookseller, 2000.

YARSHELL, Flávio Luiz. Antecipação de tutela específica nas obrigações de declaração de vontade, no sistema do CPC. In: WAMBIER, Teresa Arruda Alvim (Coord.). *Aspectos polêmicos da antecipação de tutela*. São Paulo: Ed. RT, 1997.

ZAVASCKI, Teori Antonio. Antecipação da tutela e obrigações de fazer e de não fazer. In: WAMBIER, T. A. A. (Coord.). *Aspectos polêmicos da antecipação de tutela*. São Paulo: Ed. RT, 1997.